Till Gombert

Buchliquidität, Präsenzliquidität und Bietverhalten

AF886725

Schriftenreihe des Instituts für Geld- und Kapitalverkehr der Universität Hamburg

Herausgegeben von Prof. Dr. Hartmut Schmidt
Band 24

Till Gombert

Buchliquidität, Präsenzliquidität und Bietverhalten

Mit einem Geleitwort von Prof. Dr. Hartmut Schmidt

Deutscher Universitäts-Verlag

Bibliografische Information Der Deutschen Bibliothek
Die Deutsche Bibliothek verzeichnet diese Publikation in der Deutschen Nationalbibliografie; detaillierte bibliografische Daten sind im Internet über <http://dnb.ddb.de> abrufbar.

Dissertation Universität Hamburg, 2005

1. Auflage November 2006

Alle Rechte vorbehalten
© Deutscher Universitäts-Verlag/GWV Fachverlage GmbH, Wiesbaden 2006

Lektorat: Ute Wrasmann / Anita Wilke

Der Deutsche Universitäts-Verlag ist ein Unternehmen von Springer Science+Business Media.
www.duv.de

Das Werk einschließlich aller seiner Teile ist urheberrechtlich geschützt. Jede Verwertung außerhalb der engen Grenzen des Urheberrechtsgesetzes ist ohne Zustimmung des Verlags unzulässig und strafbar. Das gilt insbesondere für Vervielfältigungen, Übersetzungen, Mikroverfilmungen und die Einspeicherung und Verarbeitung in elektronischen Systemen.

Die Wiedergabe von Gebrauchsnamen, Handelsnamen, Warenbezeichnungen usw. in diesem Werk berechtigt auch ohne besondere Kennzeichnung nicht zu der Annahme, dass solche Namen im Sinne der Warenzeichen- und Markenschutz-Gesetzgebung als frei zu betrachten wären und daher von jedermann benutzt werden dürften.

Umschlaggestaltung: Regine Zimmer, Dipl.-Designerin, Frankfurt/Main
Druck und Buchbinder: Rosch-Buch, Scheßlitz
Gedruckt auf säurefreiem und chlorfrei gebleichtem Papier

ISBN 978-3-8350-0154-1

Geleitwort

Der Handel an den Effektenmärkten hat seit Josseph de la Vega viele Menschen so fasziniert, dass sie darüber Bücher oder Aufsätze schrieben. Das Spiel der Marktkräfte, die Auswirkungen von Informationsunterschieden, die Kursdeterminanten, die Komplexität des Termingeschäfts und die Annäherung der Börse an einen vollkommenen Markt ließen immer wieder Wissenschaftler und andere Experten zur Feder greifen. Die letzten beiden Jahrzehnte brachten uns besonders viele wissenschaftliche Veröffentlichungen zum Börsenhandel. Das liegt an den Daten, die in dieser Zeit verfügbar wurden und umfangreiche empirische Untersuchungen erlaubten. Der elektronische Handel hat Protokolldatenbanken entstehen lassen, mit denen sich die Entwicklung von Angebot und Nachfrage an der Börse in jedem Wertpapier lückenlos rekonstruieren und nachvollziehen lässt.

Der Zugang zu solchen Datenbanken erschließt einen neuen Faszinationsbereich. Im transparenten elektronischen Handel kann am Handelsbildschirm jeder die eingehenden Gebote beobachten und die Entwicklung von Angebot und Nachfrage im Orderbuch verfolgen. Damit stellt sich die Frage, wie die Händler an den Bildschirmen darauf reagieren. Es wird vermutet, dass die Gebote, manche mehr als andere, Anreize für bestimmte Folgegebote setzen. Das konstituiert ein reaktives Bietverhalten und eine komplexe Dynamik des Handels.

Am reaktiven Bietverhalten lässt sich erkennen, wie gut der Börsenhandel funktioniert. Folgegebote können darauf abzielen, den Bieter des Vorgebotes zu benachteiligen und dysfunktional sein, so z.B. bei Mitlaufen oder Gegendisposition. Folgegebote können aber auch den Wettbewerbs- und Auktionsprozess im Aktienmarkt fördern. Gombert untersucht am reaktiven Bietverhalten, ob es sich lohnt, wenn man Geldgebote überbietet oder Briefgebote unterbietet, und ob sich diese Verbesserung der Abschlussmöglichkeit an den Bildschirmen in umsatzstarken und umsatzschwachen Werten gleichermaßen beobachten lässt. Die Arbeit analysiert systematisch alle unmittelbaren Folgegebote im Handel zu Einzelkursen unter dem Blickwinkel, ob die erwartbaren funktionalen Folgegebote in statistisch signifikanter Weise auftreten.

Liquidität spielt bei einem funktionierenden Bietprozess eine herausragende Rolle. International dominiert die Denkweise, das Angebot der Sofortigkeitsdienstleistung Liquidität manifestiere sich in den limitierten Geboten im Orderbuch. Gombert bleibt bei diesem Buchliquiditätsdogma nicht stehen. Er berücksichtigt neben dem Buch als weitere Quelle der Liquidität die Händler, die an den Bildschirmen präsent sind, den Strom der Gebote beobachten und über Gebote angesprochen und zu sofortigen Abschlüssen veranlasst werden können. Die Gebote, die Zugang zu dieser Präsenzliquidität verschaffen, sind stark marktspannenverengende Gebote. Mit dem Limit kann man die Händler zum Zugreifen reizen. Es enthält zwei Komponenten, den Kurs des reinen Wertpapiers und eine Vergütung für den Sofortigkeitsservice. Mit einem Kauflimit knapp unter dem Briefkurs lässt sich sehr oft eine ausreichend reizvolle Vergütung ausdrücken. Diese Erkenntnis wird von Gomberts Arbeit bestätigt. Sie ist wichtig für jeden Marktteilnehmer. Denn Buchliquidität ist teurer als Präsenzliquidität.

Die Zahl der wissenschaftlichen Untersuchungen zur Dynamik des Aktienhandels ist noch überschaubar. Gombert legt eine der ersten deutschen Arbeiten zu Folgegeboten vor. Es ist meines Wissens die erste Analyse, die neben der Buchliquidität auch die wichtige Rolle der Präsenzliquidität dokumentiert und zugleich die Auffassung widerlegt, die Präsenzliquidität sei statistisch nicht fassbar. Zum Erkenntnisfortschritt trägt die Arbeit vor allem durch Belege für die Nachfrage nach Präsenzliquidität bei. Sie liefert aber auch neue empirische Anhaltspunkte dafür, dass Buchliquidität im Markt aufgebaut wird, wenn es an ihr mangelt. Die Untersuchungsergebnisse sind interessant für jeden, der sich mit Effektenmärkten beschäftigt.

Hartmut Schmidt

Vorwort

Das Schreiben einer Dissertation ist in erster Linie die Aufgabe eines Einzelnen. Dennoch benötigt der Einzelne hierzu Hilfe und Unterstützung von Vielen. Allen, die mich unterstützt und mir geholfen haben, die vorliegende Arbeit im Januar 2005 fertig zu stellen, möchte ich an dieser Stelle danken.

Mein besonderer Dank gilt meinem Doktorvater, Herrn Professor Dr. Hartmut Schmidt. Er gab die entscheidenden Anregungen für diese Arbeit und unterstützte mich stets durch wertvolle Hinweise. Ich freue mich sehr darüber, dass die Arbeit in seiner Schriftenreihe erscheint. Herrn Professor Dr. Dr. h.c. Dieter B. Preßmar danke ich für das Korreferat und Herrn Professor Dr. Karl-Werner Hansmann dafür, dass er den Vorsitz im Promotionsausschuss übernommen hat. Für die finanzielle Förderung der Veröffentlichung bedanke ich mich bei der Stiftung des Vereins der Mitglieder der Wertpapierbörse in Hamburg. Der Deutsche Wertpapier-Zentrale gilt mein Dank für die Bereitstellung der Daten, ohne die meine empirische Untersuchung nicht möglich gewesen wäre.

Bei allen Kolleginnen und Kollegen des Instituts für Geld- und Kapitalverkehr, die mich auf dem Weg zur Dissertation begleitet haben, möchte ich mich für die freundschaftliche Zusammenarbeit bedanken. Hierzu gehören Herr Professor Dr. André Küster Simic und Herr Dr. Kai Treske, die mich mit der empirischen Marktmikrostruktur infizierten und mir die Geheimnisse von dBase erklärten. Frau Dr. Claudia Bott und Herr Dr. Tim Richter haben mich immer ermuntert und unterstützt. Besonders großer Dank geht an Frau Christina Carlsen und Herrn Dr. Stefan Prigge, die das gesamte Manuskript gelesen und es durch wichtige Kommentare verbessert haben. Frau Bettina Kourieh und Frau Ingrid Metscher-Wegener danke ich für ihre unermüdliche Hilfsbereitschaft. Dank gilt auch dem gesamten Teilnehmerkreis der Oberseminare für Anregungen und Diskussionsbereitschaft.

Ganz besonders herzlich danke ich meiner Familie, die mir mein Studium ermöglicht und mich in jeder Hinsicht unterstützt hat.

Till Gombert

Inhaltsverzeichnis

Abbildungsverzeichnis

Tabellenverzeichnis

Abkürzungsverzeichnis

AG	Aktiengesellschaft
ArcaEx	Archipelago Exchange
ATS	alternative trading system
BGBl	Bundesgesetzblatt
BörsG	Börsengesetz
bzgl.	bezüglich
bzw.	beziehungsweise
c.p.	ceteris paribus (unter sonst gleichen Bedingungen)
CAC	Cotation Assistée en Continu
DAFOX	Deutscher Aktien Forschungsindex
d.h.	das heißt
DAX	Deutscher Aktienindex
DM	Deutsche Mark
ECN	electronic communications network
f.	und folgende (Seite)
H_0	Nullhypothese
H_1	Gegenhypothese
Hrsg.	Herausgeber
i.d.R.	in der Regel
IBIS	Integriertes-Börsenhandels- und Informations-System
IBIS I	Inter-Banken-Informationssystem
Inh.A.	Inhaberaktie
MATIS	Makler-Tele-Informations-System
Mio.	Million(en)
Mrd.	Milliarde(n)
MSV-Klasse	Marktspannenverengungs-Klasse
NASD	National Association of Securities Dealers
Nasdaq	National Association of Securities Dealers Automated Quotation System
Nr.	Nummer
NYSE	New York Stock Exchange
PIP-Service	Price-Improvement-Service

S.	Seite(n)
SEAQ	Stock Exchange Automated Quotations
SEC	Securities and Exchange Commission
Sp.	Spalte
St.A.	Stammaktie
Tsd.	Tausend
u.a.	unter anderem
u.U.	unter Umständen
vgl.	vergleiche
vink.Na.A.	vinkulierte Namensaktien
Vz.A.	Vorzugsaktie
WKN	Wertpapierkennummer
Xetra	Exchange Electronic Trading
z.B.	zum Beispiel
z.T.	zum Teil

Symbolverzeichnis

A, B	Ereignisse
$A \vee B$	A oder B
bBK	bester Briefkurs
bBK^*	bester Briefkurs unmittelbar vor der Abgabe eines marktspannenverengenden Gebots
bBK_{wt}	bester Briefkurs des Wertpapiers w zum Zeitpunkt t
bGK	bester Geldkurs
bGK^*	bester Geldkurs unmittelbar vor der Abgabe eines marktspannenverengenden Gebots
bGK_{wt}	bester Geldkurs des Wertpapiers w zum Zeitpunkt t
BK_i	Briefkurs i
BS_i	Stückzahl, für die der Briefkurs i gut ist
$DAFOX$	Wert des DAFOX
$DAFOX_{HT}$	Wert des DAFOX am Handelstag HT
e	Eulersche Zahl (2,7182...)
$F(\cdot)$	Verteilungsfunktion
GK_i	Geldkurs i
GS_i	Stückzahl, für die der Geldkurs i gut ist
i	Laufindex
$h(A)$	bedingte relative Häufigkeit des Ereignisses A
$h(A\|B)$	bedingte relative Häufigkeit des Ereignisses A bei gegebenem Ereignis B
$h(X_i^{t=1}\|X_j^{t=0})$	Bedingte relative Häufigkeit für die Gebotsart i zum Zeitpunkt $t = 1$ unter der Bedingung, dass zum Zeitpunkt $t = 0$ die Gebotsart j stattgefunden hat, mit i, j =Transaktion, Kauf, Verkauf, limitiertes Gebot, limitiertes Briefgebot, limitiertes Geldgebot, Löschung
HT	Index für einen Handelstag
KP_{wt}	Preis für die Dienstleistung Sofortigkeit beim Kauf einer Aktie des Wertpapiers w zum Zeitpunkt t
ln	natürlicher Logarithmus zur Basis e

M	Monat
M_{wT}	Anzahl der Minuten zu denen das Wertpapier w im Betrachtungszeitraum T eine Marktspanne aufweist
MS	Marktspanne
MS_{wt}	Marktspanne des Wertpapiers w zum Zeitpunkt t
MSM	Marktspannenmitte
MSM_{wt}	Marktspannenmitte des Wertpapiers w zum Zeitpunkt t
MSP	Marktspanne in Prozent
MSP_{wt}	Marktspanne des Wertpapiers w zum Zeitpunkt t in Prozent
$\overline{MSP}_{WT}^{AG}$	spannenanzahlgewichtetes Marktspannenmittel über die betrachteten Wertpapiere W im Betrachtungszeitraum T in Prozent
$\overline{MSP}_{wT}^{MG}$	Marktspannenmittel des Wertpapiers w während des Betrachtungszeitraums T auf Basis von Minutenspannen in Prozent
$\overline{MSP}_{wT}^{UG}$	ungewichtetes Marktspannenmittel des Wertpapiers w während des Betrachtungszeitraums T in Prozent
$\overline{MSP}^{ZG}$	spannenzeitgewichtetes Marktspannenmittel in Prozent
$\overline{MSP}_{wT}^{ZG}$	spannenzeitgewichtetes Marktspannenmittel des Wertpapiers w während des Betrachtungszeitraums T in Prozent
MSV	prozentuale Marktspannenverengung
n	Anzahl von Beobachtungen oder Stichproben
n_X^{BK}	Anzahl der Briefkurse zum erreichen der Stückzahl X
n_X^{GK}	Anzahl der Geldkurse zum erreichen der Stückzahl X
n_M^{HT}	Anzahl der Handelstage im Monat M
N_{WT}^{MS}	Summe aus der Anzahl der Marktspannen der Wertpapiere W im Betrachtungszeitraum T
n_{wT}^{MS}	Anzahl der Marktspannen des Wertpapiers w im Betrachtungszeitraum T
R^2	Bestimmtheitsmaß
r_{HT}	kontinuierliche Rendite vom Handelstag $HT-1$ bis zum Handelstag HT

s	Stichprobenstandardabweichung
$s(DAFOX)$	Stichprobenstandardabweichung des DAFOX
t	Zeitpunkt
T	Betrachtungszeitraum
$T_{t,t+1}$	Zeitraum vom Zeitpunkt t bis zum Zeitpunkt $t+1$
vBK	marktspannenverengender Briefkurs
vGK	marktspannenverengender Geldkurs
VP_{wt}	Preis für die Dienstleistung Sofortigkeit beim Verkauf einer Aktie des Wertpapiers w zum Zeitpunkt t
w	Wertpapier
W	Anzahl der betrachteten Wertpapiere
$\overline{WU}$	Durchschnittlicher Wertumsatz pro Handelstag in DM
X	Stückzahl einer X-Stück-Halbspanne
x	Stückzahl oder Vorannahmezeit
$x_{5\%}$, $x_{95\%}$	empirisches 5%-, 95%-Quantil
$X^{t=0}$	Gebotsart zum Zeitpunkt $t = 0$
$X_i^{t=0}$	zum Zeitpunkt $t = 0$ wurde Gebotsart i abgegeben; mit i = Transaktion, Kauf, Verkauf, limitiertes Gebot, limitiertes Briefgebot, limitiertes Geldgebot, Löschung
$(X_i^{t=0})^C$	zum Zeitpunkt $t = 0$ wurde nicht die Gebotsart i abgegeben, sondern eine andere Gebotsart; mit i = Transaktion, Kauf, Verkauf, limitiertes Gebot, limitiertes Briefgebot, limitiertes Geldgebot, Löschung
$X^{t=1}$	Gebotsart zum Zeitpunkt $t = 1$
$X_i^{t=1}$	zum Zeitpunkt $t = 1$ wurde Gebotsart i abgegeben; mit i = Transaktion, Kauf, Verkauf, limitiertes Gebot, limitiertes Briefgebot, limitiertes Geldgebot, Löschung
$(X_i^{t=1})^C$	zum Zeitpunkt $t = 1$ wurde nicht die Gebotsart i abgegeben, sondern eine andere Gebotsart; mit i = Transaktion, Kauf, Verkauf, limitiertes Gebot, limitiertes Briefgebot, limitiertes Geldgebot, Löschung

α	Regressionskonstante, Signifikanzniveau
β	Regressionskoeffizient
σ	Standardabweichung
$\sum$	Summe
$\vee$	oder-Disjunktion
$\forall$	für alle

Einführung

Die Marktmikrostruktur ist seit etwa vier Jahrzehnten ein wichtiger Gegenstand der wirtschaftswissenschaftlichen Forschung.[1)] Diese Untersuchungsrichtung beschäftigt sich mit den Handelsprozessen und dem Bietverhalten von Anlegern auf Effektenmärkten. Sie ist also nicht nur von hohem theoretischen Interesse, sondern kann darüber hinaus Anbietern von Effektenhandelsdienstleistungen wichtige Entscheidungsgrundlagen für die Entwicklung und den Aufbau anlegerorientierter und damit erfolgreicher Handelsverfahren an die Hand geben.[2)]

Bis in die 80er Jahre des letzten Jahrhunderts waren vor allem Märkte etabliert, zu denen die Anleger keinen direkten Zugang hatten. Sie mussten sich eines Zugangsintermediärs bedienen und konnten ihre Geschäfte nur über Makler abschließen. In Deutschland waren das insbesondere die Frankfurter Wertpapierbörse und die Regionalbörsen in Berlin, Bremen, Düsseldorf, Hamburg, Hannover, München und Stuttgart. Diese Händlermärkte scheinen aber immer mehr an Bedeutung zu verlieren. Verdrängt werden sie durch Anlegerauktionsmärkte, auf denen ohne den Umweg über einen Händler und/oder einen Makler gehandelt werden kann. Neben dieser Neuerung, die nicht in jedem Fall ein Vorteil sein muss, zeichnen sich solche Märkte oft durch ein offenes Orderbuch aus. Haben auf einem Händlermonopol- oder Händlerauktionsmarkt üblicherweise nur die Händler Einsicht in das Orderbuch, so ist es auf einem Anlegerauktionsmarkt heute regelmäßig für alle Teilnehmer offen. Trotz dieser erweiterten Einsicht wird normalerweise anonym gehandelt. Ohne Kenntnis der Identität können also nur Inhalt und Dynamik des Orderbuchs, d.h. die Art und Abfolge der Gebote und Transaktionen, einen Aufschluss über das Handelsmotiv anderer Anleger geben.

---

1) Bedeutende und grundlegende Arbeiten zur Marktmikrostruktur sind beispielsweise von Lansburgh (1917), SEC (1963), Hazard und Christie (1964), Stigler (1964), Baumol (1965) und Demsetz (1968). Einen Überblick über die Marktmikrostrukturforschung geben Coughenour und Shastri (1999), Madhavan (2000) und Madhavan (2002). Siehe auch O'Hara (1995).

2) Anlegerorientierte Handelsverfahren am deutschen Aktienmarkt untersucht Oesterhelweg (1998).

Eine notwendige Voraussetzung für den Aufbau von Anlegerauktionsmärkten wie IBIS in den 90er Jahren oder seinem Nachfolgesystem Xetra seit 1997 war sicherlich der technische Fortschritt der elektronischen Datenverarbeitung. An dem heutigen Erfolg dieser Handelssysteme hat aber vermutlich auch die Marktmikrostrukturforschung einen großen Anteil. Denn auch diese Forschung hat sich der neuen Märkte angenommen und neben der Theorie des Marketmaking Erklärungsansätze für das Bietverhalten auf Anlegerauktionsmärkten entwickelt.

Wichtige Fragen über das Bietverhalten mit limitierten Geboten und das Bietverhalten anderer Anleger als Reaktion auf die Abgabe limitierter Gebote auf Anlegerauktionsmärkten konnten in den letzten Jahren u.a. von Schmidt und Küster Simic beantwortet werden.[1)] Im Blickpunkt ihrer Arbeiten standen aber im Wesentlichen die limitierten Gebote. Offen blieb die Frage, wie sich das Bietverhalten nach der Annahme von Geboten, d.h. nach Transaktionen, darstellt. Sie zu beantworten ist besonders deshalb interessant, weil hinter Transaktionen häufig ein höherer Informationsgehalt vermutet wird als hinter limitierten Geboten. Hier knüpft die vorliegende Arbeit an und versucht Forschungslücken zu füllen. Soweit ersichtlich, sind nämlich einige Fragen zu diesem Thema bisher weder für Deutschland noch für ausländische Kapitalmärkte in dieser Form untersucht worden.

Die Kernfrage dieser Arbeit lautet: Mit welchem reaktiven Bietverhalten ist nach der Annahme von Geboten zu rechnen? Genau wie die Arbeiten von Schmidt und Küster Simic orientiert sich auch die vorliegende Untersuchung am Handelssystem IBIS und legt es für die theoretischen und empirischen Analysen als Referenz zu Grunde. Das hat den Vorteil, dass die daraus ergebende Sichtweite viel weiter ist, als sie vielleicht auf den ersten Blick erscheinen mag. Denn IBIS besaß als Anlegerauktionsmarkt bereits die heute vordrängende Marktgrundstruktur. Die Erkenntnisse dieser Arbeit sollten sich also mit wenigen Einschränkungen auf viele andere Handelssysteme übertragen lassen.

1) Schmidt und Küster Simic (1999a), Schmidt und Küster Simic (1999b), Schmidt und Küster Simic (2000) und Küster Simic (2001).

Die Leitfrage soll theoretisch und empirisch beantwortet werden. Dafür wird zunächst das Bietverhalten nach der Annahme von Geboten dem Bietverhalten nach der Abgabe von Geboten gegenübergestellt. Das reaktive Bietverhalten nach einer Transaktion oder einem limitierten Gebot wird vermutlich besonders von zwei Aspekten abhängig gemacht: Zum einen von der Informationskomponente, also der Frage, welcher Informationsgehalt hinter der Transaktion oder dem limitierten Gebot vermutet wird. Und zum anderen davon, welche Orderbuchsituation nach der Transaktion vorliegt. Es wird also z.B. wichtig sein, ob sich die Marktspanne verändert hat. Hier spielt der Aspekt des Abschlusskursvorteils eine Rolle. Lohnt ein limitiertes Gebot oder ist die Annahme eines Gebots vorzuziehen? Beim Vergleich der Reaktion auf limitierte Gebote und Transaktionen werden daher Unterschiede und Gemeinsamkeiten herausgearbeitet sowie mögliche Gründe für die Annahme und die Abgabe von Geboten dargelegt. Außerdem wird beschrieben, welcher Informationsgehalt sich hinter limitierten Geboten oder Transaktionen verbergen kann und welche potentiellen Abschlusskursvorteile sie bieten können.

Danach wird untersucht, ob verschiedene Orderbuchsituationen als Folge bestimmter Transaktionen ein unterschiedliches Bietverhalten auslösen. Dabei werden Situationen analysiert, die auf Grund ihres vermuteten Informationsgehalts oder sich bietender Abschlusskursvorteile wahrscheinlich besonders große Reaktionen hervorrufen sollten. Als Grundüberlegung gilt: Je höher der Informationsgehalt ist, der hinter einer Transaktion vermutet wird, desto eher werden reaktive Anleger animiert, Gebote abzugeben und anzunehmen, also tatsächlich zu reagieren. Die Folgegebote nach Transaktionen mit einem größeren Informationsgehalt stammen also häufiger von reaktiven Anlegern. Das Ziel ist es also, den Informationsgehalt von Geboten in Abhängigkeit von verschiedenen Kriterien zu untersuchen. Als solche Anreizsituationen können umfangreiche Transaktionen, ein schnelles Aufeinanderfolgen von Transaktionen und enge Marktspannen angesehen werden. Dazu wird im Einzelnen dargelegt, unter welchen Bedingungen und aus welchem Grund am häufigsten mit solchen Aufträgen zu rechnen ist. Dabei werden diese Anreizsituationen ihren jeweiligen „Spiegelbildern“ gegenübergestellt, d.h. nicht umfangreichen Transaktionen, einem langsamen Aufeinanderfolgen von Transaktionen bzw. weiten Marktspannen.

Wichtig zur Beurteilung der Attraktivität eines Marktes ist seine Liquidität. Anleger bevorzugen Märkte mit einer hohen Liquidität vor allem deshalb, weil auf einem liquiden Markt der Kauf und der Verkauf von Wertpapieren zu geringeren Kosten möglich ist als an einem Markt, der c.p. weniger Liquidität aufweist. Auf Anlegerauktionsmärkten werden traditionell nur die limitierten Gebote als Liquiditätsquelle angesehen, die Annahme der Gebote stellt stets eine Liquiditätsnachfrage dar. Die vorliegende Arbeit ermöglicht eine alternative Sichtweise, indem sie die Liquiditätsangebot und -nachfrage in drei Komponenten aufteilt.[1)] Unterschieden werden Buch-, Präsenz- und Abrufliquidität. Die Buchliquidität erfasst nicht mehr alle, sondern nur noch einen Großteil der im Orderbuch vorhandenen limitierten Gebote. Marktteilnehmer, die den Handelsbildschirm beobachten und bei einem für sie lohnenden limitierten Gebot reagieren, bieten ein Sofortigkeitsangebot und stellen damit das Angebot der Präsenzkomponente dar. Die Abrufkomponente bezieht sich auf Marktteilnehmer, die nicht präsent, aber grundsätzlich zum Handeln bereit sind. Bei Bedarf kann sie von Händlern abgerufen werden. Über jede einzelne Komponente kann Liquidität nachgefragt und angeboten werden.

Die traditionelle Sichtweise beschreibt die Annahme eines Gebots immer als eine Nachfrage nach dem Angebot an Liquidität im Buch. Durch sie wird die angeblich einzige Liquiditätsquelle, nämlich die limitierten Gebote, nachgefragt. Bei der alternativen Herangehensweise wird aber danach unterschieden, wie attraktiv ein Gebot limitiert ist, auf das zugegriffen wird.[2)] Kommt eine Transaktion durch die Annahme eines *sehr* attraktiv limitierten Gebots zustande, kann diese Annahme eher als ein Liquiditätsangebot durch die Präsenzkomponente angesehen werden.[3)] Ergo stellt die Abgabe eines *sehr* attraktiv limitierten Gebots kein Liquiditätsangebot dar, sondern fragt Präsenzliquidität nach. Die Buchliquidität wird

---

1) Diese Sichtweise geht auf Schmidt und Küster Simic (1999a) sowie Schmidt und Küster Simic (2000), S. 167 f., zurück.

2) Wie die Attraktivität eines Gebots beurteilt werden kann, wird im Laufe der Arbeit ausführlich beschrieben. Grundsätzlich gilt: Je näher ein Limit an die Marktgegenseite gestellt wird, desto attraktiver ist es einzuschätzen.

3) Schmidt und Küster Simic (1999a), S. 531, beschreiben die Situation dergestalt, dass die unsichtbare Präsenzliquidität schon vorher da war. Für den Abschluss fehlte nur der Kurs.

in einem solchen Fall also gar nicht eingesetzt. War ein Gebot dagegen nicht *sehr* attraktiv limitiert, wird es als Liquiditätsangebot bezeichnet. Es erhöht das Buchangebot der Liquidität. Seine Annahme stellt demnach eine Liquiditätsnachfrage nach der Buchkomponente dar. Das Liquiditätsangebot der Präsenzkomponente ist im Gegensatz zu dem der Buchkomponente meistens unsichtbar. Wird aber ein *sehr* attraktiv limitiertes Gebot prompt angenommen, wird das unsichtbare Präsenzliquiditätsangebot für einen kurzen Moment sichtbar.

Im Zusammenhang mit den Komponenten der Liquidität blieben bisher einige Fragen unbeantwortet. Beispielsweise wie sich die Nachfrage nach Präsenzliquidität im dynamischen Verlauf darstellt und ob diese Liquiditätskomponente nur zufällig oder systematisch genutzt wird. Zudem wäre es interessant zu untersuchen, ob die „kurz sichtbare“ Präsenzliquidität dergestalt wahrgenommen wird, dass erneut auf sie zugegriffen wird oder ob eine andere oder gar keine auffällige Reaktion zu beobachten ist. Die differenzierte, komponentenweise Untersuchung der Liquidität auf Effektenmärkten ermöglicht also eine neue und möglicherweise genauere Analyse des Bietverhaltens. Sie kann dabei helfen, Anlegerauktionsmärkte danach zu untersuchen, ob und wenn ja, wie auf ihnen Präsenzliquidität angeboten und nachgefragt wird. Die vorliegende Arbeit zeigt also eine Möglichkeit, die Präsenzliquidität qualitativ zu messen.

Abgeleitet aus den Fragestellungen gliedert sich die vorliegende Arbeit in zwei Teile, einen theoretischen und einen empirischen. Vor Beginn der Untersuchungen werden im ersten Teil Grundlagen gelegt und Begriffe bestimmt. Darauf aufbauend vergleicht der erste Teil in Kapitel B. das Bietverhalten nach Transaktionen und limitierten Geboten und stellt anschließend umfangreiche und nicht umfangreiche Transaktionen sowie Transaktionen mit kurzen und langen Vorannahmezeiten gegenüber. Kapitel C. beschäftigt sich zu Beginn mit der traditionellen Liquiditätsmessung und stellt dazu Spannen sowie alternative Maße vor. Darüber hinaus setzt es sich mit den Komponenten der Liquidität auseinander, also der Buch-, Präsenz- und Abrufliquidität und stellt dabei die traditionelle und die alternative Sichtweise im Detail dar. Entsprechend dem Vorgehen im ersten Teil greift der zweite Teil die aufgeworfenen Problemstellungen auf und untersucht sie empirisch. Zu Beginn werden in Kapitel A. das Börsenhandelssystem IBIS beschrieben und die Datenbasis erläutert. Anschließend wird in Kapitel B. untersucht, ob es Unterschiede zwischen dem Bietverhalten nach Transaktionen, limitierten Geboten und Löschungen gibt. Kapitel C. wendet sich dann dem Bietverhalten nach bestimmten Umfängen sowie dem Bietverhalten nach bestimmten Vorannahmezeiten zu. Abschließend analysiert Kapitel D. das Bietverhalten nach Transaktionen bei engen und weiten Marktspannen sowie nach der Annahme marktspannenverengender Gebote. Dort wird auch die alternative Betrachtungsweise des Liquiditätsangebots und der Liquiditätsnachfrage empirisch untersucht.

Teil I
Theoretische Untersuchungen zum Bietverhalten nach der Annahme von Geboten

A. Grundlagen und Begriffsbestimmungen

I. Gebote und Folgegebote

Für die theoretischen Betrachtungen und empirischen Untersuchungen dieser Arbeit dient das elektronische Handelssystem[1] IBIS als Basis. Deshalb soll kurz erläutert werden, welche Marktstruktur IBIS zu Grunde liegt und warum sich dieses Handelssystem für die Untersuchungen anbietet. Die Erläuterung dient zudem dem besseren Verständnis und erleichtert die Darstellung der möglichen Auftragsformen in IBIS.

Wertpapiermärkte lassen sich auf drei Marktgrundstrukturen zurückführen.[2] Diese Konstruktionen lassen sich sehr gut charakterisieren als *Händlermonopol-*

---

1) Ein Handelsverfahren fasst bestimmte Effektenhandelsdienstleistungen zusammen. Zur Definition des Begriffs Handelsverfahren siehe Oesterhelweg (1998), S. 3, sowie Küster Simic (2001), S. 1. Werden die angebotenen Dienstleistungen überwiegend elektronisch durchgeführt, so wird für den Ausdruck Handelsverfahren oftmals die Bezeichnung elektronisches Handelssystem oder kurz Handelssystem verwendet. Siehe hierzu z.B. Schwark (1997), S. 296–301. Handelt es sich bei einem Handelssystem um eine Börse, wird auch von Computerbörse gesprochen. Eine ausführliche Beschreibung von Computerbörsen ist zu finden bei Hertle und Schenk (1995). Zur Diskussion über Computerbörsen sei verwiesen auf Gerke (1993), die dort angegebene Literatur sowie die Anmerkungen zu diesem Artikel von Breuer (1994), Eberstadt (1994), Meyer zu Selhausen (1994) und Rudolph (1994). Zur Diskussion elektronischer Handelssysteme siehe auch Gomber (2000).

2) Schmidt und Küster Simic (2000), S. 138. Eine Darstellung, auf die die folgenden Ausführungen zurückgehen, findet sich ebenda, S. 138–142, siehe hierzu auch Booth, Iversen, Sarkar, Schmidt und Young (1999), S. 52–59. Eine etwas andere Abgrenzung macht z.B. Garbade (1982), S. 422–426.

markt (monopoly dealer market oder kurz: dealer market), *Händlerauktionsmarkt* (dealer-auction market) und *Anlegerauktionsmarkt* (agency-auction market). Beim Händlermonopolmarkt hat ein Händler das Bietmonopol. Er darf als einziger Geld- und Briefkurse stellen, zu denen er bereit ist zu kaufen bzw. zu verkaufen.[1)] Die Börsenkurse werden hier also nicht wie sonst üblich durch das Auktionsprinzips gebildet.[2)] Der Händlerauktionsmarkt zeichnet sich dadurch aus, dass nicht nur ein Monopolist Kurse stellen darf, sondern mehrere Händler. Es herrscht also Konkurrenz, die die Börsenkursbildung zu einer Auktion werden lässt. Weil die Händler Kurse oder „Quotes" stellen, wird für beide Formen des Händlermarktes auch die Bezeichnung „quote driven market"[3)] verwendet. Als Beispiel für einen Händlerauktionsmarkt sei die Urform der Nasdaq aufgeführt.[4)] Die dritte Marktgrundstruktur ist der Anlegerauktionsmarkt. Bei dieser Variante können Anleger entweder direkt oder nahezu direkt miteinander handeln. Üblicherweise darf ein Anleger nicht selbst am Börsenhandel teilhaben, sondern muss sich einer Bank oder eines anderen Agenten bedienen.[5)] Solche Märkte werden daher auch

---

1) In der Regel wird einem solchen Händler ein Privileg eingeräumt, beispielsweise die alleinige Einsicht in das Orderbuch. Dafür verpflichtet er sich, auf Anfrage oder fortlaufend Kurse zu stellen. In diesem Fall *darf* der Monopolist nicht nur als einziger Kurse stellen, sondern er *muss* es sogar. Der Händler wird dann auch als Marketmaker bezeichnet. Die Aufgaben und Leistungen von Marketmakern beschreiben z.B. Daube (1993), S. 9–21, sowie Schmidt und Prigge (2001), Sp. 397 f. Die Kurspolitik eines Marketmakers behandelt Mildenstein (1982).

2) Immer wenn mehr als ein Bieter an der Börsenkursbildung beteiligt ist, handelt es sich um eine Auktion. Dies gilt sowohl für den Handel zu Einzelkursen als auch bei der Ermittlung von Gesamtkursen. Eine detaillierte Beschreibung der Verfahrenstechnik bei der börslichen Kursfeststellung bieten Schmidt und Prigge (2001).

3) Schwartz (2003), S. 4.

4) Neben Nasdaq etablieren sich zunehmend alternative Handelssysteme und elektronische Handelsplattformen, so genannte „alternative trading systems" (ATSs) bzw. „electronic communications networks" (ECNs). Beispiele sind Instinet und ArcaEx. Sie sind als Anlegerauktionsmarkt organisiert. Die in Nasdaq gehandelten Titel können dort parallel gehandelt werden. Seit kurzem werden Quotes von Nasdaq-Marketmakern auch in ATSs und ECNs angezeigt, so dass auch dort Abschlüsse zu diesen Kursen möglich sind. Siehe hierzu im Detail Nasdaq (2002), insbesondere Satzung 4623.

5) Die Zulassung am Börsenhandel regeln in Deutschland die §§ 16 f. BörsG.

als „agency-auction market“ oder „order driven market“[1] bezeichnet. Bei dieser Marktform werden die Aufträge der Anleger von einem Zugangsintermediär ins Orderbuch gestellt. Somit ist der Handel mit anderen Anlegern lediglich *nahezu* direkt möglich. Eine andere Form ist die offene Börse, bei der die Aufträge der Anleger nicht mehr durch den Umweg über einen Agenten ins Orderbuch gelangen, sondern alle Anleger selbst zum Handel zugelassen sind. In Deutschland ist Xetra der bedeutendste Anlegerauktionsmarkt. Händler- und Anlegerauktionsmarkt sind die heute vorherrschenden Marktstrukturen.[2]

Auch Xetra und dessen Vorläufersystem IBIS werden als „agency-auction markets“ charakterisiert. Beide Märkte weisen jedoch die Besonderheit auf, dass die Teilnahme am Handel auch ohne das Einschalten von Agenten möglich ist bzw. war. Der Zugangsintermediär kann selbst als Anleger auftreten und Handel auf eigene Rechnung betreiben. Zudem verhielten sich in IBIS viele Teilnehmer wie Händler an einem Händlerauktionsmarkt, indem sie gleichzeitig Geld- und Briefkurse stellten.[3] IBIS wird daher auch als Hybrid zwischen „agency-auction market“ und „dealer-auction market“ bezeichnet.[4] Im weiteren Verlauf der Arbeit wird die Bezeichnung Anlegerauktionsmarkt benutzt. Für einen Anlegerauktionsmarkt hat sich mittlerweile durchgesetzt, die Aufträge oder Orders auch als Gebote zu bezeichnen. Dieser Notation wird hier gefolgt. Für das Buch, in dem die Gebote gesammelt werden, wird dagegen die immer noch übliche Bezeichnung Orderbuch beibehalten. Inakzeptabel wäre diese Bezeichnung für eine offene Börse.[5]

IBIS bietet sich für die empirischen und theoretischen Untersuchungen insbesondere aus zwei Gründen an: Zum einen besaß IBIS als Anlegerauktionsmarkt

---

1) Schwartz (2003), S. 4.

2) Zunehmend scheint sogar der Anlegerauktionsmarkt den Händlerauktionsmarkt zu verdrängen.

3) Dies stellen Oesterhelweg (1998), S. 105, sowie Booth, Iversen, Sarkar, Schmidt und Young (1999), S. 55 f., fest. Auch für den Untersuchungszeitraum in dieser Arbeit (von Januar 1996 bis November 1997) ist entsprechendes Verhalten zu beobachten.

4) Booth, Iversen, Sarkar, Schmidt und Young (1999), S. 55.

5) Schmidt und Küster Simic (2000), S. 141, schlagen stattdessen den Ausdruck Gebotsbuch vor.

bereits eine der beiden Marktgrundstrukturen, die sich immer mehr durchsetzen. Insofern können die Erkenntnisse dieser Arbeit auf viele andere Handelssysteme übertragen werden. Zum anderen steht für kein anderes Handelssystem eine derart umfangreiche und qualitativ hochwertige Datenbank für wissenschaftliche Zwecke zur Verfügung.[1)][2)]

In IBIS erfolgte ausschließlich ein kontinuierlicher Handel zu Einzelkursen.[3)] Folgende Auftragsformen waren dabei möglich:[4)]

a) **die Eingabe limitierter Gebote** mit Angabe des Limits, der Stückzahl und der Marktseite (Geld- oder Briefgebot),

b) **die Änderung limitierter Gebote**. Für die Untersuchungen in dieser Arbeit wurden die Änderungen limitierter Gebote nicht separat aufgeführt, sondern gemeinsam mit den neu eingegebenen Geboten erfasst,[5)]

c) **die Löschung limitierter Gebote**,

d) **die Annahme limitierter Gebote**. In IBIS kamen Käufe und Verkäufe durch die Annahme von Brief- bzw. Geldgeboten zustande. Daher werden in

---

1) Zur weiter fassenden Erläuterung von IBIS sei verwiesen auf Teil II, Abschnitt A.I., S. 101–106. Die Datenbasis wird näher beschrieben in Teil II, Abschnitt A.II., S. 106–115.

2) Einen Überblick über die Verfügbarkeit von Transaktionsdaten aus Handelssystemen deutscher Börsen gibt Lüdecke (1998).

3) Auch in Xetra erfolgt der Handel für die umsatzstarken Titel zu Einzelkursen. Daneben werden aber zu Beginn, am Ende und im Laufe des Tages zusätzlich Gesamtkurse ermittelt. Wie und wann die Gesamtkurse genau ermittelt werden, beschreibt Deutsche Börse (2003a), S. 17–26.

4) Zwei weitere auf diesen Grundformen aufbauende Gebotsarten sind z.B. die „Stop Order", die erst zum Zuge kommt oder in das Orderbuch eingestellt wird, wenn bestimmte Kursbedingungen erfüllt sind und die so genannte „Eisbergorder", bei der nicht sofort die gesamte Stückzahl offenbart wird. Im Gegensatz zu IBIS sind in Xetra diese besonderen Gebotsformen implementiert. Siehe hierzu im Einzelnen Deutsche Börse (2003a), S. 14. Die Verwendung von Eisbergorders untersuchen Esser und Mönch (2004). Weitere von Xetra unterstützte Auftragsformen beschreibt Reck (2003), S. 135 f.

5) Dieses Vorgehen ist konform zu anderen Arbeiten wie z.B. Biais, Hillion und Spatt (1995), Schmidt und Küster Simic (2000) und Küster Simic (2001).

dieser Arbeit die Begriffe „Transaktion“ und „Annahme eines Gebots“ synonym benutzt. Dann sind der Kauf und die Annahme eines (limitierten) Briefgebots bzw. der Verkauf und die Annahme eines (limitierten) Geldgebots gleichbedeutend. Neben der Annahme einzelner Gebote stand den Marktteilnehmern noch die Funktion „Abräumen“ zur Verfügung. Sie vereinfachte durch eine Gebotsanzahl-, Stückzahl- oder Preisvorgabe den Zugriff auf mehrere Gebote.[1] Trotzdem war auch hier jede Annahme eines einzelnen Gebots als jeweils nur ein Kauf oder Verkauf im System ersichtlich. Andere Teilnehmer konnten also nicht erkennen, ob eine Transaktion durch die Einzelannahme oder die Abräumfunktion zustande kam.[2] Daher werden im Folgenden beide Formen der Annahme nicht unterschieden. Jede Annahme eines Gebots wird als eine einzelne Transaktion betrachtet. Auf die sich daraus ergebenden Konsequenzen wird im Verlauf der Arbeit noch näher eingegangen.

Es werden also zunächst nur die drei grundlegenden Auftragsformen „Eingabe limitierter Gebote“, „Annahme limitierter Gebote“ und „Löschung limitierter Gebote“ betrachtet und als *Gebote* bezeichnet. Streng genommen sind die Annahme und die Löschung eines Gebots kein Gebot im engeren Sinne. Demnach resultieren Gebote aus dem Bietverhalten von Anlegern.[3] In dieser Arbeit wird jedoch eine weitere Sichtweise eingenommen. Das Bietverhalten umfasst nämlich

---

1) In IBIS standen drei verschiedene Abräumfunktionen zur Verfügung, siehe Deutsche Börse (1996a), S. 35–37. Erstens: „Abräumen aller Geld- oder Briefgebote“. Dabei wurden nacheinander alle Geld- oder Briefgebote zur manuellen Bestätigung aufgerufen. Zweitens: „Abräumen von n Geboten“, gleiche Funktionalität wie beim Aufrufen aller Gebote mit dem Unterschied, dass nur eine vorgegebene Anzahl von n Geboten eingelesen wurde. Drittens: „Abräumfunktion mit Vorgabe von Stückzahl oder Preis“, hierbei wurden maximal fünf Gebote durch einmaliges Bestätigen angenommen. Alle drei Abräumfunktionen wurden abgebrochen, wenn auf ein eigenes Gebot getroffen, die Preisvorgabe überschritten wurde oder kein Gebot mehr vorhanden war. Zudem wurde vor der endgültigen Annahme jedes einzelnen Gebots geprüft, ob es zu diesem Zeitpunkt noch aktuell war oder ob es mittlerweile durch einen anderen Teilnehmer angenommen oder vom ursprünglichen Eingeber geändert oder gelöscht worden war.

2) Die Sichtbarkeit von Informationen in IBIS wird weiter unten in diesem Kapitel im Abschnitt A.III., S. 21–32, beschrieben.

3) Auf das Bietverhalten von Anlegern wird ausführlich weiter unten in diesem Kapitel im Abschnitt A.III., S. 21–32, eingegangen.

nicht nur die Abgabe von Geboten, sondern auch die Änderung und Löschung und sogar das Warten und Beobachten des Marktes.[1] So kann auch die Annahme eines Gebots oder auf anderen Märkten als IBIS die Abgabe eines unlimitierten Gebots als Gebot aufgefasst werden. Käufe und Verkäufe sind dann nicht das Resultat des Bietprozesses, sondern ein Teil davon und insofern selbst Gebote. Die drei genannten Auftragsformen werden in dieser Arbeit also als *Gebote im weiteren Sinne* aufgefasst und nachfolgend kurz als *Gebote* bezeichnet. Im Verlauf der Arbeit wird neben der beschriebenen Dreiteilung noch feiner unterteilt, z.B. werden die angenommenen Gebote nach ihrem Umfang unterschieden und bei abgegebenen Geboten wird die Limithöhe in Bezug auf die aktuelle Marktspanne berücksichtigt.[2] Auf die Details zu diesen Abgrenzungen wird in nachfolgenden Kapiteln näher eingegangen.

Im Kern dieser Arbeit geht es um das Bietverhalten nach der Annahme von Geboten. Die Überlegungen und Untersuchungen befassen sich also mit *Nachannahmegeboten*, die auch als Folgegebote von Transaktionen bezeichnet werden. Es ist also zu klären, wie Folgegebote von Transaktionen definiert und für die empirischen Untersuchungen von anderen Geboten abgegrenzt werden können. Da es das Ziel ist herauszufinden, ob Reaktionen anderer Anleger auf Transaktionen zu beobachten sind, sei ein Folgegebot einer Transaktion ein Gebot, das als Erstes nach der Annahme eines Gebots eingeht und von einem anderen Eingeber stammt als die Transaktion selbst. Eingeschlossen werden alle vorher beschriebenen Gebotsformen in IBIS, also das Einstellen, Annehmen und Löschen limitierter Gebote.[3] Zudem werden nur Folgegebote betrachtet, die am selben Tag wie die Transaktion selbst abgegeben werden, weil am Ende jedes Tages alle Gebote in IBIS gelöscht wurden. Die Ermittlung von Folgegeboten kann als rollierendes Verfahren aufgefasst werden, bei dem, wenn die genannten Bedingungen erfüllt sind,

---

1) Cohen, Maier, Schwartz und Whitcomb (1981), S. 294.

2) Immer wenn in dieser Arbeit die Limithöhe eines Gebots in Bezug gesetzt wird mit der (aktuellen) Marktspanne oder die Limithöhe eines Gebots verglichen wird mit dem besten Gebot der Geld- oder Briefseite, ist damit die Marktspanne oder das beste Gebot unmittelbar *vor* Abgabe des jeweils betrachteten Gebots gemeint.

3) Dieses Vorgehen findet sich auch bei Schmidt und Küster Simic (2000), 152 f.

jedes Folgegebot als eine eigene Transaktion auch wieder der Auslöser für ein nächstes Folgegebot sein kann.

Ein Beispiel: Ausgangspunkt sei die in dem Diagramm links oben von Abbildung 1 dargestellte Orderbuchsituation einer Aktie in IBIS. Die Limite sind an den Abszissen, die Stückzahlen an den Ordinaten abgetragen.[1)] Es sei zu diesem Zeitpunkt 14:33:20 Uhr ($t = -1$). Hervorgehoben ist das Geldgebot mit einem Limit von DM 30,10 über 400 Stück, das in diesem Moment in das offene Orderbuch eingestellt wird und damit das beste Geldgebot ist.[2)] Weitere Geldgebote sind im Orderbuch vorhanden, aber nicht aufgeführt. Das beste Briefgebot ist mit DM 30,20 limitiert und gilt für 200 Stück. Daneben sind drei weitere Briefgebote mit Limiten von DM 30,30, DM 30,40 sowie DM 30,50 und Stückzahlen von 500, 300 bzw. 500 dargestellt. Die Marktspannenmitte liegt bei DM 30,15.[3)] Danach kauft der Anleger A 200 Stück der Aktie, als er um 14:35:50 Uhr ($t = 0$) das beste Briefgebot annimmt. Das wird rechts oben in derselben Abbildung veranschaulicht. Nach der Transaktion hat das beste Briefgebot jetzt also ein Limit von DM 30,30. Die Mitte der Marktspanne erhöht sich von DM 30,15 auf DM 30,20. Für die Untersuchung ist nun das Gebot von Interesse, das direkt nach der Annahme abgegeben wird. Es ist das Gebot, das dem betrachteten Kauf folgt, wenn es nicht von Anleger A stammt und am selben Tag abgegeben wird. Diese Situation ist links unten in der Abbildung zu finden. Es sei zu diesem Zeitpunkt 14:36:00 Uhr ($t = 1$). Im Beispiel nimmt der Anleger B 200 Stück des besten Briefgebots an. Dieser Kauf wird hier also als Folgegebot bezeichnet.

---

1) Dabei erfolgt nur dann eine Kumulation der Stückzahlen, wenn mehrere Gebote über das gleiche Limit verfügen. Für Gebote mit unterschiedlichen Limiten wird die Stückzahl jeweils separat abgetragen. Dieser Art der Darstellung wird fast durchgehend in der gesamten Arbeit gefolgt. Die wenigen Ausnahmefälle werden kenntlich gemacht.

2) Da die Kurse in IBIS noch ausschließlich in Deutscher Mark festgestellt wurden, wird diese Währung auch in den Beispielen verwendet. Zudem wird zur Vereinfachung in den Abbildungen grundsätzlich auf die Angabe der Währungseinheit verzichtet.

3) Die Marktspannenmitte errechnet sich aus dem Mittel des besten Geldgebots und des besten Briefgebots. Auf die Berechnung von Geld-Brief-Spannen wird ausführlich weiter unten in diesem Teil der Arbeit eingegangen, siehe Unterabschnitt C.I.1., S. 63–77.

Abbildung 1: Folgegebote an einem Beispiel, Teil 1

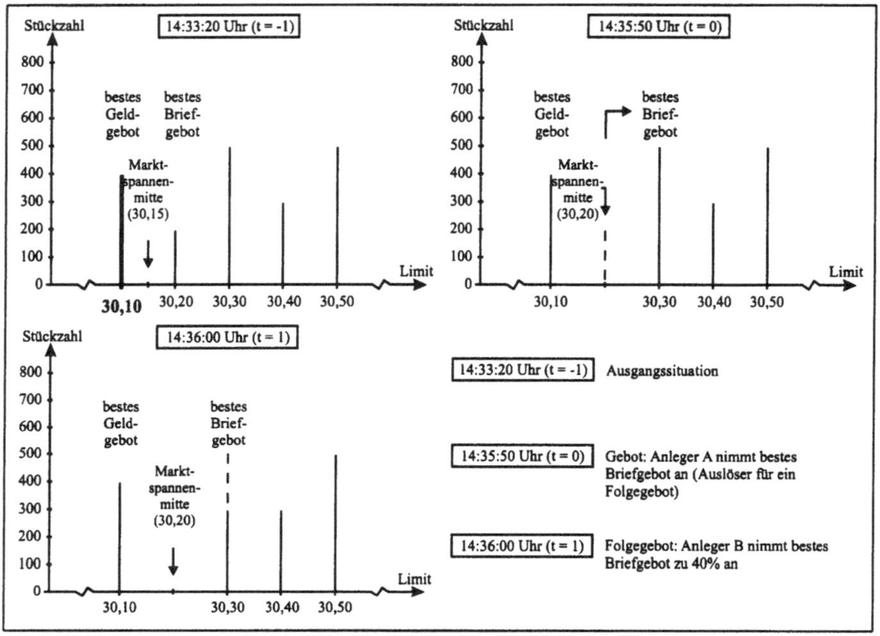

Da das Folgegebot im Beispiel auch eine Transaktion impliziert, kann es selbst zum Auslöser eines weiteren Folgegebots werden. Damit wird dann der Zeitpunkt $t = 0$ (Kauf durch Anleger A) aus der Abbildung 1 zur neuen Ausgangssituation und als $t = -1$ bezeichnet, vgl. das Diagramm links oben in Abbildung 2. Der Zeitpunkt $t = 1$, also der Zeitpunkt, zu dem das Folgegebot von Anleger B in dem eben betrachteten Beispiel abgegeben wurde, ist in der neuen Situation jetzt mit $t = 0$ bezeichnet, dies ist in Abbildung 2 oben rechts zu erkennen. Nach der Annahme des Gebots stellt der Anleger C um 14:36:20 Uhr ($t = 1$) ein Briefgebot über 400 Stück mit einem Limit in Höhe von DM 30,20 in das offene Orderbuch ein. Damit wird dieses limitierte Briefgebot ebenfalls zu einem Folgegebot. Wie in diesem Beispiel beschrieben, wird die Erfassung der Folgegebote nach Transaktionen fortgeführt. Bei jeder Annahme eines Gebots werden die genannten Kriterien geprüft. Bei einem positiven Ausgang wird das betreffende Gebot nach der Transaktion als Folgegebot gekennzeichnet und geht in die Betrachtung ein. Impliziert das Folgegebot eine Transaktion, wird sie auch als Folgetransaktion bezeichnet. Entsprechend werden die Ausdrücke Folgekauf, Folgeverkauf und Folgelöschung verwendet.

Abbildung 2: Folgegebote an einem Beispiel, Teil 2

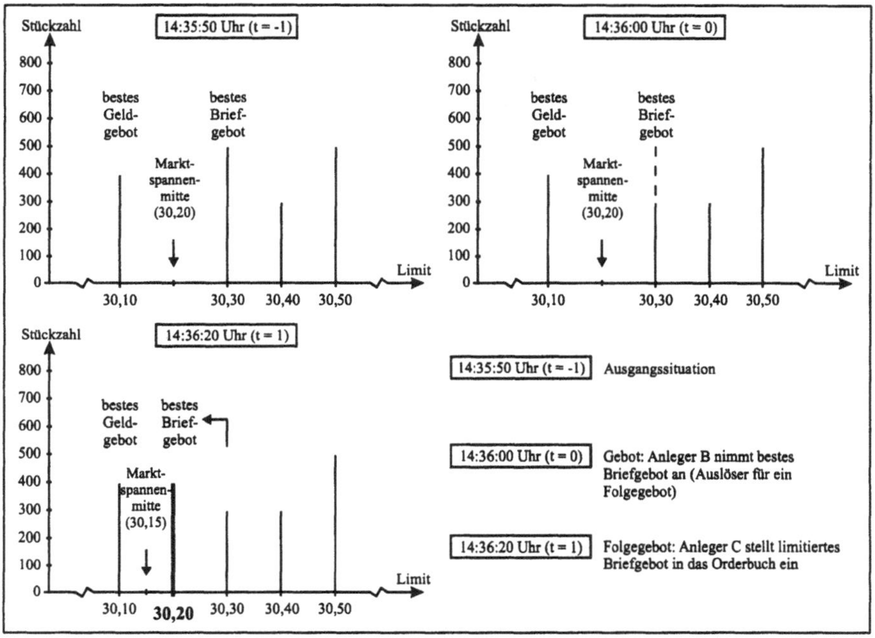

Die Definition eines Folgegebots ist hier sehr eng gefasst. Sie betrachtet ausschließlich die Gebote, die unmittelbar nach Transaktionen eingehen. Für das Kapitel B. im zweiten Teil dieser Arbeit muss der Begriff „Folgegebot" erweitert werden. Denn in den dortigen Untersuchungen werden Folgegebote nach der Annahme von Geboten (Folgegebote von Transaktionen), Folgegebote nach dem Einstellen von Geboten (Folgegebote von limitierten Geboten) und Folgegebote nach der Löschung von Geboten (Folgegebote von Löschungen) miteinander verglichen. Dabei werden Folgegebote von limitierten Geboten und Löschungen entsprechend dem eben dargestellten Beispiel ermittelt. Danach ist ein Folgegebot eines limitierten Gebots das erste Gebot, das nach dem Einstellen eines limitierten Gebots eingeht und von einem anderen Eingeber stammt als das limitierte

Gebot. Das Folgegebot einer Löschung ist das erste Gebot, das nach der Löschung eines Gebots eingeht und von einem anderen Eingeber stammt als die Löschung. Wie bei Folgegeboten von Transaktionen werden für diese Arten von Folgegeboten ebenfalls alle beschriebenen Gebotsformen eingeschlossen.

In den Abschnitten C. und D. von Teil II dieser Arbeit wird untersucht, ob Bietverhalten als Reaktion auf bestimmte Orderbuchlagen zu beobachten ist.[1)] Dabei werden Situationen betrachtet, die vermutlich besonders große Anreize zum Handeln bieten. Das sind z.B. Transaktionen mit großen Umfängen,[2)] ein schnelles Aufeinanderfolgen von Transaktionen[3)] oder besonders enge Marktspannen.[4)] Dabei kann beispielsweise auf einen angenommenen Informationsvorsprung anderer Anleger und/oder eine vermutete Veränderung des Gleichgewichtskurses reagiert werden. Als Gleichgewichtskurs wird häufig die Marktspannenmitte verwendet.[5)] Diesem Vorgehen wird sich hier angeschlossen. In Situationen, die solche Anreize bieten, handeln häufig so genannte „reaktive Anleger“. Unter reaktiven Anleger sind uninformierte Anleger zu verstehen, die auf transparente Gebote anderer Anleger reagieren, indem sie Folgegebote abgeben, ohne dass es unbedingt zu einem

---

1) Untersuchungen zum Einfluss der Orderbuchlage auf das Bietverhalten führen z.B. Biais, Hillion und Spatt (1995), Harris (1998), Foucault (1999), Griffiths, Smith, Turnbull und White (2000) sowie Küster Simic (2001) durch.

2) Auf bestimmte Umfänge wird weiter unten in diesem Teil der Arbeit in Abschnitt B.II., S. 44–52, und im zweiten Teil, Abschnitt C.II., S. 154–186, eingegangen.

3) Hierfür sei verwiesen auf Abschnitt B.III., S. 52–62, weiter unten in diesem Teil der Arbeit und Teil II, Abschnitt C.III., S. 186–202.

4) Das Bietverhalten bei unterschiedlich weiten Marktspannen wird näher beschrieben in dem Abschnitt C.II., S. 80–96, in diesem Teil und im Abschnitt D.II., S. 207–225, im zweiten Teil der vorliegenden Arbeit.

5) Siehe hierzu Grelck (1997), S. 11, und die dort aufgeführte Literatur: Vijh (1990), S. 1161, Neal (1992), S. 324, Lee (1993), S. 1018, Christie, Harris und Schultz (1994), S. 1845, de Jong, Nijman und Röell (1995), S. 1288, sowie Huang und Stoll (1996), S. 324.

Abschluss kommt.[1] Diese Reaktion sei als reaktives Bietverhalten bezeichnet.[2] Werden die einzelnen Komponenten der Liquidität[3][4] betrachtet, können die reaktiven Anleger der Präsenzkomponente zugeordnet werden. Durch den Vergleich solcher „Anreizsituationen“ mit anderen, weniger attraktiv scheinenden Situationen kann versucht werden, das Vorhandensein reaktiver Anleger nachzuweisen und ihr Handeln zu untersuchen.

II. Vorannahmezeiten und Nachannahmezeiten

Wie im letzten Abschnitt beschrieben, kann der Umfang einer einzelnen Transaktion maximal so groß sein wie das beste limitierte Gebot. Insbesondere aus

---

1) Um Missverständnissen vorzubeugen, sei schon an dieser Stelle darauf hingewiesen, dass nicht alle Folgegebote von reaktiven Anlegern stammen. Reaktive Anleger geben aber ausnahmslos Folgegebote ab. Die von reaktiven Anlegern stammenden Folgegebote bilden also eine Teilmenge sämtlicher Folgegebote. Mit der Frage, wie Gebote reaktiver Anleger aus der Menge der Folgegebote von limitierten Geboten erkannt werden können, beschäftigen sich Schmidt und Küster Simic (2000), S. 152 f., und Küster Simic (2001), S. 179–187. Anreizsituationen zur Abgabe von Folgegebote für reaktive Anleger nach der Annahme von Geboten werden in den folgenden beiden Kapiteln dieser Arbeit skizziert.

2) Küster Simic (2001), S. 23, und Harris (1997), S. 3. Harris definiert die „reactive traders“ so, dass es bei einer Reaktion immer zu Abschlüssen kommt. Die hier aufgeführte Definition geht aber von dem Begriff des Bietverhaltens aus (vgl. S. 25) und ist daher weiter gefasst.

3) Der in dieser Arbeit verwendete Begriff der Liquidität bezeichnet die Eigenschaft bestimmter Vermögensgegenstände, speziell die von Wertpapieren und bezieht sich auf die Eigenschaft ihrer Geldnähe. Siehe hierzu Schmidt (1979), S. 710 f. Abschnitt A.IV., S. 32–36, weiter unten in diesem Kapitel, gibt eine umfassende Definition börslicher Liquidität.

4) Unterschieden werden: Buch-, Präsenz- und Abrufkomponente der Liquidität. Dabei erfasst die Buchkomponente alle im Orderbuch vorhandenen limitierten Gebote. Die Präsenzkomponente wird durch die Marktteilnehmer dargestellt, die den Handelsbildschirm beobachten und bei einem für sie lohnenden limitierten Gebot reagieren. Die Abrufkomponente bezieht sich auf Marktteilnehmer, die nicht präsent, aber grundsätzlich zum Handeln bereit sind. Bei Bedarf kann sie von Händlern abgerufen werden. Siehe hierzu Schmidt und Küster Simic (2000), S. 167 f., sowie Schmidt und Küster Simic (1999a). Die Komponenten der Liquidität werden ausführlich in diesem Teil der Arbeit im Abschnitt C.II., S. 80–96, beschrieben.

Gründen der eingeschränkten Transparenz in IBIS[1] sollen aufeinander folgende Transaktionen desselben Eingebers nicht als *eine* Transaktion aufgefasst werden. Jede einzelne Transaktion soll für sich erfasst werden. Mehrere hintereinander folgende Transaktionen eines Marktteilnehmers können aber, gerade wenn sie sehr umfangreich sind, besonders für reaktive Anleger interessant sein, weil sie eine der eben angeführten Anreizsituationen ergeben. Obwohl der Eingeber eines Gebots nicht veröffentlicht wurde, gab es in IBIS indirekt die Möglichkeit, Hinweise auf solche Transaktionsfolgen zu erkennen. In IBIS waren nämlich die Zeiten, zu denen eine Annahme erfolgte, die so genannten *Annahmezeiten*, sichtbar. Folgen nun mehre Transaktionen, insbesondere desselben Marktteilnehmers, durch das Ausnutzen der Abräumfunktion in kurzen Zeitabständen hintereinander, ist die Zeit zwischen einer Transaktion und dem der Transaktion vorausgehenden Gebot (Vorgebot) sehr kurz. Dass schnell hintereinander folgende Transaktionen tatsächlich von einem Marktteilnehmer stammen, ist damit natürlich nicht gesichert. Aber die Wahrscheinlichkeit des Einsatzes der Abräumfunktion ist vermutlich höher als bei längeren Zeitabständen zwischen den Transaktionen. Zur Untersuchung solcher Transaktionen werden die Begriffe Vorannahmezeit und Nachannahmezeit eingeführt. Um die Berechnungen der Vor- und Nachannahmezeiten zu verdeutlichen, wird das Beispiel aus dem letzten Abschnitt aufgegriffen.[2]

Zunächst werden die Zeiten für den Kauf berechnet, der um 14:35:50 Uhr ($t = 0$) stattgefunden hat (siehe Abbildung 1, S. 14). Die Berechnung wird in Abbildung 3 dargestellt. Die Bezeichnung *Vorannahmezeit* bezieht sich dabei auf die spezielle Marktstruktur von IBIS, bei der Käufe und Verkäufe durch die *Annahme* von limitierten Geboten zustande kommen. Die Vorannahmezeit misst also den Zeitraum zwischen dem Eingang des Vorgebotes ($t = -1$) und der betrachteten Annahme eines Gebots ($t = 0$). Im Beispiel war das letzte Gebot vor dem betrachteten Kauf

---

[1] Der Eingeber eines Gebots war in IBIS nicht sichtbar. Die Daten für die empirischen Untersuchungen im zweiten Teil der Arbeit enthalten aber Information über den Eingeber in verschlüsselter Form, siehe hierzu im Detail Abschnitt A.I., S. 101–106, in Teil II.

[2] In diesem Beispiel kommt es nicht auf die Art der einzelnen Gebote an. Vielmehr geht es darum, den Vorgang und die Zeiträume darzustellen. Insbesondere sind die Limite und Stücke der Gebote für das Beispiel nicht relevant.

die Eingabe eines limitierten Geldgebots um 14:33:20 Uhr ($t = -1$). Also beträgt die Vorannahmezeit 2 Minuten und 30 Sekunden. Es geht folglich nicht darum, wie lange das limitierte Briefgebot, auf das der Anleger A im Beispiel zugegriffen hat, insgesamt im Orderbuch verweilte. Sondern es wird nur die Zeit zwischen dem letzten Gebot unmittelbar vor dem Kauf (14:33:20 Uhr, $t = -1$) und dem Kauf (14:35:50 Uhr, $t = 0$) gemessen.[1]

Abbildung 3: Vor- und Nachannahmezeit für das Beispiel aus Abbildung 1

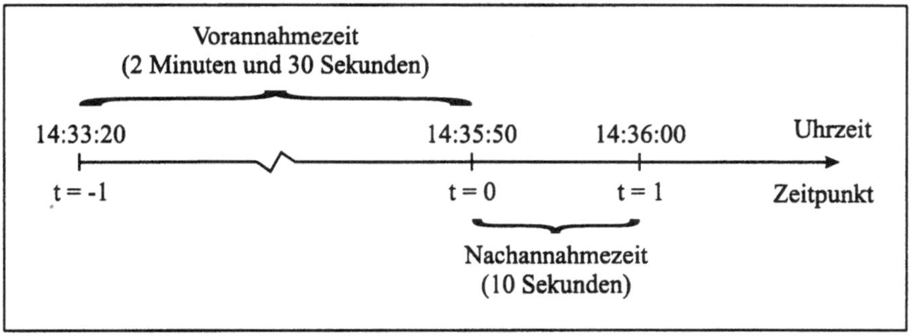

Die Nachannahmezeit gibt den Zeitraum an, der zwischen der betrachteten Gebotsannahme und der Abgabe des Folgegebots liegt. Das Folgegebot war im Beispiel erneut die Annahme eines Briefgebots und fand um 14:36:00 Uhr ($t = 1$) statt. Die Nachannahmezeit beträgt also 10 Sekunden. Die Nachannahmezeit könnte auch als *Reaktionszeit* aufgefasst werden, was die Betrachtung *reaktiver* Anleger nahelegen würde. Da Folgegebote aber nicht ausschließlich auf reaktive Anleger zurückzuführen sind, wird in dieser Arbeit der Ausdruck Nachannahmezeit verwendet.

---

1) Untersuchungen der Frage, wie lange Eingeber von limitierten Geboten bis zum Abschluss warten müssen, stammen von Schmidt und Küster Simic (1999b) und Küster Simic (2001), S. 139–153. Diese beiden Untersuchungen werden weiter unten in diesem Teil der Arbeit im Abschnitt C.II., S. 80–96, näher beschrieben. Abschlusswahrscheinlichkeiten limitierter Gebote in Abhängigkeit der Limithöhe für den Titel Ericsson an der Stockholm Stock Exchange sind aufgeführt bei Hollifield, Miller und Sandås (2004), S. 1031 f.

Abbildung 4: Vor- und Nachannahmezeit für das Beispiel aus Abbildung 2

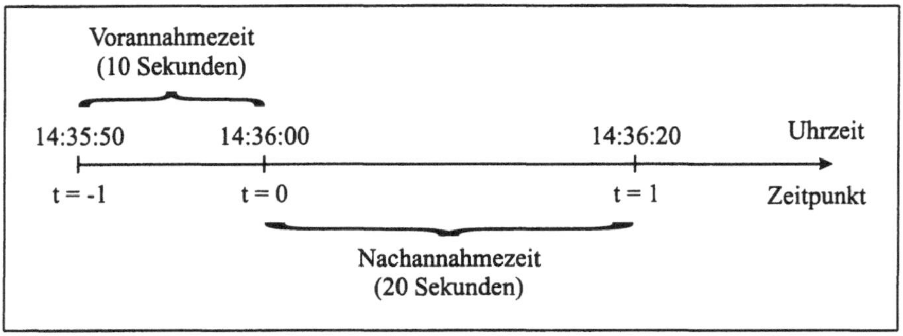

In Abbildung 4 werden die Vorannahmezeit und die Nachannahmezeit für jenen Kauf berechnet, der in Abbildung 2, S. 15, der Auslöser für ein Folgegebot war und um 14:36:00 Uhr ($t = 0$) stattfand. Das Vorgebot dazu war der Kauf um 14:35:50 Uhr aus dem eben aufgeführten Beispiel (im letzten Beispiel $t = 0$, jetzt $t = -1$). Es ergibt sich also eine Vorannahmezeit von 10 Sekunden, die exakt der Nachannahmezeit aus dem vorigen Beispiel entspricht. Das Folgegebot des Kaufs, der zum Zeitpunkt $t = 0$ stattfand, ist ein limitiertes Briefgebot, das um 14:36:20 Uhr in das Orderbuch eingestellt wurde. Also beträgt die Nachannahmezeit in diesem Beispiel 20 Sekunden.

In der eben beschriebenen Form könnten für jede Transaktion die Vorannahmezeit und die Nachannahmezeit berechnet werden. Für die Untersuchungen sind jedoch nur die Transaktionen relevant, nach denen ein Folgegebot abgegeben wird. Daher müssen auch bei den Berechnungen von Vor- und Nachannahmezeiten nur solche Transaktionen berücksichtigt werden. Unerheblich ist dagegen, von welchem Marktteilnehmer das Vorgebot kommt. Es kann von demselben Eingeber oder von anderen Eingebern stammen. Denn mit der Vorannahmezeit sollen ja gerade auch die Transaktionen mit einbezogen werden, die durch Betätigen der Abräumfunktion zustande kamen, also aufeinander folgende Transaktionen desselben Eingebers. Durch dieses Vorgehen wird dann jeweils die letzte einzelne Transaktion eines Eingebers erfasst, wenn ein Folgegebot vorliegt.

III. Orderbuchtransparenz und Bietverhalten

Es kam bereits zum Ausdruck, dass reaktive Anleger die Orderbuchlage in ihr Handeln mit einbeziehen. Dazu ist aber die Einsicht in das Orderbuch notwendig. Voraussetzung ist also Orderbuchtransparenz. Dieser Abschnitt dient der Erläuterung der Begriffe „Orderbuchtransparenz“ und „Bietverhalten“ sowie „orderbuchtransparenzbedingtes Bietverhalten“.

Zur Erklärung des Begriffs Orderbuchtransparenz ist es sinnvoll, sich die beiden Verfahren der börslichen Kursfeststellung vor Augen zu führen. Wesentliches Ziel der Börsenkursbildung ist die Ermittlung von qualifizierten Kursen.[1] Beide Grundmodelle der börslichen Preisbildung, nämlich der fortlaufende Handel zu Einzelkursen und die Feststellung von Gesamtkursen folgen gewöhnlich dem Auktionsprinzip.[2] Die bewertungsrelevanten Informationen werden über die Konkurrenz der Marktteilnehmer zusammengeführt. Durch Gebote können die Händler ihren Informationsstand in die Auktion einfließen lassen. Um den Prozess der Preisfindung effizient zu gestalten, werden die Kauf- und Verkaufsgebote in Orderbüchern in Form von limitierten Geboten gesammelt. „Aus Auktionssicht heißt das: Es wird Konkurrenz gespeichert.“[3]

---

1) Der qualifizierte Kurs (Gleichgewichtskurs) reflektiert im Gegensatz zum einfachen Kurs alle den Marktteilnehmern im Zeitpunkt des Abschlusses bekannten bewertungsrelevanten Informationen. Siehe Schmidt (1977), S. 386, sowie Schmidt und Prigge (2001), Sp. 395.

2) Genau genommen handelt es sich nur dann um eine Auktion, wenn mehr als ein Bieter um einen Abschluss konkurriert. Auf einem Händlermonopolmarkt findet also keine Auktion statt, er bildet insofern eine Ausnahme. Schmidt und Prigge (1995), Sp. 398. Zu den Verfahren der börslichen Kursfeststellung siehe z.B. Tilly (1975), S. 51–80, Schmidt (1977), S. 386–392, und Schmidt (1988), S. 10–12. Unterschiedliche Marktformen wurden bereits weiter oben betrachtet. Siehe hierzu u.a. auch Garman (1976), Schmidt (1977), Beja und Hakansson (1979), Garbade (1982), S. 419–466, Pagano und Röell (1992), Pagano und Röell (1996), Oesterhelweg (1998), Booth, Iversen, Sarkar, Schmidt und Young (1999) sowie Schmidt und Küster Simic (2000).

3) Schmidt und Küster Simic (2000), S. 138.

Die Orderbuchtransparenz erläutert, ob Informationen aus den Orderbüchern erkennbar sind. Es lassen sich drei Dimensionen abgrenzen:[1)]

- Welche Orderbuchinformationen sind zugänglich?
- Auf welche Weise sind die Orderbuchinformationen zugänglich?
- Wem sind die Orderbuchinformationen zugänglich?

Bei der Vielzahl von denkbaren Ausprägungen der drei Dimensionen wird schnell deutlich, dass es eine sehr große Anzahl verschiedener Ausgestaltungsmöglichkeiten von Orderbuchtransparenz gibt.[2)] Besonders die dritte Dimension spielt eine entscheidende Rolle. Zwischen den beiden Extremen des Händlermonopolmarktes und der offenen Börse sind theoretisch alle Abstufungen denkbar. Beim Handel über einen monopolistischen Kursmakler könnte möglicherweise nur dieser das Einsichtsprivileg besitzen. An der für alle Anleger offenen Börse gibt es dagegen keine besonderen Marktteilnehmer. Sie ist frei von Privilegien. Jedem Anleger stehen alle Informationen zur Verfügung.[3)][4)]

Da die empirischen Untersuchungen auf den Daten des Börsenhandelssystems IBIS beruhen, soll nun näher auf die spezielle Form der Orderbuchtransparenz dieses Handelssystems eingegangen werden.[5)] In IBIS wurden die Kurse konti-

---

1) Schmidt und Küster Simic (1999b), S. 222, und Küster Simic (2001), S. 10. Auch Oesterhelweg (1998), S. 73, betrachtet die Orderbuchtransparenz als mehrdimensionale Größe.

2) Zu verschieden Ausgestaltungen der Orderbuchtransparenz siehe insbesondere Küster Simic (2001), S. 14–16, und die dort angegebene Literatur.

3) Schmidt (2001), S. 399 f. Hier findet sich ein Überblick über das Spektrum von Börsen.

4) Syha (1998), S. 7 f., unterscheidet zwischen homogener und heterogener Orderbuchtransparenz. Stehen bei homogener Orderbuchtransparenz sämtlichen Marktteilnehmern die gleichen Informationen zur Verfügung, erhalten bei der heterogenen Form nur bestimmte Marktteilnehmer Privilegien.

5) Eine ausführliche Darstellung und Diskussion zur Orderbuchtransparenz am Beispiel von IBIS findet sich bei Küster Simic (2001), S. 10–20. Für andere Handelsverfahren sei z.B. verwiesen auf Madhavan (1992), O'Hara (1995), S. 252–260, Pagano und Röell (1996), S. 582–584, Pagano und Steil (1996), S. 31–36, und Madhavan (2000), S. 239–241.

nuierlich als Einzelkurse festgestellt. Die folgenden Informationen waren für alle Anleger, die Zugang zu einem Handelsbildschirm hatten,[1] in Echtzeit erkennbar:[2]

- Marktseite: Geld oder Brief
- Gebotsart: limitierte Gebote mit ihrer Limithöhe
- Stückzahl: Stückzahl für jedes Gebot
- Eingeber: Gebote von Maklern, die Courtage beanspruchten, wurden gekennzeichnet

Der Eingabezeitpunkt der einzelnen Gebote auf den IBIS-Handelsbildschirmen war nicht sichtbar. Damit bot sich für jene Anleger ein Vorteil, die den Handelsbildschirm aufmerksam beobachteten und über das Geschehen Buch führten. Dieses Verhalten kann insbesondere reaktiven Anlegern zugeschrieben werden.

Neben den Orderbuchinformationen wurden auch Informationen zu Kursen und Umsätzen veröffentlicht.[3] Abschlüsse, also Käufe und Verkäufe, erfolgten in IBIS durch die Annahme limitierter Gebote. Diese Transaktionen waren in IBIS nicht einzeln sichtbar, konnten jedoch über die folgenden Zusatzinformationen auf dem Handelsbildschirm verfolgt werden:[4]

- Letzter Abschluss: die Höhe des Kurses, die Uhrzeit und die Stückzahl

---

1) Daneben gab es Anleger, die über geringere Informationen verfügten, beispielsweise weil sie nur über ein Börsenmitglied am Handel teilnehmen konnten. Küster Simic (2001), S. 13 f.

2) Deutsche Börse (1996a), S. 71–74, und Küster Simic (2001), S. 11.

3) Die Gesamtheit von Orderbuch-, Kurs- und Umsatztransparenz wird auch als Markttransparenz bezeichnet. Siehe hierzu Oesterhelweg (1998), S. 72 f., und die dort zitierte Literatur. O'Hara (1995), S. 252, definiert: „Market transparency refers to the ability of market participants to observe the information in the trading process". Noch etwas weiter gefasst ist die Definition von Gerke, Bienert und Schroeder-Wildberg (1995), S. 228: „Der Begriff Markttransparenz bezeichnet die Verfügbarkeit von Informationen über das Marktgeschehen."

4) Deutsche Börse (1996a), S. 71–74.

- Bisherige Abschlüsse: die Anzahl der Abschlüsse des Tages und die kumulierte Zahl der bisher gehandelten Stücke

Daneben wurden aktuelle Mitteilungen der Börse wie Informationen über die Aussetzung des Handels einzelner Wertpapiere veröffentlicht.

Die Orderbuchtransparenz von IBIS bot also allen Marktteilnehmern die Möglichkeit, jene Orderbuchlagen zu erkennen, die in dieser Arbeit untersucht werden. Aus den zur Verfügung stehenden Informationen waren der Umfang von Transaktionen, der Zeitpunkt einer Transaktion und auch die Marktspanne erkennbar.

Nach der Klärung und Beschreibung des Begriffs Orderbuchtransparenz richtet sich jetzt die Aufmerksamkeit auf das Bietverhalten. Dem Bietverhalten gehen zwei strategische Entscheidungen des Anlegers voraus.[1)] Zunächst geht es um die Wahl der Anlagestrategie. Es wird zwischen aktiven und passiven Anlagestrategien unterschieden.[2)] Aktiven Anlagestrategien liegt die Annahme zu Grunde, dass die Aktienkurse nicht immer alle relevanten Informationen vollständig enthalten. Eigene Kursprognosen können sich daher lohnen.[3)] Passive Anlagestrategien hingegen beruhen auf der Annahme informationseffizienter Märkte. Es existiert keine unverarbeitete Information, die es einem Marktteilnehmer erlaubte, auf Basis einer eigenen Kursprognose systematisch eine höhere Rendite zu erzielen als andere Marktteilnehmer.[4)]

---

1) Eine detaillierte Darstellung strategischen Verhaltens auf Finanzmärkten findet sich z.B. bei Schwartz und Whitcomb (1988), S. 48–68, und bei O'Hara (1995), S. 89–151.

2) Abgrenzungen von aktiven und passiven Anlagestrategien geben Gray (1983), S. 399–416, Sharpe, Alexander und Bailey (1995), S. 207 f. und S. 888–890, sowie Bodie, Kane und Marcus (2005), S. 378–381 und S. 519. Siehe auch ebenda, S. 981–1003, die Ausführungen zum aktiven Wertpapiermanagement. Die Vor- und Nachteile aktiver und passiver Anlagestrategien im Zusammenhang mit Transaktionskosten untersuchen Gombert, Schleef und Zurek (2001).

3) Sharpe, Alexander und Bailey (1995), S. 889 und S. 891.

4) Vertin (1983), S. 113. Zur Erörterung der Informationseffizienz von Finanzmärkten siehe die Arbeiten von Fama (1965), Fama (1970) sowie Fama (1991). Einen Überblick über empirische Befunde zur These der schwachen Informationseffizienz bietet Oehler (1995), S. 276–294.

Unmittelbar an die Wahl der Anlagestrategie schließt sich die Frage nach deren Umsetzung an. Dies geschieht wieder in zwei Schritten. Im ersten Schritt muss der Anleger festlegen, in welcher Form er seine Handelswünsche äußert, d.h. er muss sich für eine Handelsstrategie entscheiden.[1] Im zweiten Schritt setzt er entweder die gewählte Handelsstrategie direkt durch die Abgabe eines Gebots um, oder er wartet zunächst ab und beobachtet lediglich den Markt.[2] Das Bietverhalten umfasse die Abgabe oder Annahme eines Gebots, die spätere Löschung oder Änderung eines noch nicht ausgeführten Gebots sowie das Warten und Beobachten des Marktes.[3]

Die Wahl der Handelsstrategie und damit einhergehend auch das Bietverhalten sind komplexere Vorgänge, als es auf den ersten Blick erscheinen mag. Wie bei der Anlagestrategie wird auch bei der Handelsstrategie häufig zwischen einer aktiven und einer passiven Strategie unterschieden.[4] Es gibt aber nicht nur diese beiden Ausprägungen, vielmehr existieren verschiedene Abstufungen.[5] Wählt der Anleger in IBIS eine sehr aktive Strategie und damit den einen Pol des Spektrums, setzt er seinen Handelswunsch durch die Annahme von Geboten um. Er ist Liquiditätsnachfrager.[6] Wollte ein Anleger in IBIS beispielsweise sofort kaufen, war

---

1) Keim und Madhavan (1995), S. 375, Harris und Hasbrouck (1996), S. 375, und Oesterhelweg (1998), S. 16.

2) Cohen, Maier, Schwartz und Whitcomb (1981), S. 294.

3) Küster Simic (2001), S. 17, der allerdings das Löschen von Geboten nicht explizit unter dem Begriff Bietverhalten erfasst.

4) Schwartz und Whitcomb (1988), S. 48, Wagner (1989), S. 116, Wagner und Schulman (1994), S. 25 f., Keim und Madhavan (1995), S. 375, sowie Oesterhelweg (1998), S. 16.

5) Keim und Madhavan (1995), S. 392, nennen beispielsweise vier Strategien von sehr aktiv bis sehr passiv.

6) Die Sichtweise, die Abgabe limitierter Gebote grundsätzlich als Liquiditätsangebot und die Annahme von Geboten immer als Liquiditätsabsorption anzusehen, findet sich fast in der gesamten Literatur. Eine andere Sichtweise vertreten Schmidt und Küster Simic (1999a), S. 531. In Ansätzen findet sie sich bereits in älteren Arbeiten, siehe z.B. Admati und Pfleiderer (1991), S. 448, sowie Biais, Hillion und Spatt (1995), S. 1657. Diese alternative Betrachtungsweise von Liquiditätsangebot und Liquiditätsnachfrage wird ausführlich in Abschnitt C.II., S. 80–96, weiter unten in diesem Teil der Arbeit behandelt.

das gleichbedeutend mit der Annahme des besten Briefgebots.[1][2] Entschied sich der kaufwillige Anleger dagegen für eine weniger aktive oder gar passive Strategie, stellte er ein limitiertes Geldgebot in das Orderbuch und war damit Liquiditätsanbieter. Je niedriger er dabei sein Geldgebot limitierte, desto passiver konnte sein Verhalten angesehen werden.[3] Unterschieden werden in der Literatur bei der Einteilung von Limithöhen zumeist mindestens folgende drei Arten: Limitieren über, genau in Höhe und unter dem besten Gebot.[4]

In dieser Arbeit wird die Einteilung der Limithöhen an zwei Kriterien festgemacht. Erstens wird das dem limitierten Gebot vorhergehende beste Gebot der gleichen Marktseite berücksichtigt. Und zweitens wird bei limitierten Geboten, die die Marktspanne verengen – so genannten marktspannenverengenden Geboten – danach unterschieden, ob sie die unmittelbar vor ihrer Abgabe geltende Marktspanne um mindestens 50% oder weniger als 50% verengt haben.[5] Grundsätzlich gilt: Je näher ein Limit an die Marktgegenseite gestellt wird, desto attraktiver ist es einzuschätzen. Im Zusammenhang mit der Limithöhe soll die Attraktivität eines Limits näher charakterisiert werden. Die drei oben beschriebenen Arten (Limitieren über, genau in Höhe und unter dem besten Gebot) werden um eine zusätzliche ergänzt und in vier Limitattraktivitätsklassen eingeteilt:[6]

---

1) War das beste Briefgebot für weniger Stücke als gewünscht gut, musste auf die nächstbesten Briefgebote zugegriffen werden. War es für mehr Stücke gut, wurde es um die angenommene Stückzahl reduziert.

2) Auf die Vor- und Nachteile limitierter Gebote mit unterschiedlicher Limithöhe auf der einen Seite sowie die Annahme von Geboten auf der anderen Seite wird später in Abschnitt B.I., S. 37–44, eingegangen.

3) Wagner (1989), S. 118–122, Küster Simic (2001), S. 20 f., und Oesterhelweg (1998), S. 18 f.

4) Biais, Hillion und Spatt (1995), S. 1668 f., und Oesterhelweg (1998), S. 18 f. Andere Kategorisierungen finden sich bei Wagner (1989), S. 118–122, Harris und Hasbrouck (1996), S. 215, Schmidt und Küster Simic (2000), S. 152–157, sowie Küster Simic (2001), S. 20 f.

5) Geld-Brief-Spannen, insbesondere Marktspannen, beschreibt Abschnitt C.I.1., S. 63–77, weiter unten in diesem Teil der Arbeit.

6) Die Bezeichnung Limitattraktivitätsklasse geht zurück auf Schmidt und Küster Simic (2000), S. 155 f., sowie Küster Simic (2001), S. 20 f. und S. 182–184. Die dort gemachte Einteilung ist leicht abweichend von der hier durchgeführten. Für die Gründe, die die hier verwendete Aufteilung sinnvoll und notwendig machen, wird an diese Stelle auf den Fortgang der Arbeit verwiesen.

- Als **sehr attraktiv limitiertes Geldgebot oder Briefgebot** wird ein Gebot bezeichnet, wenn es die Marktspanne um mindestens 50% verengt.
- Ein marktspannenverengendes Geld- oder Briefgebot, das die Marktspanne um weniger als 50% verengt, wird **attraktiv limitiertes Geldgebot oder Briefgebot** genannt.
- Ein Geldgebot (Briefgebot), das genau in Höhe des besten Geldgebots (Briefgebots) limitiert wird, gelte als **noch attraktiv limitiertes Geldgebot (Briefgebot)**.
- Wird ein Geldgebot (Briefgebot) unter (über) dem besten Geldgebot (Briefgebot) limitiert, so sei es als **nicht attraktiv limitiertes Geldgebot (Briefgebot)** bezeichnet.

Abbildung 5 verdeutlicht die Einteilung in Limitattraktivitätsklassen noch einmal grafisch. In diesem Beispiel ist ein neu eingestelltes Geldgebot mit einem Limit von weniger als DM 30,10 ein nicht attraktiv limitiertes Geldgebot. Ein nicht attraktiv limitiertes Briefgebot besitzt dagegen ein Limit, das größer ist als DM 30,50. Wird das Geldgebot (Briefgebot) dagegen genau mit DM 30,10 (DM 30,50) limitiert, so ist es noch attraktiv. Als attraktiv gilt das Geldgebot wenn es die Marktspanne verengt, aber um weniger als 50%. Für Geldgebote ergibt sich daraus eine Spannweite des Limits von mehr als DM 30,10 bis unter DM 30,30. Handelt es sich um Briefgebote, so ergibt sich ein Wertebereich von größer als DM 30,30 bis weniger als DM 30,50. Schließlich werden Gebote, die die Marktspanne um mindestens 50% verengen, als sehr attraktiv bezeichnet; das sind Geldgebote mit einem Limit von mindestens DM 30,30 und Briefgebote mit einem Limit von maximal DM 30,30.

Abbildung 5: Einteilung von Geldgeboten und Briefgeboten über die Höhe ihrer Limite in Limitattraktivitätsklassen

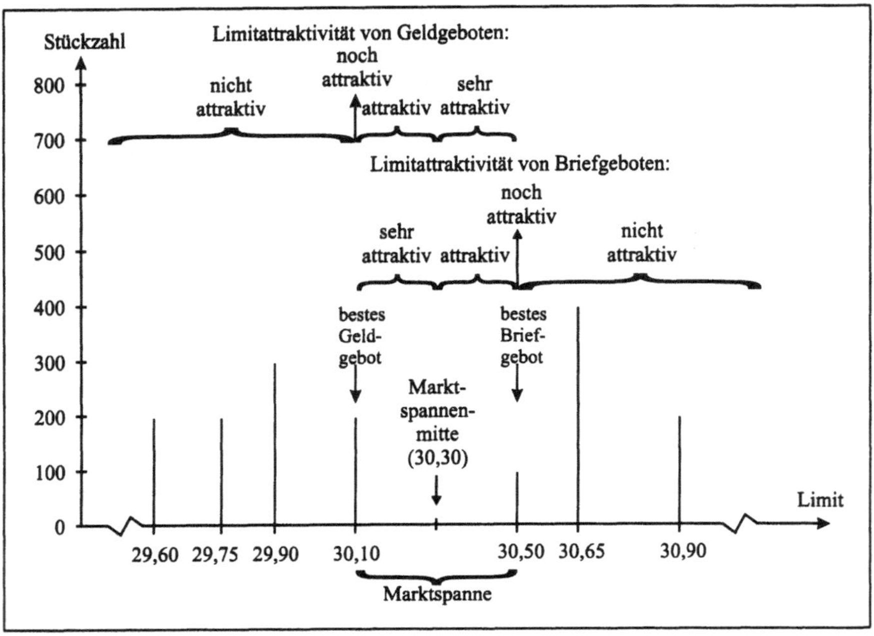

Die Entscheidung über die Handelsstrategie lässt sich aber nicht bloß auf die Wahl zwischen aktiver und passiver Strategie reduzieren.[1] Beispielsweise muss die Stückzahl festgelegt werden.[2] Fällt die Wahl auf die Abgabe limitierter Gebote, ist außerdem zu überlegen, ob nur ein Gebot eingestellt werden soll oder ob Staffelgebote, d.h. mehrere Gebote mit unterschiedlichen Limiten und/oder Stückzahlen abgegeben werden sollen. Wie bereits erwähnt, kann der Anleger den

---

1) Verschiedene Fragen im Zusammenhang mit der Handelsstrategie behandelt Harris (1997), S. 1.

2) Oesterhelweg (1998), S. 23, unterscheidet Anleger nach ihrem Transaktionsumfang in vier Klassen (kleine Transaktionen, Standardtransaktionen, große Transaktionen und Blocktransaktionen). Küster Simic (2001), S. 18, Fußnote 2, sieht die Stückzahl jeweils als exogen vorgegeben an und grenzt sie im Rahmen der Betrachtung des Bietverhaltens aus.

Markt zunächst auch nur beobachten und erst später sein Gebot abgeben. Es stellt sich daher die Frage nach dem Zeitpunkt der Gebotsabgabe. Auch kann die Wahl des Börsenplatzes zur Debatte stehen. Könnte der Anleger die spezielle Marktarchitektur von IBIS verlassen, stünden ihm u.U. andere Instrumente zum Bieten zur Verfügung, beispielsweise bei einer Auktion zur Feststellung von Gesamtkursen.[1)] Daneben können die vorhandenen Bietmöglichkeiten an derselben Börse von unterschiedlichen Anlegern[2)] ganz verschieden eingesetzt werden. Es gilt daher *handelsverfahrenspezifische* und *anlegerspezifische* Determinanten zu unterscheiden.[3)]

Hinsichtlich der *Differenzierung von Anlegern* wurden bereits unterschiedliche Anlage- und Handelsstrategien skizziert. Eng mit der Anlagestrategie eines Anlegers ist sein Handelsmotiv verknüpft. Unterschieden wird häufig nach informierten und nicht informierten Anlegern.[4)][5)] Für die informierten Anleger findet sich auch der Ausdruck „informationsmotivierte Anleger". Uninformierte Anleger werden üblicherweise auch als „liquiditätsmotivierte Anleger" bezeichnet.[6)] Zudem können Anleger nach der Depotstruktur segmentiert werden.[7)] Weiter wird unterschieden, ob die Anleger über Schutzmöglichkeiten und Erfahrungen hinsichtlich

1) In Xetra werden solche Gebote mit dem Zusatz „auction only" versehen. Bei einer Auktion zu Gesamtkursen hat der Anleger nicht die Möglichkeit, direkt auf ein limitiertes Gebot zuzugreifen.

2) Eine Typisierung der Anleger findet sich bei Oesterhelweg (1998), S. 27–32, sowie Küster Simic (2001), S. 36 f.

3) Küster Simic (2001), S. 22 und S. 25–37.

4) Stützel (1960), S. 952, Bagehot (1971), S. 13 f., O'Hara (1995), S. 53–57, und Küster Simic (2001), S. 32. Weitere Einteilungsmöglichkeiten finden sich z.B. bei Oesterhelweg (1998), S. 11–15, oder Harris (2003), S. 176–201.

5) Der hinter Geboten vermutete Informationsgehalt und das dahinter stehende Handelsmotiv wird im folgenden Kapitel näher untersucht.

6) Siehe z.B. Bagehot (1971), S. 13 f., oder Admati und Pfleiderer (1988), S. 4 f.

7) Unterschieden werden kann nach Anlegern, die bevorzugt mit Standardwerten oder Nebenwerten handeln. Oesterhelweg (1998), S. 26, und Küster Simic (2001), S. 35 f.

der beiden Transaktionsrisiken, dem Informations- und dem Realisationsrisiko, verfügen.[1)]

Die *handelsverfahrenspezifischen Determinanten* finden sich in den Strukturelementen eines Handelsverfahrens wieder.[2)] Einen Einfluss auf das Bietverhalten haben die bereits erwähnten Grundmodelle der börslichen Preisbildung und in diesem Zusammenhang die Handelsfrequenz, die Anzahl der Bietstufen[3)], der Ausführungsalgorithmus[4)] und der Grad der Automatisierung[5)]. Neben diesen Kriterien hat auch der Grad der Orderbuchtransparenz Auswirkungen auf das Bietverhalten von Anlegern.[6)] Abbildung 6 fasst die anleger- und handelsverfahrenspezifischen Determinanten des Bietverhaltens zusammen.

---

1) Oesterhelweg (1998), S. 23–25, und Küster Simic (2001), S. 33 f. Informationsrisiken liegen vor, wenn für einen Anleger die Gefahr besteht, dass er seine Transaktionsentscheidungen auf Grund unvollständiger oder sogar falscher Information trifft. Realisationsrisiken unterliegt ein Anleger, wenn er sich der fehlerlosen Realisation seiner Transaktionsentscheidung nicht sicher sein kann. Schmidt (1977), S. 22–26, und Schmidt (1983), S. 194 f.

2) Schmidt (1970), S. 114, Oesterhelweg (1998), S. 61–63, und Küster Simic (2001), S. 25–31.

3) Küster Simic (2001), S. 27 f. Zur Anzahl von Bietstufen siehe Schmidt, Oesterhelweg und Treske (1997), S. 394 f., Schmidt und Küster Simic (1999a), S. 525, sowie Schmidt und Küster Simic (1999b), S. 234.

4) Der Ausführungsalgorithmus der Abschlüsse entsprach in IBIS der bereits beschriebenen Annahme von limitierten Geboten.

5) Handelsverfahren können in den verschiedenen Phasen (von der Ordereingabe bis zur Abwicklung) unterschiedlich automatisiert sein. IBIS galt als nahezu vollständig automatisiert und wurde bereits als Computerbörse oder elektronisches Handelssystem bezeichnet. Gerke (1993), S. 726 f., Schmidt, Iversen und Treske (1993), S. 209–211, und Oesterhelweg (1998), S. 80 f.

6) Ausführliche Untersuchungen des Anlegerverhaltens bei unterschiedlichen Transparenzgraden des Orderbuchs finden sich bei Gerke, Bienert und Schroeder-Wildberg (1995), Syha (1998) und Küster Simic (2001).

Abbildung 6: Determinanten des Bietverhaltens

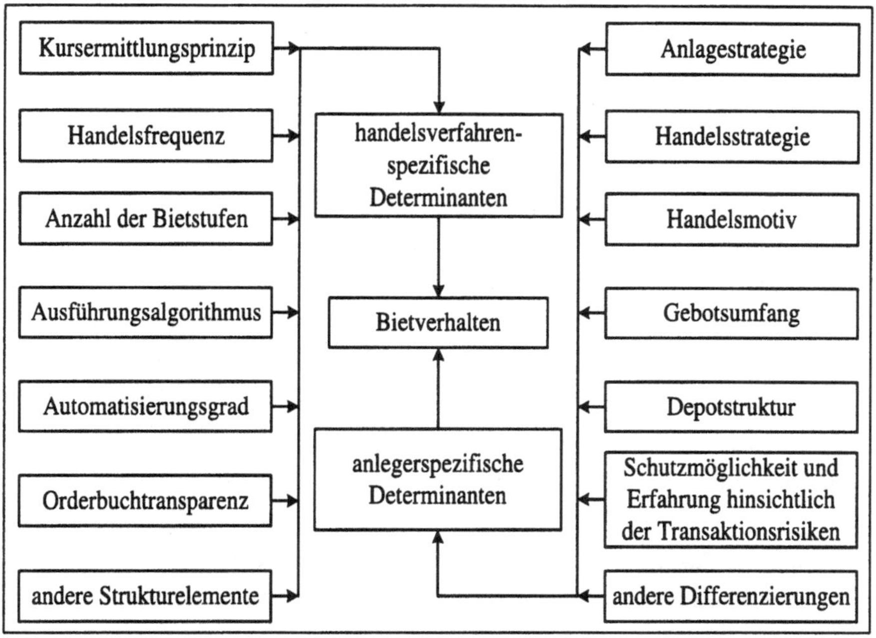

Eine für diese Arbeit wichtige handelsverfahrenspezifische Determinante des Bietverhaltens ist der Grad der Orderbuchtransparenz. Ein Anleger kann sein Bietverhalten davon abhängig machen, welche Informationen ihm selbst, aber auch anderen Anlegern über das Orderbuch zugänglich sind.[1] Er gibt dann ein transparenzbedingtes Gebot ab.[2] Bei der Abgabe eines solchen Gebots kann ein Anleger A aber auch die Reaktionen der anderen Anleger auf sein Gebot in sein Kalkül einbeziehen. Wenn die anderen Anleger mit dieser Überlegung des Anlegers A rechnen, wird sich das auf ihre Reaktionen auswirken. Der Anleger A wird auch das antizipieren und bei der Abgabe des ersten Gebots berücksichtigen usw. Diese Kette von Abhängigkeiten läßt sich beliebig fortführen und macht deutlich,

---

1) Küster Simic (2001), S. 22.

2) Schmidt und Küster Simic (2000), S. 152 f., und Küster Simic (2001), S. 23.

dass jede Art von Bietverhalten, auch die Nichtabgabe eines Gebots, Einfluss auf die Entscheidung anderer Anleger haben kann.[1)][2)]

IV. Liquidität

Die Attraktivität von Wertpapiermärkten und damit ihre Akzeptanz bei den Anlegern ist maßgeblich qualitätsbestimmt. So einfach diese Aussage auch klingen mag, schwierig ist es, die Marktqualität zu beurteilen. Zahlreiche Parameter und Faktoren, die zudem Gemeinsamkeiten und Interdependenzen aufweisen, erschweren eine einheitliche Definition.[3)] In der Literatur werden Qualitätsmerkmale genannt wie Abwicklung, Bewertungseffizienz, Fairness, Informationseffizienz, Liquidität, Marktzutrittsmöglichkeiten, Preisstabilität, Produktpalette, Regulierung, Sofortigkeit, Transaktionskosten, Transparenz und Volatilität.[4)] Eine optimale Ausprägung sämtlicher Faktoren gleichzeitig erscheint auf den ersten Blick fast unmöglich, insbesondere da einzelne Anleger unterschiedliche Ausprägungen eines Merkmals als optimal ansehen können. Um dieses Problem zu lösen, wird ein geeignetes Verfahren benötigt, dass die Zielkriterien auf einen mehrdimensionalen Maßstab abbildet. Zwei solcher Verfahren zur Beurteilung von Finanzmärkten sind das Konzept der Verfahrenseffizienz von Schmidt[5)] und das Zielsystem von

---

1) Küster Simic (2001), S. 23 f., betrachtet zwei Wirkebenen der Orderbuchtransparenz. In der ersten berücksichtigt der Anleger die Orderbuchlage und ihre Entwicklung. In der zweiten berücksichtigt er auch das Bieten der anderen Anleger in Folge des offenbarten Gebots.

2) Denkbar ist also auch eine spieltheoretische Betrachtung des Bietverhaltens. Eine solche Untersuchung ist aber nicht Gegenstand der vorliegenden Arbeit.

3) Oesterhelweg (1998), S. 33.

4) Einige oder alle dieser Merkmale finden sich bei Schmidt (1977), S. 7–38, Amihud und Mendelson (1986), S. 44, Cohen, Maier, Schwartz und Whitcomb (1986), S. 5, Breuer (1990), S. 326, Schwartz (1995), S. 3–6, Grelck (1997), S. 1, Rudolph und Röhrl (1997), S. 169 f., Oesterhelweg (1998), S. 33, sowie Cohen und Schwartz (2003), S. 61–65.

5) Schmidt (1977), S. 1–38 und S. 372–385, sowie Schmidt (1988), S. 5–28. Grundlagen zum Konzept der Verfahrenseffizienz liefert Schmidt (1970). Ausführungen hierzu machen beispielsweise auch Iversen (1994), S. 10–21, und Oesterhelweg (1998), S. 34–38.

Schiereck.[1)][2)] Beide Methoden stellen die Liquidität als bedeutendes Merkmal heraus. Diese Auffassung teilt nahezu die gesamte Literatur.[3)] Demnach ist die Liquidität eine der wichtigsten Voraussetzungen für die Marktqualität und damit essentiell für die Attraktivität und Akzeptanz eines Marktes bei den Anlegern.[4)] Anleger bevorzugen Märkte mit einer hohen Liquidität vor allem deshalb, weil auf einem liquiden Markt der Kauf und Verkauf von Wertpapieren zu geringeren Kosten möglich ist als an einem Markt, der c.p. weniger Liquidität aufweist.

Auch in dieser Arbeit wird die Liquidität von Wertpapieren beurteilt, indem untersucht wird, mit welchem Bietverhalten in Form von Liquiditätsangebot oder Liquiditätsnachfrage nach der Annahme von Geboten maßgeblich zu rechnen ist. Dazu wird im Folgenden zunächst eine Definition des Begriffs der börslichen Liquidität gegeben. Darauf aufbauend stellt Kapitel C., S. 63–96, weiter unten in diesem Teil der Arbeit ausgewählte Liquiditätsmaße vor (Abschnitt C.I.), um abschließend die Komponenten der Liquidität näher untersuchen zu können (Abschnitt C.II.).

So häufig Liquidität in der Literatur als wichtigste Determinante der Marktqualität angesehen wird, so viele Definitionen von Liquidität scheinen sich finden zu lassen. Einen sehr umfassenden Liquiditätsbegriff definieren Schmidt und Iversen:[5)]

---

1) Schiereck (1995). Ergänzungen sind zu finden bei Schiereck (1996a), Schiereck (1996b) sowie Schiereck und Weber (1996).

2) Eine ausführliche Gegenüberstellung und Würdigung des Zielsystems von Schiereck und des Konzepts der Verfahrenseffizienz von Schmidt führt Oesterhelweg (1998), S. 42–48, durch.

3) Stellvertretend seien genannt Garbade (1982), S. 419–422, Amihud, Ho und Schwartz (1985), S. 4, Schmidt (1992a), S. 116, Handa und Schwartz (1996a), S. 44, und Theissen (1999), S. 225.

4) Dies bestätigt auch das Ergebnis einer Befragung von Mitgliedern der Wertpapierbörsen in Frankfurt, London und Zürich. Der Aufbau dieser Befragung findet sich bei Schiereck (1995), S. 63–78. Zu den Ergebnissen siehe ebenda, S. 79–171.

5) Schmidt und Iversen (1991), S. 210.

„Ein Wertpapier weist dann die Eigenschaft Liquidität auf, wenn es jederzeit sofort in kleinen oder großen Mengen ohne nennenswerten Aufschlag oder Abschlag vom marktgerechten Kurs gekauft oder verkauft werden kann.“

Aus dem Liquiditätsbegriff von Schmidt und Iversen lassen sich drei fundamentale Definitionselemente der Liquidität ableiten:

- **Sofortigkeit** („jederzeit“ und „sofort“)
  Auf einem liquiden Markt kann ein Wertpapier zu jedem Zeitpunkt ohne Verzögerung gehandelt werden. In IBIS war das immer dann der Fall, wenn limitierte Geld- und Briefgebote im Orderbuch standen.

- **Preis der Dienstleistung Sofortigkeit** („ohne nennenswerten Aufschlag oder Abschlag vom marktgerechten Kurs“)
  Die Abschlüsse sollen nicht nur „jederzeit“ und „sofort“, sondern auch zu einem angemessenen Preis, also „ohne nennenswerten Aufschlag oder Abschlag vom marktgerechten Kurs“, ausgeführt werden. Wird der Sichtweise der vorliegenden Arbeit gefolgt, kann auf einem Anlegerauktionsmarkt wie IBIS die Marktspannenmitte als marktgerechter Kurs oder Gleichgewichtskurs angesehen werden.[1] Käufe und Verkäufe sind auf einem solchen Markt ausschließlich zum besten Brief- bzw. Geldkurs möglich. Somit entspricht der beim Abschluss zu zahlende Preis für die Dienstleistung Sofortigkeit der Halbspanne – also beim Kauf der Differenz aus dem besten Briefgebot und der Marktspannenmitte und beim Verkauf der Differenz zwischen der Marktspannenmitte und dem besten Geldkurs.[2] Bei einem liquiden Wertpapier ist dieser Preis klein

1) Siehe hierzu Fußnote 5 auf S. 16.

2) Diese Differenz als Zuschlag oder „liquidity premium“ anzusehen, findet sich z.B. auch bei Lee (1993), S. 1018. Auch in neueren Arbeiten wird dieser Auffassung gefolgt, so beschreibt beispielsweise Harris (2003), S. 71: „The spread – actually the half spread – is the price traders pay for immediacy when using market orders.“ Eine market order ist dabei genau die hier beschriebene Form eines Auftrags zur Annahme des besten limitierten Gebots. Formal gibt Gleichung (5) diesen Zuschlag wieder, siehe Abschnitt C.I.1.a), S. 68, weiter unten in diesem Teil der Arbeit.

und weist eine geringe Schwankungsbreite auf. Hervorzuheben ist, dass der Gleichgewichtskurs sehr wohl schwanken darf. Zu unterscheiden ist nämlich zwischen transitorischen und permanenten Preisänderungen.[1] Die transitorischen Preisänderungen kommen durch die Unausgeglichenheit von Angebot und Nachfrage zustande. Die permanenten werden durch neue, den Fundamentalwert beeinflussende Informationen ausgelöst. Liquide Märkte erfordern geringe transitorische Preisänderungen. Hohe permanente Preisänderungen hingegen treten auch auf Märkten mit hoher Liquidität auf. Es ist jedoch nicht immer einfach, transitorische und permanente Preisänderungen voneinander zu trennen.[2]

- **Umfang der Transaktion und der Dienstleistung Sofortigkeit** („kleine oder große Mengen")
  Besonders der Umfang eines Auftrages hat einen wesentlichen Einfluss auf die transitorischen Preisänderungen.[3] Ein liquider Markt zeichnet sich dadurch aus, dass dort kleine und große Aufträge abgewickelt werden können.[4]

Liquidität ist also ein mehrdimensionaler Begriff. Die drei Definitionselemente „Sofortigkeit", „Preis der Dienstleistung Sofortigkeit" und „Umfang der Transaktion und der Dienstleistung Sofortigkeit" lassen sich über vier so genannte Dimensionen der Liquidität abbilden.[5] Als Liquiditätsdimensionen lassen sich Weite

---

1) Hasbrouck (1990), S. 240, Holthausen, Leftwich und Mayers (1990), S. 72, Oesterhelweg und Schiereck (1996), S. 391, sowie Madhavan (2000), S. 219 f.

2) Hasbrouck (1988), S. 243 f., Brunner (1996), S. 5, sowie Almgren und Chriss (1998), S. 5–9.

3) Untersuchungen zum Einfluss von großen Aufträgen auf transitorische und permanente Preisänderungen machen beispielsweise Dann, Mayers und Raab (1977), Holthausen, Leftwich und Mayers (1987), Holthausen, Leftwich und Mayers (1990), Gemmill (1996) sowie Keim und Madhavan (1996). Zudem sei verwiesen auf Madhavan (2000), S. 219 f., und die dort angegebene Literatur. Der Einfluss bestimmter Umfänge auf das Bietverhalten von Anlegern wird untersucht in Abschnitt B.II., S. 44–52, in diesem Teil der Arbeit sowie in Teil II im Abschnitt C.II., S. 154–186.

4) Darstellungen und Gestaltungsvorschläge für den Handel von Großaufträgen, dem so genannten Blockhandel finden sich bei Gerke und Rasch (1992), Gerke (1995) sowie Gomber und Kirchner (2001).

5) Harris (1990), S. 3, sowie Schmidt und Iversen (1991), S. 210.

(width),[1] Tiefe (depth), Erneuerungskraft (resiliency) und Zeit (immediacy) abgrenzen. Die Weite wird am besten Geld- oder Briefkurs festgemacht und bezieht sich auf die Kosten des sofortigen Abschlusses. Sie ist also mit den Definitionselementen Preis und Sofortigkeit verknüpft und misst die Kosten der Liquidität beim sofortigen Kauf oder Verkauf einer Aktie. In IBIS entsprach sie mithin der halben Marktspanne. Die Dimension der Tiefe berücksichtigt, dass bei umfangreicheren Käufen (Verkäufen) höhere Zuschläge (Abschläge) hingenommen werden müssen, weil Geld- und Briefgebote nur für bestimmte Stückzahlen gültig sind. Sie stellt also das Definitionselement der Auftragsgröße dar und gibt an, wieviele Stücke bei vorgegebenen Brief- oder Geldkursen gekauft bzw. verkauft werden können. Die Erneuerungskraft bildet die Definitionselemente Preis der Dienstleistung Sofortigkeit und Auftragsgröße ab. Auf einem erneuerungsfähigen Markt wird eine transitorische Erhöhung der Geld-Brief-Spanne schnell wieder abgebaut. Wurde beispielsweise durch einen Großauftrag die Mehrzahl der limitierten Gebote abgeräumt, folgen bei hoher Erneuerungskraft schnell neue Gebote, die die Marktspanne und damit den Preis für die Sofortigkeit verkleinern. Das Liquiditätselement der Zeit steht in Bezug zur Sofortigkeit und misst, wie schnell ein Auftrag bei gegebenen Kosten und gegebener Stückzahl ausgeführt werden kann.[2]

---

[1] Von manche Autoren wird die Dimension Weite (width) abweichend mit Enge (tightness) bezeichnet. Siehe Kyle (1985), S. 1316, sowie Engle und Lange (1997), S. 1 f.

[2] Die Anzahl und die Bezeichnung der Liquiditätsdimensionen ist in der Literatur nicht einheitlich. Abweichende von den hier gemachten Darstellungen finden sich z.B. bei Garbade (1982), S. 420 f., Bernstein (1987), S. 55, Hasbrouck und Schwartz (1988), S. 10, Schwartz (1988), S. 36, Hasbrouck (1990), S. 235, Lassak (1991), S. 77, Schwartz (1991), S. 127, und Harris (2003), S. 398–400.

B. Abschlusskursvorteil, Informationsgehalt und Bietverhalten

I. Transaktionen und limitierte Gebote

Üblicherweise findet der Handel an den Börsen und in den Handelssystemen anonym statt.[1] Auch in IBIS wurden die Eingeber nicht veröffentlicht. Möchte ein Anleger trotzdem Rückschlüsse auf das Handelsmotiv anderer Anleger ziehen, also beispielsweise darauf, ob Aufträge liquiditätsmotiviert oder informationsmotiviert sind, muss er daher anders vorgehen. Letztlich bleibt nur die Möglichkeit, das Orderbuch zu beobachten und anhand seiner Dynamik, d.h. über die eingehenden Gebote und Transaktionen durch Erfahrungswerte zu entscheiden, welches Motiv sich vermutlich hinter den einzelnen Aufträgen verbirgt. Ein wichtiger Anhaltspunkt kann die Handelsstrategie sein, die sich dadurch zeigt, dass entweder Gebote mit gewissen Limiten abgegeben oder angenommen wurden. Bevor jedoch näher darauf eingegangen wird, welche Informationen über das Handelsmotiv mit limitierten Geboten oder Transaktionen verknüpft sein können und welche Konsequenzen sich daraus für das Bietverhalten ergeben können, bietet es sich an, mögliche Gründe für die Annahme bzw. die Abgabe von Geboten darzustellen.

Zunächst sei auf die limitierten Gebote eingegangen. Regelmäßig gilt: Je näher das Limit eines Gebots an die Marktgegenseite gestellt wird, desto höher ist c.p. die Abschlusswahrscheinlichkeit, desto kürzer ist c.p. die Wartezeit bis zum Abschluss und desto geringer ist c.p. der Abschlusskursvorteil.[2] Sind die Geld- und Briefgebote erkennbar, z.B. in einem Handelssystem mit einer Struktur wie sie IBIS aufweist, ist der potentielle Abschlusskursvorteil eines limitierten Gebots

---

1) An einigen Börsen, z.B. in Paris, ist die Identität über einen Code erkennbar.

2) Cohen, Maier, Schwartz und Whitcomb (1981), S. 294–297, Cohen, Maier, Schwartz und Whitcomb (1986), S. 103–106, und Küster Simic (2001), S. 59 f. Wartezeit und Abschlusswahrscheinlichkeit von limitierten Geboten untersuchen Schmidt und Küster Simic (1999b), die empirischen Ergebnisse dieser Studie werden ausführlich vorgestellt weiter unten in diesem Teil der vorliegenden Arbeit in Abschnitt C.II., S. 80–96.

einfach zu berechnen. Er ergibt sich aus der absoluten Differenz zwischen dem gewünschten Limit und dem Limit des besten Gebots der Marktgegenseite.[1] Wie lang oder hoch dagegen die Wartezeit bzw. die Abschlusswahrscheinlichkeit ausfallen, ist auf den ersten Blick nicht offensichtlich. Ausführlich wird dieser Frage erst im nächsten Kapitel der vorliegenden Arbeit nachgegangen.[2] An dieser Stelle bietet es sich aber an, der Darstellung ein wenig vorzugreifen. Sofern erforderlich, werden deswegen einige Überlegungen zu dieser Thematik im Folgenden bereits ansatzweise aufgegriffen.

Zunächst wird das Limitieren innerhalb der Marktspanne betrachtet. Schmidt und Küster Simic[3] haben dazu die Einstellquoten marktspannenverengender Gebote von 105 Aktien in IBIS in den Monaten Januar, Februar und März 1996 berechnet. Abbildung 9, S. 85, gibt die Anteile wieder.[4] Es zeigt sich, dass ein relativ hoher Anteil der dargestellten Gebote die Marktspanne nur wenig verengt. Viele Geldgebote (Briefgebote) werden also nur knapp über (unter) dem besten Geldgebot (Briefgebot) limitiert.[5] Werden der Abschlusskursvorteil und die Abschlusswahrscheinlichkeit simultan betrachtet, lässt sich dieses Bietverhalten mit der Ausführungsreihenfolge begründen. Die Gebote, die die Marktspanne verengen, stehen in der Ausführungsreihenfolge ganz oben. Sie weisen also die höchste Abschlusswahrscheinlichkeit und die kürzeste Wartezeit aller im Orderbuch stehenden limitierten Gebote der jeweiligen Marktseite auf, und zwar unabhängig davon, um wieviel Prozent sie die Marktspanne verengen.[6] Gleichzeitig ist aber der Abschlusskursvorteil umso größer, je weiter das Limit von der Marktgegen-

---

1) Sollen mehr Stücke gehandelt werden als der Umfang des besten Gebots, so müssen entsprechend weitere Gebote zur Berechnung herangezogen werden. Siehe hierzu die Berechnung von X-Stück-Halbspannen in Teilabschnitt C.I.1.a), S. 66–76, im nächsten Kapitel der vorliegenden Arbeit sowie die dort angegebene Literatur.

2) Siehe Abschnitt C.II., S. 80–96, weiter unten in diesen Teil der Arbeit.

3) Schmidt und Küster Simic (1999b), S. 226 und S. 229–232.

4) Eine genaue Erläuterung der Abbildung 9 erfolgt im nächsten Kapitel. Der hier dargestellte Effekt ist aus der Abbildung aber auch ohne ausführliche Beschreibung zu erkennen.

5) Dies entspricht auch theoretischen Überlegungen, siehe z.B. Harris (1990), S. 13, und Küster Simic (2001), S. 61.

6) Küster Simic (2001), S. 61.

seite entfernt ist. Es lohnt sich also, das beste Geldgebot (Briefgebot) nur knapp zu überbieten (unterbieten). Auf der anderen Seite limitieren wenige Anleger nahe beim besten Gebot der Marktgegenseite, weil die Abschlusswahrscheinlichkeit signifikant größer null bleibt und gleichzeitig der potentielle Abschlusskursvorteil sehr klein wird.[1] Anstatt der Abgabe eines Gebots lohnt sich in diesem Fall eher die Annahme des besten Gebots der Marktgegenseite, denn sie ist mit einer Abschlusswahrscheinlichkeit von eins behaftet. Dieses Phänomen wird als Gravitational-Pull-Effekt bezeichnet.[2] Von dem besten Gebot der Marktgegenseite geht eine starke Anziehungskraft aus.[3] Zusammengefasst kann davon ausgegangen werden, dass viele Geldgebote (Briefgebote) das beste Geldgebot (Briefgebot) lediglich um eine Mindestkursabstufung überbieten (unterbieten). Außerdem werden wenige Gebote nahe an die Marktgegenseite gestellt.[4] Dieses Bietverhalten zeigt sich auch in Abbildung 9, S. 85.

Messen die Anleger stattdessen dem Abschlusskursvorteil einen noch höheren Wert bei, werden sie ihre Gebote außerhalb der Marktspanne limitieren. Zu beachten ist dann allerdings, dass die Abschlusswahrscheinlichkeit von Geboten mit einem Limit in Höhe des besten Gebots oder mit einem schlechteren Limit sprunghaft fällt.[5] Der hohe potentielle Abschlusskursvorteil geht also zu Lasten einer geringen Abschlusswahrscheinlichkeit.

Ist eine Abschlusswahrscheinlichkeit von eins erwünscht, so muss das beste Gebot der Marktgegenseite angenommen werden. Statt der Abgabe eines limitierten Geldgebots (Briefgebots) wird also das beste Briefgebot (Geldgebot) angenommen. Der Anleger hat in diesem Fall sowohl Kurssicherheit als auch Mengensi-

---

1) Küster Simic (2001), S. 64.

2) Der Gravitational-Pull-Effekt geht zurück auf Cohen, Maier, Schwartz und Whitcomb (1981).

3) Küster Simic (2001), S. 64. Eine empirische Untersuchung des Gravitational-Pull-Effekt machen Schmidt und Küster Simic (1999b). Darauf wird ausführlich weiter unten in diesem Teil der vorliegenden Arbeit in Abschnitt C.II., S. 80–96, eingegangen.

4) Küster Simic (2001), S. 65.

5) Küster Simic (2001), S. 61, sowie die dort zitierten Autoren: Cohen, Maier, Schwartz und Whitcomb (1981), S. 296, und Schwartz (1991), S. 303.

cherheit.[1] Für diese Sicherheit muss er aber die gesamten Kosten des sofortigen Abschlusses tragen. Sein Abschlusskursvorteil beträgt null. Sind zumindest die besten Gebote transparent, kann er diese Kosten aber vorab über die Halbspanne genau berechnen.[2]

Zusammenfassend kann also festgehalten werden, dass Anlegern, die nahe am Gebot der Marktgegenseite limitieren oder dieses Gebot sogar annehmen, regelmäßig eine hohe Abschlusswahrscheinlichkeit wichtiger als ein großer Abschlusskursvorteil ist. Das ist ein Grund dafür, dass häufig hinter der Annahme von Geboten mit größerer Wahrscheinlichkeit informierte Anleger zu vermuten sind als hinter limitierten Geboten. Noch deutlicher wird das bei der Überlegung, dass für einen informierten Anleger, der kaufen (verkaufen) will, jeder Abschluss von Vorteil ist, bei dem der beste Briefkurs (Geldkurs) noch unter (über) dem Wert der Aktie liegt.[3] Bei einem Kauf (Verkauf) hat er zwar keinen Abschlusskursvorteil im Vergleich zum besten Briefkurs (Geldkurs), aber zumindest in Bezug auf den Wert, dem er der Aktie beimisst. Darüber hinaus hat er aber Mengen- und Kurssicherheit sowie eine Abschlusswahrscheinlichkeit von eins. Ein informierter Anleger hat also einen höheren Anreiz, Gebote anzunehmen als limitierte Gebote abzugeben.[4] Ist der Informationsvorsprung sogar nur zeitlich begrenzt, z.B. als Folge der Konkurrenz mehrerer informierter Anleger, kann sich dieser Anreiz noch verstärken.[5]

Neben informierten Anlegern können natürlich auch liquiditätsmotivierte Anleger Interesse an der Annahme von Geboten haben, z.B. wenn sie bis zu einem bestimmten Zeitpunkt abschließen wollen oder müssen.[6] Das steht im Einklang

---

1) Schmidt, Oesterhelweg und Treske (1997), S. 376, Schmidt und Küster Simic (2000), S. 145, sowie Küster Simic (2001), S. 67.

2) Küster Simic (2001), S. 67.

3) Küster Simic (2001), S. 89.

4) Dies zeigt sich auch in dem Modell von Rock (1991), zitiert nach O'Hara (1995), S. 194, und Küster Simic (2001), S. 89.

5) Easley und O'Hara (1987), Admati und Pfleiderer (1988) und Küster Simic (2001), S. 89.

6) Küster Simic (2001), S. 89.

mit den Modellen von Hasbrouck[1] und Rock,[2] in denen informierte Anleger unlimitierte Aufträge abgeben, während nicht informierte Anleger sowohl limitierte Gebote abgeben als auch unlimitierte Aufträge verwenden. Auch wenn sich diese Modelle nicht eins zu eins in die Realität übertragen lassen, wird trotzdem deutlich, dass hinter der Annahme von Geboten eher informierte Anleger zu vermuten sind als hinter der Abgabe limitierter Gebote.[3] Dass der Informationsgehalt von Transaktionen höher ist als der von limitierten Geboten, wurde auch vielfach empirisch belegt.[4] Bei limitierten Geboten steigt der Informationsgehalt mit ihrer Attraktivität, d.h. je näher ein Limit an die Marktgegenseite gesetzt wird, desto höher ist der vermutete Informationsgehalt.[5][6]

Sofern das Orderbuch insoweit offen ist, als die Gebote mit ihren Limiten und Transaktionen sichtbar sind und Anleger die Dynamik des Orderbuchs, also insbesondere sich ergebende potentielle Chancen auf einen Abschlusskursvorteil sowie die beschriebenen Wahrscheinlichkeiten in ihr Kalkül einbeziehen, auf einen informierten Anleger zu treffen, ist ein transparenzbedingtes, reaktives Bietverhalten

1) Hasbrouck (1988).

2) Rock (1991), zitiert nach O'Hara (1995), S. 194, und Küster Simic (2001), S. 89.

3) Black (1995), S. 24 f.

4) Zu diesem Ergebnis kommen beispielsweise Easley, Kiefer und O'Hara (1997), Kaniel und Liu (1998) sowie Griffiths, Smith, Turnbull und White (2000). Abweichend von den üblichen Ergebnissen zeigen die empirischen Untersuchungen von Kaniel und Liu (2004), dass limitierte Gebote einen höheren Informationsgehalt haben können als Transaktionen. Zu ähnlichen Ergebnissen kommen auch Bloomfield, O'Hara und Saar (2005) bei ihrer Analyse eines experimentellen Anlegerauktionsmarktes.

5) Scholes (1972), S. 183, Harris (1996), S. 3, Schmidt und Küster Simic (2000), S. 149 f., sowie Küster Simic (2001), S. 90 f.

6) Neben den hier aufgeführten Studien gibt es viele andere empirische und modelltheoretische Untersuchungen, die sich mit dem Limitieren von Geboten sowie der Wahl zwischen der Abgabe und der Annahme von Geboten bzw. der Wahl zwischen limitierten und unlimitierten Geboten beschäftigen sowie dem Kurseinfluss, der sich daraus ergibt. Stellvertretend für zahlreiche andere seien genannt: Cohen, Maier, Schwartz und Whitcomb (1978), Caballé (1992), Chakravarty und Holden (1995), Gerke, Bienert und Schroeder-Wildberg (1995), Handa und Schwartz (1996b), Harris und Hasbrouck (1996), Medrano (1996), Harris (1997), Seppi (1997), Harris (1998), Parlour (1998), Al-Suhaibani und Kryzanowski (2001), Bacidore, Battalio und Jennings (2003), Bae, Jang und Park (2003) sowie Handa, Schwartz und Tiwari (2003).

zu erwarten. Das bedeutet, dass es Anleger gibt, die ihr Bietverhalten von dem vorherigen Auftreten einer Gebotsart abhängig machen. Für das transparenzbedingte Bietverhalten als Folge von limitierten Geboten gibt es einige empirische Untersuchungen. So beschäftigen sich beispielsweise Schmidt und Küster Simic[1)] mit dieser Thematik. Im Vordergrund steht in diesen Arbeiten aber weniger das Bietverhalten in Abhängigkeit von der *Gebotsart* als vielmehr das Bietverhalten in Abhängigkeit vom Umfang[2)] und in Abhängigkeit von der Attraktivität limitierter Geld- und Briefgebote. Drei auffällige Ergebnisse der Arbeiten von Schmidt und Küster Simic seien hier erwähnt:[3)] Erstens folgt nach einem marktspannenverengenden limitierten Gebot häufig ein günstiger limitiertes Gebot auf derselben Marktseite. Nach einem Geldgebot (Briefgebot) wird also oft ein Geldgebot (Briefgebot) mit einem höheren (niedrigerem) Limit eingestellt. Mit steigendem Umfang tritt dieses Bietverhalten allerdings nicht verstärkt auf. Zweitens wächst bei gegebenem Umfang und mit zunehmender Attraktivität eines limitierten Geldgebots (Briefgebots) der Anteil von Käufen (Verkäufen) unter den Folgegeboten, d.h. es werden anteilig mehr Briefgebote (Geldgebote) angenommen. Drittens ist tendenziell bei gegebener Attraktivität und zunehmendem Umfang eines limitierten Geldgebots (Briefgebots) mit einem abnehmenden Anteil nachfolgender Verkäufe (Käufe) zu rechnen. Zu ähnlichen Ergebnissen kommen Biais, Hillion und Spatt[4)] für die an der Pariser Börse gehandelten Werte des CAC 40 Index. Diese Autoren unterscheiden jedoch nicht nach dem Umfang der limitierten Gebote, sondern nur danach, ob ein Gebot schlechter, gleich oder besser als das aktuell beste Gebot limitiert wird.

Mit geringen Einschränkungen lassen sich die Ergebnisse von Biais, Hillion und Spatt sowie die von Schmidt und Küster Simic auf die Fragestellung dieses Ab-

---

1) Siehe Schmidt und Küster Simic (1999a), Schmidt und Küster Simic (2000) sowie Küster Simic (2001).

2) Mit dem Bietverhalten nach Transaktionen in Abhängigkeit vom Transaktionsumfang beschäftigt sich der nächste Abschnitt dieses Kapitels.

3) Siehe hierzu insbesondere Schmidt und Küster Simic (2000), S. 157–169, sowie Küster Simic (2001), S. 187–210.

4) Biais, Hillion und Spatt (1995).

schnitts übertragen, welches Bietverhalten auf der einen Seite nach dem Einstellen von Geboten und auf der anderen Seite nach dem Annehmen von Geboten zu erwarten ist. Der Umfang bleibt dabei noch außen vor. Er ist Gegenstand des nächsten Abschnitts. Auf Grund der bisherigen Argumentation kann unterstellt werden, dass das Bietverhalten häufig vom Auftreten des vorherigen Gebots abhängig gemacht wird. Zu klären ist jetzt noch, mit welchem konkreten Bietverhalten nach den einzelnen Gebotsarten jeweils zu rechen ist. Es werden also Käufe und Verkäufe sowie limitierte Geldgebote und limitierte Briefgebote betrachtet. Transaktionen gehen annahmegemäß mit einem höheren Informationsgehalt einher als limitierte Gebote. Nehmen das andere Anleger wahr, sollte es also unter Berücksichtigung der Informationsrichtung nach Käufen anteilig wieder zu mehr Käufen und nach Verkäufen anteilig wieder zu mehr Verkäufen kommen.[1] Ein Kauf (Verkauf) hat aber zudem tendenziell einen höheren (niedrigeren) Gleichgewichtskurs zur Folge, was auch den Anreiz zur Abgabe von limitierten Briefgeboten (Geldgeboten) erhöhen sollte.

Umgekehrt wird limitierten Geboten ein geringerer Informationsgehalt zugeschrieben. Nach limitierten Geldgeboten (Briefgeboten) sollte also der Anteil der Käufe (Verkäufe) geringer sein. Dies deckt sich mit den dargestellten empirischen Ergebnissen, die bei zunehmender Attraktivität einen höheren Anteil von Käufen (Verkäufen) unter den Folgegeboten zeigen. Attraktive und insbesondere sehr attraktive Gebote werden aber selten abgegeben. Insofern kann für alle limitierten Geldgebote gemeinsam ein geringer Anteil von Folgekäufen (Folgeverkäufen) erwartet werden und erst recht ein geringerer Anteil als nach Transaktionen. Spiegelbildlich sollten nach limitierten Geldgeboten (Briefgeboten) die Anteile von Verkäufen (Käufen) größer ausfallen. Das wird durch die Ergebnisse von Schmidt und Küster Simic bestärkt, die einen geringeren Anteil von Verkäufen (Käufen) nach umfangreichen Geldgeboten (Briefgeboten) ergaben. Ebenso wie sehr attraktive Gebote werden auch umfangreiche Gebote sehr selten abgegeben. Für alle Gebote zusammen sollte der betrachtete Anteil also größer sein. Zudem sollte un-

[1] Das häufige Aufeinanderfolgen gleicher Gebotsarten wird auch durch empirische Ergebnisse belegt, siehe Hasbrouck und Ho (1987), S. 1039 f., Biais, Hillion und Spatt (1995), S. 1672–1676, Hedvall, Niemeyer und Rosenqvist (1997), S. 290.

ter den Folgegeboten von limitierten Geboten der Anteil von limitierten Geboten derselben Marktseite größer und der Anteil auf der anderen Marktseite geringer sein. Auch diese Hypothese wird durch die bisherigen empirischen Ergebnisse untermauert.[1)]

II. Umfangreiche und nicht umfangreiche Transaktionen

Neben der Wahl zwischen limitierten und unlimitierten Geboten, die in IBIS die Entscheidung für die Abgabe eines Gebots oder die Annahme eines Gebots bedeutete, spielt auch der Umfang von Transaktionen eine große Rolle. Besonders der Einfluss, den der Umfang von Transaktionen auf den Kurs ausübt, ist Inhalt von zahlreichen theoretischen und empirischen Untersuchungen.[2)] Die grundlegenden Arbeiten aus den sechziger und siebziger Jahren des letzten Jahrhunderts deckten zunächst den positiven Zusammenhang zwischen dem Transaktionsumfang und der Kursveränderung modelltheoretisch und empirisch auf.[3)] Die Untersuchungen seit Ende der siebziger Jahre haben zunehmend einen anderen Fokus. Untersucht werden beispielsweise langfristige und kurzfristige Kurseinflüsse. Zudem ist nicht immer ein linearer Zusammenhang zwischen dem Transaktionsumfang und der Kursveränderung zu beobachten. So zeigen einige Autoren, dass der Einfluss von Transaktionen mit mittelgroßem Umfang größer ist als der Einfluss von Transak-

---

1) Dies zeigt sich in den Arbeiten von Schmidt und Küster Simic (2000) und Küster Simic (2001) anhand des höheren Anteils günstiger limitierter Gebote unter den Folgegeboten. Es wird aber auch von Biais, Hillion und Spatt (1995) beobachtet. Unterstützt wird diese Hypothese zudem von Griffiths, Smith, Turnbull und White (1998). Diese Autoren zeigen, dass Anleger das Bietverhaltens anderer Anleger imitieren, sofern deren Identität erkennbar ist.

2) Karpoff (1987), S. 113, gibt einen Überblick über 19 empirische Studien aus den Jahren 1964 bis 1987. In 18 der dort aufgelisteten Untersuchungen besteht ein positiver Zusammenhang zwischen Transaktionsumfang und absoluter Kursänderung. Lediglich Godfrey, Granger und Morgenstern (1964) kommen zu dem Ergebnis, dass keine positive Korrelation vorliegt.

3) Siehe z.B. Demsetz (1968), Kraus und Stoll (1972), Radcliffe (1973), Epps (1975), Epps (1976), Trippi und Nora (1976), Dann, Mayers und Raab (1977) sowie Rogalski (1978). Bereits in den fünfziger Jahren entwickelte Osborne (1959) ein Modell, das die Kursveränderungen in Abhängigkeit von der Anzahl der Transaktionen modelliert.

tionen mit großem oder sehr großem Umfang. Auch finden sich teilweise Asymmetrien bei Käufen und Verkäufen. Umfangreichen Käufen wird i.d.R. ein größerer Kurseinfluss bescheinigt als umfangreichen Verkäufen. Bei anderen Arbeiten liegt der Schwerpunkt mehr auf der Wirkung auf die Geld-Brief-Spanne und ihre Komponenten. Weitere Autoren befassen sich mit der Ausgestaltung spezieller Märkte für den Blockhandel. Die folgenden Ausführungen geben einen Überblick über wichtige Arbeiten der genannten Fragestellungen.[1]

Einen überwiegend mittelfristigen bis langfristigen Horizont haben u.a. die Untersuchungen von Trippi und Nora (1976), Lehmann (1990), Campbell, Grossman und Wang (1993), Blume, Easley und O'Hara (1994) sowie von Conrad, Hameed und Niden (1994). In diesen Arbeiten werden theoretische Modelle behandelt und empirische Untersuchungen durchgeführt, die belegen, dass positive Korrelationen zwischen umfangreichen Transaktionen und dem Absolutbetrag der Tagesrenditen sowie zwischen umfangreichen Transaktionen und dem Absolutbetrag der wöchentlichen Renditen zu beobachten sind.[2] Insofern könnten diese Studien auch der technischen Aktienanalyse[3] anstatt der Marktmikrostruktur zugeordnet werden. Der Blickpunkt der vorliegenden Arbeit ist aber auf die sofortigen Reaktionen und auf das Bietverhalten mit Folgegeboten gerichtet. Daher werden diese Aufsätze nicht weiter betrachtet. Trotzdem haben diese Erkenntnisse sicherlich

---

1) Darüber hinaus gibt es zahllose weitere Arbeiten, die die aufgeführten Schwerpunkte übergreifend behandeln oder aber noch andere Untersuchungen durchführen. Verwiesen sei hierfür z.B. auf French und Roll (1986), Hasbrouck (1988), Ball und Finn (1989), Aggarwal und Chen (1990), Hasbrouck (1991), Easley und O'Hara (1992a), Seppi (1992), Barclay, Kandel und Marx (1998) sowie Heilmann, Läger und Oehler (2000) und die dort angegebene Literatur. Eine Übersicht zu weiteren Arbeiten findet sich z.B. bei Coughenour und Shastri (1999), S. 8–10.

2) Einige Autoren wählen noch längere Intervalle. Beispielsweise verwenden Trippi und Nora (1976) einen Zeitraum von 20 Tagen.

3) Zur technischen Aktienanalyse sei verwiesen auf Sharpe, Alexander und Bailey (1995), S. 844–850, Edwards und Magee (1992) sowie Hielscher (2001). Dynamische Modelle zur Aktienanlage-Planung, die über die technische Analyse hinausgehen untersucht Hansmann (1980). Eine Übersicht über Prognoseverfahren findet sich z.B. bei Hansmann (1983) und Hansmann (1995).

Einfluss auf das kurzfristige Verhalten der Anleger, weil die technische Analyse häufig zur Vorhersage von Kursen verwendet wird.

Kurzfristige Effekte im untertägigen Bereich von Transaktionen mit unterschiedlichem Umfang untersuchen u.a. Holthausen, Leftwich und Mayers (1990), Biais, Hillion und Spatt (1995) sowie Werner (2003).

Werner verwendet NYSE–Daten aus den Zeiträumen 21. Juli bis 22 August und 2. September bis 3. Oktober 1997.[1] Ein Schwerpunkt ihrer Untersuchung ist das Messen des Informationsgehalts von Aufträgen. Als Maß für den Informationsgehalt einer Transaktion verwendet Werner die Veränderung der Mitte der Geld-Brief-Spanne vom Zeitpunkt der Transaktion bis fünf Minuten danach. Es zeigt sich, dass regelmäßig höhere Stückzahlen mit einem höheren Informationsgehalt einhergehen.[2]

Die Untersuchungsbasis von Holthausen, Leftwich und Mayers besteht ebenfalls aus NYSE–Daten. Diese Autoren verwenden Transaktionen, die zwischen dem 1. Dezember 1982 und dem 31. Januar 1984 stattgefundenen haben. Als Basis für die Kursveränderungen, die von einer umfangreichen Transaktion ausgehen, betrachten sie keine feste Zeitspanne, sondern jeweils die fünf Transaktionen vor und die fünf Transaktionen nach einer umfangreichen Transaktion. Dazu berechnen sie die prozentuale Kursveränderung von einer zur nächsten Transaktion. Festzustellen ist, dass der Kurs nach käuferinitiierten Transaktionen i.d.R. schon bei der nächsten Transaktion sein neues Niveau findet.[3] Bei einem umfangreichen Kauf geht die größte Kursveränderung auf den Kauf selbst zurück. Daneben führt die erste Transaktion unmittelbar nach einem umfangreichen Kauf auch noch zu auffälligen Kursveränderungen, nicht aber weiter entfernt liegende Transaktionen. Werden umfangreiche Käufe und umfangreiche Verkäufe gemeinsam betrachtet,

---

1) Werner (2003), S. 314–317.

2) Eine Ausnahme bilden lediglich unlimitierte Gebote mit einem Umfang größer als 10.000 Stück. Für diesen Transaktionsumfang misst Werner einen geringeren Informationsgehalt als bei mittleren Umfängen. Siehe hierzu auch die Diskussion zum überproportionalen Einfluss von Transaktionen mit mittelgroßem Umfang weiter unten in diesem Abschnitt.

3) Holthausen, Leftwich und Mayers (1990), S. 72.

erweitert sich die Preisanpassung auf maximal drei Transaktionen nach einer umfangreichen Transaktion. Nach einer umfangreichen Transaktion ist der Kurs also innerhalb von drei Transaktionen auf seinem neuen Niveau angelangt.[1)]

Biais, Hillion und Spatt untersuchen das Bietverhalten an der Pariser Börse anhand der vom 29. Oktober bis 26. November 1991 im CAC 40 Index enthaltenen Titel. Im Vordergrund ihrer Arbeit steht das Bietverhalten mit Folgegeboten nach Geboten und Abschlüssen. Speziell für umfangreiche Transaktionen ergibt sich, dass unter den Folgegeboten von umfangreichen Käufen (Verkäufen) der Anteil umfangreicher Käufe (Verkäufe) größer ist als unter allen anderen Folgegeboten.[2)] Auffällig hoch ist zudem der Anteil von marktspannenverengenden Brief- bzw. Geldgeboten. Das unterstützt die Ergebnisse von Holthausen, Leftwich und Mayers, die den größten Kurseinfluss den umfangreichen Transaktionen zuschreiben. Marktspannenverengende Briefgebote nach umfangreichen Käufen und marktspannenverengende Geldgebote nach umfangreichen Verkäufen sorgen also dafür, dass der Gleichgewichtskurs in Form der Marktspannenmitte wieder sinkt bzw. wieder steigt. Es ist eine Markterneuerung und eine Rückkehr zur Normalspanne zu beobachten.

Einen überproportionalen Einfluss der mittelgroßen Transaktionen auf den Kurs untersuchten zuerst Barclay und Warner.[3)] Ihr Ansatz beruht auf der Idee, dass informierte Anleger versuchen, ihr Handeln zu verstecken oder zumindest zu tarnen.[4)] Um das zu erreichen, kaufen und verkaufen solche Anleger z.B. keine umfangreichen Stückzahlen in einer Tranche, sondern teilen ihre Transaktionen in

1) Holthausen, Leftwich und Mayers (1990), S. 89.

2) Biais, Hillion und Spatt (1995), S. 1673. Dabei unterscheiden sie nicht nach dem Eingeber eines Folgegebots. Anders als in der vorliegenden Arbeit werden in ihrer Untersuchung auch Folgegebote betrachtet, die von demselben Eingeber stammen wie das Gebot unmittelbar vor einem Folgegebot.

3) Barclay und Warner (1993).

4) Kyle (1985), S. 1315.

mehrere mittelgroße Aufträge.[1)][2)] Barclay und Warner nennen dieses Vorgehen „stealth trading". Sie zeigen empirisch, dass 92,8% der Kursveränderungen auf mittelgroße Transaktionen[3)] zurückgehen.[4)] Einen ähnlichen Blickwinkel hat ein Aufsatz von Chakravarty.[5)] Er unterscheidet zwischen individuellen und institutionellen Anlegern und kommt zu dem Ergebnis, dass der Kurseinfluss mittelgroßer Transaktionen überwiegend auf institutionelle Anleger zurückzuführen ist.[6)] Den von Barclay und Warner (1993) eingeführten Effekt des stealth trading untersuchen Oehler und Häcker[7)] für den deutschen Markt. Auch ihre Studie kommt zu dem Ergebnis, dass mittlere und umfangreiche Transaktionen einen deutlichen, permanenten Kurseinfluss aufweisen. Zudem zeigen Oehler und Häcker, dass der Effekt nicht linear ist. Mittelgroße Transaktionen üben demnach einen größeren Einfluss aus.[8)] Ergänzend sei angemerkt, dass Seppi[9)] zeigt, dass es auch für uninformierte Anleger vorteilhaft sein kann, umfangreiche Transaktionen in mehrere kleine oder mittlere Transaktionen zu splitten.[10)]

---

1) Jaffe (1974), S. 413 f., Cornell und Sirri (1992) und Meulbroek (1992), S. 1692, zeigen, dass informierte Anleger eher selten umfangreiche Transaktionen durchführen.

2) Daneben sind natürlich noch andere Möglichkeiten denkbar. Admati und Pfleiderer (1988) bemerken beispielsweise, dass informierte Anleger zu Zeiten handeln, in denen ohnehin schon umfangreiche Transaktionen stattfinden. Daneben könnte die Aufteilung der Transaktionen auf unterschiedliche Börsenplätze vorgenommen werden oder zwischen Kassamarkt und Terminmarkt, siehe z.B. Chakravarty (2001), S. 305.

3) Als mittelgroß bezeichnen sie Transaktionen über einer Stückzahl von 500 bis 9.900. Als Datenbasis verwenden sie Handelstage vor und nach Übernahmeangeboten von 105 an der NYSE gehandelte Unternehmen im Zeitraum 1981 bis 1984. Siehe Barclay und Warner (1993), S. 287 und S. 290.

4) Barclay und Warner (1993), S. 292.

5) Chakravarty (2001).

6) Chakravarty (2001), S. 289–291.

7) Oehler und Häcker (2003).

8) Oehler und Häcker (2003), S. 1–4.

9) Seppi (1990).

10) Mit dem Splitten von Transaktionen beschäftigen sich außerdem z.B. Bernhardt und Hughson (1997). Verwiesen sei auch auf den nächsten Abschnitt der vorliegenden Arbeit, dort wird noch näher auf die Problematik des Splittens eingegangen.

In einigen Arbeiten wird eine Asymmetrie zwischen den käuferinitiierten und den verkäuferinitiierten Transaktionen beobachtet. Zu erkennen ist, dass (umfangreiche) Käufe regelmäßig einen stärkeren Einfluss auf die Kurse ausüben als (umfangreiche) Verkäufe.[1] Begründet wird dieser Effekt auf verschiedene Weise. Angeführt werden z.B. unelastische Angebots- und Nachfragekurven oder ein unterschiedlich hoher vermuteter Informationsgehalt der jeweiligen Transaktionen.[2] Möglich sind auch Einschränkungen bei der Wertpapierleihe oder beim Leerverkauf.[3][4] Kempf und Korn hingegen können mit ihrem Modell keinen Unterschied im Informationsgehalt von Käufen und Verkäufen feststellen.[5]

Andere Arbeiten beschäftigen sich mit den Auswirkungen des Umsatzes und des Transaktionsumfangs auf die Geld-Brief-Spanne und ihre Komponenten.[6] In den meisten Arbeiten wird ein negativer Zusammenhang zwischen Geld-Brief-Spanne und Umsatz beobachtet. Das bedeutet, dass Aktien mit einem hohen Umsatz i.d.R. engere Geld-Brief-Spannen aufweisen als Aktien mit einem geringen Umsatz.[7] Werden die einzelnen Komponenten der Geld-Brief-Spanne betrachtet, so zeigen sich jedoch unterschiedliche Wirkungszusammenhänge. Häufig wird mit steigendem Transaktionsumfang ein Anstieg der Informationsrisikokosten beob-

---

1) Zu diesem Ergebnis kommen beispielsweise Karpoff (1988), Holthausen, Leftwich und Mayers (1990), Madhavan und Smidt (1991), Chan und Lakonishok (1993), Chan und Lakonishok (1995), Koski und Michaely (2000), Saar (2001) sowie Oehler und Häcker (2003).

2) Chan und Lakonishok (1993), Chan und Lakonishok (1995), S. 1158 f., sowie Oehler und Häcker (2003), S. 2.

3) Kempf und Korn (1999), S. 30.

4) Die Funktionen von Wertpapierleihe und Leerverkäufen beschreibt z.B. Häuselmann (2001).

5) Kempf und Korn (1999), S. 46. Sie verwenden für ihre Untersuchung Intraday-Daten des DAX–Futures im Zeitraum 17. September 1993 bis 15. September 1994.

6) Die Komponenten der Geld-Brief-Spanne setzen sich zusammen aus Bestandshaltekosten (inventory holding costs), Geschäftsabwicklungskosten (order execution costs) und Informationsrisikokosten (adverse information costs). Siehe hierzu auch Fußnote 1 auf S. 66, im nächsten Kapitel dieser Arbeit und die dort zitierte Literatur.

7) Siehe hierzu die Abbildungen 28 und 39, S. 213 bzw. S. 270, sowie die in Fußnote 1 auf S. 213 angegebene Literatur.

achtet.[1] Dies sollte insbesondere dann zu erwarten sein, wenn der Anstieg des Umfangs nur temporär auftritt. Dagegen gehen bei einem steigenden Umfang die Geschäftsabwicklungskosten zurück.[2]

Wie sich in den bisherigen Darstellungen zeigte, können sehr umfangreiche Käufe und Verkäufe (Blocktransaktionen) zu deutlich höheren Kaufkursen bzw. zu deutlich niedrigeren Verkaufskursen führen. Um diesem Problem entgegenzuwirken, vollzieht sich der Handel sehr umfangreicher Aufträge (Blockhandel) häufig außerbörslich. Ein anderer Weg besteht darin, die börslichen Handelssysteme so zu gestalten, dass sie auch für die Marktteilnehmer attraktiv sind, die sehr große Stückzahlen handeln möchten. Eine Zwischenlösung ist der so genannte „upstairs market“. Auf ihm werden die Blocktransaktionen vorarrangiert, indem zunächst die Brokerhäuser untereinander ohne die Einschaltung des börslichen Handelssystems Kontakt aufnehmen[3] und einen Preis aushandeln. Erst anschließend wird die Transaktion in das Orderbuch eingegeben.[4] Der Vorreiter war die NYSE. Mittlerweile besteht diese Handelsmöglichkeit an vielen Börsen, beispielsweise seit 1989 in Paris. Auch in IBIS wurden bereits Geschäfte aus dem Telefonhandel in das System eingestellt. Darüber hinaus bot IBIS aber keine speziellen Strukturen für den Blockhandel.[5] Ausführliche Darstellungen, Gestaltungsvorschläge sowie Beschreibungen von Vor- und Nachteilen des Blockhandels finden sich z.B. bei Luskin (1989), Gastineau und Jarrow (1991), Gerke und Rasch (1992), Gerke (1995), Keim und Madhavan (1996), Madhavan und Cheng (1997) sowie Gomber und Kirchner (2001). Der Schwerpunkt von LaPlante und Muscarella (1997) liegt dagegen auf der Wahl zwischen NYSE und Nasdaq sowie auf den Unterschieden des Blockhandels dieser beiden Märkte. Die weiteren theoretischen Ausführun-

---

[1] Dies zeigen z.B. Easley und O'Hara (1987), Lin, Sanger und Booth (1995) sowie Ahn, Cai, Hamao und Ho (2002).

[2] Siehe z.B. Lin, Sanger und Booth (1995) sowie Ahn, Cai, Hamao und Ho (2002).

[3] Die geschieht entweder telefonisch (Telefonhandel) oder über interne elektronische Systeme.

[4] Gerke und Rasch (1992), S. 195.

[5] Gegenüber IBIS bietet Xetra mit dem so genannten Marktmodell „Xetra XXL“ mittlerweile eine spezielle Funktionalität für den Blockhandel. Siehe hierzu Deutsche Börse (2001) sowie Gomber und Kirchner (2001).

gen und empirischen Untersuchungen befassen sich ausschließlich mit den Handelsmöglichkeiten in IBIS. Der außerbörsliche Handel, die hybriden Märkte sowie die unterschiedlichen Transparenzgrade werden deshalb nicht weiter betrachtet.

Vor dem Hintergrund dieser Untersuchungen lassen sich verschiedene Thesen über den Informationsgehalt von umfangreichen Transaktionen und zu Folgegeboten nach umfangreichen Transaktionen in IBIS begründen. Erstens verursachen umfangreiche Transaktionen regelmäßig hohe permanente Kursveränderungen. Dieser Effekt kann mit darauf zurückgeführt werden, dass den umfangreichen Transaktionen ein höherer Informationsgehalt zugesprochen wird als den nicht umfangreichen Transaktionen. Zweitens führen umfangreiche Transaktionen häufiger zu einer Ausweitung der Marktspanne als nicht umfangreiche Transaktionen.

Auf Folgegebote kann das verschiedene Auswirkungen haben. Zunächst ist zu erwarten, dass uninformierte Anleger das Bietverhalten nachahmen[1)] und ebenfalls umfangreiche Transaktionen auf derselben Marktseite durchführen. Außerdem kann nicht unbedingt davon ausgegangen werden, dass einzelne Anleger über exklusive Informationen verfügen. Vielmehr können mehrere Marktteilnehmer in identischer Weise auf dieselbe Information reagieren, indem sie sukzessive die gleiche Gebotsart verwenden. Es kann also davon ausgegangen werden, dass nach einem umfangreichen Kauf (Verkauf) anteilig mehr Briefgebote (Geldgebote) in hoher Stückzahl angenommen werden als nach einem nicht umfangreichen Kauf (Verkauf). Entsprechend sollte unter den Folgegeboten von umfangreichen Käufen (Verkäufen) der Anteil von nicht umfangreichen Käufen (Verkäufen) geringer ausfallen als unter den Folgegeboten von nicht umfangreichen Käufen (Verkäufen). Ferner ist davon auszugehen, dass unter den Folgegeboten von umfangreichen Käufen (Verkäufen) der Anteil von marktspannenverengenden Geldgeboten (Briefgeboten) größer ist als unter den Folgegeboten von nicht umfangreichen Käufen (Verkäufen). Das lässt sich durch den stärkeren Kurseinfluss umfangreicher Transaktionen und die tendenziell weiteren Marktspannen als Folge umfangreicher Transaktionen ebenfalls begründen. Beispielhaft wird das für einen umfangreichen Kauf näher beschrieben. Ein umfangreicher Kauf hat häufiger einen

1) Griffiths, Smith, Turnbull und White (1998) sowie Küster Simic (2001), S. 86.

steigenden Kurs zur Folge als ein nicht umfangreicher Kauf. Wird die Marktspannenmitte als marktgerechter Kurs oder Gleichgewichtskurs angesehen,[1)] steigt der Kurs, wenn entweder mindestens das beste Briefgebot angenommen wird oder wenn marktspannenverengende Geldgebote abgegeben werden. Der Anreiz, marktspannenverengende Geldgebote abzugeben, kann auch deshalb erhöht sein, weil diese bei einer weiten Marktspanne einen größeren potentiellen Abschlusskursvorteil bieten als die Annahme von Briefgeboten.

Das Bietverhalten wird sich aber nicht ausschließlich auf die eine Marktseite beschränken. Eine weite Marktspanne kann, bedingt durch einen umfangreichen Kauf (Verkauf), auch Anreize zur Abgabe marktspannenverengender Briefgebote (Geldgebote) bieten. Auch diese Gebotsart bietet in einer solchen Situation einen potentiell hohen Abschlusskursvorteil gegenüber der Annahme eines Geldgebots (Briefgebots). Wird zudem davon ausgegangen, dass weitere umfangreiche Transaktionen auf derselben Marktseite folgen, sollte auch die Abschlusswahrscheinlichkeit solcher Gebote vergleichsweise hoch sein. Danach sollte unter den Folgegeboten von umfangreichen Käufen (Verkäufen) der Anteil von limitierten Briefgeboten (Geldgeboten) mit einem Limit schlechter oder gleich dem Limit des aktuellen besten Briefgebots (Geldgebots) geringer sein als nach nicht umfangreichen Käufen (Verkäufen).

III. Kurze und lange Vorannahmezeit

In diesem Kapitel standen sich bisher Transaktionen und limitierte Gebote sowie umfangreiche und nicht umfangreiche Transaktionen gegenüber. Dabei wurde dargestellt, mit welchen Folgegeboten wegen der unterschiedlichen Anreizsituationen unter Berücksichtigung des Informationsgehalts und des Abschlusskursvorteils zu rechnen sein sollte. Eng mit dem Umfang von Transaktionen ist ihre Frequenz verknüpft. Bereits im letzten Abschnitt kam zur Sprache, dass umfangreiche Gebote und Transaktionen oftmals in kleinere Aufträge gesplittet werden. In solchen Fällen erscheint es in anonymen Handelssystemen wie IBIS auf den ersten

---

1) Siehe hierzu Fußnote 5 auf S. 16.

Blick nicht möglich, solche verkappten „Großaufträge“ zu erkennen. Im Folgenden werden Situationen dargestellt, die einen Hinweis auf die Abwicklung eines umfangreichen Auftrags geben können, obwohl sie in kleinere Aufträge aufgeteilt wurden. Entscheidend für das Erkennen eines umfangreichen Auftrags kann dabei der Zeitraum zwischen zwei Aufträgen sein. Im Vordergrund steht wieder das Bietverhalten nach Transaktionen. In diesem Abschnitt werden daher die Folgegebote von Transaktionen mit kurzer Vorannahmezeit und die Folgegebote von Transaktionen mit langer Vorannahmezeit verglichen.[1)]

In den meisten Standardmodellen der Marktmikrostruktur spielt die Zeit oder die Länge des Zeitraums zwischen der Eingabe der limitierten Gebote und/oder der Löschungen sowie der Annahme von Geboten per se keine Rolle.[2)] Handelt es sich um einperiodige Modelle, so ist das unmittelbar offensichtlich.[3)] Aber auch in vielen mehrperiodigen Modellen werden die Zeiträume entweder als äquidistant angesehen oder zumindest als exogen vorgegeben betrachtet. Dieses Vorgehen findet sich z.B. bei Garman,[4)] Glosten und Milgrom[5)] sowie Kyle.[6)] In diesen Modellen sind der Zeitpunkt von Transaktionen und die Länge des Zeitraums zwischen den Transaktionen irrelevant. Den unterschiedlichen Zeitpunkten und Zeiträumen wird kein Informationsgehalt zugeschrieben.[7)] In späteren Untersuchungen wurde diese vereinfachende Annahme aufgehoben. Mittlerweile finden sich in der theoretischen Literatur insbesondere drei Determinanten, mit denen versucht wird, die Zeitspanne zwischen den limitierten Geboten, Löschungen und/oder Transaktionen zu erklären: Erstens durch asymmetrische Informationen (asymmetric infor-

---

1) Zur Definition und Beschreibung des Begriffs Vorannahmezeit sei verweisen auf Abschnitt A.II., S. 17–21, weiter oben in diesem Teil der Arbeit.

2) Easley und O'Hara (1992b), S. 577.

3) Admati und Pfleiderer (1988), S. 4.

4) Garman (1976). Siehe hierzu auch die Ausführungen bei O'Hara (1995), S. 14–24.

5) Glosten und Milgrom (1985).

6) Kyle (1985).

7) Easley und O'Hara (1992b), S. 577.

mation), zweitens über den Vorteil des zuerst Handelnden (first mover advantage) und drittens über den Cluster-Effekt[1] (clustering effect) von Transaktionen.[2]

Easley und O'Hara[3] untersuchen den Effekt asymmetrischer Informationen. Sie stellen fest, dass den Zeitintervallen zwischen den Transaktionen ein Informationsgehalt zugeschrieben werden kann. Während die Transaktionen Informationen hinsichtlich der Richtung der Aktienbewertung enthalten können, kann das Fehlen von Transaktionen ein Signal über das bloße Nicht-Vorhandensein von Informationen geben. Beispielsweise können zwei schnell aufeinander folgende Verkäufe einen anderen Informationsgehalt haben, als wenn sie im Abstand von einer Stunde auftreten.[4] In diesem Sinne können die Zeit und die Handelsfrequenz ein Informationssignal für die Marktteilnehmer darstellen. Die Zeit ist also nicht (vollständig) exogen vorgegeben, sondern kann den Preisfindungsprozess[5] und damit das Bietverhalten von Anlegern beeinflussen. In dem Modell von Easley und O'Hara reagieren die informierten Marktteilnehmer beispielsweise weniger stark mit limitierten Geboten auf überdurchschnittlich weite Geld-Brief-Spannen als die liquiditätsmotivierten Marktteilnehmer. Zudem geben zu Zeiten mit einer hohen Transaktionsfrequenz informierte Anleger mehr Gebote bezogen auf alle Gebote ab als in einem gleichlangen Zeitraum mit niedriger Transaktionsfrequenz.[6]

Neben asymmetrischer Information kann auch der Vorteil des zuerst Handelnden ein Grund für schnell aufeinander folgende Gebote sein. Diesen Aspekt un-

---

1) Zur allgemeinen Beschreibung des Cluster-Effekts und der Clusteranalyse sei z.B. verwiesen auf Brosius (1998), S. 691–719.

2) Biais, Hillion und Spatt (1995), S. 1680–1682.

3) Easley und O'Hara (1992b).

4) Easley und O'Hara (1992b), S. 578.

5) Easley und O'Hara (1992b), S. 600.

6) Biais, Hillion und Spatt (1995), S. 1682, sowie Admati und Pfleiderer (1989). Abweichend stellen Easley, Kiefer und O'Hara (1997), S. 161, fest, dass in solchen Situationen auch uninformierte Anleger sehr aktiv sind. Dieses Verhalten spräche also eher für einen geringeren Informationsgehalt.

tersuchen beispielsweise Harris[1] sowie Bernhardt und Hughson[2] in ihren Modellen. Damit die zuerst Handelnden auf einem Effektenmarkt einen Vorteil erringen können, sind in den beiden Modellen besonders zwei Organisationselemente von Bedeutung. Erstens ist eine diskrete Abstufung der Kurse und damit der Geld-Brief-Spanne notwendig und zweitens ein Zeitvorrang beim Ausführungsalgorithmus. Eine diskrete Kursabstufung ergibt sich bei den Aktienkursen von selbst. Die Zeitpriorität, also das Festlegen der Ausführungsreihenfolge der Transaktionen bei gleichem Kurs anhand der Zeit, die ein Gebot schon im Orderbuch verweilte, ist ebenfalls an den meisten Börsen und in den meisten Handelssystemen üblich. Auch in IBIS wurde diese Vorrangregel angewandt.[3] Harris beschreibt den Vorteil des zuerst Handelnden anhand der folgenden Situation:[4] Angenommen wird, dass eine Geld-Brief-Spanne vorliegt, die weiter als die minimale Kursabstufung ist, und dass der beste Briefkurs für sehr viele Stücke gut ist. Ein Marktteilnehmer, der ein marktspannenverengendes Briefgebot abgibt, hat den Vorteil, dass sein Gebot bei einer Ausführung zuerst berücksichtigt wird. Gäbe er dagegen ein limitiertes Briefgebot mit einem Limit in Höhe des besten Briefgebots ab, müsste er warten, bis alle Gebote mit dem gleichem Kurs abgeräumt oder gelöscht sind. Ist, wie in der vorliegenden Situation, der beste Briefkurs für sehr viele Stücke gut, kann es aber bis zur Ausführung eventuell sehr lange dauern. Verstärkt wird dieses Phänomen durch die Marktteilnehmer, die das Orderbuch beobachten und in solchen Situationen gezielt versuchen, den Informationsgehalt eines umfangreichen Gebots auf einer der Marktseiten auszunutzen. Ergäbe sich tatsächlich ein Vorteil, wäre er umso geringer, je später ein Gebot abgegeben wird und je mehr Gebote von anderen Marktteilnehmern schon abgegeben wurden. Ergo lohnt sich ein schnelles Handeln, um einer der Ersten zu sein und in den Genuss des Zeitvorrangs zu kommen.[5]

---

1) Harris (1994).

2) Bernhardt und Hughson (1996).

3) Details zum Handelssystem IBIS finden sich in Teil II dieser Arbeit in Abschnitt A.I., S. 101–106, und der dort angegebenen Literatur.

4) Harris (1994), S. 151.

5) Zu bedenken ist aber, dass IBIS über eine sehr kleine Mindestkursabstufung verfügte. Sie richtete sich nach dem jeweiligen Kurswert der Aktie, lag er unter DM 100, betrug die

Der Cluster-Effekt wird von Admati und Pfleiderer[1] untersucht. Zunächst zeigen die beiden Autoren das in vielen Arbeiten dargestellte U-förmige Muster der Umsätze im Tagesverlauf. Die umsatzstarken Perioden sind demnach am Anfang und am Ende der Handelszeit. Über Mittag ist dagegen weniger Umsatz zu beobachten.[2] Admati und Pfleiderer stellen diese in kurzen Zeiträumen auftretende Ballung von Transaktionen modelltheoretisch dar. Sie unterscheiden zwischen liquiditätsmotivierten Marktteilnehmern (liquidity traders) und informationsmotivierten Marktteilnehmern (informed traders).[3] Bei den liquiditätsmotivierten Marktteilnehmern wird weiter danach unterteilt, ob sie interessewahrende Gebote verwenden oder nicht.[4] Admati und Pfleiderer zeigen, dass interessewahrende liquiditätsbasierte Transaktionen üblicherweise konzentriert auftreten und informationsmotivierte Marktteilnehmer ihrerseits ebenfalls in solchen Phasen aktiver

Abstufung 1 Pfennig, andernfalls 5 Pfennige. Auf Grund kleiner Mindestkursabstufungen können Anleger aber c.p. kostengünstiger Kursvorrang erlangen. Dies sollte auf der Geldseite (Briefseite) des Orderbuchs häufiger zu einem Überbieten (Unterbieten) führen und könnte eine Unterordnung des Zeitvorrangs zur Folge haben. Siehe hierzu Küster Simic (2001), S. 69, und die dort zitierte Literatur: Schmidt (1970), S. 206 f., Harris (1990), S. 23, und Schmidt (1992b), S. 252.

1) Admati und Pfleiderer (1988).

2) Admati und Pfleiderer (1988), S. 3 f. Siehe z.B. auch Biais, Hillion und Spatt (1995), S. 1671 f. Ähnliche Ergebnisse finden sich auch bei Iversen (1994), S. 236–238. Seine Untersuchungen beruhen auf IBIS-Daten in den Monaten November und Dezember 1991. Unter Berücksichtigung der damaligen Öffnungszeiten der deutschen Parkettbörsen (10.30 bis 13.30 Uhr) wurde die IBIS-Handelszeit (8.30 bis 17.00 Uhr) in drei Zeiträume unterteilt: die vorbörsliche, die börsliche und die nachbörsliche Phase. In den ersten beiden Phasen zeigt sich ein U-förmiger Umsatzverlauf. In der nachbörslichen Phase fällt der Umsatz dagegen zum Ende hin ab. Für die Hong Kong Stock Exchange kommen Cheung und Song (2004) zu ähnlichen Ergebnissen.

3) Admati und Pfleiderer (1988), S. 4 f.

4) Eine interessewahrende Order ist dadurch gekennzeichnet, dass im Zuge der Auftragserteilung an die ausführende Bank keine explizite Handelsstrategie vorgegeben wird. Die Bank kann dann i.d.R. innerhalb eines vorgegebenen Zeitfensters (z.B. 24 Stunden) eigenmächtig entscheiden, ob der Auftrag durch unlimitierte oder limitierte Gebote ausgeführt wird. Auch das Limit ist nicht zwingend vorgegeben. Es kann an die aktuelle Marktlage angepasst werden. Siehe hierzu z.B. Schleef (2001), S. 111–116, oder Schmidt und Schleef (2001), S. 666.

handeln als zu anderen Zeiten.[1] Wenn also Handlungsfreiheit über den Zeitpunkt der Transaktion besteht, bündeln sich die Transaktionen gerade zu den Zeiten, an denen ein starker Umsatz erwartet wird. Dieses Phänomen kann als eine sich selbst erfüllende Vorhersage angesehen werden (self-fulfilling prophecy).[2] In dem Modell stellt sich also der empirisch beobachtbare Cluster-Effekt von Transaktionen ein. Eine ähnliche Untersuchung macht Pagano (1989). Er betrachtet allerdings nicht Zeitpunkte oder Zeitintervalle, in denen unterschiedlich hohe Umsätze zustande kommen, sondern die Konzentration des Umsatzes auf fragmentierten Effektenmärkten. Existieren zwei parallele Märkte, so zeigt sich in seinem Modell, dass die Transaktionen mit einem relativ geringen Umsatz auf dem einen und die Transaktionen mit einem vergleichsweise hohen Umsatz auf dem anderen Markt durchgeführt werden.[3] Auch in diesem Fall ist also ein Cluster-Effekt erkennbar.

Um die oben aufgeführten Modelle empirisch zu untermauern und damit Hinweise auf die tatsächlich vorhandene Muster zu bekommen, haben Biais, Hillion und Spatt (1995) eine Untersuchung mit Daten der Pariser Börse durchgeführt. Es zeigt sich, dass die Zeitintervalle zwischen Geboten oder Transaktionen ein deutliches Muster aufweisen. Nach kurzen Zeitintervallen folgen ebenfalls vermehrt kurze Zeiträume. Nach langen Intervallen zeigen sich dagegen eher wieder lange Zeiträume.[4] Der theoretisch vermutete Cluster-Effekt tritt also ein.[5] Um der Frage nach dem Ausnutzen des Vorteils des zuerst Handelnden nachzugehen, vergleichen Biais, Hillion und Spatt das Bietverhalten nach dem Auftreten verschieden weiter Geld-Brief-Spannen.[6] Sie stellen fest, dass bei einer weiten Geld-Brief-Spanne durchschnittlich die kürzeste Zeit bis zum nächsten Gebot zu

---

1) Admati und Pfleiderer (1988), S. 33.

2) Pagano (1989), S. 256 f.

3) Pagano (1989), S. 268 f.

4) Biais, Hillion und Spatt (1995), S. 1658.

5) Biais, Hillion und Spatt (1995), S. 1682.

6) Sie unterteilen dazu die beobachteten Geld-Brief-Spannen in vier Gruppen (Quartile): weite, mittelweite, mittelenge und enge, siehe hierzu im Detail Biais, Hillion und Spatt (1995), S. 1683 f.

beobachten ist.[1)] Außerdem ist die Zeit bis zur Abgabe eines marktspannenverengenden Gebots bei einer weiten Geld-Brief-Spanne deutlich kürzer als bei einer engen Geld-Brief-Spanne. Darin sehen die Autoren das Ausnutzen des Vorteils des zuerst Handelnden.[2)] Neben den Zeitintervallen bei unterschiedlichen Geld-Brief-Spannen werden auch die Zeiträume bis zum Folgegebot bei unterschiedlichen Gebotsarten verglichen. Es zeigt sich, dass nach den Transaktionen im Allgemeinen und nach den umfangreichen Transaktionen im Besonderen der Zeitraum bis zum nächsten Gebot unterdurchschnittlich kurz ist.[3)] Ebenfalls auffällig kurz ist die Zeit zwischen zwei umfangreichen Transaktionen.[4)] Den umfangreichen Transaktionen folgen oft weite Geld-Brief-Spannen. Ein kurzer Zeitraum zwischen einer umfangreichen Transaktion und ihrem Folgegebot spricht also für den beschriebenen Prioritätseffekt. Die kurze Zeit zwischen zwei umfangreichen Transaktionen kann dagegen auf asymmetrische Informationen hindeuten. Das Bietverhalten nach umfangreichen Transaktionen verstärkt sich also, weil nach umfangreichen Transaktionen nicht nur mit anteilig mehr umfangreichen Folgetransaktionen zu rechnen ist, sondern sie auch noch nach einem vergleichsweise kurzen Zeitraum auftreten.

Die Darstellung der modelltheoretischen Studien zu den Determinanten der Zeit macht deutlich, dass es in der Literatur keine eindeutige Position oder Meinung über den Informationsgehalt verschieden langer Zeitintervalle zwischen Geboten gibt. Ob den kurzen oder den langen Zeitabständen ein höherer Informationsgehalt zugesprochen werden kann, ist umstritten. Der Effekt von asymmetrischer Information spricht eher für den höheren Informationsgehalt kurzer Zeitabstände. Auf der anderen Seite stellen Easley, Kiefer und O'Hara[5)] anhand ihres Modells fest, dass gerade die nicht informierten Anleger auf die Transaktionen anderer

1) Die durchschnittliche Zeit bis zur Abgabe des nächsten Gebots bei einer weiten Geld-Brief-Spanne beträgt 77,4 Sekunden. Liegt dagegen eine enge Geld-Brief-Spanne vor sind es 107,6 Sekunden. Biais, Hillion und Spatt (1995), S. 1684.

2) Biais, Hillion und Spatt (1995), S. 1683 f.

3) Biais, Hillion und Spatt (1995), S. 1683 f.

4) Biais, Hillion und Spatt (1995), S. 1685.

5) Easley, Kiefer und O'Hara (1997), S. 161.

Marktteilnehmer schnell reagieren und nach Käufen (Verkäufen) ebenfalls vermehrt kaufen (verkaufen). Dieser Umstand spricht also eher für einen geringen Informationsgehalt hoher Transaktionsfrequenzen oder kurzer Zeitabstände zwischen den Transaktionen. Die Auswirkung des Prioritätseffekts, also der Vorteil des zuerst Handelnden, deutet ebenfalls verstärkt auf einen geringen Informationsgehalt hin. Auch mit dem Cluster-Effekt lässt sich eher ein geringer Informationsgehalt begründen.

Neben der theoretischen Literatur lassen auch die empirischen Untersuchungen von Biais, Hillion und Spatt[1] zu den Zeitintervallen zwischen Geboten und Transaktionen keinen eindeutigen Schluss zu. Zumal mit ihnen im Wesentlichen die umgekehrte Wirkungsrichtung betrachtet wird. In der Untersuchung wird beispielsweise gefragt, wie lang das Zeitintervall bis zum nächsten Gebot beim Vorliegen bestimmter Geld-Brief-Spannen ist,[2] wie lang das Zeitintervall bis zum Folgegebot bestimmter Gebotsarten ist[3] oder wie lang das Zeitintervall zwischen zwei bestimmten, aufeinander folgenden Gebotsarten ist.[4] Es wird also untersucht, ob bei bestimmten Orderbuchsituationen eher mit kurzen oder langen Zeitintervallen zu rechnen ist. Der umgekehrten Frage, mit welchem Bietverhalten nach kurzen oder langen Zeitintervallen zu rechnen ist, wird nicht nachgegangen. Wäre es möglich, diese Lücke zu schließen, gäbe es weitere Aussagen über den Einfluss der Zeit auf das Bietverhalten von Anlegern. Im Folgenden wird geklärt, ob und wenn ja, in welcher Form in der vorliegenden Arbeit auf diese Fragestellung eingegangen werden kann.

[1] Biais, Hillion und Spatt (1995).

[2] Biais, Hillion und Spatt (1995), S. 1684, Tabelle VI.

[3] Biais, Hillion und Spatt (1995), S. 1684, Tabelle VI.

[4] Biais, Hillion und Spatt (1995), S. 1685, Tabelle VII.

Wie bereits angedeutet, soll an dieser Stelle an den vorangegangenen Abschnitt angeknüpft werden, indem die Vorannahmezeit einer Transaktion als Indiz dafür angesehen wird, ob eine umfangreiche Transaktion durch die Aufteilung in kleinere Tranchen gesplittet wurde oder nicht. Das Splitten von Transaktionen kann zwei Ursachen haben. Zum einen kann es bewusst oder gewollt geschehen. Das passiert z.B., wenn eine große Stückzahl nicht offenbart werden soll. Zum anderen kann das Handelssystem die Stückelung von Transaktionen bedingen.

Wird ein umfangreicher Auftrag absichtlich in mehrere kleine Aufträge unterteilt, kann möglicherweise auf Grund der gewählten Handelsstrategie erkannt werden, ob die Summe der wenig umfangreichen Transaktionen nicht letztlich *eine* verkappte umfangreiche Transaktion ist. Im letzten Kapitel wurden verschiedene Abstufungen von Handelsstrategien unterschieden.[1)] Die sehr aktive und die sehr passive Strategie bildeten dabei die beiden Pole des Spektrums. Deutlich wurde auch, dass der Abgabezeitpunkt eines Gebots eng mit der Handelsstrategie verknüpft ist. Ein Beispiel soll verdeutlichen, wie eine verkappte umfangreiche Transaktion anhand der Handelsstrategie und des Abgabezeitpunktes erkannt werden kann.

Angenommen, eine informierte Anlegerin will 10.000 Stück einer Aktie in IBIS kaufen. Ihre Handelsstrategie wird sie u.a. von der Orderbuchsituation und ihrer Einschätzung der Dauer ihres Informationsvorsprungs abhängig machen. Nimmt sie an, dass der Zeitraum sehr kurz ist, wird sie die sehr aktive Strategie wählen und sofort 10.000 Stück durch die Annahme von limitierten Briefgeboten kaufen. Ist aber in dieser Situation die Briefseite des Orderbuchs nur wenig gefüllt (z.B. weil das beste Briefgebot nur für 2.000 Stück gut ist und das zweitbeste Briefgebot ein weitaus höheres Limit aufweist), müsste die Anlegerin möglicherweise einen ungewollt hohen durchschnittlichen Abschlusskurs in Kauf nehmen. Um dem entgegenzuwirken, könnte sie alternativ (sofern ihr der Informationsvorsprung lang genug erscheint) z.B. nur das beste Briefgebot annehmen und anschließend auf neu eingehende marktspannenverengende Briefgebote warten. Sollten nach einer

1) Siehe die Ausführungen im Abschnitt A.III., S. 21–32, weiter oben in diesem Teil der Arbeit.

bestimmten Zeitspanne keine neuen Gebote eingehen und wünscht sie sich einen relativ schnellen Handelsabschluss, kann sie immer noch auf die weiteren Briefgebote mit höheren Kursen zugreifen. Nun lässt sich argumentieren: Je kürzer c.p. der Zeitabstand zwischen zwei aufeinander folgenden Transaktionen oder einem limitierten Gebot und einer nachfolgenden Transaktion ist, desto kürzer kann die Zeit des Informationsvorsprungs eingeschätzt werden. Je kürzer also der Zeitraum ist, desto weniger Versuche wird es geben, den eigentlich gewünschten Umfang der Transaktion zu verstecken. In Hinblick auf den Informationsgehalt umfangreicher Transaktionen lässt sich dann diese These aufstellen: Je kürzer c.p. die Vorannahmezeit einer Transaktion ist, desto gewichtiger kann ihr Informationsgehalt sein. Wenn uninformierte Anleger auf Transaktionen mit kurzer Vorannahmezeit ihrerseits schnell durch Transaktionen reagieren, wird der Informationsgehalt natürlich wieder abgeschwächt.[1)]

Neben der absichtlichen Aufteilung einer umfangreichen Transaktion in mehrere kleine Transaktionen konnte das Splitten in IBIS auch systembedingte Ursachen haben. Dafür gibt es verschiedene Gründe. Zum einen wurde jede Transaktion zwischen zwei Handelspartnern auf dem Handelsmonitor einzeln berücksichtigt. Wurden also z.B. bei einem Kauf mehrere Briefgebote mit unterschiedlichen Kursen angenommen (bestes Briefgebot, zweitbestes Briefgebot, usw.), so zählte das jeweils als eine Transaktion. Selbst wenn nur das beste Briefgebot angenommen wurde, es aber auf mindestens zwei Eingeber zurückging, wurde jede Transaktion einzeln ins System eingestellt. Diese Vorgehensweise war unabhängig davon, ob die Annahme durch die Einzelauswahl oder die Abräumfunktion zustande kam. Zudem prüfte das System vor jeder einzelnen Transaktion, ob sich die Orderbuchsituation inzwischen geändert hatte. Diese Prüfung war notwendig, um jederzeit sicher zu gehen, dass die neu eingehenden marktspannenverengenden Gebote den Vorrang bekamen oder um zwischenzeitliche Löschungen zu berücksichtigen. Beim systembedingten Splitten von Transaktionen war die Zeit zwischen zwei Transaktionen vergleichsweise sehr kurz. So deutete auch in diesem Fall die kurze Voran-

1) Dies stellen beispielsweise Easley, Kiefer und O'Hara (1997), S. 161, fest. Siehe auch Fußnote 6, S. 54, weiter oben in diesem Abschnitt.

nahmezeit einzelner, wenig umfangreicher Transaktionen auf eine einzige umfangreiche Transaktion hin.

In beiden Fällen, d.h. bei dem gewollten und dem systembedingten Splitten von Transaktionen finden sich also Argumente, dass eine kurze Vorannahmezeit auf umfangreiche Transaktionen hindeuten. Es soll daher im zweiten Teil der Arbeit empirisch untersucht werden, ob kurze Vorannahmezeiten äquivalent einer umfangreichen Transaktion sind. Nach Transaktionen mit langen Vorannahmezeiten sollte dagegen eher ein Bietverhalten zu erwarten sein wie nach nicht umfangreichen Transaktionen. Das im letzten Abschnitt vermutete Bietverhalten nach umfangreichen und nicht umfangreichen Transaktionen wird also auf Transaktionen mit kurzer bzw. langer Vorannahmezeit übertragen. Im empirischen Teil der Arbeit werden deshalb ähnliche Hypothesen untersucht.

C. Liquidität und Bietverhalten

I. Liquiditätsmaße

Wie in Abschnitt A.IV., S. 32–36, dargestellt, ist die Liquidität kein eindimensionaler Begriff, sondern umspannt mehrere Dimensionen. Eine knappe qualitative Beschreibung von Liquidität, die alle Dimensionen umfasst, fällt daher schwer. Genauso wenig, wie eine allgemein anerkannte Definition vorliegt, gibt es ein einheitliches Konzept zur quantitativen Liquiditätserfassung. Eine wichtige Rolle beim Messen von Liquidität spielt die Geld-Brief-Spanne.[1] Mit ihrer Hilfe wird versucht, die Buchkomponente der Liquidität, also die limitierten Gebote im Orderbuch, zu quantifizieren. Auch für die Untersuchungen in dieser Arbeit ist die Geld-Brief-Spanne in Form der Marktspanne von großer Bedeutung. Daher beginnt die Darstellung der gängigen Liquiditätsmaße mit den Geld-Brief-Spannen. Anschließend werden einige ausgewählte alternative Liquiditätsmaße beschrieben.

1. Geld-Brief-Spannen

Die Geld-Brief-Spanne errechnet sich aus der Differenz zwischen Geld- und Briefkursen. Sie kann als Preis oder Kosten der Dienstleistung Sofortigkeit aufgefasst werden. Je kleiner die Geld-Brief-Spanne ist, desto geringer ist der hierfür zu zahlende Preis und desto höher ist die Liquidität. Will beispielsweise ein Anleger eine Aktie sofort kaufen, kann er dies auf einem Händlermonopol- oder Händlerauktionsmarkt zu den gestellten Briefkursen tun. Entscheidet er sich für einen Anlegerauktionsmarkt, ist der Kauf zu den von den anderen Marktteilnehmern limitierten Briefgeboten möglich. Bei einer solchen Transaktion entstehen dem Anleger Sofortigkeitskosten in Höhe der Differenz von Brief- und niedrigerem Gleichgewichtskurs, dem marktgerechten Kurs. Der Anleger muss für die sofortige Ausführung der Transaktion einen Aufschlag akzeptieren. Wollte der Anle-

---

1) Einen Überblick über Veröffentlichungen zur Höhe von Geld-Brief-Spannen bieten z.B. Schmidt und Iversen (1991), S. 212–214.

ger stattdessen verkaufen, müsste er den Betrag um den der Geldkurs sich von dem höherem Gleichgewichtskurs unterscheidet, als Abschlag hinnehmen. Will er dagegen eine größere Stückzahl sofort kaufen oder verkaufen, steigen seine Sofortigkeitskosten. Denn sowohl die Händler als auch die Eingeber limitierter Gebote sind nur bereit, ihre Kurse für bestimmte Stückzahlen zu stellen. Fragt der Anleger durch den sofortigen Kauf mehr Aktien nach als die Stückzahl für die das beste Briefgebot gut ist, muss er auf einem Händlermarkt einen höheren Briefkurs akzeptieren. Auf einem Anlegerauktionsmarkt muss er auf die zusätzlichen Briefgebote mit einem höheren Kurs zurückgreifen. Seine Sofortigkeitskosten pro Aktie steigen entsprechend. Umgekehrt müsste er bei einem umfangreicheren Verkauf einen niedrigeren durchschnittlichen Geldkurs akzeptieren. Seine Sofortigkeitskosten steigen also ebenfalls.

Es gibt nicht nur eine Form der Geld-Brief-Spanne, sondern es existieren mehrere Ausprägungen. Sie unterscheiden sich durch die Berechnungsmethode und dadurch, welche Geld- und Briefkurse in die Berechnungen einfließen. Zunächst kann zwischen den *expliziten* und *impliziten Spannen* unterschieden werden. Dabei zählen alle tatsächlich zu beobachtenden Geld-Brief-Spannen zu den expliziten Spannen. Lässt sich die Geld-Brief-Spanne nicht bestimmen, sei es, weil keine Spannen gestellt werden oder weil Abschlüsse auch zu Kursen innerhalb der Geld-Brief-Spanne möglich sind,[1)2)3)] wird von impliziten Spannen gesprochen. Die empirischen Untersuchungen dieser Arbeit können ausschließlich auf die tatsächlich beobachtbaren Geld-Brief-Spannen zurückgreifen. Der Fokus der folgenden Darstellungen richtet sich daher auf die expliziten Spannen. Die daran

1) Wenn zu Kursen innerhalb der Spanne gehandelt werden kann, so ist die tatsächliche Geld-Brief-Spanne kleiner als die Differenz aus bestem Brief- und Geldgebot. In diesem Fall wird auch von effektiven Spannen gesprochen, siehe hierzu Treske und Oesterhelweg (1996), S. 208.

2) Bei Märkten, auf denen Abschlüsse innerhalb der Geld-Brief-Spanne möglich sind, wird auch von „Märkten mit zweiter Bietstufe" gesprochen. Die erste Stufe des Preisprozesses besteht aus den Geboten, die bis zum Eingang eines ausführbaren Auftrags vorliegen. Wenn es nach der Eingabe zu direkten Antworten auf einen Auftrag kommen kann, entsteht eine so genannte zweite Bietstufe, die oft Abschlüsse innerhalb der Geld-Brief-Spanne ermöglicht, es kommt dann zu einer Kursverbesserung (price improvement). Zum Begriff und zur Funktion der Kursverbesserung siehe Schmidt, Oesterhelweg und Treske (1997), S. 391–396 und S. 400, Schmidt und Küster Simic (1999b), S. 234 f., sowie Schmidt und Küster Simic (1999a), S. 524, und die dort angegebene Literatur: Wells (1992), Peterson und Fialkowski (1994), S. 270, sowie Ross, Shapiro und Smith (1996), S. 5 f. Darüber hinaus finden sich Ausführungen und Untersuchungen zur Kursverbesserung auch bei Handa, Schwartz und Tiwari (1999), Ready (1999), Bacidore, Battalio und Jennings (2002), Harris (2003), S. 71 f., sowie Werner (2003).

3) Eine Dienstleistung, die in diese Richtung zielt, indem sie für das elektronische Handelssystem Xetra die Möglichkeit zur Kursverbesserung bietet, ist die so genannte „Xetra Best Execution" (kurz: „Xetra Best"). Dieses System stellt eine Erweiterung von Xetra dar und kann von Kreditinstituten genutzt werden. Xetra Best bietet die Möglichkeit einer institutsinternen Ausführung von Kundenaufträgen, gesprochen wird auch von „Internalisierung". Dabei kann das teilnehmende Institut eine eintreffende Order gegen den eigenen Bestand ausführen, wenn es dem Kunden einen besseren Kurs anbietet als der zu diesem Zeitpunkt gültige beste Kurs in Xetra – also bei einem Kauf (Verkauf) einen niedrigeren (höheren) als den besten Briefkurs (Geldkurs). Zur Erläuterung der Funktionsweisen von Xetra Best sei verwiesen auf Deutsche Börse (2002), Neubacher (2002), Deutsche Börse (2003b) sowie Deutsche Börse (2005). Eine Diskussion über Xetra Best findet sich bei Theissen (2002). Neben Xetra Best gibt es auch Bestrebungen von Kreditinstituten, eigene Systeme zur Internalisierung zu etablieren. Beispielsweise bietet die Deutsche Bank unter dem Namen PIP-Service (Price-Improvement-Service) ein solches System an. Hierbei werden den Kunden zur Ausführung ihrer Aufträge mindestens so gute Kurse wie in Xetra oder einem anderen zu wählenden Referenzhandelssystem angeboten. Eine Beschreibung der Funktionen des PIP-Service finden sich bei Deutsche Bank (2003) und Deutsche Bank (2004). In Deutschland nutzt neben der Deutschen Bank auch die Sparda-Bank dieses System. Im kontinentaleuropäischen Ausland sind Banken in Italien, Spanien, Österreich und der Schweiz angeschlossen. Inwieweit Kursverbesserung beim Handel in IBIS möglich war, wird weiter unten in diesem Kapitel näher behandelt.

anschließenden kurzen Ausführungen zu den impliziten Spannen und den alternativen Liquiditätsmaßen dienen lediglich der Übersicht und als Literaturhinweis.

a) Explizite Geld-Brief-Spannen

Zu den expliziten Spannen zählen die *gestellte Geld-Brief-Spanne* und die *Marktspanne.* Die gestellte Geld-Brief-Spanne beruht auf den Geld- und Briefkursen eines einzelnen Händlers oder Marketmakers zu einem bestimmten Zeitpunkt. Über sie deckt der Marketmaker seine Kosten, die ihm durch den Sofortigkeitsservice entstehen.[1] Die gestellte Geld-Brief-Spanne ist also positiv. Die Marktspanne ergibt sich aus der Differenz zwischen dem besten (niedrigsten) Briefkurs und dem besten (höchsten) Geldkurs eines Wertpapiers zu einem bestimmten Zeitpunkt. Diese Kurse stammen i.d.R. nicht von demselben Marktteilnehmer. Sie können von verschiedenen Händlern auf Händlerauktionsmärkten oder von unterschiedlichen Eingebern limitierter Gebote auf Anlegerauktionsmärkten abgegeben worden sein.[2] Denkbar ist darüber hinaus sogar eine börsenübergreifende Erfassung, also eine Berechnung auf der Basis von Geld- und Briefkursen eines Wertpapiers mehrerer Handelsplätze. Die Marktspanne ist regelmäßig positiv, unter Wettbewerb jedoch meistens kleiner als die einzelnen gestellten Geld-Brief-Spannen und nie größer als die kleinste gestellte Spanne eines einzelnen Händlers.

Für die empirischen Untersuchungen im zweiten Teil dieser Arbeit werden (absolute) Marktspannen, prozentuale Marktspannen und Marktspannenmittel, also durchschnittliche Marktspannen benötigt. Am einfachsten stellt sich die Markt-

---

1) Die Kosten setzen sich zusammen aus Bestandshaltekosten (inventory holding costs), Geschäftsabwicklungskosten (order execution costs) und Informationsrisikokosten (adverse information costs). Eine Zerlegung der Geld-Brief-Spanne in ihre Kostenkomponenten findet sich z.B. bei Glosten und Harris (1988), Stoll (1989) oder George, Kaul und Nimalendran (1991). Drei Komponenten betrachtet beispielsweise auch Iversen (1994), S. 28–51. Ausführliche Untersuchung hierzu machen Schmidt und Treske (1996), Treske (1996) sowie Schmidt und Treske (2002).

2) Cohen, Maier, Schwartz und Whitcomb (1981), S. 297. Sie bezeichnen die Spanne als „gap in the limit order book“.

spanne eines einzelnen Wertpapiers w zu einem Zeitpunkt t dar. Wie bereits angedeutet, ergibt sie sich aus der Differenz von bestem Geld- und Briefkurs:

$$MS_{wt} = bBK_{wt} - bGK_{wt} \tag{1}$$

mit:

MS_{wt}:	Marktspanne des Wertpapiers w zum Zeitpunkt t
bBK_{wt}:	bester Briefkurs des Wertpapiers w zum Zeitpunkt t
bGK_{wt}:	bester Geldkurs des Wertpapiers w zum Zeitpunkt t
w:	Wertpapier
t:	Zeitpunkt

Wird wie beschrieben die Mitte der Marktspanne als Gleichgewichtskurs angesehen, können die Sofortigkeitskosten bei einem Kauf oder Verkauf einer Aktie des Wertpapiers w zum Zeitpunkt t mit der Formel (2) bzw. (3) berechnet werden:

$$KP_{wt} = bBK_{wt} - MSM_{wt} \tag{2}$$

$$VP_{wt} = MSM_{wt} - bGK_{wt} \tag{3}$$

wobei:

$$MSM_{wt} = \frac{bGK_{wt} + bBK_{wt}}{2} \tag{4}$$

mit:

KP_{wt}:	Preis für die Dienstleistung Sofortigkeit beim Kauf einer Aktie des Wertpapiers w zum Zeitpunkt t
bBK_{wt}:	bester Briefkurs des Wertpapiers w zum Zeitpunkt t
MSM_{wt}:	Marktspannenmitte des Wertpapiers w zum Zeitpunkt t
VP_{wt}:	Preis für die Dienstleistung Sofortigkeit beim Verkauf einer Aktie des Wertpapiers w zum Zeitpunkt t
bGK_{wt}:	bester Geldkurs des Wertpapiers w zum Zeitpunkt t
w:	Wertpapier
t:	Zeitpunkt

Annahmegemäß entspricht dieser Preis beim Kauf oder Verkauf einer Aktie also exakt der halben Marktspanne. Formal lässt sich das durch das Einsetzen der Formel (4) in die Formeln (2) und (3) und dem anschließenden Umformen sowie Gleichsetzen mit der Formel (1) zeigen:

$$\mathbf{KP_{wt}} = bBK_{wt} - \left(\frac{bGK_{wt} + bBK_{wt}}{2}\right) = \left(\frac{bGK_{wt} + bBK_{wt}}{2}\right) - bGK_{wt} = \mathbf{VP_{wt}} = \left(\frac{bBK_{wt} - bGK_{wt}}{2}\right) = \frac{\mathbf{1}}{\mathbf{2}}\mathbf{MS_{wt}} \quad (5)$$

mit:

KP_{wt}:	Preis für die Dienstleistung Sofortigkeit beim Kauf einer Aktie des Wertpapiers w zum Zeitpunkt t
bBK_{wt}:	bester Briefkurs des Wertpapiers w zum Zeitpunkt t
bGK_{wt}:	bester Geldkurs des Wertpapiers w zum Zeitpunkt t
VP_{wt}:	Preis für die Dienstleistung Sofortigkeit beim Verkauf einer Aktie des Wertpapiers w zum Zeitpunkt t
MS_{wt}:	Marktspanne des Wertpapiers w zum Zeitpunkt t
w:	Wertpapier
t:	Zeitpunkt

Der bisher aufgeführte Preis für die Sofortigkeit misst lediglich den Betrag des Aufschlags oder Abschlags, der bei einem sofortigen Kauf oder Verkauf für eine Aktie eines Wertpapiers w hinzunehmen ist. Ist eine Transaktion über mehr Stücke gewünscht, als der beste Geld- oder Briefkurs ausweist, kann sich der durchschnittliche Preis pro Stück erhöhen. Zum Messen des durchschnittlichen Preises pro Aktie kann dann auf die so genannten X-Stück-Halbspannen zurückgegriffen werden. Sie berechnen sich als absolute Differenz der anzahlgewichteten Geld- oder Briefkurse für die entsprechende Stückzahl X und der Marktspannenmitte. Da üblicherweise nicht beide Marktseiten des Orderbuchs mit gleich hohen Stückzahlen besetzt sind, werden für die Käufe und Verkäufe getrennt X-Stück-Brief-Halbspannen und X-Stück-Geld-Halbspannen berechnet.[1)] Es handelt sich

---

1) Zu X-Stück-Spannen siehe z.B. Treske und Oesterhelweg (1996).

also um die durchschnittlich zu zahlenden Sofortigkeitskosten pro Aktie bei einem Kauf oder Verkauf über die Stückzahl X. Für die Stückzahl X bietet es sich an, standardisierte Stückzahlen zu verwenden, beispielsweise ein Vielfaches des Mindestschlusses.

Zur Verdeutlichung der Berechnung von Marktspannenmitte, Marktspanne, X-Stück-Geld-Halbspanne und X-Stück-Brief-Halbspanne sei die folgende Abbildung 7 betrachtet. Dort ist beispielhaft ein Ausschnitt des IBIS-Orderbuchs eines beliebigen Titels zu einem festen Zeitpunkt dargestellt. Aufgeführt sind zwei Geldgebote mit Limiten von DM 30,00 und DM 30,10 über jeweils 200 Stück, sowie drei Briefgebote mit Limiten von DM 30,30, DM 30,40 und DM 30,50 über Stückzahlen von 100, 100 bzw. 200 Stück. Das beste Geldgebot hat also ein Limit von DM 30,10 und das beste Briefgebot eines von DM 30,30. Zur Berechnung der X-Stück-Halbspannen wurde eine Stückzahl von 400 ausgewählt. Die Spannen berechnen sich wie folgt:[1)]

$$MS = bBK - bGK \tag{6}$$

$$MS = 30,30 - 30,10 = 0,20$$

$$MSM = \left(\frac{bBK + bGK}{2}\right) \tag{7}$$

$$MSM = \left(\frac{30,30 + 30,10}{2}\right) = 30,20$$

---

1) Da es sich im Beispiel um einen einzelnen Titel und einen festen Zeitpunkt handelt, wird auf die Verwendung der Indizes w (Wertpapier) und t (Zeit) verzichtet. Zudem wird zur Vereinfachung der Formeln und Abbildungen grundsätzlich die Währungseinheit weggelassen. Um die Berechnung der X-Stück-Halbspannen deutlicher zu machen, wurde in Abbildung 7 außerdem von der in dieser Arbeit sonst üblichen kumulierten Darstellung der Stückzahlen abgewichen.

$$X\text{-Stück-Geld-Halbspanne} = MSM - \frac{1}{X}\sum_{i=1}^{n_X^{GK}} GK_i * GS_i \qquad (8)$$

$$400\text{-Stück-Geld-Halbspanne} = 30,20 - \frac{30,10 * 200 + 30,00 * 200}{400} = 0,15$$

$$X\text{-Stück-Brief-Halbspanne} = \frac{1}{X}\sum_{i=1}^{n_X^{BK}} BK_i * BS_i - MSM \qquad (9)$$

400-Stück-Brief-Halbspanne =

$$= \frac{30,30 * 100 + 30,40 * 100 + 30,50 * 200}{400} - 30,20 = 0,225$$

mit:

MS:	Marktspanne
bBK:	bester Briefkurs
bGK:	bester Geldkurs
MSM:	Marktspannenmitte
X:	Stückzahl für die zu berechnende X-Stück-Halbspanne
GK_i:	Geldkurs i
GS_i:	Stückzahl, für die der Geldkurs i gut ist (oder die Stückzahl, die noch zum Erreichen der Stückzahl X benötigt wird)
n_X^{GK}:	Anzahl der Geldkurse zum Erreichen der Stückzahl X
BK_i:	Briefkurs i
BS_i:	Stückzahl, für die der Briefkurs i gut ist (oder die Stückzahl, die noch zum Erreichen der Stückzahl X benötigt wird)
n_X^{BK}:	Anzahl der Briefkurse zum Erreichen der Stückzahl X
i:	Laufindex

Abbildung 7: Marktspanne, Marktspannenmitte, X-Stück-Geld-Halbspanne und X-Stück-Brief-Halbspanne an einem Beispiel

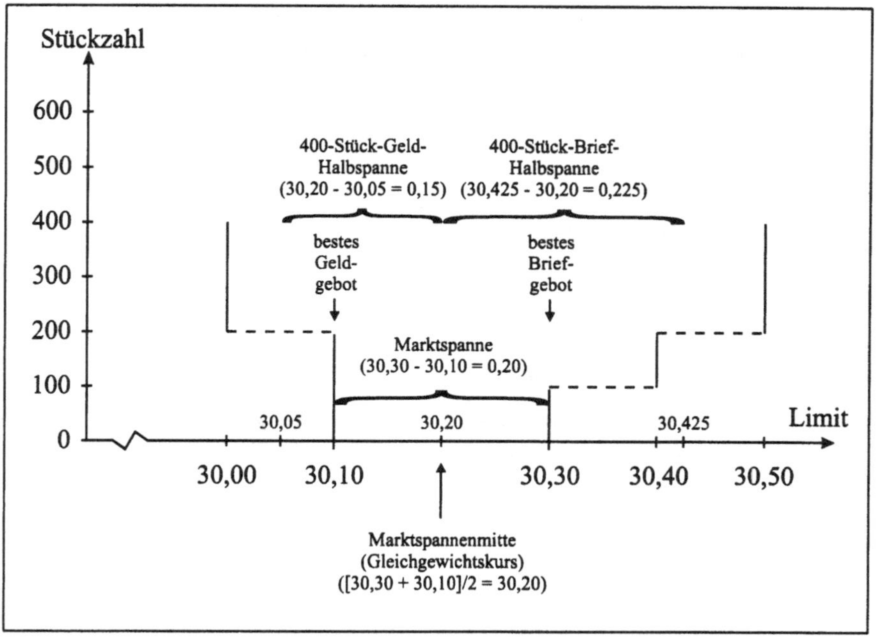

Die X-Stück-Geld-Halbspanne und die X-Stück-Brief-Halbspanne geben an, wie groß die Halbspanne oder der durchschnittliche Preis für die Sofortigkeit pro Aktie beim Verkauf bzw. Kauf der Stückzahl X ist. Im Beispiel beträgt die halbe Marktspanne, also der Preis hierfür beim sofortigen Kauf oder Verkauf einer Aktie des betrachteten Wertpapiers, 10 Pfennige. Sollen dagegen beispielsweise 400 Stück sofort gekauft werden, ist ein durchschnittlicher Aufschlag je Aktie von 22,5 Pfennigen zu zahlen. Beim Verkauf derselben Stückzahl beträgt der durchschnittliche Abschlag je Aktie dagegen 15 Pfennige. Möglich ist auch die Antwort auf die umgekehrte Frage, wie viele Stücke bei einem vorgegebenen Kurs oder wie viele Stücke insgesamt gehandelt werden können.[1)]

[1)] Grelck (1997), S. 28.

Um die Liquidität verschiedener Titel anhand der Marktspanne miteinander vergleichen zu können, sind absolute Marktspannen eher ungeeignet. Besser geeignet erscheint die relative oder die prozentuale Marktspanne. Sie errechnet sich aus dem Quotienten von absoluter Marktspanne und Marktspannenmitte, setzt die Marktspanne also in Relation zum Durchschnitt aus bestem Geld- und Briefkurs:[1)]

$$MSP_{wt} = \left(\frac{bBK_{wt} - bGK_{wt}}{(bGK_{wt} + bBK_{wt})/2}\right)100 \qquad (10)$$

mit:

MSP_{wt}:	Marktspanne des Wertpapiers w zum Zeitpunkt t in Prozent
bBK_{wt}:	bester Briefkurs des Wertpapiers w zum Zeitpunkt t
bGK_{wt}:	bester Geldkurs des Wertpapiers w zum Zeitpunkt t
w:	Wertpapier
t:	Zeitpunkt

Im eben betrachteten Beispiel beträgt die prozentuale Marktspanne 0,66%.

Die bisher aufgeführten Spannen sind zeitpunktbezogen. Sie haben damit den Nachteil, die Liquidität eines Wertpapiers lediglich in einem kurzen Moment wiederzugeben. Die Spanne ändert sich im Tagesverlauf aber häufig. Deshalb sollte bei einer vergleichenden Beurteilung von Liquidität die Marktspanne über die gesamte Handelszeit kontinuierlich erfasst werden. Durchschnittliche Spannen sind also empfehlenswert. Zu entscheiden ist dann aber, welche Spannen mit welchem Gewicht in die Mittelwerte eingehen und wie sie berechnet werden sollen.[2)] Für die

1) Alternativ zum Durchschnitt aus bestem Geld- und Briefkurs wird die Spanne manchmal (beispielsweise auf den Kursinformationsseiten der comdirect bank AG unter http://www.comdirect.de/) auch in Relation zum besten Briefkurs gestellt. Es kann angenommen werden, dass dieses Vorgehen verwendet wird, wenn eine möglichst kleine prozentuale Spanne ausgewiesen werden soll. In der vorliegenden Arbeit wird aber davon ausgegangen, dass die Marktspannenmitte den Gleichgewichtskurs darstellt. Deswegen wird der Durchschnitt aus dem besten Geld- und Briefkurs verwendet.

2) Schmidt und Iversen (1991), S. 211.

Marktspanne in IBIS bieten sich besonders vier Methoden der Mittelwertbildung an:

- der ungewichtete oder der gleichgewichtete Durchschnitt,
- der spannenanzahlgewichtete Durchschnitt,
- der Mittelwert auf der Basis von minütlichen Marktspannenbeobachtungen sowie
- der spannenzeitgewichtete Durchschnitt.

In den ungewichteten oder gleichgewichteten Durchschnitt eines Wertpapiers w gehen alle Marktspannen eines Betrachtungszeitraums T mit dem gleichem Anteil ein, beispielsweise alle Marktspannen eines Tages oder Monats:[1)]

$$\overline{MSP}_{wT}^{UG} = \frac{1}{n_{wT}^{MS}} \sum_{t=1}^{n_{wT}^{MS}} MSP_{wt} \tag{11}$$

mit:

$\overline{MSP}_{wT}^{UG}$:	ungewichtetes Marktspannenmittel des Wertpapiers w während des Betrachtungszeitraums T in Prozent
n_{wT}^{MS}:	Anzahl der Marktspannen des Wertpapiers w im Zeitraum T
MSP_{wt}:	Marktspanne des Wertpapiers w zum Zeitpunkt t in Prozent
T:	Betrachtungszeitraum
w:	Wertpapier
t:	Zeitpunkt

1) Die Berechnung berücksichtigt also jede Änderung der Marktspanne.

Beim Zusammenfassen mehrerer Wertpapiere, also der Bildung von Durchschnitten über verschiedene Titel, wird ein spannenanzahlgewichtetes Mittel empfohlen. Das berücksichtigt unterschiedliche Handelsaktivitäten:[1)]

$$\overline{MSP}_{WT}^{AG} = \sum_{w=1}^{W} \frac{n_{wT}^{MS}}{N_{WT}^{MS}} \overline{MSP}_{wT}^{UG} \tag{12}$$

wobei:

$$N_{WT}^{MS} = \sum_{w=1}^{W} n_{wT}^{MS} \tag{13}$$

mit:

$\overline{MSP}_{WT}^{AG}$:	spannenanzahlgewichtetes Marktspannenmittel über die betrachteten Wertpapiere W im Betrachtungszeitraum T in Prozent
n_{wT}^{MS}:	Anzahl der Marktspannen des Wertpapiers w im Betrachtungszeitraum T
N_{WT}^{MS}:	Summe aus der Anzahl der Marktspannen der Wertpapiere W im Betrachtungszeitraum T
$\overline{MSP}_{wT}^{UG}$:	ungewichtetes Marktspannenmittel des Wertpapiers w während des Betrachtungszeitraums T in Prozent
T:	Betrachtungszeitraum
W:	Anzahl der betrachteten Wertpapiere
w:	Wertpapier
t:	Zeitpunkt

Als Alternative zum ungewichteten oder spannenanzahlgewichteten Marktspannenmittel werden häufig die so genannten Minutenspannen verwendet.[2)] Bei dieser

1) Schmidt und Iversen (1991), S. 216.

2) Marktspannenmittel auf der Basis von Minutenspannen verwenden u.a. Schmidt und Iversen (1991), S. 216 und S. 222–224, sowie Booth, Iversen, Sarkar, Schmidt und Young (1999), S. 62. Zeitintervalle von fünf Minuten nutzen z.B. Frino, McInish und Toner (1998), S. 232.

Form wird ein Durchschnitt aus den Marktspannenbeobachtungen am Ende oder Anfang jeder Minute t während des Betrachtungszeitraums T gebildet. Für ein einzelnes Wertpapier w errechnet sich der Mittelwert aus den Minutenspannen wie folgt:

$$\overline{MSP}_{wT}^{MG} = \frac{1}{M_{wT}} \sum_{t=1}^{M_{wT}} MSP_{wt} \tag{14}$$

mit:

$\overline{MSP}_{wT}^{MG}$:	Marktspannenmittel des Wertpapiers w während des Betrachtungszeitraums T auf Basis von Minutenspannen in Prozent
M_{wT}:	Anzahl der Minuten, zu denen das Wertpapier w im Betrachtungszeitraum T eine Marktspanne aufweist
MSP_{wt}:	Marktspanne des Wertpapiers w am Ende (oder Anfang) der Minute t in Prozent
T:	Betrachtungszeitraum
t:	Zeitpunkt
w:	Wertpapier

Auch aus dem Marktspannenmittel verschiedener Wertpapiere auf der Basis von Minutenspannen lässt sich wieder ein Durchschnitt über mehrere Titel bilden. Hier kann eine unterschiedlich hohe Anzahl beobachteter Minutenspannen bei den einzelnen Wertpapieren berücksichtigt werden. Sie werden dann analog zum spannenanzahlgewichteten Marktspannenmittel berechnet. Alternativ wird ein einfacher oder ungewichteter Durchschnitt gebildet. Die Summe aus den Marktspannenmitteln der einzelnen Wertpapiere wird dann lediglich durch die Anzahl der Wertpapiere dividiert. Die Minutenspannen haben zwei Nachteile. Einmal ist das Zeitintervall für die Beobachtungen willkürlich gewählt; es könnte z.B. genauso gut 20 Sekunden oder fünf Minuten umfassen. Außerdem werden alle Marktspannen zwischen den Beobachtungszeitpunkten vernachlässigt. Das schlägt besonders stark bei sehr rege gehandelten Titeln zu Buche, deren Marktspanne sich häufig verändert. Um beiden Problemen entgegenzuwirken, kann das Zeitintervall infinitesimal verkleinert werden. Das führt zu einem spannenzeitgewichteten Marktspannenmittel, bei dem eine Marktspanne mit der Dauer ihrer Gültigkeit gewichtet wird und mit diesem Gewicht in die Berechnung einfließt. Formal lässt sich das ausdrücken als:

$$\overline{MSP}_{wT}^{ZG} = \frac{1}{T}\sum_{t=1}^{n_{wT}^{MS}} T_{t,t+1} MSP_{wt} \qquad (15)$$

mit:

$\overline{MSP}_{wT}^{ZG}$:	spannenzeitgewichtetes Marktspannenmittel des Wertpapiers w während des Betrachtungszeitraum T in Prozent
T:	Betrachtungszeitraum
n_{wT}^{MS}:	Anzahl der Marktspannen des Wertpapiers w im Betrachtungszeitraum T
$T_{t,t+1}$:	Zeitraum vom Zeitpunkt t bis zum Zeitpunkt $t+1$
MSP_{wt}:	Marktspanne des Wertpapiers w zum Zeitpunkt t in Prozent
t:	Zeitpunkt
w:	Wertpapier

Neben dem Durchschnitt, also dem arithmetischen Mittel, sind auch noch andere Lageparameter für die Geld-Brief-Spannen denkbar, beispielsweise der Modus, das geometrische Mittel oder das harmonische Mittel. Diese erscheinen aber im Zusammenhang mit der Geld-Brief-Spanne wenig aussagefähig. Deshalb wird in dieser Arbeit grundsätzlich das arithmetische Mittel respektive der Durchschnitt verwendet.[1)]

---

1) Zur Berechnung von Lageparametern siehe z.B. Schlittgen (2003), S. 116–135, oder Bamberg und Baur (2002), S. 16–24.

b) Implizite Geld-Brief-Spannen

Werden die Geld-Brief-Spannen nicht veröffentlicht oder sind Abschlüsse zu Kursen innerhalb der Geld-Brief-Spanne möglich, kann auf implizite Spannen ausgewichen werden. Das grundlegende Vorgehen besteht darin, die Geld-Brief-Spannen auf der Basis aufeinander folgender Transaktionen oder Renditen zu schätzen. Für die in IBIS gehandelten Titel konnten jedoch, sofern mindestens ein limitiertes Geld- und Briefgebot vorlag, jederzeit explizite Marktspannen berechnet werden. Deshalb sind für diese Arbeit keine impliziten Spannen erforderlich. Einige der wichtigsten impliziten Spannen werden zur Vollständigkeit aufgeführt.[1] Die wohl am häufigsten verwendete Methode zum Schätzen von Geld-Brief-Spannen ist das auf Transaktionsrenditen basierende Maß von Roll.[2][3] Vorschläge zur Erweiterung des Roll-Maß machen u.a. Choi, Salandro und Shastri,[4] Smith und Whaley[5] sowie Amihud und Mendelson.[6] Schätzungen anhand durchschnittlicher absoluter Kursänderungen machen Bhattacharya[7] sowie Thompson und Waller.[8]

2. Alternative Liquiditätsmaße

Neben den Liquiditätsmaßen auf der Basis der Geld-Brief-Spanne oder solchen, die versuchen, die Geld-Brief-Spanne zu schätzen, gibt es zahlreiche andere Versuche, die Liquidität zu messen. Häufig werden dazu Handelsumsätze herange-

---

1) Ein Überblick über implizite Geld-Brief-Spannen findet sich u.a. bei Brunner (1996), S. 33–52.

2) Roll (1984).

3) Das Roll-Maß wird in der Literatur z.T. sehr kritisch betrachtet. Beispielsweise schreibt Theissen (1998), S. 222: „Anwendungen des Roll-Maßes auf die Gesamtkursermittlung liefern ... wegen der sehr hohen Zahl negativer Werte und der fehlenden Reliabilität keine sinnvollen Ergebnisse."

4) Choi, Salandro und Shastri (1988).

5) Smith und Whaley (1994).

6) Amihud und Mendelson (1987).

7) Bhattacharya (1983).

8) Thompson und Waller (1988).

zogen. Dem liegt die Annahme zu Grunde, dass ein hoher Umsatz ein Indiz für eine hohe Liquidität ist.[1] Gängige Umsatzmaße sind die Transaktionsfrequenz, der Stück- und der Wertumsatz. Die Transaktionsfrequenz gibt die Anzahl der Transaktionen eines Wertpapiers in einem bestimmten Zeitraum wieder. Mit dem Stückumsatz werden die in einem bestimmten Zeitraum gehandelten Stückzahlen addiert. Beim Wertumsatz wird gegenüber dem Stückumsatz der Kurs berücksichtigt, indem der jeweilige Kurs mit der Stückzahl einer Transaktion multipliziert wird. Alle Umsatzmaße sind zeitraumbezogen und beziehen sich im Gegensatz zu Geld-Brief-Spannen auf Transaktionen. Die Geld-Brief-Spannen können also als Vorabschlussmaße, die Umsätze dagegen als Nachabschlussmaße bezeichnet werden.[2] Auch wenn die Geld-Brief-Spanne das vermutlich anerkanntere Liquiditätsmaß darstellt, kann ein reger Handel durchaus als Zeichen von Marktqualität angesehen werden. Ex post können Informationen über den Umsatz wichtige Erkenntnisse liefern. Die Geld-Brief-Spannen sagen aus, ob und zu welchen Sofortigkeitskosten gehandelt werden könnte. Ob auch tatsächlich gehandelt wurde, besagen die Umsatzzahlen.

Neben der direkten Messung durch die Umsatzzahlen gibt es weitere, darauf aufbauende Liquiditätsmaße. Ein Beispiel ist die so genannte Liquiditätsrate von Coper, Groth und Avera.[3] Sie wird aus dem Quotienten von kumuliertem Wertumsatz einer Periode (Zähler) und den kumulierten Kursänderungen dieser Periode (Nenner) gebildet. Mit ihr wird also berechnet, wieviel Wertumsatz im Durchschnitt erforderlich wird, um den Kurs um einen Prozent zu ändern. Die Liquiditätsrate ist ein direktes Maß der Liquidität. Je mehr Umsatz für ein Prozent Kursänderung notwendig ist, desto höher ist die Liquidität einzuschätzen.[4] Ei-

---

1) Dieser Zusammenhang wurde auch empirisch gezeigt. Siehe hierzu u.a. Cooper, Groth und Avera (1985), S. 25, und Iversen (1994), S. 201 f.

2) Zu den Begriffen Vorabschlussmaß und Nachabschlussmaß siehe z.B. Grelck (1997), S. 17 f. Sofern diese Maße veröffentlicht werden, wird auch von „pre-trade transparency" und „post-trade transparency" gesprochen, siehe z.B. Madhavan (2000), S. 239–241.

3) Cooper, Groth und Avera (1985).

4) Zur Diskussion der Liquiditätsrate von Cooper, Groth und Avera sei verwiesen auf Marsh und Rock (1986), Bernstein (1987), Grossman und Miller (1988), Hasbrouck (1990), Oesterhelweg und Schiereck (1996) sowie Kempf und Korn (1999).

ne Alternative zur Liquiditätsrate von Cooper, Groth und Avera schlagen Marsh und Rock[1] vor. Sie dividieren die kumulierten absoluten Kursänderungen einer Periode durch die Anzahl der Transaktionen in dieser Periode. Gemessen wird also die durchschnittlich durch eine Transaktion bewirkte Kursänderung. Sie ist damit ein indirektes Maß der Liquidität. Denn je höher die durchschnittlich durch eine Transaktion bewirkte Kursänderung ist, desto geringer ist die Liquidität eines Wertpapiers zu beurteilen. Sowohl die Liquiditätsrate von Cooper, Groth und Avera als auch die von Marsh und Rock stehen eng im Zusammenhang mit dem beim Kauf zu zahlenden Preis für die Dienstleistung Sofortigkeit.

Neben den beiden vorgenannten Liquiditätsraten gibt es eine Vielzahl weiterer, die auf ähnlichen Berechnungsmethoden beruhen. Einen etwas anderen Weg beschreiten dagegen Hasbrouck und Schwartz.[2] Ihr so genannter Markteffizienzkoeffizient (market efficiency coefficient) beruht auf dem Quotienten von langfristigen und kurzfristigen Renditeschwankungen, gemessen an der Varianz von Kursänderungen. Dabei gilt: Je größer der Quotient ist, desto liquider ist der Markt. Auf einem vollkommen liquiden Markt erreicht der Markteffizienzkoeffizient den Wert eins.[3]

---

1) Marsh und Rock (1986).

2) Hasbrouck und Schwartz (1988).

3) Zur Berechnung, Diskussion und Interpretation des Markteffizienzkoeffizienten sei verwiesen auf Hasbrouck und Schwartz (1988), Schwartz (1988), S. 355–383, Schwartz (1991), S. 397–437, Oesterhelweg und Schiereck (1996), S. 396 f., sowie Grelck (1997), S. 15–17.

II. Liquiditätskomponenten: Buchliquidität, Präsenzliquidität und Abrufliquidität

Aufbauend auf dem Liquiditätsbegriff aus dem Abschnitt A.IV., S. 32–36, wurden im letzten Abschnitt verschiedene Liquiditätsmaße beschrieben. Im Folgenden werden das Angebot und die Nachfrage von Liquidität näher erläutert. Dazu bietet es sich an, die Liquidität in die Komponenten Buchliquidität, Präsenzliquidität und Abrufliquidität zu zerlegen.

Traditionell betrachtet die Marktmikrostruktur nur die Buchkomponente der Liquidität.[1] Ob ein Auftrag als ein Liquiditätsangebot oder eine Liquiditätsnachfrage angesehen wird, hängt bei dieser Sichtweise davon ab, ob er sofort ausgeführt werden kann oder nicht. Besteht Ausführungsunsicherheit, handelt es sich um ein Angebot, andernfalls um eine Nachfrage. Auf den Märkten, die eine Architektur wie IBIS aufweisen, ist die Annahme limitierter Gebote eine Liquiditätsnachfrage.[2] Der Initiator einer Transaktion, also jener Handelspartner, der ein limitiertes Gebot aus dem Orderbuch akzeptiert, fragt die Liquidität nach, weil sein Handelswunsch sofort ausgeführt wird. Er unterliegt keiner Ausführungsunsicherheit und wird deshalb auch als Nachfrager von Sofortigkeit bezeichnet. Der andere Partner der Transaktion hatte sein limitiertes Gebot zu einem früheren Zeitpunkt in das Orderbuch gestellt. Den Zeitpunkt der Ausführung kannte er in diesem Moment jedoch nicht. Er konnte nicht einmal sicher sein, dass sein Gebot überhaupt angenommen wird. Er sah sich also einer Ausführungsunsicherheit gegenüber und ist daher ein Liquiditätsanbieter oder ein Anbieter von Sofortigkeit.[3][4]

---

1) Siehe z.B. Harris (1990), S. 3–8, sowie Hamon, Handa, Jacquillat und Schwartz (1995), S. 76.

2) Auf anderen Märkten sind entsprechende Aufträge, beispielsweise sofort ausführbare unlimitierte Gebote, als Nachfrage zu verstehen.

3) Handa und Schwartz (1996a), S. 45. Zu den Kosten des sofortigen Abschlusses als Komponente der Transaktionskosten siehe z.B. Schmidt (1983), S. 192–195.

4) Als Ausgleich für die Übernahme der Ausführungsunsicherheit kann sich der Liquiditätsanbieter einen Abschlusskursvorteil erhoffen. Zwischen Ausführungsunsicherheit und Abschlusskursvorteil besteht eine Wechselwirkung oder ein Austauschzusammenhang. Hierauf wird im Folgenden noch näher eingegangen, siehe dazu auch Theissen (1999), S. 226.

In diesem traditionellen Sinne erfasst die Buchkomponente das Liquiditätsangebot aller im Orderbuch vorhandenen limitierten Gebote. Als Quelle der Liquidität dienen alle Anleger, die limitierte Gebote in das Orderbuch stellen. Absorbiert wird die Liquidität durch das Annehmen der Gebote. Abbildung 8 zeigt die Wahlmöglichkeiten eines Anlegers, der verkaufen will. Stellt er ein Briefgebot in das Orderbuch, verhält er sich als Liquiditätsanbieter und akzeptiert die Ausführungsunsicherheit. Greift er dagegen auf das beste Geldgebot zu, fragt er Liquidität nach.

Abbildung 8: Traditionelle Sichtweise von Liquiditätsangebot und Liquiditätsnachfrage vom Standpunkt eines Verkäufers in IBIS

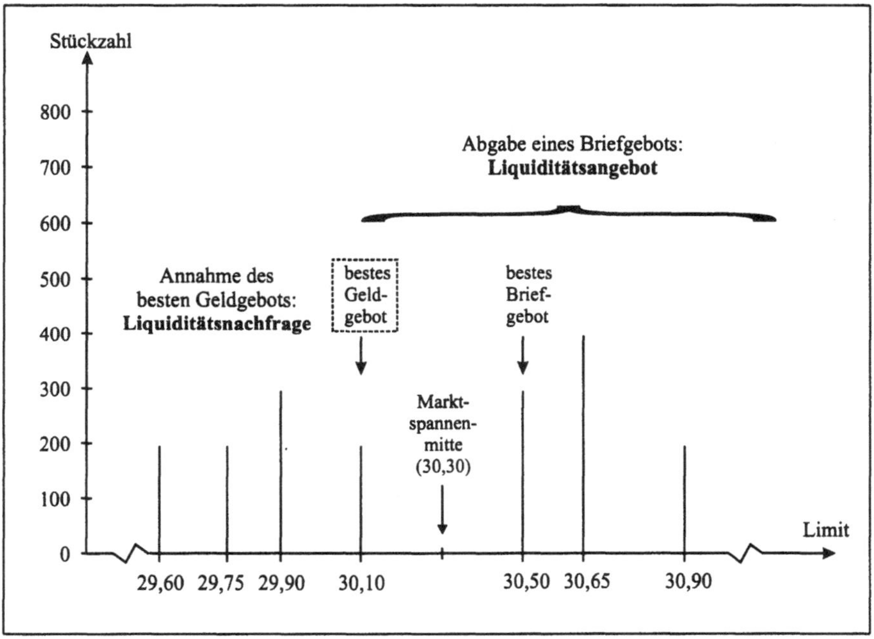

Bei der traditionellen Betrachtungsweise wird nicht nach der Höhe der Abschlussunsicherheit unterschieden. Sobald ein Auftrag als ein limitiertes Gebot in das Orderbuch gelangt, handelt es sich um eine Liquiditätsangebot. Es ist unabhängig davon, wie hoch das Risiko der Nichtausführung ist. Eine differenziertere Sichtweise wird im Folgenden vorgestellt. Sie berücksichtigt die unterschiedlich hohe Abschlussunsicherheit in Abhängigkeit von der Höhe des Limits. Bevor jedoch näher auf diese alternative Sichtweise eingegangen wird, ist es hilfreich, die Abschlussunsicherheit qualitativ und quantitativ zu beschreiben. Es liegt nahe, die Abschlussunsicherheit anhand der Ausprägung zweier Kriterien festzumachen. Zum einen durch die Abschlusswahrscheinlichkeit und zum anderen durch die Zeit bis zur Annahme oder zum Abschluss eines Gebots. Dabei gilt offensichtlich: Je größer die Abschlusswahrscheinlichkeit und je kürzer die erwartete Dauer bis zum Abschluss sind, desto geringer ist die Abschlussunsicherheit.

Dass die Abschlussunsicherheit bei einer unterschiedlich hohen Limitierung tatsächlich variiert, ist sowohl theoretisch begründet als auch empirisch nachgewiesen. Für die Geldgebote (Briefgebote), die genau in der Höhe des Kurses oder über (unter) dem Kurs des besten Geldgebots (Briefgebot) limitiert werden, ist dieser Zusammenhang sehr leicht mit der üblicherweise auf Effektenmärkten durchgeführten Zeit- und Kurspriorität zu begründen. Limitiert der verkaufswillige Anleger aus Abbildung 8 sein Briefgebot z.B. mit DM 30,80, wird sein Gebot auf Grund der Kurspriorität frühestens dann akzeptiert, wenn die bereits im Orderbuch stehenden Gebote mit den Limiten von DM 30,50 und DM 30,65 vollständig angenommen oder gelöscht wurden. Selbst wenn er sein Briefgebot mit einem Limit von DM 30,50 versehen würde, käme er wegen der Zeitpriorität erst zum Zuge, wenn die 300 Stück mit demselben Limit, die vor der Abgabe seines Gebots bereits im Orderbuch standen, nicht mehr zur Disposition stehen. Die Wahrscheinlichkeit, dass das neue Briefgebot des betrachteten Anlegers angenommen wird, unterscheidet sich daher von denen der anderen Gebote. Die Abschlussunsicherheit ist also nicht für alle Gebote gleich hoch.

Nicht unmittelbar auf der Hand liegt die Begründung, wenn es sich um marktspannenverengende Gebote handelt. Daher werden im weiteren Verlauf dieses Abschnitts ausschließlich solche Gebote betrachtet. Cohen, Maier, Schwartz und Whitcomb haben in diesem Zusammenhang die These aufgestellt, dass die Abschlusswahrscheinlichkeit kleiner als eins ist, und zwar unabhängig davon, wie nahe ein Gebot an den Kurs des besten Gebots der Marktgegenseite gestellt wird.[1)] Es lohnt sich demnach nicht, Gebote sehr nah an die Marktgegenseite zu stellen, weil die Abschlusswahrscheinlichkeit auf eins springt, wenn statt der Abgabe eines limitierten Gebots auf das beste Gebot der Marktgegenseite zugegriffen wird. Dieses Phänomen wird als Gravitational-Pull-Effekt bezeichnet.[2)] Ein Anleger wird also nicht zu einem limitierten Gebot greifen, das sehr nah an der Marktgegenseite limitiert ist, sondern auf das limitierte Gebot der Marktgegenseite zugreifen. Das beste Gebot der Marktgegenseite übt also eine starke Anziehungskraft aus.[3)]

Hieraus lässt sich ableiten, dass die Abschlusswahrscheinlichkeit steigt, je stärker ein Gebot die Marktspanne verengt.[4)] Um diese Annahme empirisch zu prüfen,[5)] unterscheiden Schmidt und Küster Simic, um wieviel Prozent ein marktspannenverengendes Gebot die Marktspanne verengt. Die prozentuale Marktspannenverengung für die Geld- und die Briefseite definieren sie als:[6)]

$$MSV = \frac{vGK - bGK^*}{bBK - bGK^*} \tag{16}$$

bzw.

$$MSV = \left| \frac{vBK - bBK^*}{bBK^* - bGK} \right| \tag{17}$$

mit:

MSV: prozentuale Marktspannenverengung

vGK: marktspannenverengender Geldkurs

---

1) Cohen, Maier, Schwartz und Whitcomb (1981), S. 292, siehe auch Schmidt und Küster Simic (1999b), S. 224.

2) Cohen, Maier, Schwartz und Whitcomb (1981), S. 287, Schmidt und Küster Simic (1999b), S. 221, sowie Küster Simic (2001), S. 64.

3) Küster Simic (2001), S. 64.

4) Cohen, Maier, Schwartz und Whitcomb (1981), Schmidt und Küster Simic (1999b), S. 224 und S. 226. Theoretisch zeigt sich dieser Zusammenhang auch bei Bamberg und Dorfleitner (1999), S. 250.

5) Schmidt und Küster Simic (1999b), S. 226–229.

6) Schmidt und Küster Simic (1999b), S. 225.

vBK: marktspannenverengender Briefkurs

bGK^*: bester Geldkurs unmittelbar vor der Abgabe eines marktspannenverengenden Gebots

bBK^*: bester Briefkurs unmittelbar vor der Abgabe eines marktspannenverengenden Gebots

bGK: bester Geldkurs

bBK: bester Briefkurs

Außerdem unterteilen die Autoren den Wertebereich der prozentualen Marktspannenverengung in 20 äquidistante Klassen (MSV-Klassen). Daraus ergibt sich für die Breite jeder Klasse ein Intervall von 5%-Punkten.[1] Die Einteilung der MSV-Klassen ist aus Tabelle 1 zu ersehen.

Tabelle 1: Klassen prozentualer Marktspannenverengung

Klasse prozentualer Marktspannenverengung j	Marktspannenverengung in Prozent
1	> 0% bis < 5%
2	≥ 5% bis < 10%
3	≥ 10% bis < 15%
...	...
20	≥ 95% bis < 100%

Quelle: Schmidt und Küster Simic (1999b), S. 226.

Bevor auf die Abschlusswahrscheinlichkeiten marktspannenverengender Gebote eingegangen wird, sei Abbildung 9 betrachtet. Sie untermauert den Gravitational-Pull-Effekt empirisch. Aggregiert für 105 IBIS-Titel im Januar, Februar und März 1996 zeigt sie die Einstellquoten marktspannenverengender Gebote. Es ist zu erkennen, dass die limitierten Gebote selten nah an die Marktgegenseite gestellt werden. Ganz im Gegenteil verengen viele der dargestellten Gebote die Marktspanne um deutlich weniger als 50%.

---

1) Schmidt und Küster Simic (1999b), S. 225 f.

Abbildung 9: Einstellquoten marktspannenverengender Gebote von 105 Aktien in den Monaten Januar, Februar und März 1996

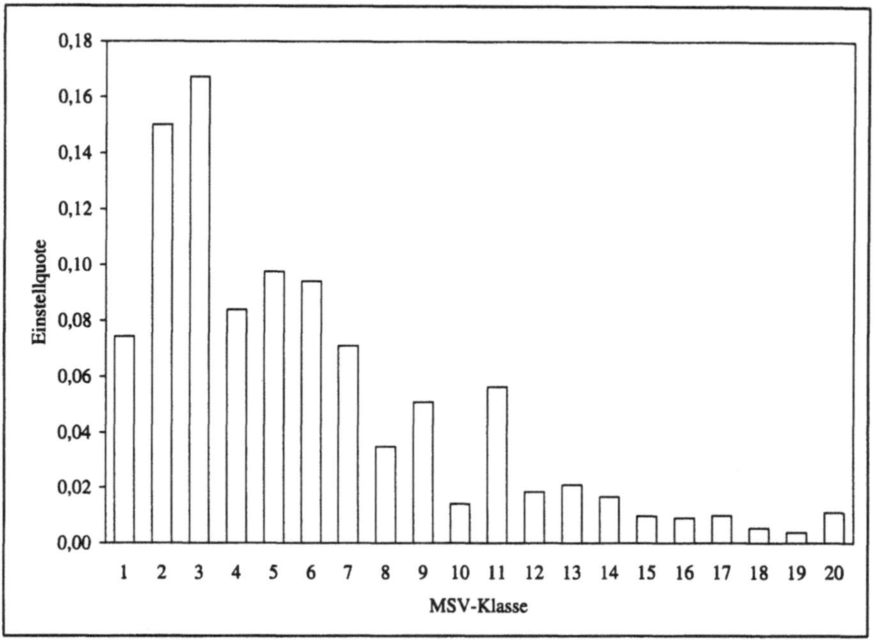

Quelle: Schmidt und Küster Simic (1999b), S. 230.

Die folgende Abbildung 10 macht den untersuchten und angenommenen Zusammenhang grafisch deutlich, dass die Abschlusswahrscheinlichkeit steigt, je stärker ein Gebot die Marktspanne verengt. Abgetragen sind die gewichteten durchschnittlichen Abschlussquoten der Klassen prozentualer Marktspannenverengungen für die 105 Aktien aus der Untersuchung von Schmidt und Küster Simic.[1)]

---

1) Die Abschlussquote ist der Quotient aus dem Umfang der vollständig angenommenen Gebote einer MSV-Klasse und dem gesamten Gebotsumfang jeder MSV-Klasse. Neben der Abschlussquote betrachten Schmidt und Küster Simic noch die Annahmequote, und bilden sie aus dem Verhältnis des Umfangs der teilweise und vollständig angenommenen Gebote einer Klasse zum gesamten Gebotsumfang der Klasse. Abschluss- und Annahmequote unterscheiden sich aber nur geringfügig. Schmidt und Küster Simic (1999b), S. 226 f. Deshalb wird hier nur die Abschlussquote betrachtet.

Abbildung 10: Abschlussquote marktspannenverengender Gebote von 105 Aktien in den Monaten Januar, Februar und März 1996

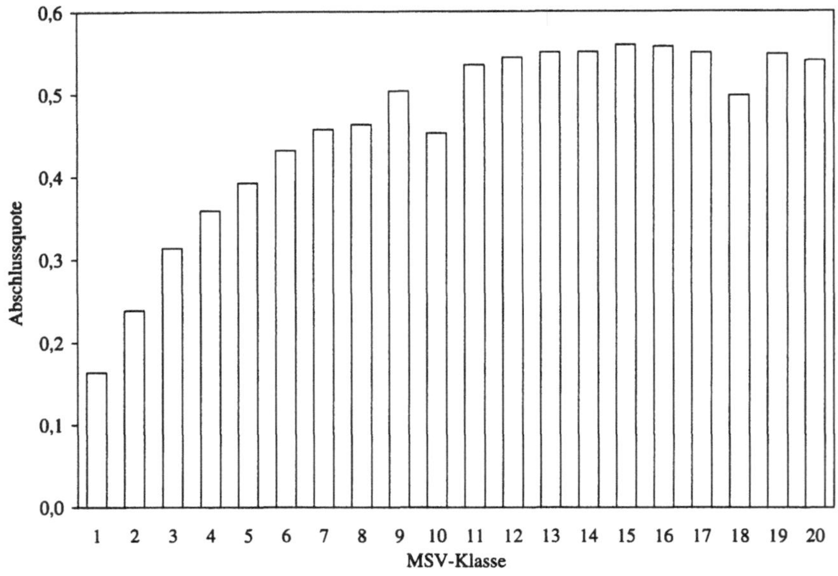

Quelle: Schmidt und Küster Simic (1999b), S. 227.

Dabei berücksichtigt die Abschlussquote alle an demselben Tag eingegangenen Aufträge, mit denen Gebote angenommen wurden. Werden stattdessen lediglich die Folgegebote betrachtet, reduzieren sich die dargestellten Werte der Abschlussquoten für die MSV-Klassen erheblich.[1] Aggregiert für die betrachteten Aktien zeigt sich, beginnend mit der ersten (16,35%) bis zur neunten MSV-Klasse (50,38%) ein Anstieg von einer zur nächsten Klasse. Zu beobachten ist ein Rückgang der Abschlussquote von MSV-Klasse neun auf zehn sowie danach höhere und relativ konstante Werte bei den MSV-Klassen elf bis 20. Die Abschlussquote be-

1) Schmidt und Küster Simic (1999a), S. 530 f.

trägt bei diesen Klassen fast immer mehr als 50%.[1] Mit einer Regression kommen Schmidt und Küster Simic zu folgendem Ergebnis: „Bei rege gehandelten Aktien kann man mit zunehmender Marktspannenverengung auf höhere Abschlussquoten vertrauen, nicht aber bei den anderen Aktien."[2]

Neben der Abschlussquote ist auch die Wartezeit bis zum Abschluss wichtig. Für marktspannenverengende Gebote stellen Schmidt und Küster Simic bei rege gehandelten Aktien eine Zeitspanne von durchschnittlich elf Sekunden fest, bei mittelstark und wenig gehandelten Werten sind es dagegen 31 bzw. 48 Sekunden.[3][4] Vergleichbar mit der Abschlussquote marktspannenverengender Gebote aus der Abbildung 10 zeigt die Abbildung 11, dass die Folge für ein näher am besten Gebot der Marktgegenseite limitiertes Gebot eine kürzere Wartezeit bis zur Annahme ist. Bei einer Verengung der Marktspanne um weniger als 5% (MSV-Klasse eins) liegt die durchschnittliche Dauer bis zum Abschluss noch bei über 20 Sekunden. Wird die Marktspanne dagegen um mindestens 75% verengt (MSV-Klassen 15 bis 20), beträgt sie weniger als fünf Sekunden.

---

1) Lediglich die MSV-Klasse 18 weist mit 49,81% eine Abschlussquote von knapp unter 50% auf.

2) Schmidt und Küster Simic (1999b), S. 229. Als rege gehandelte Aktien bezeichnen sie solche, die eine vergleichsweise hohe Anzahl limitierter Gebote pro Handelstag aufweisen. Schmidt und Küster Simic (1999b), Fußnote 29, S. 237.

3) Schmidt und Küster Simic (1999b), S. 227.

4) Die von Schmidt und Küster Simic verwendete Einteilung der Titel in die drei Gruppen der rege, mittelstark und wenig gehandelten Aktien ist beschrieben bei Küster Simic (2001), S. 135–138.

Abbildung 11: Durchschnittliche Dauer bis zum Abschluss marktspannenverengender Gebote von 105 Aktien in den Monaten Januar bis März 1996

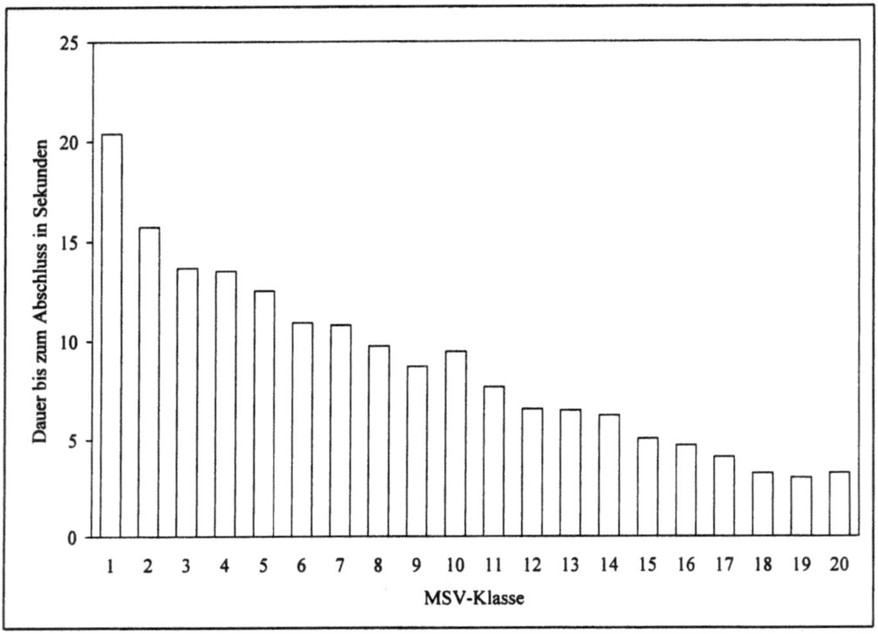

Quelle: Küster Simic (2001), S. 151.

Die Ergebnisse über die Abschlussquote und die Dauer bis zum Abschluss der marktspannenverengenden Gebote geben einen tiefen Einblick in das Auktionsprinzip der Börsenkursbildung.[1] Streng genommen ermöglicht die Architektur von Hit-Systemen wie IBIS[2] im Gegensatz zum Handel auf dem Parkett nicht die Möglichkeit, zu Kursen innerhalb der Marktspanne abzuschließen. Sie stellt lediglich eine Bietstufe in Form der konkurrierenden Geld- und Briefgebote zur Verfügung. Eine Kursverbesserung ist dort bei Abgabe eines unlimitierten Gebots

1) Ein Überblick über die Börsenkursbildung findet sich bei Schmidt und Prigge (2001).

2) Die Bezeichnung Hit-System wird näher erläutert von Schmidt und Küster Simic (1999b), S. 234. Vgl. Fußnote 5, S. 104, im nächsten Teil der vorliegenden Arbeit.

nicht möglich.[1] Ein unlimitiertes Geldgebot (Briefgebot) wird sofort durch die Annahme des besten limitierten Briefgebots (Geldgebots) zu diesem Kurs ausgeführt.

Die eben dargestellten Ergebnisse ermöglichen jedoch eine andere Sichtweise. Sie zeigen, dass es auch auf Märkten wie IBIS bei einer Wartezeit von wenigen Sekunden zu Abschlüssen innerhalb der Marktspanne kommen kann.[2] Notwendig ist einmal die Abgabe eines marktspannenverengendes Gebots und damit die genaue Kenntnis der aktuellen Marktsituation.[3] Zum anderen muss das marktspannenverengende Gebot auch tatsächlich innerhalb weniger Sekunden zum Abschluss kommen. Das ist umso wahrscheinlicher, je näher das Gebot an die Marktgegenseite gestellt wird.

Es lohnt sich, diesen Gedankengang noch einige Schritte weiter zu verfolgen, und zwar im Zusammenhang mit Abbildung 8, S. 81, sowie der dort beschriebenen Definition des Liquiditätsangebots und der Liquiditätsnachfrage. Nach dieser Definition war die Abgabe eines limitierten Gebots immer und ausschließlich eine Erhöhung des Angebots von Liquidität. Wird aber mit einem marktspannenverengenden Gebot das Ziel verfolgt sofort, d.h. in wenigen Sekunden zu einem Abschluss innerhalb der Marktspanne zu kommen, sollte ein solches limitiertes Gebot eher als eine Liquiditätsnachfrage angesehen werden. Die sichtbare Buchliquidität wird zwar nicht in Anspruch genommen, wohl aber die unsichtbare Präsenzliqui-

---

1) Demgegenüber bieten Börsen mit einer Struktur wie die NYSE gute Chancen auf Kursverbesserung. Siehe hierzu Schmidt und Küster Simic (1999a), S. 526, und die dort zitierte Literatur: Lee (1993), Ross, Shapiro und Smith (1996) sowie Peterson und Fialkowski (1994).

2) Schmidt und Küster Simic (1999b), S. 234, geben auch zu bedenken, dass das Ausmaß der Verbesserung durch das Limit selbst bestimmt wird. Eine darüber hinausgehende Verbesserung ist nicht möglich.

3) Schmidt und Küster Simic (1999a), S. 526–528, unterscheiden in diesem Zusammenhang zwischen aktiv und passiv beteiligten Parteien an einer Kursverbesserung. So erhält beispielsweise ein Anleger, der seinen unlimitierten Auftrag auf dem Parkett ausführen lässt, „eine etwaige Kursverbesserung, ohne dass er hierfür irgendwelche Maßnahmen ergreifen oder Mühen auf sich nehmen müsste. Er braucht nicht einmal die Geld-Brief-Spanne .. zur Kenntnis zu nehmen.“, siehe Schmidt und Küster Simic (1999a), S. 527.

dität, die durch die Marktteilnehmer dargestellt wird, die den Handelsbildschirm kaufbereit oder verkaufsbereit beobachten und die bei für sie lohnenden limitierten Geboten reagieren.[1] Schmidt und Küster Simic bezeichnen die Einsteller von derartigen Geboten deshalb auch nicht als Liquiditätsanbieter, sondern beschreiben den Beitrag dieser Marktteilnehmer zum Handelsprozess als Kursaktualisierung: „Die unsichtbare Liquidität war schon vorher da. Es fehlte der Kurs."[2] Die marktspannenverengenden Gebote mit dem Ziel eines sofortigen Abschlusses erhöhen nach dieser Betrachtung also nicht die Buchliquidität, sondern sie fragen die Präsenzliquidität nach.

Die aus traditioneller Sicht buchliquiditätserhöhenden aber eigentlich präsenzliquiditätsnachfragenden marktspannenverengenden Geboten sind freilich schwer abzugrenzen. Bei einer ausschließlichen Ex–post–Betrachtung kann zunächst grob zwischen den tatsächlich im Laufe des Tages ausgeführten und den nicht ausgeführten marktspannenverengenden Geboten unterschieden werden. Diese Einteilung vernachlässigt jedoch den Aspekt der sofortigen Ausführung. Um ihn zu berücksichtigen, muss die Zeitspanne „wenige Sekunden" genauer definiert werden. Eine geeignete Größenordnung ist z.B. die bereits angesprochene durchschnittliche Wartezeit bis zum Abschluss. Danach beansprucht ein marktspannenverengendes Gebot, dass innerhalb der durchschnittlichen Wartezeit angenommen wurde die Präsenzliquidität. Steht es jedoch länger im Orderbuch, erhöht es die Buchliquidität. Diese Unterteilung berücksichtigt aber nicht, dass sich der marktgerechte Kurs in den lebhaften Handelsphasen innerhalb weniger Sekunden oder sogar in Sekundenbruchteilen erheblich verändern kann. Wird z.B. bei rege gehandelten Aktien für die Länge des Zeitraums die durchschnittliche Wartezeit bis zum Abschluss in Höhe von elf Sekunden zu Grunde gelegt, kann sich u.U. die Marktsituation in dieser Zeit so stark verändert haben, dass der Kurs des marktspannenver-

---

1) Schmidt und Küster Simic (1999a), S. 531, Schmidt und Küster Simic (1999b), S. 234, sowie Kaul (2001), S. 39. Diese Sichtweise findet sich teilweise auch schon in älteren Arbeiten. Beispielsweise betrachten Admati und Pfleiderer (1991), S. 448, die Absorption von Geboten als Liquiditätsangebot. Auch Biais, Hillion und Spatt (1995), S. 1657, erkennen in ihren Untersuchungen Marktteilnehmer, die das Orderbuch beobachten und somit potentiell Liquiditätsangebot bereitstellen.

2) Schmidt und Küster Simic (1999a), S. 531.

engenden Gebots gar keine Verbesserung mehr darstellt. Davon, dass die Präsenzliquidität tatsächlich beansprucht wurde, kann dann aber kaum noch gesprochen werden. Denn das Limit setzt sich aus zwei Komponenten zusammen, dem Kurs des Wertpapiers und einer Vergütung für den Sofortigkeitsservice. Die Sofortigkeit ist eine Dienstleistung. Wer sie in Anspruch nehmen will muss dafür in Form eines höheren (niedrigeren) Kauflimits (Verkaufslimits) bezahlen. Ein alternatives Vorgehen wäre die ausschließliche Betrachtung von Folgegeboten. In diesem Fall wird die Präsenzliquidität nur dann in Anspruch genommen, wenn ein marktspannenverengendes Gebot durch ein Folgegebot angenommen wird. Andernfalls erhöht ein marktspannenverengendes Gebot die Buchliquidität.

Erfolgt dagegen lediglich eine Ex–ante–Betrachtung, kann nur vermutet werden, ob ein marktspannenverengendes Gebot ein Liquiditätsangebot oder eine Liquiditätsnachfrage darstellt. Es ist zu fragen, ob ein Gebot potentiell eher die Buchkomponente erhöht oder eher die Präsenzkomponente in Anspruch nimmt. Um eine geeignete Antwort zu finden, bieten sich die aus den Abbildungen 10 und 11 gewonnen Erkenntnisse an. Ein Gebot, das erwartungsgemäß eine vergleichsweise hohe Abschlussquote und zudem eine relativ geringe Wartezeit aufweist, ist offenbar sehr attraktiv für die Marktteilnehmer, die den Handelsbildschirm kaufbereit oder verkaufsbereit beobachten. Eine genaue Grenze zu ziehen fällt auch hier schwer oder wirkt auf den ersten Blick sogar willkürlich. Vor dem Hintergrund der Sofortigkeitskosten als Definitionselement der Liquidität[1] ist die Mitte der Marktspanne aber eine geeignete Wahl. Wird die Marktspannenmitte als Gleichgewichtskurs oder marktgerechter Kurs herangezogen, lassen sich die Kosten der Sofortigkeit exakt beziffern. Beim sofortigen Verkauf in Form der Annahme des besten Geldgebots im Beispiel von Abbildung 8 betragen sie für die ersten 200 Stück jeweils DM 0,20.[2]

Wird statt der Annahme des besten Geldgebots ein limitiertes Briefgebot mit einem niedrigeren Limit als DM 30,30 oder gerade von DM 30,30 abgegeben und

---

1) Siehe hierzu die Ausführungen weiter oben in diesem Kapitel.

2) Der Betrag von DM 0,20 ergibt sich aus der Differenz von Marktspannenmitte (DM 30,30) und bestem Geldkurs (DM 30,10).

wird dieses Gebot in wenigen Sekunden angenommen, sind ökonomisch gesehen die Kosten ebenfalls immer noch größer als null bzw. genau null. Folglich kann mit einem die Marktspanne um mindestens 50% verengenden Gebot gegenüber dem niedrigeren Geldkurs noch ein Kursvorteil erzielt werden, nicht aber in Bezug auf den vor dem Einstellen des marktspannenverengenden Gebots geltenden Gleichgewichtskurs. Umgekehrt bieten solche marktspannenverengenden Gebote jenen Marktteilnehmern, die die Präsenzliquidität verkörpern, eine Verbesserung bzw. zumindest keine Verschlechterung gegenüber dem marktgerechten Kurs. Solche Gebote werden in dieser Arbeit deshalb als *sehr attraktiv* bezeichnet.

Wie verhält es sich nun bei marktspannenverengenden Briefgeboten mit einem Limit über dem Gleichgewichtskurs, also solchen, die die Marktspanne um weniger als 50% verengen? Für den Marktteilnehmer, der das Limit eingestellt hat, bieten sie gegenüber den Vergleichskursen einen potentiellen Vorteil. Sowohl gegenüber dem besten Geldkurs als auch gegenüber der Marktspannenmitte erzielt der Marktteilnehmer bei einem Abschluss einen Kursvorteil. Aus der Sicht des Anbieter von Präsenzliquidität lassen sie sich aber nicht mehr als sehr attraktiv, sondern nur noch als *attraktiv* bezeichnen. Denn sie bieten ihnen nur noch gegenüber dem höheren Briefkurs eine Verbesserung. Im Vergleich zum Gleichgewichtskurs sind solche Gebote dagegen schlechter. Ex ante betrachtet können also limitierte Gebote, die die Marktspanne um mindestens 50% verengen, als eine potentielle Nachfrage nach der Präsenzliquidität betrachtet werden. Demgegenüber sind marktspannenverengende Gebote, die die Marktspanne um weniger als 50% verengen, der Buchkomponente zuzuordnen. Sie sind Liquiditätsangebot.

Die Abbildung 12 zeigt die alternative Sichtweise von Liquiditätsangebot und Liquiditätsnachfrage und Handlungsalternativen beim Verkauf an einem Beispiel grafisch. Berücksichtigt sind zwei Komponenten der Liquidität: die Buchkomponente und die Präsenzkomponente. Wie bei der traditionellen Sichtweise bedeutet die Annahme des besten Geldgebots eine Liquiditätsnachfrage, denn sie greift auf das Angebot der Buchkomponente zu und hat den sofortigen Abschluss zur Folge. Die Abgabe eines limitierten Gebots, das die Marktspanne um mindestens 50% verengt, stellt ebenfalls eine Liquiditätsnachfrage dar. Beansprucht wird aber nicht die Buchkomponente, sondern die unsichtbare Präsenzkomponente. Anders verhält es sich, wenn ein Briefgebot mit einem Limit über der Marktspannenmitte abgegeben wird – sei es ein Gebot, das die Marktspanne um weniger als 50% verengt oder ein Gebot, das die Marktspanne nicht verengt. Stets handelt es sich um ein Liquiditätsangebot. Es erhöht die Buchkomponente. Nicht dargestellt in Abbildung 12 ist das unsichtbare Liquiditätsangebot der Präsenzkomponente. Es wird durch die Anleger verkörpert, die Gebote akzeptieren, die die Marktspanne um mindestens 50% verengt haben.

Abbildung 12: Alternative Sichtweise von Liquiditätsangebot und Liquiditätsnachfrage vom Standpunkt eines Verkäufers in IBIS

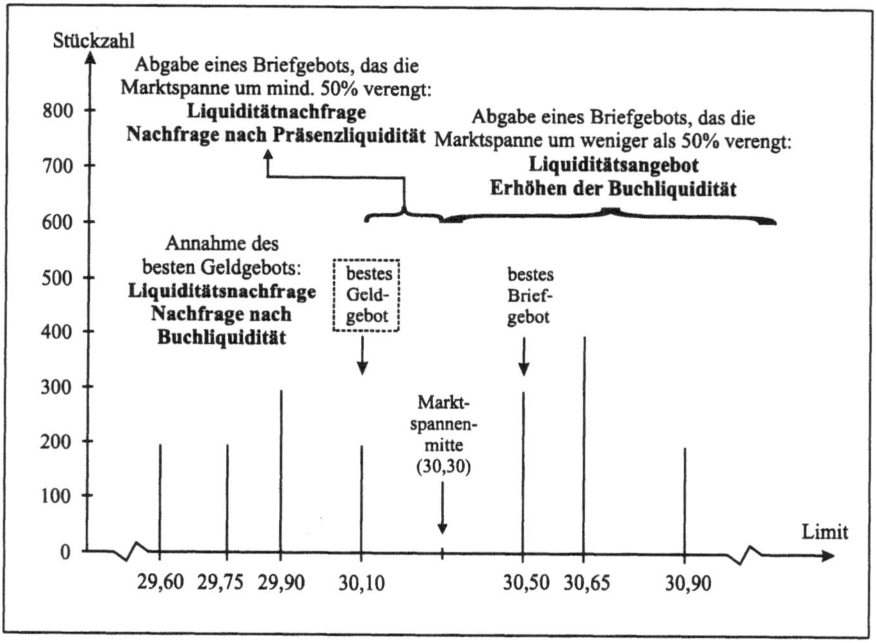

Die nachfolgende Tabelle 2 gibt zusammenfassend einen Überblick über die möglichen Handlungsalternativen beim Kauf und Verkauf getrennt nach Liquiditätsangebot und Liquiditätsnachfrage.

Tabelle 2: Handlungsalternativen beim Kauf und Verkauf sowie resultierende Auswirkungen auf das Angebot und die Nachfrage von Liquidität in IBIS

Handelswunsch	**Handlungsalternativen in IBIS**	**Liquiditätsangebot oder -nachfrage**
Kauf	Annahme des besten Briefgebots[a)] (Zugriff auf die Buchkomponente)	Liquiditätsnachfrage
	Abgabe von Geldgeboten, die die Marktspanne um mindestens 50% verengen (Zugriff auf die Präsenzkomponente)	
	Abgabe von Geldgeboten, die die Marktspanne um weniger als 50% verengen (Erhöhen der Buchkomponente)	Liquiditätsangebot
	Beobachten des Marktgeschehens und von Veränderungen marktnaher Limite sowie die Annahme von Briefgeboten, die die Marktspanne um mindestens 50% verengen (Erhöhen der Präsenzkomponente)	
Verkauf	Annahme des besten Geldgebots[a)] (Zugriff auf die Buchkomponente)	Liquiditätsnachfrage
	Abgabe von Briefgeboten, die die Marktspanne um mindestens 50% verengen (Zugriff auf die Präsenzkomponente)	
	Abgabe von Briefgeboten, die die Marktspanne um weniger als 50% verengen (Erhöhen der Buchkomponente)	Liquiditätsangebot
	Beobachten des Marktgeschehens und von Veränderungen marktnaher Limite sowie die Annahme von Geldgeboten, die die Marktspanne um mindestens 50% verengen (Erhöhen der Präsenzkomponente)	

Anmerkung:

a) Davon ausgenommen ist die Annahme sehr attraktiv limitierte Gebote, d.h. die Annahme von Geboten, die auf die Präsenzkomponente zugreifen.

Neben der Buchkomponente und der Präsenzkomponente lässt sich noch eine dritte Komponente der Liquidität identifizieren. Die so genannte Abrufkomponente beschreibt die Marktteilnehmer, die nicht präsent, aber grundsätzlich zum Handeln bereit sind. Bei Bedarf kann ein Händler solche Marktteilnehmer anrufen.[1] Für den empirischen Teil dieser Arbeit spielt die Abrufliquidität eine untergeordnete Rolle, weil die Datenbasis kaum Rückschlüsse darüber zulässt, ob sie genutzt wurde. Die Untersuchungen beschäftigen sich deshalb vorrangig mit der Buchkomponente und der Präsenzkomponente. Die Tabelle 3 beschreibt die Liquiditätskomponenten kurz und informiert darüber, in welcher Form sie zur Verfügung gestellt werden und wie auf das Liquiditätsangebot zugegriffen werden kann.

Tabelle 3: Komponenten und Quellen der Liquidität in IBIS

Liquiditäts-komponente	**Liquiditätsangebot wird zur Verfügung gestellt durch**	**Zugriff durch**
Buchliquidität	limitierte Gebote im Orderbuch	Annahme limitierter Gebote
Präsenzliquidität	Marktteilnehmer, die den Handelsbildschirm beobachten	Abgabe sehr attraktiv limitierter Gebote
Abrufliquidität	Marktteilnehmer, die nicht präsent, aber grundsätzlich zum Handeln bereit sind	Anruf der handelsbereiten Marktteilnehmer

Quelle: Eigene Darstellung nach Küster Simic, Schleef und Schmidt (2003), S. 21.

Abbildung 9, S. 85, stellte die Konsequenz des Gravitational-Pull-Effekts dar. Aus ihr geht hervor, dass sehr attraktiv limitierte Gebote, also Gebote, die die Marktspanne um mindestens 50% verengen, sehr selten abgegeben werden. Aggregiert für alle in der Abbildung 9 dargestellten 105 Aktien beträgt die Einstellquote der sehr attraktiv limitierten Gebote an allen marktspannenverengenden Geboten nur 16,19%. Gleichzeitig zeigte dieser Abschnitt aber auch, dass für die in

1) Schmidt und Küster Simic (1999a), S. 527 f., sowie Schmidt und Küster Simic (2000), S. 167 f.

das Orderbuch eingestellten sehr attraktiv limitierten Gebote im Vergleich zu den anderen marktspannenverengenden Geboten die durchschnittliche Dauer bis zu ihrer Annahme kurz und die Abschlussquote verhältnismäßig hoch ist.

Bisher gibt es aber keine Antwort auf die Frage, wie sich die Nachfrage nach der Präsenzliquidität im dynamischen Verlauf darstellt. Wurde die Präsenzliquidität erfolgreich in Anspruch genommen, d.h. wurde ein sehr attraktiv limitiertes Gebot tatsächlich angenommen, ist die unsichtbare Liquidität für einen kurzen Moment sichtbar geworden. Es fragt sich, ob diese „sichtbare“ Präsenzliquidität so wahrgenommen wird, dass erneut der Versuch des Zugriffs beobachtet werden kann. Wird sie also erneut in Anspruch genommen, indem wieder Gebote abgegeben werden, die die Marktspanne um mindestens 50% verengen oder ist stattdessen mit einer vorsichtigen Limitierung zu rechnen, kommt es zu anderen Reaktionen oder zu keiner auffälligen Reaktion? Eine Antwort auf diese Frage gibt der empirische Teil dieser Arbeit in Kapitel D. Im Vordergrund steht dort das Bietverhalten bei bestimmten Marktspannen. Zu Beginn werden in diesem Kapitel die Folgegebote von Transaktionen bei engen und weiten Marktspannen verglichen. Anschließend wird die Präsenzliquidität in IBIS ausführlich untersucht, indem das Bietverhalten nach der Annahme von marktspannenverengenden Geboten analysiert wird.

D. Zusammenfassung des ersten Teils

Mit welchem reaktiven Bietverhalten ist nach der Annahme von Geboten zu rechnen? Das Ziel des ersten Teils der vorliegenden Arbeit war es, diese Kernfrage zu beantworten. Die dafür erforderlichen Informationen stellte das Kapitel A. zur Verfügung. Es grenzte Gebote und Folgegebote voneinander ab. Aus zwei Gründen richtete sich schon dort der Blick auf das Handelssystem IBIS. Zum einen besaß IBIS als Anlegerauktionsmarkt schon eine der heute vorherrschenden Marktgrundstrukturen. Das hat den Vorteil, dass die Erkenntnisse dieser Arbeit auf viele andere Handelssysteme übertragen werden können. Zum anderen steht bis heute für kein anderes deutsches Handelssystem eine derart quantitativ und qualitativ hochwertige Datenbank zur Verfügung. Vor dem Hintergrund von IBIS wurden im ersten Kapitel außerdem die Vor- und Nachannahmezeiten definiert sowie die Orderbuchtransparenz und das Bietverhalten von Anlegern ausführlich erläutert. Darüber hinaus definierte der letzte Abschnitt den Begriff Liquidität umfassend.

Um die eingangs gestellte Frage besser beantworten zu können, bot es sich zu Beginn an, das Bietverhalten nach der Annahme und nach der Abgabe von Geboten, d.h. nach Transaktionen und limitierten Geboten zu vergleichen. Dazu wurden im ersten Abschnitt von Kapitel B. mögliche Gründe für die Annahme und die Abgabe von Geboten dargestellt und beschrieben, welche Informationen über das Handelsmotiv mit limitierten Geboten oder Transaktionen verknüpft sein können. Darauf aufbauend wurde auf die unterschiedlichen Konsequenzen für das Bietverhalten eingegangen. Zu berücksichtigen waren hierbei auch die variierenden potentiellen Abschlusskursvorteile nach Transaktionen und limitierten Geboten. Empirisch beschäftigt sich Kapitel B. im zweiten Teil dieser Arbeit mit den Unterschieden beim Bietverhalten nach Transaktionen und limitierten Geboten. Zusätzlich werden dort auch die Folgegebote von Löschungen betrachtet.

Danach wurde untersucht, ob das Bietverhalten als eine Reaktion auf unterschiedliche Orderbuchlagen als Folge bestimmter Transaktionen zu erwarten ist. Dabei wurden Situationen herausgestellt und betrachtet, die vermutlich besonders große Anreize zum Handeln bieten. Das waren sehr umfangreiche Transaktionen, schnell aufeinander folgende Transaktionen und Transaktionen bei engen Marktspannen. Diese Anreizsituationen wurden ihren jeweiligen „Spiegelbildern" gegenübergestellt, d.h. nicht umfangreichen Transaktionen, einem langsamen Aufeinanderfolgen von Transaktionen bzw. weiten Marktspannen.

Der zweite Abschnitt von Kapitel B. untersuchte den Unterschied zwischen umfangreichen und nicht umfangreichen Transaktionen. Dabei wurde festgestellt, dass umfangreiche Transaktionen regelmäßig hohe permanente und transitorische Kursveränderungen verursachen. Der permanente Effekt konnte mit darauf zurückgeführt werden, dass umfangreichen Transaktionen ein höherer Informationsgehalt zugesprochen wird als nicht umfangreichen Transaktionen. Die transitorischen Kursveränderungen führen zudem bei umfangreichen Transaktionen häufiger zu einer Ausweitung der Marktspanne gegenüber nicht umfangreichen Transaktionen. Wegen dieser Unterschiede konnten für das Bietverhalten mit Folgegeboten verschiedene Konsequenzen dargestellt werden, die im nächsten Teil der Arbeit empirisch anhand von testbaren Hypothesen zu prüfen sind.

Neben dem Vorkommen umfangreicher Transaktionen konnte eine hohe Frequenz von Transaktionen als mögliche Anreizsituation zur Abgabe eines reaktionsbedingten Folgegebots festgestellt werden. Das wurde damit begründet, dass eine kurze Vorannahmezeit auf eine verkappte umfangreiche Transaktion hindeuten könnte. Deswegen wurde für die Folgegebote nach Transaktionen mit kurzer Vorannahmezeit ein ähnliches Bietverhalten wie nach umfangreichen Transaktionen erwartet. Das vermutete Bietverhalten nach umfangreichen und nicht umfangreichen Transaktionen wurde also auf Transaktionen mit einer kurzen bzw. langen Vorannahmezeit übertragen. Im empirischen Teil der Arbeit werden deswegen ähnliche Hypothesen untersucht.

Zudem wird auch die Weite der Marktspanne, die nach einer Transaktion vorliegt, einen Einfluss auf das Bietverhalten haben. Um das analysieren zu können, wurde der herkömmlichen Sichtweise von Liquiditätsangebot und Liquiditätsnachfrage im letzten Kapitel des ersten Teils eine alternative Betrachtungsweise gegenübergestellt. Bei der traditionellen Sichtweise stellt die Annahme eines limitierten Gebots grundsätzlich eine Liquiditätsnachfrage und die Abgabe eines limitierten Gebots immer ein Liquiditätsangebot dar. Die alternative Betrachtungsweise zeichnet ein differenzierteres Bild. Sie zerlegt die Liquidität in ihre Komponenten. Die Abgabe eines Gebots, das die Marktspanne um weniger als 50% verengt und die umgehende Annahme eines Gebots, das die Marktspanne um mindestens 50% verengt wird hier als Buch- bzw. Präsenzliquiditätsangebot angesehen. Auf der anderen Seite sind die Abgabe eines Gebots, das die Marktspanne um mindestens 50% verengt und die Annahme eines Gebots, das die Marktspanne um weniger als 50% verengt, Nachfrage nach Präsenz- bzw. Buchliquidität. Es wurde gefragt, wie sich die Nachfrage nach Präsenzliquidität im dynamischen Verlauf darstellt und ob diese Liquiditätskomponente nur zufällig oder systematisch genutzt wird. Der Antwort auf diese Frage widmet sich das Kapitel D. des empirischen Teils dieser Arbeit.

Teil II
Empirische Untersuchungen zum Bietverhalten nach der Annahme von Geboten in IBIS

A. Untersuchungsgrundlagen

I. Das Börsenhandelssystem IBIS

Das Inter-Banken-Informations-System (IBIS I) nahm am 1. Dezember 1989 seinen Betrieb auf. Zunächst diente es nur als Informations- und Abwicklungssystem.[1] Elektronischer Handel war noch nicht möglich.[2] Mit IBIS I sollte die internationale Wettbewerbsfähigkeit des vor- und nachbörslichen Interbankenhandels durch größere Transparenz verbessert werden. Außerdem wurde den Marktteilnehmern der Deutschen Terminbörse, parallel zur Geschäftszeit, ein stets aktuelles Informationsangebot über den Kassamarkt zur Verfügung gestellt.[3]

Der elektronische Wertpapierhandel mit IBIS,[4] dem **I**ntegrierten **B**örsenhandels- und **I**nformations-**S**ystem, startete am 5. April 1991. Damit wurde aus dem Informations- und Abwicklungssystem ein börsenmäßiges Handelssystem.[5] Zunächst

---

1) Die Gestaltung von elektronischen Informationssystemen stellen z.B. Preßmar und Wall (1993) dar.

2) Kümpel (1990), S. 45 f.

3) Gottschalk (1990), S. 27. Grundlegende Informationen zur Zielsetzung, Entwicklung und Funktionsweise von IBIS I finden sich bei Breuer (1989), Kümpel (1990) und Gottschalk (1991).

4) Statt IBIS wird in der Praxis auch der Begriff IBIS II verwendet, siehe Grelck (1997), S. 41, und Oesterhelweg (1998), S. 104. In dieser Arbeit wird mit IBIS immer das Börsenhandels- und Informations-System und mit IBIS I das Inter-Banken-Informations-System bezeichnet.

5) Kümpel (1991), S. 4.

konnte lediglich über die Frankfurter Wertpapierbörse gehandelt werden. Im Oktober 1991 wurde IBIS dann in alle acht deutsche Börsen integriert.[1)][2)] Noch vor der Ausdehnung auf die Regionalbörsen vergrößerte sich die Anzahl der IBIS-Werte. Anfänglich auf 14 Aktientitel beschränkt, wurde der Handel in mehreren Schritten auf die DAX–100–Werte sowie einige andere Titel erweitert. Neben Aktien konnten in IBIS auch ausgewählte Optionsscheine und Anleihen[3)] gehandelt werden. Einen Überblick über die Marktsegmente von IBIS bietet die Abbildung 13.[4)]

Abbildung 13: IBIS-Marktsegmente

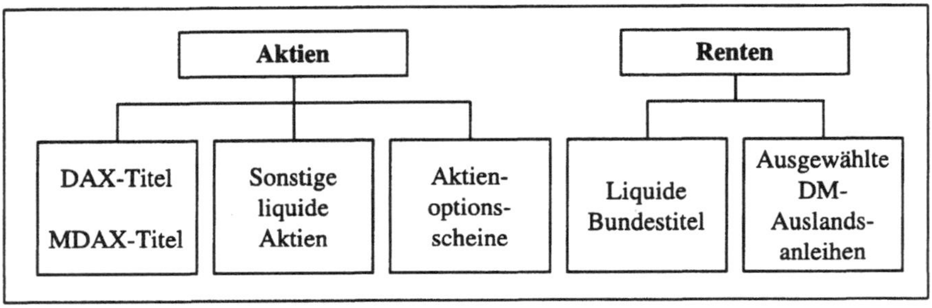

Quelle: Eigene Darstellung nach Deutsche Börse (1996c), S. 6.

In IBIS I hatten die Geld- und Briefgebote noch unverbindlichen Charakter, und die Geschäfte wurden telefonisch abgeschlossen.[5)] Mit dem IBIS-Start wurden

1) Neben der Frankfurter Wertpapierbörse gibt es in Deutschland Börsen in Berlin, Bremen, Düsseldorf, Hamburg, Hannover, München und Stuttgart.

2) Treske (1996), S. 91. Die Integration von IBIS in die Regionalbörsen beschreibt beispielsweise Kümpel (1991) und Kümpel (1992).

3) Deutsche Börse (1996b) beschreibt den Rentenhandel in IBIS.

4) Eine vollständige Liste der IBIS-Werte bietet Deutsche Börse (1996a), S. 87–94.

5) Schmidt und Iversen (1991), S. 214, weisen jedoch darauf hin, „dass die IBIS-I-Gebote de facto verbindlichen Charakter hatten." Siehe hierzu auch Kümpel (1990), S. 46 f.

die Gebote der Teilnehmer[1] — Kreditinstitute, Freimakler und Kursmakler[2][3] — jedoch verbindlich: es bestand jetzt Kontrahierungszwang, und die Geschäfte wurden überwiegend elektronisch abgeschlossen.[4]

Abbildung 14: IBIS-Funktionen

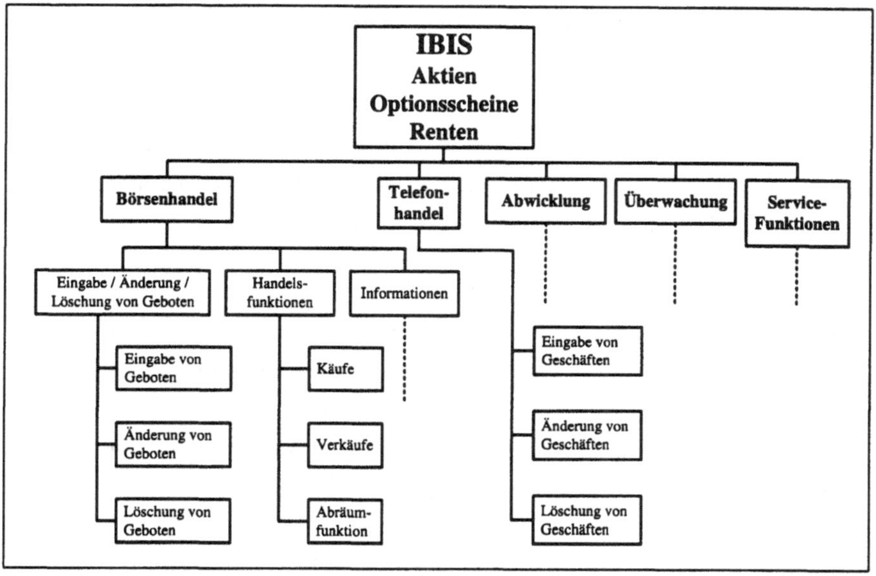

Quelle: Eigene Darstellung nach Deutsche Börse (1996a), S. 11.

---

1) Die Voraussetzungen für eine Teilnahme am Börsenhandel sind in den §§ 16 f. BörsG geregelt.

2) Zu den Aufgaben und Unterschieden der drei Teilnehmergruppen siehe Oesterhelweg (1998), S. 100, und die dort angegebene Literatur.

3) Mit Einführung des 4. Finanzmarktförderungsgetzes wurden die im Amtlichen Handel tätigen Kursmakler abgeschafft. Die Aufgaben der Makler werden mittlerweile von so genannten Skontroführern übernommen. Siehe hierzu Abschnitt 2 „Ermittlung des Börsenpreises“ in: §§ 24–29 Finanzmarktförderungsgesetz sowie Börsen-Zeitung (2001).

4) Schmidt und Iversen (1991), S. 214.

Die Abbildung 14 stellt die wichtigsten Funktionen von IBIS dar. Handel war in der Zeit von 8.30 bis 17.00 Uhr möglich.[1] Während dieses Zeitraums konnten die Teilnehmer Geld- und Briefgebote in das System einstellen, ihre Gebote ändern oder löschen sowie kaufen und verkaufen, indem sie Brief- bzw. Geldgebote anderer Teilnehmer annahmen. Seit Dezember 1993 bestand die Möglichkeit, „Staffelgebote“ einzugeben. Damit konnte ein Teilnehmer gleichzeitig mehrere Geld- und Briefkurse in einer Aktie einstellen. Die Anzahl der Gebote wurde von anfänglich drei auf bis zu zehn Geld- und Briefkurse pro Aktie erweitert.[2] Der Mindestschluss für die untersuchten Aktien ist in Tabelle 32 im Anhang, S. 255–258, aufgelistet.[3] Die Mindestkursabstufung in IBIS richtete sich nach dem jeweiligen Kurswert der Aktie; lag er unter DM 100, betrug die Abstufung 1 Pfennig, andernfalls 5 Pfennige.

In IBIS war ausschließlich Handel zu Einzelkursen möglich. Die Abschlüsse erfolgten durch einen Tastendruck, dadurch wurde das Gebot zum höchsten Geldkurs oder zum niedrigsten Briefkurs akzeptiert.[4] Daher wird IBIS auch als „Hit-System“ bezeichnet.[5] Neben der Annahme einzelner Gebote stand den Teilnehmern die Funktion „Abräumen“ zur Verfügung, damit wurde nach Vorgabe von Stückzahl, Umsatz oder Kurs der Zugriff auf mehrere Gebote erleichtert.[6] Nach der Gebotsannahme wurden die Daten für die Geschäftsabwicklung automatisch erfasst.[7]

---

1) Vor 8.30 Uhr und nach 17.00 Uhr gab es so genannte Orientierungsphasen. In dieser Zeit hatten die Teilnehmer die Möglichkeit, indikative Gebote in das System einzustellen. Siehe hierzu Deutsche Börse (1996a), S. 55.

2) Deutsche Börse (1996c), S. 10.

3) Der Mindestschluss wurde im Untersuchungszeitraum bei vielen Titeln mehrfach geändert. Die Angaben über den Mindestschluss in Tabelle 32 sind vom Stand 25. März 1996 und 27. November 1997.

4) Der Abschluss eines Geschäfts, das so genannte „Matching“, wird ausführlich beschrieben in Deutsche Börse (1996a), S. 20–22. Die Vertragsschlüsse verschiedener börslicher elektronischer Handelssysteme untersucht Rinker (2003).

5) Zur Erklärung der Bezeichnung Hit-System sei verwiesen auf Schmidt und Küster Simic (1999b), S. 234.

6) Deutsche Börse (1996a), S. 36 f.

7) Umfassende Informationen zur Funktionsweise von IBIS bietet Deutsche Börse (1996a).

Die Anzeigen in IBIS boten allen Teilnehmern jederzeit eine transparente Darstellung des Gesamtmarktes.[1] Informationen über die Marktseite (Geld oder Brief), die Limithöhe und die Stückzahl waren permanent zu allen limitierten Geboten sichtbar. IBIS stellte in diesem Sinne ein offenes Orderbuch zur Verfügung. Wollte ein Teilnehmer sofort ein Geschäft abschließen, war er also keiner Unsicherheit bzgl. Kurs, Stückzahl oder Zeitpunkt ausgesetzt.[2] Der Eingeber eines Gebots war jedoch nicht sichtbar; in IBIS wurde anonym gehandelt.[3] Stellte ein Makler ein Gebot ein, stand ihm Courtage zu, wenn er sein Geld- oder Briefgebot entsprechend gekennzeichnet hatte und es von anderen Marktteilnehmern angenommen wurde. Diese Kennzeichnung war für alle Teilnehmer sichtbar.[4] Zusammenfassend kann IBIS als Anlegerauktionsmarkt bezeichnet werden.[5]

Am 28. November 1997 wurde IBIS durch das Handelssystem Xetra (Exchange Electronic Trading) abgelöst. Alle bisher in IBIS nutzbaren Orderformen sind auch in Xetra möglich. Darüber hinaus wird Xetra in mehreren, bisher noch nicht abgeschlossenen Schritten um weitere Handelsmöglichkeiten ergänzt. Zuletzt wurde am 6. Dezember 2004 das Release 7.1 eingeführt.[6] Auf Grund der Ähnlichkeiten zwischen den beiden Handelssystemen könnten die Erkenntnisse dieser Arbeit aber durchaus auf Xetra und vergleichbare Handelsverfahren übertragen werden. Da sich die folgenden empirischen Untersuchungen jedoch auf IBIS beschränken, soll hier nicht weiter auf die Funktionsweisen von Xetra eingegangen werden.[7]

---

1) In Teil I, Abschnitt A.III., S. 21–32, dieser Arbeit wurde bereits im Detail auf die spezielle Form der Orderbuchtransparenz von IBIS eingegangen.

2) Oesterhelweg (1998), S. 106.

3) Deutsche Börse (1996a), S. 6.

4) Deutsche Börse (1996a), S. 28.

5) IBIS war kein reiner agency-auction market, da die Teilnahme am Handel auch ohne das Einschalten von Agenten möglich war. Zur Diskussion über die Marktform von IBIS siehe z.B. Booth, Iversen, Sarkar, Schmidt und Young (1999), S. 55 f., sowie Abschnitt A.I., S. 7–17, im ersten Teil dieser Arbeit.

6) Siehe hierzu Deutsche Börse (2004a) und Deutsche Börse (2004b).

7) Zur grundlegenden Darstellung von Xetra sei z.B. verwiesen auf Braue und Hille (1997), Beck (1998) oder Reck (2003). Einen Überblick über die Ausbaustufen von Xetra liefert Deutsche Börse (2002), S. 4 f. Die Entwicklung der Ausbaustufen für den Aktienhandel von Xetra lässt sich nachvollziehen durch die Darstellungen in Deutsche Börse (1997),

IBIS bietet sich auch deshalb besonders zur Untersuchung an, weil am Institut für Geld- und Kapitalverkehr der Universität Hamburg eine umfangreiche Datenbank für IBIS vorhanden ist und bisher noch keine vergleichbaren Daten zu neueren Handelsverfahren verfügbar sind.

II. Datenbasis

Am Institut für Geld- und Kapitalverkehr der Universität Hamburg konnte eine Datenbank der IBIS-Daten für den Zeitraum vom 1. Januar 1996 bis 27. November 1997 aufgebaut werden.[1)2)] Über diesen Zeitraum erstrecken sich die empirischen Untersuchungen dieser Arbeit. Ausnahmen bilden lediglich sechs Handelstage, an denen es wegen Systemausfällen zu kurzen Handelsunterbrechungen kam. Diese Tage wurden von den Untersuchungen ausgeschlossen.[3)] Die Stichprobe beinhaltet somit 475 Börsentage. Insgesamt wurden in diesem Zeitraum 120 Aktiengattungen über IBIS gehandelt, davon 107 bis zum Ende des Untersuchungszeitraums. Diese 107 Aktien bilden die Basis für die empirischen Untersuchungen.[4)]

Für die 475 Handelstage lagen insgesamt 17.130.823 Datensätze für die untersuchten 107 Titel vor. Jeder Datensatz bezog sich entweder auf das Einstellen, Ändern oder Löschen limitierter Gebote oder auf die Abgabe eines unlimitierten

Deutsche Börse (1998), Deutsche Börse (2000), Deutsche Börse (2003a) und Deutsche Börse (2004a). Bestimmte Funktionsweisen von Xetra werden beschrieben von Rurainsky und Wolpert (1998), Gomber und Kirchner (2001) und Theissen (2002).

1) Die Daten wurden von der Deutsche Wertpapierdaten-Zentrale bereitgestellt.

2) Das Handelssystem IBIS wurde am 28. November 1997 durch Xetra abgelöst.

3) Es handelt sich dabei um den 20. September und 13. Dezember 1996 sowie den 13. Januar, 23. Juli, 23. September und 10. November 1997.

4) Von diesen 107 Gattungen waren lediglich 41 über den gesamten Untersuchungszeitraum in IBIS verfügbar. 52 Titel wurden am 19. Januar 1996 aufgenommen, weitere 14 kamen im Laufe des Untersuchungszeitraums hinzu. Vier Werte wurden statt am 27. November 1997 bereits am 26. November 1997 zuletzt in IBIS gehandelt, gehen aber dennoch in die Untersuchung ein.

Gebots und damit auf die Annahme limitierter Gebote.[1] Hinzu kamen Abwicklungsgeschäfte aus dem Telefonhandel, die nicht in die Untersuchung eingehen.[2] Zudem wurden die Daten einer Prüfroutine unterzogen, um mögliche Fehler zu erkennen. Die Fehlerquote lag deutlich unter einem Promille.[3] Häufig beruhten die Fehler auf falschen Eingaben, die meist umgehend von den Eingebern korrigiert wurden.[4] Trotzdem wurden alle fehlerhaften Datensätze gekennzeichnet und von der weiteren Untersuchung ausgeschlossen, um ein verzerrtes Bild der Ergebnisse zu verhindern. Für die Untersuchung verbleiben damit 17.085.238 Datensätze.

Aus der Tabelle 4 ist zu ersehen, wie sich die 17.085.238 Datensätze auf die Gebotsarten verteilen.[5][6] Mit 57,28% entfällt der überwiegende Anteil auf limitierte Gebote. Dabei ist der Anteil von limitierten Geld- und Briefgeboten mit 49,53% bzw. 50,47% nahezu identisch. 19,12%, also knapp jedes fünfte Gebot, führen zu einem Abschluss. Mit 54,14% überwiegt die Annahme limitierter Briefgebote deutlich im Vergleich zu der Annahme limitierter Geldgebote von 45,86%. Weitere 23,61% der Datenbasis bestehen aus Löschungen.

---

1) Das Einstellen eines unlimitierten Geldgebots (Briefgebots) dokumentierte den gleichzeitigen Zugriff auf ein limitiertes Briefgebot (Geldgebot) und führte direkt zu einer Transaktion. Genaugenommen gab es in IBIS nicht die Möglichkeit unlimitierte Gebote abzugeben, die Abgabe eines unlimitierte Geldgebots (Briefgebots) entsprach der Annahme des besten Briefgebots (Geldgebots), siehe Schmidt und Küster Simic (1999a), S. 531, Fußnote 26.

2) Das Einstellen von Geschäften aus dem Telefonhandel diente dazu, das Börsenabwicklungssystem von IBIS zu nutzen, siehe hierzu Keßler und Appel (1996), S. 66. Die Kurse solcher Geschäfte hatten jedoch häufig keinen Bezug zur aktuellen Marktlage, weil sie oftmals erst mit Zeitverzug eingegeben wurden.

3) Zu ähnlichen Ergebnissen bei anderen Untersuchungszeiträumen gelangen Treske (1996), S. 93, Oesterhelweg (1998), S. 110, und Küster Simic (2001), S. 134.

4) So wird beispielsweise die Eingabe eines Limits in Höhe von DM 2,80 bei einem aktuellen Kurs in Höhe von DM 82,80 als Fehleingabe angesehen.

5) Dabei wurde, wie in der gesamten Arbeit, das Einstellen und Ändern limitierter Gebote zusammengefasst. Bei dieser Darstellung wird also eine Änderung des Limits oder der Stückzahl wie eine Neueingabe betrachtet.

6) Die Anteile wurden auf zwei Nachkommastellen gerundet, daher ergibt sich die Summe der Anteile in Tabelle 4 nicht exakt zu 100%. Die Vorgehensweise wurde für die gesamte Arbeit gewählt.

Tabelle 4: Anzahl und Anteil der Gebotsarten sämtlicher Gebote (17.085.238 Datensätze)

Gebotsart	**Anzahl**	**Anteil**
Transaktionen[a)]	3.266.381	19,12%
davon: Käufe	1.768.374	54,14%
davon: Verkäufe	1.498.007	45,86%
Einstellen und Ändern limitierter Gebote	9.785.728	57,28%
davon: limitierte Geldgebote	4.846.765	49,53%
davon: limitierte Briefgebote	4.938.963	50,47%
Löschungen	4.033.129	23,61%

Anmerkung:

a) In IBIS kam eine Transaktion durch die Annahme limitierter Gebote zustande. Ein Kauf durch den Zugriff auf ein limitiertes Briefgebot, ein Verkauf über die Annahme eines Geldgebots.

Neben der vollständigen Datenbasis, also der Gesamtheit der Gebote, sind für die empirischen Untersuchungen insbesondere die Folgegebote[1)] von großer Bedeutung. Die Aufteilung der Folgegebote in die Gebotsarten ist in der Tabelle 5 dargestellt. Es handelt sich um insgesamt 12.565.601 Datensätze. Auch bei den Folgegeboten entfällt mit 57,27% der größte Anteil auf limitierte Gebote. 19,94% der Folgegebote bestehen aus Transaktionen und 22,79% sind Löschungen.

1) Das Beschreiben und Abgrenzen der Folgegebote von den anderen Geboten erfolgte in Teil I, Abschnitt A.I., S. 7–17.

Tabelle 5: Anzahl und Anteil der Gebotsarten bei den Folgegeboten nach Transaktionen, limitierten Geboten und Löschungen (12.565.601 Datensätze)

Gebotsart	**Anzahl**		**Anteil**	
Transaktionen	2.505.324		19,94%	
davon: Käufe		1.363.833		54,44%
davon: Verkäufe		1.141.491		45,56%
Einstellen und Ändern limitierter Gebote	7.196.809		57,27%	
davon: limitierte Geldgebote		3.535.550		49,13%
davon: limitierte Briefgebote		3.661.259		50,87%
Löschungen	2.863.468		22,79%	

Die Datenbank enthält alle Eingaben, das Orderbuch lässt sich also zu jedem Zeitpunkt rekonstruieren. Jeder einzelne Datensatz enthält Informationen über die Wertpapierkennummer, das Datum, den genauen Zeitpunkt der Eingabe, den Kurs und die Stückzahl. Außerdem ist angegeben, ob es sich um ein Geld- oder Briefgebot handelt. Gekennzeichnet ist auch, ob die Eingabe von einem Freimakler oder Kursmakler initiiert wurde. Zusätzlich gibt ein solcher Datensatz an, ob bei Abschluss eine Courtage zu entrichten war.[1)] Beschreibt der Datensatz eine Löschung, ist dokumentiert, welches Gebot gelöscht wurde.[2)] Handelt es sich bei einem Datensatz um die Annahme eines limitierten Gebots, also um eine Transaktion, ist zu erkennen, auf welches limitierte Gebot zugegriffen wurde. Zudem enthält jeder Datensatz in verschlüsselter Form Angaben über die Identität des Einstellers. Diese Information stand auf den IBIS-Handelsbildschirmen jedoch

---

1) Die Gebote wurden um die Courtage bereinigt. Von Geldkursen wurden 0,4 Promille bei DAX–Titeln und 0,8 Promille bei Titeln, die nicht im DAX enthalten waren, subtrahiert. Bei Briefkursen wurde analog addiert. Dies entspricht der üblichen Praxis in IBIS, vgl. hierzu Deutsche Börse (1996a), S. 19 und S. 73.

2) In IBIS bestand die Möglichkeit, ein einzelnes Gebot, alle Gebote eines Händlers oder alle Gebote eines Effektenhandelsdienstleisters zu löschen.

nicht zur Verfügung. Zur Orderbuchtransparenz und damit dem Erkennbarsein von Informationen für die IBIS-Teilnehmer sei auf Teil I, Abschnitt A.III., S. 21–32, verwiesen.

Die folgenden drei Tabellen 6 bis 8 geben einen Überblick über die Stichprobe. Für alle 107 Aktiengattungen sind der durchschnittliche Wertumsatz, die durchschnittliche Anzahl der angenommenen Gebote sowie der eingestellten und geänderten limitierten Gebote pro Handelstag dargestellt. Die Aktien sind nach dem durchschnittlichen Wertumsatz pro Handelstag sortiert.[1] Um später herausarbeiten zu können, ob es Unterschiede zwischen rege und weniger lebhaft gehandelten Aktien gibt, wurden drei Aktiengruppen gebildet. Zur Abgrenzung der Gruppen wurde der Wertumsatz im Untersuchungszeitraum herangezogen. Die erste Gruppe umfasst die Standardwerte mit 35 Titeln und dem höchsten Wertumsatz. Die mittlere Gruppe enthält ebenfalls 35 Titel und stellt den Übergang zwischen den Standard- und Nebenwerten dar. Die letzte Gruppe von 37 Aktien bildet die Nebenwerte mit dem geringsten Wertumsatz.[2] Tabelle 6 gibt die Standardwerte wieder, Tabelle 7 die mittelgroßen Werte und Tabelle 8 die Nebenwerte.[3]

Insgesamt wurden bei den 107 Titeln im Untersuchungszeitraum 3.266.381 Gebote angenommen und damit Aktien im Wert von DM 815,87 Mrd. umgesetzt. Pro Handelstag sind das durchschnittlich 7.225 angenommene Gebote und ein Wertumsatz von DM 1,72 Mrd. Mit täglich durchschnittlich 6.413 angenommen Gebo-

1) Die Abbildung 32 im Anhang, S. 255–258, führt die Aktien in alphabetischer Reihenfolge auf.

2) Das Bilden dieser drei Gruppen wurde angelehnt an die Arbeit von Küster Simic (2001). Dort steht jedoch das Bietverhalten nach dem Einstellen limitierter Gebote im Vordergrund. Küster Simic zieht aus diesem Grund zum Unterscheiden der Gruppen die Anzahl der limitierten Gebote pro Handelstag heran. In dieser Arbeit wird jedoch das Bietverhalten nach der Annahme von Geboten untersucht. Deshalb wird die übliche Abgrenzung nach dem Wertumsatz pro Handelstag gewählt. Durch die unterschiedliche Einteilung wird aber die Zusammensetzung der einzelnen Gruppen nicht wesentlich verändert. Darüber hinaus ist die Zusammensetzung auch im Zeitablauf sehr stabil.

3) In Tabelle 33 im Anhang, S. 259, ist aufgeführt, wie sich die Gebotsarten aus der Tabelle 4 für die einzelnen Gruppen darstellen.

ten und einem durchschnittlichen Wertumsatz pro Handelstag von DM 1,67 Mrd. umfasst der Anteil der Standardwerte davon 93,25% bzw. 97,43%. Bei Gruppe II betragen diese Werte 435 (6,33%) bzw. DM 19,81 Mrd. (2,43%). Lediglich 28 (0,41%) der täglich angenommen Gebote gehen auf Nebenwerte zurück. Dies entspricht einem durchschnittlichen Wertumsatz pro Handelstag von DM 2,37 Mio. (0,14%)

Tabelle 6: Durchschnittlicher Wertumsatz, durchschnittliche Anzahl von angenommenen Geboten und durchschnittliche Anzahl von eingestellten und geänderten limitierten Geboten pro Handelstag für die Gruppe der Standardwerte (Gruppe I, 35 Aktien)

Name	Kürzel	WKN	Wertumsatz pro Handelstag in DM	Anzahl angenommener Gebote pro Handelstag	Anzahl limitierter Gebote pro Handelstag
Daimler-Benz	DAI	550000	181.273.992	452,07	1334,51
Deutsche Bank	DBK	804010	164.692.317	509,41	1308,89
Siemens St.A.	SIE	723600	162.983.784	454,00	1195,18
Volkswagen St.A.	VOW	766400	137.974.759	358,64	1289,13
Bayer	BAY	575200	95.213.833	370,42	966,24
BASF	BAS	515100	86.322.955	381,00	1007,35
VEBA	VEB	761440	86.185.752	287,45	732,14
Deutsche Telekom	DTE	555700	80.697.377	428,74	981,19
Hoechst	HOE	575800	78.208.103	302,35	797,93
Allianz vink.Na.A.	ALV	840400	75.587.646	195,93	697,08
Mannesmann	MMW	656000	62.998.659	175,11	1015,75
Commerzbank	CBK	803200	53.963.902	275,80	732,62
SAP Vz.A.	SAG3	716463	49.250.841	283,37	593,77
Thyssen	THY	748500	42.112.227	180,75	707,31
Bayerische Motoren Werke St.A.	BMW	519000	35.494.280	87,80	487,90
RWE St.A.	RWE	703700	35.236.179	142,56	478,91
Dresdner Bank	DRB	804610	34.874.547	174,93	517,57
Bayerische Vereinsbank St.A.	BVM	802200	23.985.916	127,65	402,73
VIAG	VIA	762620	23.917.448	110,87	414,80
Schering	SCH	717200	23.184.266	150,54	397,48
Bayerische Hyp.- u. W.-Bk.	BHW	802000	21.163.748	128,44	353,61
Münchener Rückvers. vink.Na.A.	MUV2	843002	18.438.885	58,71	217,03
METRO St.A.	MEO	725750	17.984.355	132,52	392,93
Lufthansa vink.Na.A.	LHA	823212	17.114.375	158,49	447,09
Fresenius Medical Care	FME	578580	14.044.051	100,21	205,18
PREUSSAG	PRS	695200	12.549.243	86,78	359,79
adidas	ADS	500340	11.914.187	90,68	196,20
RWE Vz.A.	RWE3	703703	9.822.513	52,32	142,92
Henkel Vz.A.	HEN3	604843	9.821.703	80,17	222,05
Linde	LIN	648300	9.316.147	54,75	175,34
Volkswagen Vz.A.	VOW3	766403	9.220.234	43,12	137,96
MAN St.A.	MAN	593700	9.176.184	73,60	192,89
SAP St.A.	SAG	716460	8.927.558	53,34	149,81
Degussa	DGS	551200	8.604.081	67,30	177,04
Karstadt	KAR	627500	8.552.177	64,25	318,80

Tabelle 7: Durchschnittlicher Wertumsatz, durchschnittliche Anzahl von angenommenen Geboten und durchschnittliche Anzahl von eingestellten und geänderten limitierten Geboten pro Handelstag für die Gruppe der mittelgroßen Werte (Gruppe II, 35 Aktien)

Name	Kürzel	WKN	Wertumsatz pro Handelstag in DM	Anzahl angenommener Gebote pro Handelstag	Anzahl limitierter Gebote pro Handelstag
Continental	CON	543900	5.361.535	66,18	158,03
ProSieben Media	PSM3	777773	4.820.640	29,52	81,93
Merck	MRK	659990	4.543.728	40,31	93,20
SGL CARBON	SGL	723530	4.360.921	30,54	73,11
Metallgesellschaft	MET	660200	4.354.582	51,40	125,24
BHW Holding	BSK	522390	2.137.794	22,48	58,56
Fresenius Vz.A.	FRE3	578563	2.119.590	15,31	52,61
SKW Trostberg	SKW	729270	1.758.224	20,74	58,03
ALTANA	ALT	760080	1.718.394	13,50	38,11
Fr. Krupp AG Hoesch-Krupp	FKR	633540	1.606.363	12,21	43,89
BHF-Bank	BHF	802500	1.544.413	16,77	48,97
Douglas Holding	DOU	609900	1.410.741	13,47	55,85
FAG Kugelfischer St.A.	FAG	575470	1.401.116	21,84	55,11
GEHE	GEH	585800	1.222.907	14,21	42,23
Puma St.A.	PUM	696960	1.177.030	15,69	44,62
Porsche Vz.A.	POR3	693773	1.132.823	4,71	23,22
Bankges. Berlin	BEB2	802322	984.790	10,96	38,98
Victoria Holding vink.Na.A.	VIH	845200	657.604	3,71	26,43
DePfa-Bank	DPF	804700	653.212	5,46	21,97
Deutsche Babcock St.A.	DBC	550700	618.801	13,66	45,89
Klöckner-Werke	KLK	678000	578.700	9,25	32,88
HANNOVER Rückvers. St.A.	HNR	840220	500.185	6,04	22,79
Schwarz Pharma	SRZ	722190	492.388	6,67	24,82
Lahmeyer	LMY	605630	468.390	3,72	19,12
Wella Vz.A.	WAD3	776563	413.086	2,50	15,60
Hochtief	HOT	607000	369.030	4,32	19,66
Bilfinger + Berger	GBF	590900	327.304	3,72	21,24
SPAR Handels-AG Vz.A.	SPA3	724693	296.580	5,38	18,30
Beiersdorf	BEI	520000	291.254	3,69	18,17
Philipp Holzmann	HOZ	608200	280.815	2,72	14,55
AXA Colonia Konzern St.A.	COL	841000	278.894	2,61	12,10
Fielmann Vz.A.	FIE3	577223	277.144	5,12	19,47
GEA Vz.A.	GEA3	585703	274.799	1,91	13,99
DEUTZ	DEZ	630500	253.071	10,89	32,86
IVG Holding	IVG	620570	226.238	2,62	13,13

Tabelle 8: Durchschnittlicher Wertumsatz, durchschnittliche Anzahl von angenommenen Geboten und durchschnittliche Anzahl von eingestellten und geänderten limitierten Geboten pro Handelstag für die Gruppe der Nebenwerte (Gruppe III, 37 Aktien)

Name	Kürzel	WKN	Wertumsatz pro Handelstag in DM	Anzahl angenommener Gebote pro Handelstag	Anzahl limitierter Gebote pro Handelstag
Tarkett	TAG	700200	220.986	2,53	9,62
IKB Deutsche Industriebank	IKB	806330	219.825	2,79	13,43
Volksfürsorge Holding	VOH	840450	199.715	0,75	6,64
AGIV	AFI	502820	188.605	3,78	18,77
Schmalbach-Lubeca	SML	719230	181.880	1,77	10,26
Kiekert	KIE	628620	159.407	2,18	14,82
Marschollek, L.u.P. Vz.A.	MLP3	656993	155.844	2,24	10,22
AVA	AVA	508850	144.704	1,24	12,10
Kolbenschmidt	KOS	632030	130.426	2,55	12,93
IWKA	IWK	620440	126.353	1,25	10,66
AMB Aach. u. Münch. vink.Na.A.	AMB	840000	117.696	0,66	6,05
Berliner Kraft- und Licht Gr.A.	BKL	530300	116.476	1,18	11,10
Heidelberger Zement St.A.	HEI	604700	98.227	0,99	10,24
Gerresheimer Glas	GER	587300	91.275	1,63	12,33
plettac	PLT	692820	91.188	0,99	8,75
Brau und Brunnen	BBA	555030	73.258	1,50	8,99
Buderus	BUD	527800	65.254	0,44	5,01
Jungheinrich Vz.A.	JUN3	621993	57.406	0,62	6,26
Vossloh	VOS	766710	54.284	0,94	8,18
Dyckerhoff Vz.A.	DYK3	559103	53.241	0,49	4,55
Südzucker Vz.A.	SZU3	729703	51.858	0,40	4,13
Dürr	DUE	556520	45.312	0,57	6,03
Salamander	SAM	730500	44.531	0,59	4,03
Hornbach Holding Vz.A.	HBH3	608343	40.787	0,41	5,06
KRONES Vz.A.	KRN3	633503	38.289	0,32	3,82
VEW Inh.A.	VEW	761221	38.141	0,34	5,00
KSB Vz.A.	KSB3	629203	37.336	0,34	3,57
RHÖN-KLINIKUM Vz.A.	RHK3	704233	36.263	0,63	5,57
Rheinmetall St.A.	RHM	703000	33.274	0,38	3,54
PWA	PWA	688980	32.676	0,53	4,30
VARTA	VAR	500100	29.350	0,43	6,23
ESCADA Vz.A.	ESC3	569213	25.796	0,45	5,49
Herlitz St.A.	HEZ	605310	24.098	0,49	6,63
Felten & Guilleaume	FEL	576690	20.111	0,36	5,09
RÜTGERS	RUE	707200	18.113	0,28	3,31
Grohe, Friedrich Vz.A.	GRO3	590043	14.549	0,14	3,70
Kampa-Haus	KPH	626910	13.449	0,21	2,79

B. Unterschiede beim Bietverhalten nach Transaktionen, limitierten Geboten und Löschungen

I. Untersuchungsgegenstand und Untersuchungsmethodik

Das letzte Kapitel diente dazu, die Funktionsweise von IBIS und die Stichprobe näher zu beschreiben. Damit sind die Grundlagen gelegt, und im Folgenden können die ersten empirischen Untersuchungen durchgeführt werden. Im Kern der Arbeit geht es um das Bieten mit Geboten, die auf Käufe oder Verkäufe folgen. Es werden nur solche Folgegebote berücksichtigt, die von anderen Eingebern abgegeben werden als die jeweils betrachtete Transaktion.[1] Untersucht werden soll damit reaktives Bietverhalten nach der Annahme von Geboten. In diesem Kapitel ist die Fragestellung allerdings noch nicht so weit eingegrenzt. Es sollen zunächst Unterschiede im Bietverhalten nach *Transaktionen* (Annahme von Geboten), nach der Abgabe von *limitierten Geboten* und nach *Löschungen* aufgezeigt werden.

Dieses Kapitel erläutert auch das formale Vorgehen und die verwendeten statistischen Tests genau. Auf eine wiederholende Erläuterung der Grundlagen in den späteren Kapiteln kann daher verzichtet werden. Neben der formalen Darstellung werden aber auch erste Ergebnisse geliefert, die für den weiteren Verlauf der Arbeit von Bedeutung sind. Gleichzeitig können bereits einige Fragen beantwortet werden, die im theoretischen Teil aufgeworfen wurden.

In diesem Kapitel wird gefragt, inwiefern die Wahrscheinlichkeit für das Auftreten einer Gebotsart vom vorherigen Auftreten einer Gebotsart abhängig ist. Es wird untersucht, ob und wenn ja, wie sich die Anteile der Gebotsarten bei Folgegeboten von Transaktionen, limitierten Geboten und Löschungen unterscheiden. Die Frage wird in zwei Schritten beantwortet. Zunächst wird ohne Berücksichtigung

---

[1] Zur genauen Abgrenzung und Definition von Folgegeboten siehe Abschnitt A.I., S. 7–17, im ersten Teil der Arbeit.

der Marktseite untersucht, ob Abhängigkeiten bestehen und ob die Anteile der Gebotsarten variieren. Das bedeutet, dass aufgezeigt wird, ob das Auftreten einer Gebotsart von der vorherigen Gebotsart beeinflusst ist. Im zweiten Schritt wird dann neben der Frage, ob ein Einfluss besteht, auch untersucht, wie sich eine eventuelle Abhängigkeit äußert. Dazu werden die Gebotsarten nach ihrer Marktseite unterteilt.

Die übergeordnete Fragestellung dieses Kapitels lautet: Verändern sich die Anteile der Gebotsarten in Abhängigkeit von der vorherigen Gebotsart? Zum Beantworten dieser Frage werden bedingte Verteilungen und bedingte relative Häufigkeiten mit Hilfe einer Kreuztabelle untersucht. Vor der Darstellung der konkreten Hypothesen wird die Untersuchungsmethodik skizziert.[1][2]

Zum Bestimmen der bedingten Verteilungen werden die Folgegebote aufgeteilt. Die Bedingung bezieht sich dabei auf das Gebot, das dem Folgegebot direkt vorausgeht (Zeitpunkt $t = 0$). In den ersten Untersuchungen dieses Kapitels wird die Marktseite noch nicht berücksichtigt. Unterteilt wird deswegen nur in Transaktionen, limitierte Gebote und Löschungen. Dementsprechend werden drei Klassen gebildet:

- Folgegebote nach Transaktionen
- Folgegebote nach limitierten Geboten
- Folgegebote nach Löschungen

Die Folgegebote dieser drei Klassen setzen sich wieder aus Transaktionen, limitierten Geboten und Löschungen zusammen (Zeitpunkt $t = 1$). Es werden also zwei Merkmale unterschieden:

---

1) Eine allgemeine Darstellung der folgenden Ausführungen findet sich beispielsweise bei Bamberg und Baur (2002), S. 31–35.

2) Die Ausführungen in diesem Kapitel sind zum besseren Verständnis und zur Einführung sowie zur besseren Beschreibung der verwendeten Tests sehr formal. In den folgenden Kapiteln wird dann vereinfachend eine kürzere Darstellung gewählt.

Merkmal $X^{t=0}$: Die Gebotsart zum Zeitpunkt $t = 0$ (Art des Gebots, das einem Folgegebot direkt vorausgeht) und das

Merkmal $X^{t=1}$: Die Gebotsart zum Zeitpunkt $t = 1$ (Art des Folgegebots).

Untersucht werden soll, ob sich die Anteile der Gebotsarten in Abhängigkeit von der unmittelbar vorher aufgetretenen Gebotsart unterscheiden. Betrachtet wird also die bedingte Verteilung des Merkmals $X^{t=1}$ in Abhängigkeit des Merkmals $X^{t=0}$. Beide Merkmale können dabei die Ausprägungen Transaktion, limitiertes Gebot oder Löschung annehmen. Um die Marktseite zu berücksichtigen, wird später in diesem Kapitel bei Transaktionen zwischen Käufen und Verkäufen sowie bei limitierten Geboten zwischen limitierten Geldgeboten und limitierten Briefgeboten unterschieden. Für die Merkmale $X^{t=0}$ und $X^{t=1}$ sind dann jeweils fünf Ausprägungen möglich: Kauf, Verkauf, limitiertes Geldgebot, limitiertes Briefgebot und Löschung. In den folgenden Kapiteln werden dann sogar noch feinere Unterteilungen gewählt.

In der Tabelle 9 sind diese bedingten Verteilungen beispielhaft für den Titel Siemens als Kreuztabelle aufgeführt. Die Kopfzeile beschreibt die jeweilige Ausprägung des Merkmals $X^{t=1}$. Die Vorspalte gibt Auskunft über die Gebotsart des Merkmals $X^{t=0}$. Jede Zeile gibt eine bedingte Verteilung wieder. Für Folgegebote von Transaktionen beispielsweise ist in der ersten Zeile angegeben, dass sie sich zu 21,45% aus Transaktionen, zu 54,36% aus limitierten Geboten und zu 24,19% aus Löschungen zusammensetzen. Formal bedeutet dies, dass in Zeile eins das Merkmal $X^{t=0}$ die Ausprägung Transaktion annimmt ($X^{t=0}_{Transaktion}$). In den einzelnen Zellen sind somit bedingte relative Häufigkeiten aufgeführt. Die bedingte relative Häufigkeit für Transaktionen zum Zeitpunkt $t = 1$ unter der Bedingung, dass zum Zeitpunkt $t = 0$ ebenfalls eine Transaktion stattgefunden hat, beträgt 21,45%. Es ist also $h(X^{t=1}_{Transaktion}|X^{t=0}_{Transaktion}) = 0,2145$. Entsprechend beträgt die bedingte relative Häufigkeit für limitierte Gebote zum Zeitpunkt $t = 1$ unter der Bedingung, dass zum Zeitpunkt $t = 0$ eine Transaktion stattgefunden hat, 54,36% bzw. es gilt $h(X^{t=1}_{limitiertes\ Gebot}|X^{t=0}_{Transaktion}) = 0,5436$. Für Löschungen beträgt dieser Wert 24,19% oder in formaler Darstellung $h(X^{t=1}_{Löschung}|X^{t=0}_{Transaktion}) = 0,2419$.

Tabelle 9: Bedingte Verteilung des Merkmals $X^{t=1}$ (= Art des Folgegebots) in Abhängigkeit von der vorangegangenen Gebotsart ($X^{t=0}$) am Beispiel von Siemens

$X^{t=0}$ \ $X^{t=1}$	Transaktion ($X^{t=1}_{Transaktion}$)	limitiertes Gebot ($X^{t=1}_{limitiertes\ Gebot}$)	Löschung ($X^{t=1}_{Löschung}$)
Transaktion ($X^{t=0}_{Transaktion}$)	**21,45%**	54,36%	24,19%
limitiertes Gebot ($X^{t=0}_{limitiertes\ Gebot}$)	20,63%	**56,20%**	23,17%
Löschung ($X^{t=0}_{Löschung}$)	20,02%	55,38%	**24,61%**

In Zeile zwei nimmt das Merkmal $X^{t=0}$ die Ausprägung limitiertes Gebot ($X^{t=0}_{limitiertes\ Gebot}$) und in Zeile drei die Ausprägung Löschung ($X^{t=0}_{Löschung}$) an. Die bedingten relativen Häufigkeiten sind wie bei den Folgegeboten von Transaktionen aufzufassen. So ist z.B. $h(X^{t=1}_{limitiertes\ Gebot}|X^{t=0}_{limitiertes\ Gebot}) = 0,5620$. Unter der Bedingung, dass zum Zeitpunkt $t = 0$ eine Löschung erfolgte, beträgt die relative Häufigkeit für das Auftreten eines limitierten Gebots zum Zeitpunkt $t = 1$ dagegen 55,38% bzw. $h(X^{t=1}_{limitiertes\ Gebot}|X^{t=0}_{Löschung}) = 0,5538$.

Im weiteren Verlauf werden häufiger auch komplementäre Ereignisse betrachtet. So bedeutet beispielsweise der Ausdruck $(X^{t=0}_{Transaktion})^C = X^{t=0}_{limitiertes\ Gebot} \vee X^{t=0}_{Löschung}$, dass zum Zeitpunkt $t = 0$ *keine Transaktion* stattgefunden hat. Dabei ist *keine Transaktion* gleichbedeutend damit, dass entweder ein limitiertes Gebot oder eine Löschung vorlag. Für die bedingten relativen Häufigkeiten sei das folgende Beispiel betrachtet: Die bedingte relative Häufigkeit für eine Transaktion zum Zeitpunkt $t = 1$ unter der Bedingung, dass zum Zeitpunkt $t = 0$ keine Transaktion stattgefunden hat, beträgt 20,47%.[1] Der formale Ausdruck hierfür lautet: $h(X^{t=1}_{Transaktion}|(X^{t=0}_{Transaktion})^C) = h(X^{t=1}_{Transaktion}|X^{t=0}_{limitiertes\ Gebot} \vee X^{t=0}_{Löschung}) = 0,2047$.

1) Der Wert in Höhe von 20,47% ist nicht direkt aus Tabelle 9 abzulesen. Er kann als gewichtetes arithmetisches Mittel aufgefasst werden. Dabei wird der gewichtete Durchschnitt aus jenen relativen Häufigkeiten gebildet, die aus den zwei Klassen von Folgegeboten stammen, bei denen keine Transaktion voranging und bei denen zum Zeitpunkt $t = 1$ eine Transaktion stattfand, d.h. aus 20,63% und 20,02%.

In der Tabelle 9 ist bereits ein Diagonaleffekt zu erkennen. Die bedingten relativen Häufigkeiten, bei denen beide Merkmale die gleiche Ausprägung annehmen, sind größer als die jeweils beiden anderen bedingten relativen Häufigkeiten jeder Spalte. Es kommt also direkt nach Transaktionen wiederum anteilig zu mehr Transaktionen als nach limitierten Geboten oder Löschungen. Die relative Häufigkeit für limitierte Gebote nach dem Einstellen von limitierten Geboten ist höher als nach Transaktionen oder Löschungen. Nach Löschungen werden erneut anteilig mehr Gebote gelöscht als nach Transaktionen oder limitierten Geboten. Von einem signifikanten Effekt kann hier natürlich noch nicht ausgegangen werden. Die Ergebnisse könnten auch rein zufällig sein. In den folgenden beiden Abschnitten wird jedoch anhand von testbaren Hypothesen die aufgeworfene Fragestellung näher untersucht, ob und gegebenenfalls wie sich die Anteile der Gebotsarten in Abhängigkeit von der vorangegangenen Gebotsart verändern. Die Ergebnisse werden mit Hilfe statistischer Tests auf Signifikanz geprüft.

II. Folgegebote ohne Berücksichtigung der Marktseite

1. Hypothesen

Die Frage, ob die Wahrscheinlichkeit für das Auftreten einer Gebotsart von der vorangegangenen Gebotsart abhängig ist, wird in zwei Schritten beantwortet. Zunächst wird geprüft, ob die beiden Merkmale $X^{t=0}$ und $X^{t=1}$ abhängig sind. Anschließend wird untersucht, ob sich tatsächlich alle drei bedingten Verteilungen signifikant voneinander unterscheiden.

Für den ersten Schritt lautet die Hypothese mithin:[1][2]

---

1) Im gesamten Verlauf der empirischen Untersuchungen sind die Hypothesen so formuliert, dass diejenige Hypothese als Gegenhypothese (H_1) gewählt ist, deren Aussage theoretisch gesichert angesehen wird oder die statistisch bestätigt werden soll. Dieses Vorgehen soll kurz erläutert werden: Signifikanztests sind so konstruiert, dass die Entscheidungsregel als Ergebnis entweder nur die Ablehnung oder nur die Nichtablehnung der Nullhypothese (H_0) zulässt. Dabei sind zwei Fehlentscheidungen möglich. Der Fehler 1. Art beschreibt die Situation, in der H_0 abgelehnt wird, obwohl H_0 richtig ist. Ein Fehler 2. Art liegt vor, wenn H_0 nicht verworfen wird, obwohl H_1 richtig ist. Es ist aber allgemein nicht möglich, beide Fehlerwahrscheinlickeiten simultan zu minimieren. Deshalb wird für den Fehler 1. Art eine maximale Irrtumswahrscheinlichkeit vorgegeben, das so genannte Signifikanzniveau α. Unter Einhaltung von α wird dann der Fehler 2. Art möglichst klein gehalten. Führt nun die Entscheidungsregel zur Nichtablehnung von H_0, so bedeutet dies nicht, dass die Hypothese H_0 tatsächlich statistisch bestätigt ist. Dies liegt daran, dass eben der Fehler 2. Art, also die Wahrscheinlichkeit, dass trotz Entscheidung für H_0 doch H_1 richtig ist, nicht durch einen kleinen vorgegebenen Wert begrenzt wird. Im ungünstigsten Fall kann der Fehler 2. Art bei einem vorgegebenen Signifikanzniveau in Höhe von α sogar $1-\alpha$ betragen. Im umgekehrten Fall, also bei Ablehnung von H_0 und einer Entscheidung für H_1 ist die Irrtumswahrscheinlichkeit aber gerade durch den Wert von α begrenzt. Daher wird als Gegenhypothese H_1 diejenige Hypothese gewählt, die bestätigt werden soll. Kommt es dann tatsächlich zur Ablehnung der Nullhypothese und damit zur Annahme von H_1, tritt der wünschenswerte Fall auf, dass die Irrtumswahrscheinlichkeit durch das Signifikanzniveau in Höhe von α beschränkt ist. Ausführungen zu der beschriebenen Problematik sowie zur Konstruktion von Tests finden sich beispielsweise bei Behnen und Neuhaus (1995), S. 386–397, Schlittgen (1996), S. 295–301, oder Bamberg und Baur (2002), S. 179–183.

2) Für die Hypothese H^1 werden sowohl die Nullhypothese (H_0^1) als auch die Gegenhypothese (H_1^1) formuliert. Zur Vereinfachung wird bei allen folgenden Hypothesen jedoch nur noch die Nullhypothese aufgeführt und auf die Angabe der Gegenhypothese verzichtet.

Hypothese H^1:

Nullhypothese (H_0^1): Das Auftreten einer Gebotsart bei den Folgegeboten ist *unabhängig* von der vorangegangenen Gebotsart. Oder mit anderen Worten: Das Merkmal $X^{t=1}$ ist *unabhängig* von dem Merkmal $X^{t=0}$.

Gegenhypothese (H_1^1): Das Auftreten einer Gebotsart bei den Folgegeboten ist *abhängig* von der vorangegangenen Gebotsart. Oder in Kurzform: Das Merkmal $X^{t=1}$ ist *abhängig* von dem Merkmal $X^{t=0}$.

Für den zweiten Schritt werden, ausgehend von den drei Klassen von Folgegeboten, drei Hypothesen gebildet. Mit den Hypothesen H^{1a}, H^{1b} und H^{1c} soll geprüft werden, ob sich die jeweils untersuchten Folgegebote von den anderen Folgegeboten unterscheiden. Als Vergleichsmaßstab der einzeln betrachteten, bedingten Verteilungen von Folgegeboten dient daher die hierzu disjunkte Verteilung der anderen Folgegebote. So wird beispielsweise bei Hypothese H^{1a} die Verteilung von Folgegeboten nach Transaktionen mit der Verteilung von Folgegeboten verglichen, die nach *Nicht*-Transaktionen eintreten, also mit Folgegeboten von limitierten Geboten oder Folgegeboten von Löschungen. Entsprechend wird bei den anderen beiden Hypothesen verfahren.

Nullhypothese H_0^{1a}:

Die Verteilung der Folgegebote von *Transaktionen* unterscheidet sich nicht von der Verteilung der Folgegebote von limitierten Geboten und Löschungen. Oder formal:

$$h(X_i^{t=1}|X_{Transaktion}^{t=0}) = h(X_i^{t=1}|X_{limitiertes\ Gebot}^{t=0} \vee X_{Löschung}^{t=0}) \quad \forall\, i \qquad (18)$$

mit:

i = Transaktion, limitiertes Gebot, Löschung

$X_i^{t=1}$:	zum Zeitpunkt $t = 1$ wurde Gebotsart i abgegeben
$X_{Transaktion}^{t=0}$:	zum Zeitpunkt $t = 0$ kam es zu einer Transaktion
$X_{limitiertes\ Gebot}^{t=0}$:	zum Zeitpunkt $t = 0$ wurde ein limitiertes Gebot abgegeben
$X_{Löschung}^{t=0}$:	zum Zeitpunkt $t = 0$ wurde eine Löschung durchgeführt
$h(A\|B)$:	bedingte relative Häufigkeit des Ereignisses A bei gegebenem Ereignis B
t:	Zeitpunkt

Nullhypothese H_0^{1b}:

Die Verteilung der Folgegebote von *limitierten Geboten* unterscheidet sich nicht von der Verteilung der Folgegebote von Transaktionen und Löschungen. Oder in der formalen Darstellungsweise von Hypothese H_0^{1a}:

$$h(X_i^{t=1} | X_{limitiertes\ Gebot}^{t=0}) = h(X_i^{t=1} | X_{Transaktion}^{t=0} \vee X_{Löschung}^{t=0}) \quad \forall\, i \tag{19}$$

mit:

i = Transaktion, limitiertes Gebot, Löschung

Nullhypothese H_0^{1c}:

Die Verteilung der Folgegebote von *Löschungen* unterscheidet sich nicht von der Verteilung der Folgegebote von Transaktionen und limitierten Geboten. Oder formal:

$$h(X_i^{t=1} | X_{Löschung}^{t=0}) = h(X_i^{t=1} | X_{Transaktion}^{t=0} \vee X_{limitiertes\ Gebot}^{t=0}) \quad \forall\, i \tag{20}$$

mit:

i = Transaktion, limitiertes Gebot, Löschung

2. Ergebnisse

Die Daten und Ergebnisse für die Hypothese H^1 sind in Tabelle 10 dargestellt. Jede Zeile mit Prozentwerten gibt jeweils eine bedingte Verteilung wieder, so dass sich die Anteilswerte jeder Zeile zu 100 Prozent addieren. Im Unterschied zu Tabelle 9 beziehen sich die Werte nicht auf einen einzelnen Titel, sondern sind für alle 107 untersuchten IBIS-Werte aggregiert. Für Folgegebote von Transaktionen beispielsweise ist in der ersten Zeile angegeben, dass sie sich zu 20,44% aus Transaktionen, zu 56,68% aus limitierten Geboten und zu 22,88% aus Löschungen zusammensetzen.

Die letzte Spalte von Tabelle 10 enthält Informationen über die Resultate der Signifikanztests zur Hypothese H^1.[1)] Im oberen Bereich der Signifikanz-Spalte

---

1) Geprüft wurde die Abhängigkeit zweier verbundener einfacher Stichproben mit den Variablen $X_{Transaktion}^{t=1}$, $X_{limitiertes\ Gebot}^{t=1}$, $X_{Löschung}^{t=1}$ zum Merkmal $X^{t=1}$ und den Variablen

steht das Ergebnis zusammengefasst für alle 107 untersuchten Titel. Das Ergebnis ist eindeutig. Die Nullhypothese H_0^1 kann auf dem 1%-Niveau abgelehnt werden. Werden alle 107 Titel gemeinsam betrachtet, ist das Auftreten einer Gebotsart bei den Folgegeboten von der vorangegangen Gebotsart abhängig. Unter den aggregierten Ergebnissen gibt dieselbe Spalte im mittleren Teil Auskunft über das Ergebnis beim Betrachten jedes einzelnen Titels. Dabei kann die Nullhypothese H_0^1 bei 100 Titeln auf dem 1%-Niveau und bei einem Titel noch auf dem 5%-Niveau abgelehnt werden. Lediglich bei drei Titeln kann sie nicht abgelehnt werden. Drei weitere Titel erfüllen die Bedingungen des verwendeten Tests nicht, d.h. es lagen entweder keine Beobachtungen vor oder die Anzahl der Beobachtungen war zu gering, um die Bedingungen des Tests zu erfüllen. Daher wurde bei diesen drei Titeln kein Test durchgeführt. Dieses Vorgehen findet im gesamten Verlauf der empirischen Untersuchungen Anwendung. [1)]

$X^{t=0}_{Transaktion}$, $X^{t=0}_{limitiertes\ Gebot}$, $X^{t=0}_{Löschung}$ zum Merkmal $X^{t=0}$. Die folgenden Hypothesen waren zu testen:

Nullhypothese (H_0^1): Die beiden Merkmale $X^{t=1}$ und $X^{t=0}$ sind unabhängig.
Gegenhypothese (H_1^1): $X^{t=1}$ und $X^{t=0}$ sind abhängig.

mit:
$X^{t=0}$: Gebotsart zum Zeitpunkt $t = 0$
$X^{t=1}$: Gebotsart zum Zeitpunkt $t = 1$
t: Zeitpunkt

Durchgeführt wurde hierzu ein Kontingenztest. Zum Testverfahren siehe z.B. Bamberg und Baur (2002), S. 202–204. Mögliche weitere stochastische Abhängigkeiten, insbesondere serielle Abhängigkeiten über die Zeitspanne von $t = 0$ bis $t = 1$ hinaus, sind nicht berücksichtigt worden. Es kann jedoch davon ausgegangen werden, dass Abhängigkeiten nur über diesen sehr kurzen Zeitraum bestehen und längere Zeiträume vernachlässigbar sind. Aus diesem Grund wurde dieses Vorgehen bei allen hier durchgeführten Tests angewendet. Über Abhängigkeiten und deren mögliche Bereinigung schreibt Miller (1996), S. 30–34. Eine Untersuchung der Effekte serieller Abhängigkeiten auf robuste Schätzer findet sich bei Gastwirth und Rubin (1975). Bei den weiter unten durchgeführten Kontingenztests wird auf ein erneutes Erläutern des Testverfahrens verzichtet.

1) Die genauen Bedingungen an die Daten, die notwendig sind, um die Tests durchzuführen, finden sich z.B. bei Bamberg und Baur (2002), S. 203.

Tabelle 10: Bedingte Verteilung der Folgegebote in Abhängigkeit von der vorangegangenen Gebotsart ohne Berücksichtigung der Marktseite aggregiert für 107 Titel; Ergebnisse des Kontingenztests zu Hypothese H[1]

$X^{t=1}$ / $X^{t=0}$	Transaktion	limitiertes Gebot	Löschung	Signifikanz[a)] Hypothese H[1]
Transaktion	20,44%	56,68%	22,88%	107 Titel aggregiert: ++[b)] 107 Titel einzeln:
limitiertes Gebot	20,08%	57,70%	22,22%	100 / 1 / 3 / 3[c)] Gruppen:[d)]
Löschung	18,98%	56,50%	24,52%	35 / 0 / 0 / 0 35 / 0 / 0 / 0 30 / 1 / 3 / 3

Anmerkungen:

a) Unter Verwendung eines Kontingenztests wurden die folgenden Hypothesen getestet:
H_0 : Die beiden Merkmale $X^{t=1}$ und $X^{t=0}$ sind unabhängig.
H_1 : $X^{t=1}$ und $X^{t=0}$ sind abhängig.

b) ++: H_0 kann auf dem 1%-Niveau abgelehnt werden
\+ : H_0 kann auf dem 5%-, aber nicht auf dem 1%-Niveau abgelehnt werden
\- : H_0 kann nicht abgelehnt werden

c) Die Darstellung ⊕⊕ / ⊕ / ⊖ /⊗ bedeutet:
⊕⊕: Anzahl der Titel, bei denen H_0 auf dem 1%-Niveau abgelehnt werden kann
⊕ : Anzahl der Titel, bei denen H_0 auf dem 5%-, aber nicht auf dem 1%-Niveau abgelehnt werden kann
⊖ : Anzahl der Titel, bei denen H_0 nicht abgelehnt werden kann
⊗ : Anzahl der Titel, bei denen die Bedingungen für den Test nicht erfüllt sind

d) Die Ergebnisse für die einzelnen Titel wurden unterteilt in die drei Aktiengruppen der Standardwerte (Gruppe I, oberer Teil), der mittelgroßen Werte (Gruppe II, mittlerer Teil) und der Nebenwerte (Gruppe III, unterer Teil).

Darüber hinaus finden sich im unteren Teil der letzten Spalte von Tabelle 10 die Ergebnisse der Signifikanztests aggregiert für die drei Aktiengruppen der Standardwerte (Gruppe I), der mittelgroßen Werte (Gruppe II) und der Nebenwerte

(Gruppe III).[1)][2)] Das Bild bei Gruppe I und Gruppe II ist identisch. Bei allen 35 Standardwerten und 35 mittelgroßen Werten kann die Nullhypothese H_0^1 auf dem 1%-Niveau abgelehnt werden. Jene vier Titel, bei denen die Nullhypothese H_0^1 nur auf dem 5%-Niveau abgelehnt werden kann oder nicht abgelehnt werden kann, stammen ausschließlich aus der Gruppe der Nebenwerte. Dies gilt ebenfalls für die drei Werte, die die Bedingungen des Tests nicht erfüllen.

Die Tabelle 11 enthält die Auswertungen der Signifikanztests zu den Hypothesen H^{1a}, H^{1b} und H^{1c}.[3)][4)] Die Tests beruhen auf denselben Daten wie die von

---

1) Zur Einteilung der Aktiengruppen siehe die Tabellen 6–8, S. 112–114.

2) Die Zusammensetzung der Anteile der Folgegebote in die drei Gebotsarten getrennt nach Aktiengruppen ist dargestellt in Tabelle 34 im Anhang auf S. 260.

3) Das Testverfahren soll beispielhaft für die Hypothese H^{1a} erläutert werden. Getestet wurde auf die Gleichheit zweier Verteilungen. Hierzu waren die folgenden Hypothesen zu testen:

Nullhypothese (H_0^{1a}):
$$h(X_i^{t=1}|X_{Transaktion}^{t=0}) = h(X_i^{t=1}|X_{limitiertes\ Gebot}^{t=0} \vee X_{Löschung}^{t=0}) \quad \forall\, i$$

Gegenhypothese (H_1^{1a}):
$$h(X_i^{t=1}|X_{Transaktion}^{t=0}) \neq h(X_i^{t=1}|X_{limitiertes\ Gebot}^{t=0} \vee X_{Löschung}^{t=0}) \quad \forall\, i$$

mit:
i = Transaktion, limitiertes Gebot, Löschung

$X_i^{t=1}$:	zum Zeitpunkt $t = 1$ wurde Gebotsart i abgegeben
$X_{Transaktion}^{t=0}$:	zum Zeitpunkt $t = 0$ kam es zu einer Transaktion
$X_{limitiertes\ Gebot}^{t=0}$:	zum Zeitpunkt $t = 0$ wurde ein limitiertes Gebot eingestellt
$X_{Löschung}^{t=0}$:	zum Zeitpunkt $t = 0$ wurde eine Löschung durchgeführt
$h(A\|B)$:	bedingte relative Häufigkeit des Ereignisses A bei gegebenem Ereignis B
t:	Zeitpunkt

Das Testen der Hypothesen wurde mit einem approximativen Chi^2-Anpassungstest durchgeführt. Zum Testverfahren siehe z.B. Hartung (1993), S. 182 f., Behnen und Neuhaus (1995), S. 303–308, sowie Bamberg und Baur (2002), S. 198–202. Im Verlauf der empirischen Untersuchungen werden weitere approximative Chi^2-Anpassungstest verwendet. Erläutert wird das Testverfahren dann nicht mehr.

4) Wie an dieser Stelle, kommt es im Verlauf der Arbeit häufig zu mehreren Tests auf der Basis einer einzelnen Stichprobe. Soll dann bei jedem dieser Tests das Signifikanzniveau α simultan eingehalten werden, müsste es formal mit der Anzahl der verwendeten Tests multipliziert werden. Um insgesamt das Niveau α einzuhalten, wäre also für die Hypo-

Hypothese H^1. Trotz der Redundanz wurden sie aus Gründen der Übersichtlichkeit in Tabelle 11 noch einmal aufgeführt. Die dargestellten bedingten relativen Häufigkeiten sind somit identisch mit denen aus Tabelle 10. Die Ergebnisse der Signifikanztests zu den Hypothesen H^{1a}, H^{1b} und H^{1c} finden sich in den beiden letzten Spalten von Tabelle 11.

Die vorletzte Spalte fasst im oberen Bereich jeder Zeile wiederum alle untersuchten 107 Titel zusammen. Es zeigt sich, dass alle drei Nullhypothesen auf dem 1%-Niveau abgelehnt werden können. Bei allen drei Klassen von Folgegeboten unterscheidet sich also die Verteilung der Anteile von Transaktionen, limitierten Geboten und Löschungen signifikant von der Verteilung der jeweils anderen Folgegebote. In der unteren Zeile jeder Zelle der vorletzten Spalte steht das Ergebnis für die einzelnen Titel. Nullhypothese H_0^{1a} kann bei 70 Titeln auf dem 1%-Niveau und bei neun Titeln zusätzlich noch auf dem 5%-Niveau abgelehnt werden. Bei 16 Titeln kann sie jedoch nicht abgelehnt werden. Zwölf Titel erfüllen die Bedingungen des verwendeten Tests nicht.[1)] Deutlicher sind die Ergebnisse für Hypothese H^{1b}. Die Verteilung der Gebotsarten unter den Folgegeboten von limitierten Geboten unterscheidet sich bei allen 107 Titeln signifikant auf dem 1%-Niveau gegenüber den Anteilen der Gebotsarten bei Folgegeboten von Transaktionen oder Löschungen. Nahezu eindeutig fällt auch der Signifikanztest für die einzelnen Titel bei den Folgegeboten von Löschungen aus, also der Hypothese H^{1c}. Bei 102 sowie zwei weiteren Titeln kann die entsprechende Nullhypothese auf dem 1%-Niveau bzw. dem 5%-Niveau abgelehnt werden. Dagegen steht lediglich ein Titel, bei dem die Null-

---

thesen H^{1a}, H^{1b} und H^{1c} jeweils ein Niveau in Höhe von $\alpha/3$ zu nehmen. Dieses multiple Niveau lässt sich mit Hilfe der Bonferroni-Ungleichung herleiten, siehe hierzu im Einzelnen Schlittgen (2003), S. 366 f. Das Betrachten von simultaner Signifikanz findet in der Praxis aber selten Anwendung und soll auch hier nicht benutzt werden. Die immer notwendige kritische Interpretation der Ergebnisse der Signifikanztests erfolgt ohnehin. Das Ergebnis jedes einzelnen Tests wird also, wie es allgemein üblich ist, für sich betrachtet. In den meisten Fällen spielt das beschriebene Problem auf Grund sehr kleiner P-Werte nur eine untergeordnete Rolle. Dabei ist der P-Wert die Wahrscheinlichkeit unter der Nullhypothese dafür, dass das Ergebnis gleich dem oder extremer als das beobachtete ist, siehe z.B. Miller (1996), S. 2.

1) Zu den Bedingungen des Tests siehe z.B. Bamberg und Baur (2002), S. 200.

hypothese H_0^{1c} nicht abgelehnt werden kann. Zwei Titel erfüllen die Bedingungen des Tests nicht.

In der letzten Spalte von Tabelle 11 sind zusätzlich die Ergebnisse der Signifikanztests innerhalb der drei Aktiengruppen aufgeführt. Für die Nullhypothese H_0^{1a} ergibt sich ein uneinheitliches Ergebnis. Bei den Standardwerten kann die Nullhypothese für alle bis auf einen Titel abgelehnt werden. Gruppe II weist mit vier Werten schon mehr Titel auf, bei denen die Nullhypothese beibehalten werden muss. Besonders auffallend ist das Resultat bei den Nebenwerten. Hier spricht das Ergebnis der Signifikanztests bei lediglich 14 Titeln für den Unterschied der untersuchten Verteilungen. Bei elf Titeln muss die Nullhypothese H_0^{1a} dagegen beibehalten werden. Zwölf Aktien erfüllen die Bedingungen des Tests nicht. Bei der gruppenweisen Betrachtung von Hypothese H^{1b} ergibt sich selbstverständlich das gleiche Bild wie bei der Untersuchung der einzelnen Werte. Bei allen Titeln der drei Aktiengruppen kann auf Grund der Ergebnisse des Signifikanztests davon ausgegangen werden, dass sich die Verteilung der Anteile der Gebotsarten an den Folgegeboten von limitierten Geboten signifikant von der Verteilung der Anteile der anderen Folgegebote unterscheidet. Bei Hypothese H^{1c} stammt der Titel, bei dem die Nullhypothese H_0^{1c} beibehalten werden muss, aus Gruppe I. Die beiden Titel, die die Bedingungen des Tests nicht erfüllen, gehören zur Gruppe III. Bei allen anderen 35 Nebenwerten kann die Nullhypothese H_0^{1c} mindestens mit 95-prozentiger Sicherheit abgelehnt werden.

Tabelle 11: Bedingte Verteilung der Folgegebote in Abhängigkeit von der vorangegangenen Gebotsart ohne Berücksichtigung der Marktseite aggregiert für 107 Titel; Ergebnisse der approximativen Chi^2-Anpassungstests zu den Hypothesen H^{1a}, H^{1b} und H^{1c}

$X^{t=1}$ / $X^{t=0}$	Transaktion	limitiertes Gebot	Löschung	Signifikanz[a)] 107 Titel[b)]	Signifikanz[a)] Gruppen[c)]
Transaktion	20,44%	56,68%	22,88%	++[d)] 70 / 9 / 16 / 12[e)]	34 / 0 / 1 / 0 29 / 2 / 4 / 0 7 / 7 / 11 / 12
limitiertes Gebot	20,08%	57,70%	22,22%	++ 107 / 0 / 0 / 0	35 / 0 / 0 / 0 35 / 0 / 0 / 0 37 / 0 / 0 / 0
Löschung	18,98%	56,50%	24,52%	++ 102 / 2 / 1 / 2	34 / 0 / 1 / 0 35 / 0 / 0 / 0 33 / 2 / 0 / 2

Anmerkungen:

a) Für jede der drei Klassen von Folgegeboten (Folgegebote von Transaktionen, limitierten Geboten und Löschungen) wurden die folgenden Hypothesen unter Verwendung eines approximativen Chi^2-Anpassungstests getestet:
H_0 : Die Verteilung der Gebotsarten innerhalb jeder einzelnen Klasse von Folgegeboten ist gleich der aus den jeweils anderen Folgegeboten zusammengefassten Verteilung.
H_1 : Die beiden Verteilungen sind nicht identisch.

b) Der Signifikanztest wurde durchgeführt für alle 107 Titel aggregiert (obere Zeile jeder Zelle) und für jeden Titel einzeln (untere Zeile jeder Zelle).

c) Die Ergebnisse für die einzelnen Titel wurden unterteilt in die drei Aktiengruppen der Standardwerte (Gruppe I, obere Zeile jeder Zelle), der mittelgroßen Werte (Gruppe II, mittlere Zeile jeder Zelle) und der Nebenwerte (Gruppe III, untere Zeile jeder Zelle).

d) ++: H_0 kann auf dem 1%-Niveau abgelehnt werden
\+ : H_0 kann auf dem 5%-, aber nicht auf dem 1%-Niveau abgelehnt werden
\- : H_0 kann nicht abgelehnt werden

e) Die Darstellung $\oplus\oplus$ / $\oplus$ / $\ominus$ /$\otimes$ bedeutet:
$\oplus\oplus$: Anzahl der Titel, bei denen H_0 auf dem 1%-Niveau abgelehnt werden kann
$\oplus$: Anzahl der Titel, bei denen H_0 auf dem 5%-, aber nicht auf dem 1%-Niveau abgelehnt werden kann
$\ominus$: Anzahl der Titel, bei denen H_0 nicht abgelehnt werden kann
$\otimes$: Anzahl der Titel, bei denen die Bedingungen für den Test nicht erfüllt sind

Zusammenfassend ist festzustellen, dass alle vier Nullhypothesen H_0^1, H_0^{1a}, H_0^{1b} und H_0^{1c} aggregiert für die 107 untersuchten IBIS-Titel abgelehnt werden können. Das Auftreten einer Gebotsart bei den Folgegeboten ist abhängig von der vorangegangenen Gebotsart. Auch unterscheidet sich die Verteilung der Anteile bei Folgegeboten von Transaktionen, limitierten Geboten und Löschungen voneinander. Beim Betrachten der einzelnen Titel zeigt sich jedoch ein differenziertes Bild. In den Gruppen I und II sprechen die Ergebnisse der Signifikanztests bei der überwiegenden Anzahl von Titeln für eine Abhängigkeit und den Unterschied der Verteilungen. Bei fast allen Standardwerten und mittelgroßen Werten kann also davon ausgegangen werden, dass die Abgabe einer Gebotsart von der vorangegangenen Gebotsart beeinflusst ist. Auch bei Gruppe III ist eine signifikante Abhängigkeit der Gebotsart bei den Folgegeboten von der vorangegangenen Gebotsart bei 31 von 37 Titeln zu beobachten.[1)] Allerdings zeigt sich bei einem erheblichen Anteil der Nebenwerte, dass bei den Folgegeboten von Transaktionen die Nullhypothese H_0^{1a} nicht abgelehnt werden kann. Bei elf Titeln kann die Gleichheit der Anteile von Transaktionen, limitierten Geboten und Löschungen an den Folgegeboten von Transaktionen gegenüber den Folgegeboten anderer Gebotsarten nicht abgelehnt werden.[2)] Hier ist also über den Einfluss vorangegangener Transaktionen keine Aussage möglich.

III. Folgegebote unter Berücksichtigung der Marktseite

1. Hypothesen

Im Gegensatz zum vorherigen Abschnitt wird hier die Marktseite der Gebote mit einbezogen. Neben der Frage, ob die Abgabe eines Gebots von der Art des vorangegangenen Gebots abhängig gemacht wird, soll hier auch untersucht werden, wie sich diese Abhängigkeit darstellt. Es wird also aufgezeigt, ob sich die einzelnen An-

---

1) Vgl. Tabelle 10, S. 124, letzte Zeile in der letzten Spalte.

2) Hinzu kommen zwölf Titel, bei denen keine Aussage über die Signifikanz getroffen werden kann, weil für sie die Bedingungen des Tests nicht erfüllt sind.

teile der Gebotsarten unter den Folgegeboten signifikant unterscheiden. Dadurch kann festgestellt werden, ob bestimmte Folgegebote einen signifikant höheren oder signifikant kleineren Anteil einzelner Gebotsarten aufweisen als andere Folgegebote.

Zunächst soll untersucht werden, ob sich die eben dargestellten Ergebnisse verändern, wenn die Marktseite mit einbezogen wird. Hierzu werden wiederum bedingte Verteilungen miteinander verglichen. Die Marktseite wird berücksichtigt durch das Aufteilen der Transaktionen in Käufe und Verkäufe sowie durch das Aufteilen der limitierten Gebote in limitierte Geldgebote und limitierte Briefgebote. Die Löschungen werden nicht weiter unterteilt.[1] Für diesen Abschnitt werden also fünf Klassen von Folgegeboten gebildet:

- Folgegebote nach Käufen
- Folgegebote nach Verkäufen
- Folgegebote nach limitierten Geldgeboten
- Folgegebote nach limitierten Briefgeboten
- Folgegebote nach Löschungen

Analog zu oben wird zunächst geprüft, ob die beiden Merkmale $X^{t=0}$ und $X^{t=1}$ abhängig sind. Zudem wird auch wieder untersucht, ob sich tatsächlich alle fünf bedingten Verteilungen signifikant voneinander unterscheiden. Als Vergleichsmaßstab für die Untersuchung der fünf bedingten Verteilungen dient auch hier die jeweils disjunkte Verteilung der vier anderen Klassen von Folgegeboten.

Die Anzahl der Hypothesen wird auf sechs erweitert:

---

1) In IBIS konnte ein einzelnes Gebot oder es konnten gleichzeitig alle Gebote eines Händlers oder alle Gebote eines Effektenhandelsdienstleisters gelöscht werden, vgl. Fußnote 2, S. 109. Aus diesem Grund ist eine Trennung der Marktseite nicht für alle Löschungen möglich. Wie sich noch zeigen wird, spielen aber die Löschungen bei den Ergebnissen der empirischen Untersuchungen ohnehin eine untergeordnete Rolle. Eine Untergliederung der Löschungen gäbe also keinen entscheidenden Erkenntnisgewinn.

Nullhypothese $\mathbf{H}_0^2$:

Das Auftreten einer Gebotsart bei den Folgegeboten ist unabhängig von der vorangegangenen Gebotsart. Oder formal: Das Merkmal $X^{t=1}$ ist unabhängig von dem Merkmal $X^{t=0}$.

Nullhypothese $\mathbf{H}_0^{2a}$:

Die Verteilung der Folgegebote von *Käufen* unterscheidet sich nicht von der Verteilung der Folgegebote von Verkäufen, limitierten Geldgeboten, limitierten Briefgeboten und Löschungen. Formal ist dies gleichbedeutend mit:

$$h(X_i^{t=1}|X_{Kauf}^{t=0}) = h(X_i^{t=1}|X_{Verkauf}^{t=0} \vee X_{limitiertes\ Geldgebot}^{t=0} \vee X_{limitiertes\ Briefgebot}^{t=0} \vee X_{Löschung}^{t=0}) \quad \forall\, i \quad (21)$$

mit:

$i =$ Kauf, Verkauf, limitiertes Geldgebot, limitiertes Briefgebot, Löschung

$X_i^{t=1}$:	zum Zeitpunkt $t = 1$ wurde Gebotsart i abgegeben
$X_{Kauf}^{t=0}$:	zum Zeitpunkt $t = 0$ kam es zu einem Kauf
$X_{Verkauf}^{t=0}$:	zum Zeitpunkt $t = 0$ kam es zu einem Verkauf
$X_{limitiertes\ Geldgebot}^{t=0}$:	zum Zeitpunkt $t = 0$ wurde ein limitiertes Geldgebot abgegeben
$X_{limitiertes\ Briefgebot}^{t=0}$:	zum Zeitpunkt $t = 0$ wurde ein limitiertes Briefgebot abgegeben
$X_{Löschung}^{t=0}$:	zum Zeitpunkt $t = 0$ wurde eine Löschung durchgeführt
$h(A\|B)$:	bedingte relative Häufigkeit des Ereignisses A bei gegebenem Ereignis B
t:	Zeitpunkt

Nullhypothese $\mathbf{H}_0^{2b}$:

Die Verteilung der Folgegebote von *Verkäufen* unterscheidet sich nicht von der Verteilung der Folgegebote von Käufen, limitierten Geldgeboten, limitierten Briefgeboten und Löschungen. Entsprechend der letzten Hypothese ergibt sich daraus die folgende formale Darstellung:

$$h(X_i^{t=1}|X_{Verkauf}^{t=0}) = h(X_i^{t=1}|X_{Kauf}^{t=0} \vee X_{limitiertes\ Geldgebot}^{t=0} \vee X_{limitiertes\ Briefgebot}^{t=0} \vee X_{Löschung}^{t=0}) \quad \forall\, i \quad (22)$$

mit:

i = Kauf, Verkauf, limitiertes Geldgebot, limitiertes Briefgebot, Löschung

Nullhypothese H_0^{2c}:

Die Verteilung der Folgegebote von *limitierten Geldgeboten* unterscheidet sich nicht von der Verteilung der Folgegebote von Käufen, Verkäufen, limitierten Briefgeboten und Löschungen. Oder formal:

$$h(X_i^{t=1}|X_{limitiertes\ Geldgebot}^{t=0}) = h(X_i^{t=1}|X_{Kauf}^{t=0} \vee X_{Verkauf}^{t=0} \vee X_{limitiertes\ Briefgebot}^{t=0} \vee X_{Löschung}^{t=0}) \quad \forall\, i \quad (23)$$

mit:

i = Kauf, Verkauf, limitiertes Geldgebot, limitiertes Briefgebot, Löschung

Nullhypothese H_0^{2d}:

Die Verteilung der Folgegebote von *limitierten Briefgeboten* unterscheidet sich nicht von der Verteilung der Folgegebote von Käufen, Verkäufen, limitierten Geldgeboten und Löschungen. Oder formal:

$$h(X_i^{t=1}|X_{limitiertes\ Briefgebot}^{t=0}) = h(X_i^{t=1}|X_{Kauf}^{t=0} \vee X_{Verkauf}^{t=0} \vee X_{limitiertes\ Geldgebot}^{t=0} \vee X_{Löschung}^{t=0}) \quad \forall\, i \quad (24)$$

mit:

i = Kauf, Verkauf, limitiertes Geldgebot, limitiertes Briefgebot, Löschung

Nullhypothese H_0^{2e}:

Die Verteilung der Folgegebote von *Löschungen* unterscheidet sich nicht von der Verteilung der Folgegebote von Käufen, Verkäufen, limitierten Geldgeboten und limitierten Briefgeboten. Oder formal:

$$h(X_i^{t=1}|X_{Löschung}^{t=0}) = h(X_i^{t=1}|X_{Kauf}^{t=0} \vee X_{Verkauf}^{t=0} \vee X_{limitiertes\ Geldgebot}^{t=0} \vee X_{limitiertes\ Briefgebot}^{t=0}) \quad \forall\, i \quad (25)$$

mit:

i = Kauf, Verkauf, limitiertes Geldgebot, limitiertes Briefgebot, Löschung

Bisher ging es in diesem Kapitel darum, Abhängigkeiten zu erläutern und Verteilungen zu vergleichen. Im ersten Teil der Arbeit wurden aber auch theoretische Überlegungen darüber angestellt, in welche Richtung sich die Anteile der Gebotsarten in den unterschiedlichen Klassen von Folgegeboten vermutlich entwickeln. Im Folgenden soll untersucht werden, ob sich diese Vermutungen empirisch belegen lassen. Die Frage ist also, ob sich bestimmte Anteile von Gebotsarten tatsächlich signifikant erhöhen oder verringern. Die Antwort sollen wieder testbare Hypothesen geben.

Zuerst wird auf den bereits erwähnten Diagonaleffekt eingegangen. Könnte er tatsächlich beobachtet werden, wäre dies gleichbedeutend mit dem vermehrten Aufeinanderfolgen gleicher Gebotsarten. Vor der Formulierung der Hypothese seien noch einmal kurz mögliche Ursachen für einen Diagonaleffekt zusammengefasst.[1] Zunächst soll noch einmal hervorgehoben werden, dass wie in der gesamten Arbeit auch in diesem Abschnitt nur das Bietverhalten mit Folgegeboten untersucht wird. Nach der Definition im ersten Teil werden also ausschließlich aufeinander folgende Gebote verschiedener Eingeber berücksichtigt. Läge also ein Diagonaleffekt vor, könnten Staffelgebote oder die aufeinander folgende Annahme von Geboten durch denselben Eingeber nicht als Gründe für das vermehrte Aufeinanderfolgen gleicher Gebotsarten angeführt werden.[2] Vielmehr wäre das im Folgenden dargestellte Bietverhalten mögliche und logische Ursache für einen nicht zufälligen, sondern statistisch signifikanten Diagonaleffekt. Erstens erscheint ein Nachahmen des Bietverhaltens wahrscheinlich, d.h. bestimmte Marktteilnehmer imitieren das Bietverhalten anderer Eingeber, wenn sie vermuten, dass diese über einen Informationsvorsprung verfügen. Zweitens ist es möglich, dass verschiedene Marktteilnehmer in identischer Weise auf dieselbe Information reagieren, in-

---

1) Detaillierte Ausführungen zu den folgenden Überlegungen finden sich in Kapitel B., S. 37–62, im ersten Teil der Arbeit.

2) Dieses Bietverhalten ist durchaus in der vorliegenden Stichprobe von IBIS-Daten zu beobachten, ist aber nicht Gegenstand der Betrachtung. Untersucht wird es beispielsweise von Easley und O'Hara (1987), Biais, Hillion und Spatt (1995), sowie He und Wang (1995). Zudem wird weiter unten in Abschnitt C.III., S. 186–202, noch darauf eingegangen.

dem sie sukzessive die gleiche Gebotsart verwenden.[1] Die zu testende Hypothese lautet:

Nullhypothese H_0^3:

Die bedingte relative Häufigkeit, bei der ein Folgegebot die gleiche Gebotsart aufweist wie das vorangegangene Gebot, ist kleiner oder gleich der bedingten relativen Häufigkeit, bei der das vorangegangene Gebot nicht die gleiche Gebotsart aufweist. Oder formal:[2]

$$h(X_i^{t=1}|X_i^{t=0}) \leq h(X_i^{t=1}|(X_i^{t=0})^C) \quad \forall\, i \tag{26}$$

mit:

i = Kauf, Verkauf, limitiertes Geldgebot, limitiertes Briefgebot, Löschung

$X_i^{t=1}$:	zum Zeitpunkt $t = 1$ wurde Gebotsart i abgegeben
$X_i^{t=0}$:	zum Zeitpunkt $t = 0$ wurde Gebotsart i abgegeben
$(X_i^{t=0})^C$:	zum Zeitpunkt $t = 0$ wurde nicht die Gebotsart i abgegeben, sondern eine andere Gebotsart
$h(A\|B)$:	bedingte relative Häufigkeit des Ereignisses A bei gegebenem Ereignis B
t:	Zeitpunkt

Neben dem Diagonaleffekt, der mit Hypothese H^3 untersucht wird, wurden im ersten Teil der Arbeit auch Annahmen über die Veränderung der Anteile der anderen Gebotsarten in Abhängigkeit vom vorangegangen Gebot herausgearbeitet.[3] Als Erstes sollen die Folgegebote von Transaktionen betrachtet werden. Für Folgegebote von Käufen postuliert die Gegenhypothese H_1^3 einen höheren Anteil von Käufen als bei den anderen Folgegeboten. Dies lässt zunächst die Vermutung zu, dass ein Rückgang des Anteils von Verkäufen zu erwarten ist. Ein höherer Anteil

1) Biais, Hillion und Spatt (1995), S. 1674. Siehe hierzu auch Teil I dieser Arbeit, Kapitel B., S. 37–62.

2) Bei den folgenden Hypothesen wird auf die formale Darstellung verzichtet.

3) Zu Details der folgenden Ausführungen sei wieder verwiesen auf Kapitel B., S. 37–62, im ersten Teil der Arbeit.

von Käufen, also die vermehrte Annahme von Briefgeboten, hat zudem tendenziell ein Ausweiten der Marktspanne zur Folge. Der dann höhere beste Briefkurs impliziert einen höheren Preis für Sofortigkeit. Dies wiederum bietet überdurchschnittlich hohe Anreize zur Abgabe limitierter Briefgebote, insbesondere zum Unterbieten des besten Briefkurses. Auf der anderen Seite sollte der Anteil limitierter Geldgebote zurückgehen. Über die Veränderung der Löschungen ist keine eindeutige Aussage möglich. Hier gibt es durchaus stark gegenläufige Wirkungszusammenhänge. Es soll lediglich ausgesagt werden, dass es zu einer Veränderung des Anteils von Löschungen kommt. Ob sich dieser Anteil tendenziell eher vergrößert oder verringert, soll nicht untersucht werden.

Bei den Folgegeboten von Verkäufen wird das umgekehrte Verhalten wie bei den Folgegeboten von Käufen vermutet. Der Anteil von Käufen und limitierten Briefgeboten nimmt ab, der von limitierten Geldgeboten dagegen erhöht sich. Zu den Löschungen kann wiederum keine klare Aussage über die Richtung der Veränderung gemacht werden. Aus diesen Überlegungen heraus können zwei weitere Hypothesen gebildet werden:

Nullhypothese H_0^{3a}:
Unter den Folgegeboten von Käufen ist die relative Häufigkeit von Verkäufen und limitierten Geldgeboten größer, ist die relative Häufigkeit von limitierten Briefgeboten kleiner sowie die relative Häufigkeit von Löschungen gleich im Vergleich zu den Folgegeboten, denen kein Kauf unmittelbar vorangeht.

Nullhypothese H_0^{3b}:
Unter den Folgegeboten von Verkäufen ist die relative Häufigkeit von Käufen und limitierten Briefgeboten größer, ist die relative Häufigkeit von limitierten Geldgeboten kleiner sowie die relative Häufigkeit von Löschungen gleich im Vergleich zu den Folgegeboten, denen kein Verkauf unmittelbar vorangeht.

Neben den Hypothesen für Folgegebote von Transaktionen sollen auch die Hypothesen zu den Folgegeboten von limitierten Geboten kurz erläutert werden.[1] Für Folgegebote von limitierten Geldgeboten ergibt sich aus Hypothese H^3, dass die relative Häufigkeit limitierter Geldgebote auf Grund des Diagonaleffekts vermutlich ansteigt. Die Abgabe limitierter Geldgebote führt zudem, sofern es sich um marktspannenverengende Gebote handelt, zu einer engeren Marktspanne mit steigendem Gleichgewichtskurs. Dies verringert die Anreize zur Abgabe limitierter Briefgebote und erhöht die Anreize zur Annahme von Geldgeboten, also für Verkäufe. Der Anteil von Käufen sollte auf der anderen Seite zurückgehen. Zu dem Anteil von Löschungen wird das gleiche wie bei den letzten beiden Hypothesen angenommen; erwartet wird lediglich eine Veränderung. Spiegelbildlich zu den Folgegeboten von limitierten Geldgeboten verhalten sich die Annahmen zur Veränderung der Anteile bei den Folgegeboten von limitierten Briefgeboten. Hieraus ergeben sich die beiden folgenden Hypothesen:

Nullhypothese H_0^{3c}:
Unter den Folgegeboten von limitierten Geldgeboten ist die relative Häufigkeit von Käufen und limitierten Briefgeboten größer, ist die relative Häufigkeit von Verkäufen kleiner sowie die relative Häufigkeit von Löschungen gleich im Vergleich zu den Folgegeboten, denen kein limitiertes Geldgebot unmittelbar vorangeht.

Nullhypothese H_0^{3d}:
Unter den Folgegeboten von limitierten Briefgeboten ist die relative Häufigkeit von Verkäufen und limitierten Geldgeboten größer, ist die relative Häufigkeit von Käufen kleiner sowie die relative Häufigkeit von Löschungen gleich im Vergleich zu den Folgegeboten, denen kein limitiertes Briefgebot unmittelbar vorangeht.

Löschungen spielen in den Untersuchungen dieser Arbeit eine untergeordnete Rolle. Mit Ausnahme von Löschungen selbst soll für alle anderen Anteile der Gebotsarten an Folgegeboten von Löschungen als Pendant zu Hypothese H^3 lediglich

---

1) Auch an dieser Stelle sei zur ausführlichen Begründung der Schlussfolgerungen, die zur Formulierung der Hypothesen führen, auf Teil I der Arbeit verwiesen.

die These aufgestellt werden, dass sie kleiner ausfallen. Die Hypothese lautet somit:

Nullhypothese H_0^{3e}:
Unter den Folgegeboten von Löschungen ist die relative Häufigkeit von Käufen, Verkäufen, limitierten Geldgeboten und limitierten Briefgeboten größer im Vergleich zu den Folgegeboten, denen keine Löschung unmittelbar vorangeht.

2. Ergebnisse

Als Erstes wird auf die Resultate der Signifikanztests zu Hypothese H^2 eingegangen. Die Aufbereitung ist aus der Tabelle 12 zu ersehen. Im Unterschied zu Tabelle 10 wurden die Transaktionen in Käufe und Verkäufe und die limitierten Gebote in limitierte Geldgebote und limitierte Briefgebote unterteilt. Abgesehen davon ist die Tabelle 12 genauso zu interpretieren wie die Tabelle 10. Beispielhaft sei wieder die erste Zeile herausgegriffen. Sie gibt an, dass Folgegebote von Käufen zu 16,13% ebenfalls aus Käufen bestehen und sich weiter zusammensetzen aus 4,77% Verkäufen, 23,75% limitierten Geldgeboten, 33,11% limitierten Briefgeboten und 22,23% Löschungen.[1)]

Die letzte Spalte von Tabelle 12 enthält die Informationen zu den Signifikanztests.[2)] Ganz oben zeigt sich, dass auch die Nullhypothese H_0^2 aggregiert für alle 107 untersuchten Titel auf dem 1%-Niveau abgelehnt werden kann. Das Berücksichtigen der Marktseite hat also keinen Einfluss auf das Ergebnis. Werden alle 107 Titel gemeinsam betrachtet, ist das Auftreten einer Gebotsart bei den Folgegeboten auch unter Berücksichtigen der Marktseite abhängig von der vorherigen Gebotsart. Ebenfalls sehr deutlich fällt das Ergebnis beim Betrachten der einzelnen Titel aus. Bei 82 Werten kann die Nullhypothese H_0^2 mit 99-prozentiger Sicherheit abgelehnt werden. Das Aufteilen in fünf statt drei Gebotsarten schlägt

---

1) Auf Grund von Rundungsfehlern addieren sich die Anteile der ersten Zeile nicht exakt zu 100%. Vgl. hierzu die Anmerkung in Fußnote 6, S. 107.

2) Testverfahren ist der Kontingenztest.

sich allerdings bei Gruppe III in den Ergebnissen nieder.[1] Nebenwerte weisen ohnehin schon eine geringe Anzahl von Geboten pro Handelstag auf,[2] die dann noch auf fünf anstatt drei Gebotsarten verteilt werden, so dass sich z.T. nur sehr geringe absolute Häufigkeiten ergeben. Dadurch sind die Bedingungen des Kontingenztests bei 25 Titeln nicht erfüllt.[3] Aussagen über die Signifikanz sind aber nur möglich, wenn eine ausreichende Besetzung der Klassen von Geboten vorliegt.

---

[1] Die Anteile der Gebotsarten der fünf Klassen von Folgegeboten, aufgeteilt nach Aktiengruppen, ist aufgeführt in Tabelle 35 im Anhang auf S. 261.

[2] Die durchschnittliche Anzahl angenommener und limitierter Gebote pro Handelstag bei Nebenwerten ist aus Tabelle 8, S. 114, zu ersehen.

[3] Die Bedingungen des Tests sind aufgeführt bei Bamberg und Baur (2002), S. 200.

Tabelle 12: Bedingte Verteilung der Folgegebote in Abhängigkeit von der vorangegangenen Gebotsart unter Berücksichtigung der Marktseite aggregiert für 107 Titel; Ergebnisse des Kontingenztests zu Hypothese H^2

$X^{t=0}$ \ $X^{t=1}$	Kauf	Verkauf	limitiertes Geldgebot	limitiertes Briefgebot	Löschung	Signifikanz[a)] Hypothese H^2
Kauf	16,13%	4,77%	23,75%	33,11%	22,23%	107 Titel aggregiert: ++[b)]
Verkauf	5,75%	14,12%	32,38%	24,08%	23,67%	107 Titel einzeln:
limitiertes Geldgebot	10,20%	9,76%	30,51%	27,07%	22,46%	82 / 0 / 0 / 25[c)]
limitiertes Briefgebot	11,58%	8,62%	26,27%	31,53%	22,00%	Gruppen:[d)] 35 / 0 / 0 / 0 35 / 0 / 0 / 0
Löschung	10,14%	8,84%	27,93%	28,57%	24,52%	12 / 0 / 0 / 25

Anmerkungen:

a) Mit einem Kontingenztests wurden die folgenden Hypothesen getestet:
H_0 : Die beiden Merkmale $X^{t=1}$ und $X^{t=0}$ sind unabhängig.
H_1 : $X^{t=1}$ und $X^{t=0}$ sind abhängig.

b) ++: H_0 kann auf dem 1%-Niveau abgelehnt werden
\+ : H_0 kann auf dem 5%-, aber nicht auf dem 1%-Niveau abgelehnt werden
\- : H_0 kann nicht abgelehnt werden

c) Die Darstellung ⊕ ⊕ / ⊕ / ⊖ /⊗ bedeutet:
⊕⊕: Anzahl der Titel, bei denen H_0 auf dem 1%-Niveau abgelehnt werden kann
⊕ : Anzahl der Titel, bei denen H_0 auf dem 5%-, aber nicht auf dem 1%-Niveau abgelehnt werden kann
⊖ : Anzahl der Titel, bei denen H_0 nicht abgelehnt werden kann
⊗ : Anzahl der Titel, bei denen die Bedingungen für den Test nicht erfüllt sind

d) Die Ergebnisse für die einzelnen Titel wurden unterteilt in die drei Aktiengruppen der Standardwerte (Gruppe I, oberer Teil), der mittelgroßen Werte (Gruppe II, mittlerer Teil) und der Nebenwerte (Gruppe III, unterer Teil).

Im zweiten Schritt sollen nun die Hypothesen H^{2a} bis H^{2e} behandelt werden. Die Tabelle 13 zeigt in den beiden letzten Spalten die Ergebnisse zu den Signifikanztests. Der Datenbereich von Tabelle 13 ist identisch zu dem aus Tabelle 12, weil die Tests auf denselben Daten beruhen wie die zu Hypothese H^2. Um die Lesbarkeit zu vereinfachen, wurden sie auch hier mit aufgeführt.

Aggregiert für alle 107 Titel sind die Ergebnisse der Signifikanztests[1)] sehr deutlich. Aus der oberen Zeile jeder Zelle der vorletzten Spalte geht hervor, dass alle fünf Nullhypothesen bei einer Irtumswahrscheinlichkeit von 1% abgelehnt werden können. Wird die Marktseite mit einbezogen, verändern sich also die Ergebnisse erwartungsgemäß nicht. Auch bei der Betrachtung der einzelnen Titel zeigt sich, dass die Nullhypothesen H_0^{2a} bis H_0^{2e} für die meisten Werte auf dem 1%-Niveau abgelehnt werden können. Lediglich bei Folgegeboten von Verkäufen und Löschungen können die Nullhypothesen H_0^{2b} bzw. H_0^{2e} bei jeweils einem Titel nur auf dem 5%-Niveau abgelehnt werden.

Das erweiterte Aufteilen der Gebotsarten hat jedoch auch bei dieser Untersuchung zur Folge, dass die Bedingungen des verwendeten Tests für weitaus mehr Titel als im letzten Abschnitt nicht mehr erfüllt sind. Statistisch aussagekräftige Ergebnisse zu den Hypothesen können dann nicht erzielt werden. Dafür verantwortlich sind fast ausschließlich die Titel aus der Gruppe III. Besonders häufig tritt das Problem bei Folgegeboten von Käufen und Verkäufen auf. Hier sind bei jeweils 29 Nebenwerten und einem mittelgroßen Titel die Bedingungen des Kontingenztests nicht erfüllt. Folgegebote von limitierten Geldgeboten, limitierten Briefgeboten und Löschungen weisen fünf, sieben bzw. zwölf Nebenwerte auf, bei denen die Signifikanz nicht geprüft werden kann.

---

1) Verwendet wurde wieder ein approximativer Chi^2-Anpassungstest.

Tabelle 13: Bedingte Verteilung der Folgegebote in Abhängigkeit von der vorangegangenen Gebotsart unter Berücksichtigung der Marktseite aggregiert für 107 Titel; Ergebnisse der approximativen Chi^2-Anpassungstests zu den Hypothesen H^{2a} bis H^{2e}

$X^{t=0}$ \ $X^{t=1}$	Kauf	Verkauf	limitiertes Geldgebot	limitiertes Briefgebot	Löschung	Signifikanz[a] 107 Titel[b]	Signifikanz[a] Gruppen[c]
Kauf	16,13%	4,77%	23,75%	33,11%	22,23%	++[d] 77 / 0 / 0 / 30[e]	35 / 0 / 0 / 0 34 / 0 / 0 / 1 8 / 0 / 0 / 29
Verkauf	5,75%	14,12%	32,38%	24,08%	23,67%	++ 76 / 1 / 0 / 30	35 / 0 / 0 / 0 34 / 0 / 0 / 1 7 / 1 / 0 / 29
limitiertes Geldgebot	10,20%	9,76%	30,51%	27,07%	22,46%	++ 102 / 0 / 0 / 5	35 / 0 / 0 / 0 35 / 0 / 0 / 0 32 / 0 / 0 / 5
limitiertes Briefgebot	11,58%	8,62%	26,27%	31,53%	22,00%	++ 100 / 0 / 0 / 7	35 / 0 / 0 / 0 35 / 0 / 0 / 0 30 / 0 / 0 / 7
Löschung	10,14%	8,84%	27,93%	28,57%	24,52%	++ 94 / 1 / 0 / 12	35 / 0 / 0 / 0 35 / 0 / 0 / 0 24 / 1 / 0 / 12

Anmerkungen:

a) Für jede der fünf Klassen von Folgegeboten (Folgegebote von Käufen, Verkäufen, limitierten Geldgeboten, limitierten Briefgeboten und Löschungen) wurden die folgenden Hypothesen mit Hilfe eines approximativen Chi^2-Anpassungstests getestet:
H_0 : Die Verteilung der Gebotsarten innerhalb jeder einzelnen Klasse von Folgegeboten ist gleich der aus den jeweils anderen Folgegeboten zusammengefassten Verteilung.
H_1 : Die beiden Verteilungen sind nicht identisch.

b) Der Signifikanztest wurde durchgeführt für alle 107 Titel aggregiert (obere Zeile jeder Zelle) und für jeden Titel einzeln (untere Zeile jeder Zelle).

c) Die Ergebnisse für die einzelnen Titel wurden unterteilt in die drei Aktiengruppen der Standardwerte (Gruppe I, obere Zeile jeder Zelle), der mittelgroßen Werte (Gruppe II, mittlere Zeile jeder Zelle) und der Nebenwerte (Gruppe III, untere Zeile jeder Zelle).

d) ++: H_0 kann auf dem 1%-Niveau abgelehnt werden
\+ : H_0 kann auf dem 5%-, aber nicht auf dem 1%-Niveau abgelehnt werden
\- : H_0 kann nicht abgelehnt werden

e) Die Darstellung ⊕⊕ / ⊕ / ⊖ /⊗ bedeutet:
⊕⊕: Anzahl der Titel, bei denen H_0 auf dem 1%-Niveau abgelehnt werden kann
⊕ : Anzahl der Titel, bei denen H_0 auf dem 5%-, aber nicht auf dem 1%-Niveau abgelehnt werden kann
⊖ : Anzahl der Titel, bei denen H_0 nicht abgelehnt werden kann
⊗ : Anzahl der Titel, bei denen die Bedingungen für den Test nicht erfüllt sind

Im letzten Schritt dieses Abschnitts wird nun näher auf die Ergebnisse der Hypothesen H^3 sowie H^{3a} bis H^{3e} eingegangen. Hypothese H^3 postuliert einen Diagonaleffekt in den Tabellen 12 und 13. Es soll getestet werden, ob die bedingte relative Häufigkeit, bei der ein Folgegebot die gleiche Gebotsart aufweist wie das vorangegangene Gebot, größer ist, als wenn das vorangegangene Gebot nicht die gleiche Gebotsart aufweist. Für diesen Abschnitt wurden fünf Klassen von Folgegeboten gebildet. Hypothese H^3 wird für jede Gruppe von Folgegeboten einzeln getestet, demnach sind fünf Tests notwendig – ein Test für jede Zelle der Diagonale.

Beispielhaft seien Vorgehen und Ergebnis zunächst für Folgegebote von Käufen dargestellt. Die Frage ist also, ob es anteilig zu mehr Käufen kommt, wenn das vorherige Gebot auch ein Kauf oder wenn das vorangegangene Gebot kein Kauf war. Unterschieden werden also lediglich die Gebotsarten *Kauf* und *Nicht-Kauf*. Wobei *Nicht-Kauf* bedeutet, dass entweder ein Verkauf, ein limitiertes Geldgebot, ein limitiertes Briefgebot oder eine Löschung vorlag. Die beiden Merkmale $X^{t=0}$ und $X^{t=1}$ können also die Ausprägungen *Kauf* ($X^{t=0}_{Kauf}$ bzw. $X^{t=1}_{Kauf}$) oder *Nicht-Kauf* ($(X^{t=0}_{Kauf})^C = X^{t=0}_{Verkauf} \vee X^{t=0}_{limitiertes\ Geldgebot} \vee X^{t=0}_{limitiertes\ Briefgebot} \vee X^{t=0}_{Löschung}$ bzw. $(X^{t=1}_{Kauf})^C = X^{t=1}_{Verkauf} \vee X^{t=1}_{limitiertes\ Geldgebot} \vee X^{t=1}_{limitiertes\ Briefgebot} \vee X^{t=1}_{Löschung}$) annehmen. Die Daten und Ergebnisse der Hypothesentests für die Folgegebote von Käufen sind in der Tabelle 14 dargestellt. Dabei sind die Prozentwerte wiederum aggregiert für alle 107 untersuchten IBIS-Titel angegeben. Folgegebote von Käufen setzen sich demnach zu 16,13% ebenfalls aus Käufen und zu 83,87% aus anderen Geboten (Nicht-Käufen) zusammen. Die anderen Folgegebote, denen kein Kauf unmittelbar voranging, sind in Zeile zwei aufgeführt. Sie setzen sich zu 10,25% aus Käufen und zu 89,75% aus anderen Geboten als Käufen zusammen.

Tabelle 14: Bedingte Verteilung der Folgegebote in Abhängigkeit von der vorangegangenen Gebotsart unter Berücksichtigung der Marktseite aggregiert für 107 Titel; Ergebnisse des approximativen Zweistichproben-Gaußtests zu Hypothese H^3 am Beispiel der Käufe

$X^{t=0}$ \ $X^{t=1}$	Kauf	kein Kauf
Kauf	16,13% Hypothesen:[a)] H_0^3: $h(X^{t=1}_{Kauf} \vert X^{t=0}_{Kauf}) \leq h(X^{t=1}_{Kauf} \vert (X^{t=0}_{Kauf})^C)$ H_1^3: $h(X^{t=1}_{Kauf} \vert X^{t=0}_{Kauf}) > h(X^{t=1}_{Kauf} \vert (X^{t=0}_{Kauf})^C)$ Signifikanz 107 Titel aggregiert: ++[b)] Signifikanz Gruppen:[c)] 35 / 0 / 0 / 0[d)] 23 / 4 / 8 / 0 2 / 2 / 15 / 18	83,87%
kein Kauf	10,25%	89,75%

Anmerkungen:

a) Zum Testen der Hypothesen wurde ein approximativer Zweistichproben-Gaußtest verwendet. Das Testverfahren wird beschrieben auf S. 144 in Fußnote 1.

b) ++: H_0 kann auf dem 1%-Niveau abgelehnt werden
+ : H_0 kann auf dem 5%-, aber nicht auf dem 1%-Niveau abgelehnt werden
- : H_0 kann nicht abgelehnt werden

c) Die Ergebnisse für die einzelnen Titel wurden unterteilt in die drei Aktiengruppen der Standardwerte (Gruppe I, oberer Teil), der mittelgroßen Werte (Gruppe II, mittlerer Teil) und der Nebenwerte (Gruppe III, unterer Teil).

d) Die Darstellung $\oplus\oplus$ / $\oplus$ / $\ominus$ / $\otimes$ bedeutet:
$\oplus\oplus$: Anzahl der Titel, bei denen H_0 auf dem 1%-Niveau abgelehnt werden kann
$\oplus$: Anzahl der Titel, bei denen H_0 auf dem 5%-, aber nicht auf dem 1%-Niveau abgelehnt werden kann
$\ominus$: Anzahl der Titel, bei denen H_0 nicht abgelehnt werden kann
$\otimes$: Anzahl der Titel, bei denen die Bedingungen für den Test nicht erfüllt sind

In der Tabelle 14 sind außerdem die Nullhypothesen in formaler Darstellung aufgeführt. Verglichen werden zwei Anteilswerte. Auf der einen Seite die relative Häufigkeit für einen Kauf zum Zeitpunkt $t = 1$ unter der Bedingung, dass zum Zeitpunkt $t = 0$ ebenfalls ein Kauf stattgefunden hat; auf der anderen Seite die relative Häufigkeit für einen Kauf zum Zeitpunkt $t = 1$ unter der Bedingung, dass zum Zeitpunkt $t = 0$ kein Kauf stattfand. Unter den Hypothesen sind die Ergebnisse des Signifikanztests aufgeführt.[1)] Für alle 107 Titel aggregiert wird die Nullhypothese mit 99-prozentiger Sicherheit abgelehnt. Es kann also davon ausgegangen werden, dass nach Käufen signifikant mehr Käufe abgegeben werden als nach anderen Geboten. Beim Betrachten der einzelnen Titel zeigt sich jedoch ein differenziertes Bild. Bei den Standardwerten ist das Ergebnis des Tests für alle 35 Titel ebenfalls auf dem 1%-Niveau signifikant. In Gruppe II jedoch finden sich bereits acht Werte, bei denen die Nullhypothese nicht abgelehnt werden kann. In dieser Gruppe sind aber immerhin noch insgesamt 27 Titel, die nach Käufen signifikant mehr Käufe aufweisen als nach anderen Geboten. Die Nebenwerte weisen lediglich vier Titel auf, bei denen die Nullhypothese H_0^3 abgelehnt werden kann. Dagegen stehen 15 Werte, bei denen das Ergebnis für ein Beibehalten der Nullhy-

---

1) Verglichen wurden also zwei Anteilswerte von Binomialverteilungen. Für das Beispiel bei Folgegeboten von Käufen waren die folgenden Hypothesen zu testen:

Nullhypothese (H_0^3): $h(X_{Kauf}^{t=1}|X_{Kauf}^{t=0}) \leq h(X_{Kauf}^{t=1}|(X_{Kauf}^{t=0})^C)$
Gegenhypothese (H_1^3): $h(X_{Kauf}^{t=1}|X_{Kauf}^{t=0}) > h(X_{Kauf}^{t=1}|(X_{Kauf}^{t=0})^C)$

mit:

$X_{Kauf}^{t=1}$:	zum Zeitpunkt $t = 1$ kam es zu einem Kauf
$X_{Kauf}^{t=0}$:	zum Zeitpunkt $t = 0$ kam es zu einem Kauf
$(X_{Kauf}^{t=0})^C$:	zum Zeitpunkt $t = 0$ kam es nicht zu einem Kauf, sondern zu einer anderen Gebotsart
$h(A\|B)$:	bedingte relative Häufigkeit des Ereignisses A bei gegebenem Ereignis B
t:	Zeitpunkt

Angewandt wurde ein approximativer Zweistichproben-Gaußtest. Das Testverfahren ist in allgemeiner Form beschrieben bei Bamberg und Baur (2002), S. 192–194. Stochastische Abhängigkeiten wurden, aus den bereits in Fußnote 1, S. 122, beschriebenen Gründen, nicht beachtet. Dieses Testverfahren zum Vergleich zweier Anteilswerte wird noch häufiger im Verlauf der Arbeit verwendet. Auf eine Erläuterung wird dann jedoch verzichtet.

pothese spricht. 18 Titel weisen das bereits angesprochene Problem auf, dass die Anzahl der Daten nicht ausreicht, um den Test durchzuführen.

Nach der formalen Darstellung und dem Beispiel für Folgegebote von Käufen kann jetzt auf die anderen Folgegebote eingegangen werden. Aus der Tabelle 15 lassen sich die Ergebnisse für alle fünf Arten von Folgegeboten herauslesen. Um die Übersicht zu wahren, ist die Darstellung gegenüber Tabelle 14 allerdings gekürzt. Die Prozentwerte wurden vollständig aus Tabelle 13 übernommen. Auf die Angabe der jeweils drei anderen Anteilswerte, wie sie in Tabelle 14 aufgeführt sind, wurde verzichtet. Zudem sind nicht die vollständigen Hypothesen dargestellt, sondern lediglich die jeweilige Nullhypothese in verkürzter Form. Dabei bedeutet:

„H_0^h: ↓“: $h(X_i^{t=1}|X_j^{t=0}) \leq h(X_i^{t=1}|(X_j^{t=0})^C)$
„H_0^h: ↑“: $h(X_i^{t=1}|X_j^{t=0}) \geq h(X_i^{t=1}|(X_j^{t=0})^C)$
„H_0^h: =“: $h(X_i^{t=1}|X_j^{t=0}) = h(X_i^{t=1}|(X_j^{t=0})^C)$

mit:

$h =$ 3, 3a, 3b, 3c, 3d, 3e (Nummer der Hypothese)

$i, j =$ Kauf, Verkauf, limitiertes Geldgebot, limitiertes Briefgebot, Löschung

Als letzter Unterschied ist zu erkennen, dass auf die Darstellung des Ergebnisses des Signifikanztests für die aggregierten 107 Titel verzichtet wurde. Denn bei diesem Test kann für alle Zellen aus Tabelle 15 die Nullhypothese abgelehnt werden. Ein wiederholtes Auflisten kann also entfallen. Zudem soll das Augenmerk vielmehr auf die Ergebnisse der einzelnen Werte, unterteilt in die drei Aktiengruppen fallen, denn hier sind z.T. sehr große Unterschiede zu erkennen.

Zunächst soll die Aufmerksamkeit auf die Diagonale von Tabelle 15 gerichtet werden, also auf die anderen vier Tests, die für die Annahme oder Ablehnung der Nullhypothese H_0^3 notwendig sind. Bei den Folgegeboten von Verkäufen, limitierten Geldgeboten und limitierten Briefgeboten zeigt sich ein ähnliches Bild wie bei den Folgegeboten von Käufen. Für alle Standardwerte ist die relative Häufigkeit, bei der die Folgegebote die gleiche Gebotsart aufweisen wie das vorangegangene Gebot, signifikant größer, als wenn die Folgegebote eine andere Gebotsart aufweisen als das vorangegangene Gebot. Bei den mittelgroßen Werten ist diese Aussage nicht mehr so eindeutig. Unter den betrachteten vier Arten von Folgegeboten gibt es eine Vielzahl von Titeln, bei denen die Nullhypothese abgelehnt werden kann und auch solche, bei denen die Ergebnisse für die Nullhypothese sprechen. Unter den Nebenwerten kehrt sich jedoch das Ergebnis, das bei den Standardwerten beobachtet werden konnte nahezu um. Bei Folgegeboten von Käufen und Verkäufen sind es schon 15 bzw. acht Titel, bei denen die Nullhypothese nicht abgelehnt werden kann, bei den limitierten Geld- und Briefgeboten sogar 35 bzw. 32 Titel. Die Folgegebote von Löschungen setzen sich von diesen Ergebnissen etwas ab. Bei fast allen Titeln kann die Nullhypothese abgelehnt werden. Nur unter den Standardwerten und den Nebenwerten finden sich drei bzw. vier Werte, bei denen die Ergebnisse des Tests für die Nullhypothese sprechen. Alle anderen Titel weisen nach Löschungen signifikant mehr Löschungen auf als nach den anderen Geboten.

Tabelle 15: Bedingte Verteilung der Folgegebote in Abhängigkeit von der vorangegangenen Gebotsart unter Berücksichtigung der Marktseite aggregiert für 107 Titel; Ergebnisse der approximativen Zweistichproben-Gaußtests zu den Hypothesen H^3 sowie H^{3a} bis H^{3e}

$X^{t=0}$ \ $X^{t=1}$	Kauf	Verkauf	limitiertes Geldgebot	limitiertes Briefgebot	Löschung
Kauf	16,13% H_0^3: ↓ 35 / 0 / 0 / 0[a)] 23 / 4 / 8 / 0 2 / 2 / 15 / 18	4,77% H_0^{3a}: ↑ 35 / 0 / 0 / 0 33 / 1 / 0 / 1 4 / 2 / 2 / 29	23,75% H_0^{3a}: ↑ 35 / 0 / 0 / 0 35 / 0 / 0 / 0 20 / 6 / 10 / 1	33,11% H_0^{3a}: ↓ 35 / 0 / 0 / 0 35 / 0 / 0 / 0 31 / 2 / 4 / 0	22,23% H_0^{3a}: = 23 / 2 / 10 / 0 20 / 7 / 8 / 0 3 / 5 / 24 / 5
Verkauf	5,75% H_0^{3b}: ↑ 35 / 0 / 0 / 0 29 / 4 / 1 / 1 5 / 2 / 1 / 29	14,12% H_0^3: ↓ 35 / 0 / 0 / 0 25 / 5 / 5 / 0 3 / 5 / 8 / 21	32,38% H_0^{3b}: ↓ 35 / 0 / 0 / 0 35 / 0 / 0 / 0 27 / 1 / 6 / 3	24,08% H_0^{3b}: ↑ 35 / 0 / 0 / 0 35 / 0 / 0 / 0 14 / 7 / 12 / 4	23,67% H_0^{3b}: = 20 / 1 / 14 / 0 11 / 4 / 20 / 0 0 / 3 / 25 / 9
limitiertes Geldgebot	10,20% H_0^{3c}: ↑ 33 / 0 / 2 / 0 33 / 2 / 0 / 0 28 / 1 / 3 / 5	9,76% H_0^{3c}: ↓ 28 / 3 / 4 / 0 35 / 0 / 0 / 0 33 / 2 / 1 / 1	30,51% H_0^3: ↓ 35 / 0 / 0 / 0 12 / 1 / 22 / 0 1 / 1 / 35 / 0	27,07% H_0^{3c}: ↑ 35 / 0 / 0 / 0 9 / 2 / 24 / 0 1 / 1 / 35 / 0	22,46% H_0^{3c}: = 19 / 3 / 13 / 0 21 / 5 / 9 / 0 5 / 3 / 29 / 0
limitiertes Briefgebot	11,58% H_0^{3d}: ↓ 32 / 0 / 3 / 0 34 / 0 / 1 / 0 34 / 0 / 1 / 2	8,62% H_0^{3d}: ↑ 29 / 2 / 4 / 0 34 / 0 / 1 / 0 24 / 1 / 5 / 7	26,27% H_0^{3d}: ↑ 35 / 0 / 0 / 0 3 / 1 / 31 / 0 0 / 0 / 37 / 0	31,53% H_0^3: ↓ 35 / 0 / 0 / 0 16 / 3 / 16 / 0 4 / 1 / 32 / 0	22,00% H_0^{3d}: = 32 / 1 / 2 / 0 28 / 2 / 5 / 0 15 / 2 / 20 / 0
Löschung	10,14% H_0^{3e}: ↑ 33 / 1 / 1 / 0 24 / 7 / 4 / 0 12 / 7 / 12 / 6	8,84% H_0^{3e}: ↑ 9 / 4 / 22 / 0 14 / 10 / 11 / 0 8 / 2 / 17 / 10	27,93% H_0^{3e}: ↑ 11 / 3 / 21 / 0 24 / 3 / 8 / 0 3 / 3 / 31 / 0	28,57% H_0^{3e}: ↑ 17 / 6 / 12 / 0 28 / 2 / 5 / 0 15 / 3 / 19 / 0	24,52% H_0^3: ↓ 31 / 1 / 3 / 0 35 / 0 / 0 / 0 31 / 2 / 4 / 0

Anmerkung:

[a)] Die Ergebnisse für die einzelnen Titel wurden unterteilt in die drei Aktiengruppen der Standardwerte (Gruppe I, oberer Teil), der mittelgroßen Werte (Gruppe II, mittlerer Teil) und der Nebenwerte (Gruppe III, unterer Teil).
Die Darstellung ⊕⊕ / ⊕ / ⊖ /⊗ bedeutet:
⊕⊕: Anzahl der Titel, bei denen H_0 auf dem 1%-Niveau abgelehnt werden kann
⊕ : Anzahl der Titel, bei denen H_0 auf dem 5%-, aber nicht auf dem 1%-Niveau abgelehnt werden kann
⊖ : Anzahl der Titel, bei denen H_0 nicht abgelehnt werden kann
⊗ : Anzahl der Titel, bei denen die Bedingungen für den Test nicht erfüllt sind

Nach den Ergebnissen für Hypothese H^3, also der Interpretation der Diagonale von Tabelle 15, sollen nun die Signifikanztests der Hypothesen H^{3a} und H^{3b} ausgewertet werden. Die Untersuchungen beziehen sich dabei auf die Transaktionen und sind in den ersten beiden Zeilen der Tabelle dargestellt. Die jeweiligen Transaktionen der Marktgegenseite, also die Verkäufe bei Folgegeboten von Käufen und die Käufe bei Folgegeboten von Verkäufen, erfüllen dabei in etwa die Erwartungen. Die Verkäufe nach Käufen nehmen anteilig bei nahezu allen Standardwerten und mittelgroßen Titeln signifikant ab. Die Nebenwerte weisen wieder eine hohe Anzahl von Titeln auf, die die Testbedingungen nicht erfüllen. Eine eindeutige Aussage pro oder contra Nullhypothese ist also für die Werte aus Gruppe III nicht möglich. Entsprechend verhält es sich mit der relativen Häufigkeit von Käufen unter den Folgegeboten von Verkäufen. Hier ist ein signifikanter Rückgang zu messen. Auch bei den limitierten Folgegeboten von Käufen und Verkäufen ist das Ergebnis spiegelbildlich. Unter den Folgegeboten von Käufen sinken die Anteile von limitierten Geldgeboten gegenüber den anderen Folgegeboten bei allen Titeln aus den Gruppen I und II signifikant auf dem 1%-Niveau. Dagegen steigt die relative Häufigkeit der limitierten Briefgebote signifikant an. Nicht ganz so deutlich ist das Ergebnis bei den Nebenwerten. Bei zehn bzw. vier Werten muss die Nullhypothese beibehalten werden. Bei den Folgegeboten von Verkäufen verhält es sich nahezu entsprechend. Weniger deutlich sind die Signifikanztests bei den Löschungen. Über den Anteil von Löschungen nach Käufen und über den Anteil von Löschungen nach Verkäufen ist eine signifikante Aussage nicht möglich. Die Anzahl der Titel, bei denen die Nullhypothesen H_0^{3a} und H_0^{3b} abgelehnt oder beibehalten werden, hält sich in etwa die Waage.

Aus den Zeilen drei und vier von Tabelle 15 lassen sich die Ergebnisse der Signifikanztests zu den Hypothesen H^{3c} und H^{3d} herauslesen. Erwartet wird bei den Folgegeboten von limitierten Geldgeboten das gleiche Ergebnis wie bei den Folgegeboten von Verkäufen. Genauso wird bei den Folgegeboten von limitierten Briefgeboten das gleiche Ergebnis wie bei den Folgegeboten von Käufen vermutet. Die Hypothesen über die Veränderung der Anteile der Gebotsarten von Hypothese H^{3a} bzw. H^{3d} sowie H^{3b} bzw. H^{3c} sind identisch. Zumindest für die Standardwerte und mittelgroßen Werte bestätigen sich die Erwartungen dabei auch überwiegend.

Das zeigt ein Blick auf die entsprechenden Ergebnisse in Tabelle 15. Herauszuheben sind aber die Nebenwerte. Im Gegensatz zu den Folgegeboten von Transaktionen lässt sich die Nullhypothese über die Veränderung des Anteils von Käufen und Verkäufen hier auch bei den Nebenwerten überwiegend verwerfen. Ganz anders verhält es sich jedoch bei den Anteilen von limitierten Geboten, bei denen die Nullhypothese fast bei allen Titeln beibehalten werden muss. Die Anteile von Löschungen zeigen jedoch keine Auffälligkeiten.

Danach steht die letzte Zeile der Tabelle im Blickfeld. Sie behandelt Hypothese H^{3e} und damit die relativen Häufigkeiten von Gebotsarten nach den Löschungen. Hier kann nicht von einem klaren Trend gesprochen werden. In fast allen drei Gruppen, also bei den Standardwerten, den mittelgroßen Werten und den Nebenwerten finden sich viele Titel, bei denen die Nullhypothese abgelehnt werden kann und auch eine große Anzahl von Titeln, bei denen sie beibehalten werden muss. Es kann also nicht eindeutig davon ausgegangen werden, dass die relativen Häufigkeiten von Käufen, Verkäufen, limitierten Geldgeboten und limitierten Briefgeboten unter den Folgegeboten von Löschungen im Vergleich zu den Folgegeboten signifikant sinken, denen keine Löschung unmittelbar vorangeht.

Zuletzt soll auf einen interessanten Aspekt eingegangen werden, der in den Hypothesen nicht zum Ausdruck kam. Im ersten Teil der Arbeit wurde die These aufgestellt, dass das reaktive Bietverhalten nach Transaktionen deutlicher ausfallen sollte als nach limitierten Geboten. Begründet wurde dies insbesondere damit, dass hinter Transaktionen allgemein ein höherer Informationsgehalt vermutet werden kann als hinter limitierten Geboten.[1)] Diese Vermutung wird durch die Tabelle 15 bestätigt. Die bedingten relativen Häufigkeiten der Gebotsarten bei den Folgegeboten von Käufen und Verkäufen weisen außer den Löschungen das jeweilige Extremum jeder Spalte auf. So wurde z.B. gezeigt, dass der Anteilswert der Käufe von 16,13% bei Folgegeboten von Käufen signifikant größer als bei Nicht-Käufen ist. Dieser Anteil ist aber auch größer als jeder einzelne Anteilswert von Käufen bei allen anderen Klassen von Folgegeboten. Ebenso ist die bedingte re-

---

1) Siehe hierzu insbesondere Werner (2003), S. 232. Zur genauen Betrachtung sei verwiesen auf Abschnitt B.I., S. 37–44, im ersten Teil der Arbeit.

lative Häufigkeit der Verkäufe bei Folgegeboten von Käufen mit einem Wert von 4,77% niedriger als bei den vier anderen Klassen von Folgegeboten. Auch die limitierten Geldgebote und limitierten Briefgebote weisen bei den Folgegeboten von Käufen den geringsten bzw. höchsten Anteilswert der jeweiligen Spalte auf. Genauso verhält es sich bei den Folgegeboten von Verkäufen. Das Bietverhalten ist spiegelbildlich zu den Folgegeboten von Käufen, und die Anteilswerte entsprechen spaltenweise dem jeweils anderen Extremum.[1)]

IV. Zusammenfassung

In diesem ersten empirischen Kapitel wurde gefragt, ob und wenn ja, wie sich die Anteile der Gebotsarten bei Folgegeboten von Transaktionen, limitierten Geboten und Löschungen voneinander unterscheiden. Im ersten Schritt ist ohne Berücksichtigung der Marktseite untersucht worden, ob Abhängigkeiten bestehen und die Anteile der Gebotsarten variieren. Im zweiten Schritt wurde unter Berücksichtigung der Marktseite zusätzlich analysiert, wie sich eine eventuelle Abhängigkeit äußert.

Sowohl ohne als auch mit Berücksichtigung der Marktseite wurde festgestellt, dass eine Gebotsart bei den Folgegeboten von der vorangegangenen Gebotsart abhängig ist. Die zugehörigen Nullhypothesen H_0^1 und H_0^2 wurden aggregiert für alle 107 Titel auf dem 1%-Niveau abgelehnt. Bei Einzelbetrachtung der Aktien konnte lediglich für drei Nebenwerte die Nullhypothese H_0^1 nicht abgelehnt werden. Daneben mussten bei Hypothese H^1 drei und bei Hypothese H^2 25 Nebenwerte von den Signifikanztests ausgeschlossen werden, weil sie die Bedingungen des Tests nicht erfüllen. Es war nicht möglich statistisch zu untermauern, ob die Nullhypothese bei diesen Titeln abgelehnt oder nicht abgelehnt wird.[2)]

---

1) Aggregiert für alle 107 Titel ergibt sich hierfür eine Signifikanz auf dem 1%-Niveau. Dabei wurden mit dem approximativen Zweistichproben-Gaußtest die beiden Extremwerte jeder Spalte gegen alle anderen Anteilswerte der jeweiligen Spalte getestet.

2) Vgl. Tabelle 10, S. 124, und Tabelle 12, S. 139.

Auch der Vergleich der Verteilung der Folgegebote untereinander durch die Hypothesen H^{1a} bis H^{1c} sowie H^{2a} bis H^{2e} führte zu ähnlich deutlichen Ergebnissen. Unabhängig davon, ob die Marktseite mit einbezogen wird oder nicht, unterscheidet sich die Verteilung der Gebotsarten jeder einzelnen Klasse von Folgegeboten von der aus den jeweils anderen Folgegeboten zusammengesetzten Verteilung. Zu Problemen kam es jedoch bei den Signifikanztests für die Nebenwerte. Wegen der niedrigen Häufigkeiten innerhalb der einzelnen Gebotsarten erfüllten viele Nebenwerte die Bedingungen des verwendeten Tests nicht.[1)]

Unter Beachtung der Marktseite wurde anschließend gezeigt, wie sich die Abhängigkeiten darstellen.[2)] Zuerst konnte mit Hypothese H^3 der vermutete Diagonaleffekt festgestellt werden. Aggregiert für alle 107 Titel und einzeln für alle Standardwerte wurde die Nullhypothese H_0^3 mit 99-prozentiger Sicherheit abgelehnt. Das bedeutet, dass die bedingte relative Häufigkeit, bei der ein Folgegebot die gleiche Gebotsart aufweist wie das vorangegangene Gebot, signifikant größer ist als die bedingte relative Häufigkeit, bei der das vorangegangene Gebot nicht die gleiche Gebotsart aufweist. Es wurde also beobachtet, dass gleiche Gebotsarten vermehrt aufeinander folgen. Weniger deutlich fielen jedoch die Ergebnisse für die mittelgroßen Werte und die Nebenwerte aus. Hier konnte die Nullhypothese nicht durchgehend abgelehnt werden. Es kann aber zumindest für die umsatzstarken Werte davon ausgegangen werden, dass bestimmte Marktteilnehmer andere Marktteilnehmer nachahmen und/oder dass Marktteilnehmer in identischer Weise auf dieselbe Information reagieren, indem sie sukzessive die gleiche Gebotsart verwenden.

Neben dem Diagonaleffekt wurde unter den Folgegeboten von Käufen und Verkäufen zudem ein signifikant größerer Anteil von limitierten Geboten auf der anderen Marktseite beobachtet. Nach Käufen (Verkäufen) werden also anteilig mehr limitierte Geldgebote (Briefgebote) eingestellt als nach Nicht-Käufen. Demgegenüber fallen die Anteile von Geboten auf derselben Marktseite geringer aus. Die entsprechenden Nullhypothesen H_0^{3a} und H_0^{3b} konnten wiederum aggregiert

1) Vgl. Tabelle 11, S. 128, und Tabelle 13, S. 141.

2) Vgl. Tabelle 15, S. 147.

für alle Titel, einzeln für alle Standardwerte und nahezu alle mittelgroßen Werte abgelehnt werden. Für die Nebenwerte war das Ergebnis dagegen weniger deutlich.

Umgekehrt verhält es sich für die Folgegebote von limitierten Geboten. Unter den Folgegeboten von limitierten Geldgeboten (Briefgeboten) ist die relative Häufigkeit von limitierten Briefgeboten (Geldgeboten) und Käufen (Verkäufen) signifikant geringer als unter den Folgegeboten, denen kein limitiertes Geldgebot (Briefgebot) unmittelbar vorangeht. Dagegen sind anteilig mehr Verkäufe (Käufe) zu beobachten. Aggregiert für alle Aktien konnten die korrespondierenden Nullhypothesen H_0^{3c} und H_0^{3d} auf dem 1%-Niveau abgelehnt werden. Dagegen fallen die Signifikanztests für die einzelnen Titel nicht so deutlich aus. Vor allem unter den mittelgroßen Werten und den Standardwerten finden sich einige Titel, für die die Nullhypothese beibehalten werden musste.

C. Bietverhalten nach Transaktionen mit bestimmten Umfängen und Vorannahmezeiten

I. Untersuchungsgegenstand

Im letzten Kapitel konnte bereits beim Vergleich von Folgegeboten verschiedener Gebotsarten reaktives Bietverhalten aufgezeigt werden. Die Überlegungen aus dem ersten Teil der Arbeit legen darüber hinaus nahe, dass das reaktive Bietverhalten besonders stark ausgeprägt ist, wenn informierte Anleger am Markt agieren. Dabei sollte es mit zunehmendem Umfang und abnehmender Vorannahmezeit wahrscheinlicher werden, dass eine Transaktion von einem informierten Anleger initiiert wurde. Informationen über Stückzahl und Vorannahmezeit standen in IBIS – direkt oder indirekt – zur Verfügung.[1)] Es ist also zu vermuten, dass reaktive, uninformierte Anleger versuchen, informierte Anleger anhand von Umfang und Vorannahmezeit zu erkennen und ihr eigenes Bietverhalten danach auszurichten.

Die Untersuchungen dieses Kapitels sind in zwei Abschnitte unterteilt. Im ersten Abschnitt wird das Bietverhalten nach Transaktionen bestimmter Umfänge untersucht. Verglichen werden dabei die Anteile der Gebotsarten unter den Folgegeboten von *umfangreichen* Käufen und Verkäufen mit den Folgegeboten von *nicht umfangreichen* Käufen bzw. Verkäufen. Ähnlich den Hypothesen H^{3a} bis H^{3e} wird gezeigt, ob bestimmte Anteile signifikant ansteigen oder sich verringern. Im zweiten Abschnitt richtet sich die Aufmerksamkeit auf die Vorannahmezeit von Transaktionen. Es wird also nicht nach dem Umfang, sondern nach der Vorannahmezeit unterschieden. Folgegebote von Transaktionen *mit einer kurzen* Vorannahmezeit werden denen *ohne eine kurze* Vorannahmezeit gegenübergestellt. Auch bei diesen Untersuchungen werden Käufe und Verkäufe separat betrachtet.

---

1) Beispielsweise wurde der letzte Abschluss veröffentlicht. Die Orderbuchinformationen, die in IBIS zur Verfügung standen, wurden ausführlich besprochen in Teil I der Arbeit, Abschnitt A.III., S. 21–32, sowie Teil II, Abschnitt A.I., S. 101–106.

Im Vergleich zum letzten Kapitel verringert sich die Datenbasis jedoch. Bereits bei den Hypothesen H^{3a} bis H^{3e} konnten bei vielen Nebenwerten die Bedingungen des verwendeten Tests nicht erfüllt werden. Die Anzahl der Beobachtungen war für aussagekräftige Ergebnisse und Signifikanztests zu gering. Auf Grund der Differenzierung in diesem Kapitel verschärft sich das Problem sogar noch. Die Anzahl der Beobachtungen verringert sich weiter, weil umfangreiche Transaktionen und Transaktionen mit kurzer Vorannahmezeit nur selten vorkommen. Daher werden die Nebenwerte nicht weiter betrachtet. Alle folgenden Untersuchungen umfassen also nur die 35 Standardwerte (Gruppe I) und die 35 mittelgroßen Werte (Gruppe II).

II. Umfangreiche und nicht umfangreiche Transaktionen

1. Untersuchungsmethodik

In diesem Abschnitt wird untersucht, ob Unterschiede zwischen den Anteilen der Gebotsarten von Folgegeboten umfangreicher Käufe und Verkäufe und den Anteilen von nicht umfangreichen Käufen bzw. Verkäufen bestehen. Es wird also geprüft, ob nach umfangreichen Transaktionen mit reaktivem Bietverhalten zu rechnen ist und falls ja, wie es sich äußert. Es stellt sich daher zunächst die Frage, wie unter Berücksichtigung der speziellen Orderbuchstruktur von IBIS umfangreiche und nicht umfangreiche Transaktionen voneinander abgegrenzt werden können. Dabei ist zu bedenken, dass eine einzelne Transaktion immer nur so groß sein kann wie das beste limitierte Gebot.[1] Um diesem Problem zu begegnen, werden im Folgenden drei verschiedene Abgrenzungen zum Ermitteln umfangreicher Transaktionen vorgenommen.[2] Hierbei liefern die Methoden 1 und 3 Abgrenzungen anhand der Stückzahl einer Transaktion. Bei der Methode 2 werden dage-

---

1) Auch bei umfangreichen Transaktionen werden aufeinander folgende Transaktionen desselben Eingebers nicht als eine Transaktion aufgefasst. Siehe hierzu auch die Ausführungen in Teil I der Arbeit im Abschnitt A.I., S. 7–17.

2) Darüber hinaus wird dann im nächsten Abschnitt das Bietverhalten nach Transaktionen bei bestimmten Vorannahmezeiten untersucht.

gen die umfangreichen und die nicht umfangreichen Gebote nicht direkt über die Stückzahl, sondern nur indirekt unterteilt. Hier gilt eine Vergrößerung der Marktspanne, ausgelöst durch die vollständige Annahme des besten limitierten Gebots, als Signal für eine umfangreiche Transaktion. Bei allen drei Methoden wird der Umfang getrennt nach Käufen und Verkäufen sowie einzeln für jede Aktie aufgeteilt. Die drei Methoden werden im Folgenden genauer erläutert.

Methode 1 zum Abgrenzen umfangreicher und nicht umfangreicher Transaktionen:
Umfangreiche und nicht umfangreiche Transaktionen werden mit Hilfe des Mindestschlusses voneinander abgegrenzt. Die Käufe und Verkäufe mit einem größeren Umfang als der Mindestschluss werden als umfangreich bezeichnet. Transaktionen mit einer Stückzahl in Höhe des Mindestschlusses gelten als nicht umfangreich.[1)]

Methode 2 zum Abgrenzen umfangreicher und nicht umfangreicher Transaktionen:
Bei Methode 2 wird anhand der Marktspanne entschieden. Führt die betrachtete Transaktion zu einer Ausweitung der Marktspanne, so wird der Kauf oder Verkauf als umfangreich bezeichnet. Verändert sich die Marktspanne dagegen nicht, so handelt es sich um eine nicht umfangreiche Transaktion. Nach dieser Definition kommen umfangreiche Käufe also immer dann zustande, wenn mindestens das beste limitierte Briefgebot vollständig angenommen wurde. Somit ist der Kurs des besten limitierten Briefgebots unmittelbar nach dem betrachteten Kauf größer als der vor dem Kauf. Wird dagegen mindestens das beste limitierte Geldgebot vollständig angenommen, handelt es sich um einen umfangreichen Verkauf. In diesem Fall ist der Kurs des besten limitierten Geldgebots nach dem betrachteten Verkauf niedriger als zuvor.

1) Bei vielen Titeln hat sich der Mindestschluss im Untersuchungszeitraum verändert, beispielsweise im Zuge einer Nennwertumstellung. Diese Veränderungen wurden beim Ermitteln umfangreicher Transaktionen berücksichtigt. Die Mindestschlüsse der untersuchten Titel, beispielhaft zum Stichtag 27. November 1997, sind in Tabelle 32 im Anhang, S. 255–258, dargestellt.

Methode 3 zum Abgrenzen umfangreicher und nicht umfangreicher Transaktionen:[1)]

Bei der letzten Methode wird zur Messung des Umfangs die empirische Verteilungsfunktion der Stückzahlen von Transaktionen herangezogen.[2)] Das Ziel ist, damit die 5% größten Transaktionen (umfangreiche Transaktionen) von den restlichen 95% der Transaktionen (nicht umfangreiche Transaktionen) abzugrenzen. Wie bei den beiden anderen Methoden werden auch hier die Käufe und Verkäufe für jeden Titel getrennt. Zusätzlich wird auf täglicher Basis differenziert. Die Betrachtung täglicher Werte bietet sich insbesondere aus zwei Gründen an: Zum einen schwanken der tägliche Umsatz im Untersuchungszeitraum der einzelnen Aktien und der durchschnittliche Umsatz pro Transaktion. Zur Verdeutlichung sind in Abbildung 15 Umsatz und durchschnittlicher Umsatz pro Transaktion an jedem Handelstag beispielhaft für Siemens abgetragen.[3)4)] Zum anderen bietet die tägliche Betrachtung den Vorteil, dass wiederum die Veränderung der Mindestschlüsse berücksichtigt wird.

Das genaue Vorgehen bei der Ermittlung der Einteilung nach Methode 3 soll beispielhaft für Käufe von Siemens-Aktien am 28. Oktober 1997 erläutert werden: Zur Ermittlung der empirischen Verteilungsfunktion wurden alle Käufe an diesem Tag erfasst und nach ihrer Stückzahl geordnet. Da die Stückzahlen in IBIS diskrete Vielfache des Mindestschlusses sind, ergibt sich wie bei allen diskreten

---

1) Die Aufteilung, die sich durch Methode 3 ergibt sowie die folgende Ausführung ist angelehnt an die Arbeiten von Schmidt und Küster Simic (2000), S. 153, Fußnote 31, und Küster Simic (2001), S. 212–214.

2) In die Berechnung gehen alle Transaktionen ein, nach denen ein anderer Eingeber ein Folgegebot abgegeben hat.

3) Bei den einzelnen Werten für den durchschnittlichen Umsatz pro Transaktion je Handelstag handelt es sich um diskrete Datenpunkte. Trotzdem wurde zur Darstellung in der Abbildung ein geschlossener Linienzug gewählt, um die Visualisierung zu verbessern. Im Folgenden werden in solchen Fällen häufiger Punkte durch Linien verbunden.

4) Der deutliche Rückgang des durchschnittlichen Umsatzes pro Transaktion ab Mai 1996 erfolgte im Zuge einer Nennwertumstellung von DM 50 auf DM 5 bei Siemens.

Verteilungen eine Funktion in Treppengestalt.[1] Abbildung 16 gibt die Verteilung grafisch wieder.

Abbildung 15: Umsatz und durchschnittlicher Umsatz pro Transaktion an jedem Handelstag des Untersuchungszeitraums (475 Tage) für Siemens

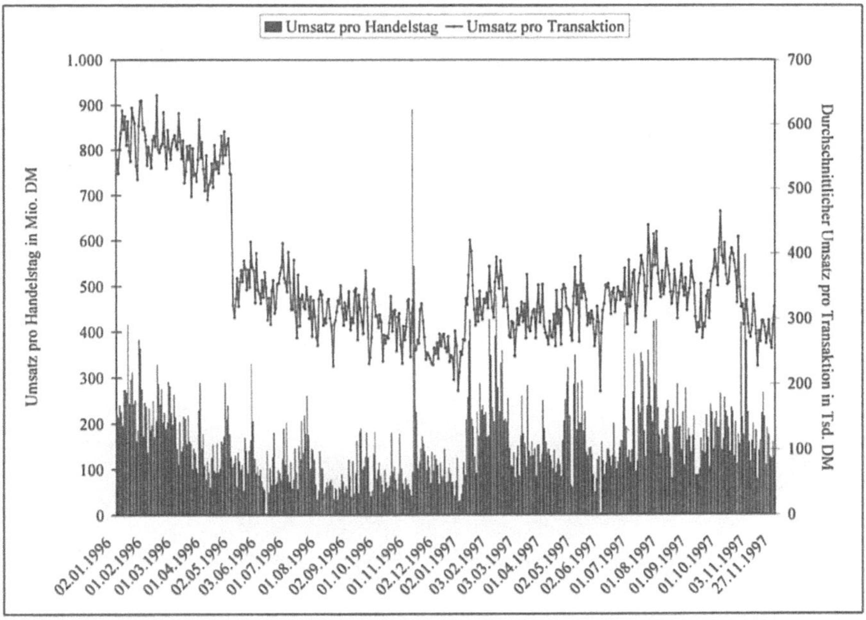

Als umfangreiche Käufe sollen nun mindestens die 5% größten Käufe abgegrenzt werden. Gesucht ist also höchstens das 95%-Quantil der empirischen Verteilungsfunktion $F(x)$ der Stückzahl x, also $x_{95\%}$.[2] Am 28. Oktober 1997 gingen 725 Käufe in die Berechnung ein. Der umfangreichste Kauf belief sich auf 25.000 Stück. Aus dem 95%-Quantil ergibt sich eine Stückzahl von 9.000 und es gelten 36,25 der

1) Weitere Ausführungen zu empirischen Verteilungsfunktionen finden sich z.B. bei Schlittgen (2003), S. 26–30.

2) Eine formale Darstellung zur Ermittlung empirischer Quantile ist z.B. aufgeführt bei Schlittgen (2003), S. 31–40.

Käufe als umfangreich. Daraus ergeben sich zwei Probleme. Zum einen ist die Anzahl der umfangreichen Käufe von 36,25 keine ganze Zahl und damit nicht praktikabel. Zum anderen umfasst die Stückzahl von 9.000 auf Grund der Treppenfunktion alle Prozentpunkte von 94,76 bis 96,00. Es müssten also einige Käufe über 9.000 Stück als umfangreich und andere als nicht umfangreich angesehen werden.

Abbildung 16: Empirische Verteilungsfunktion der Stückzahlen von Käufen für Siemens am 28. Oktober 1997

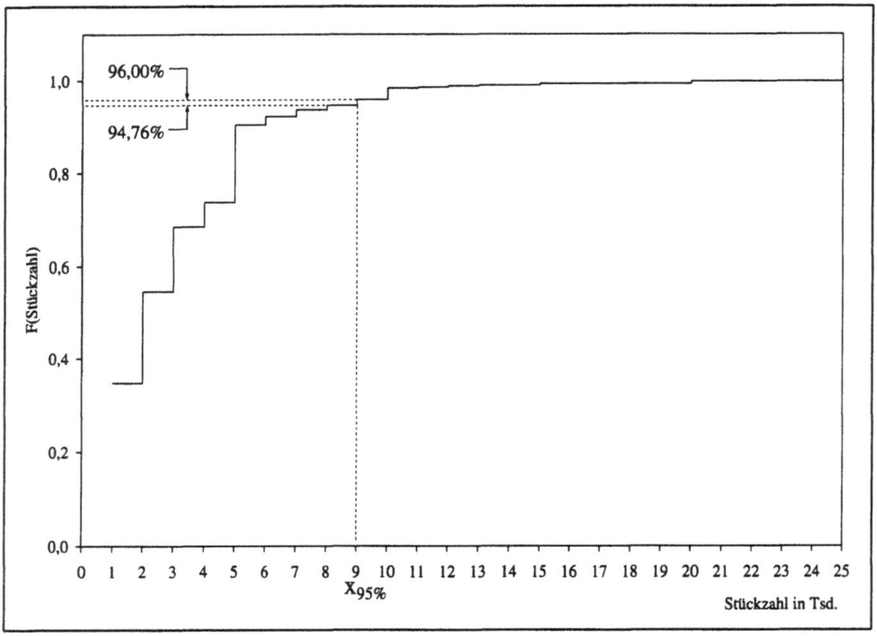

Dieses Vorgehen führt aber zu keiner vernünftigen Trennung. Eine Stückzahl, in diesem Fall 9.000, soll entweder als umfangreich oder nicht umfangreich gelten. Aus diesem Grund werden alle Käufe mit einer Stückzahl von mindestens 9.000 bis hin zu 25.000 als umfangreich eingeordnet. Es sind dann 38 Käufe von Siemens am 28. Oktober 1997 umfangreiche Transaktionen. Anstatt der geforderten 5% machen sie 5,24% der gesamten Käufe aus. Die restlichen 94,76% der Käufe gelten als nicht umfangreich. Die Stückzahl $x_{95\%}$, die sich aus dem 95%-Quantil der empirischen Verteilungsfunktion ergibt, gilt also jeweils als Untergrenze bei der Klassifizierung umfangreicher Käufe. Damit wird höchstens das 95%-Quantil erreicht. Entsprechend wird die Grenze für umfangreiche Verkäufe festgelegt. Die Abbildung 17 gibt einen Überblick, wie sich die Untergrenzen für umfangreiche Käufe von Siemens-Aktien im Untersuchungszeitraum darstellen. Es ist deutlich zu erkennen, dass sich Anfang Mai 1996 die Untergrenze umfangreicher Käufe stark nach oben verschoben hat. Dies beruht auf der bereits angesprochenen Nennwertumstellung bei den Aktien von Siemens. Lag die Untergrenze vorher zwischen 1.000 und 2.000 Stück, betrug sie danach mindestens 5.000 Stück. An 232 der 475 betrachteten Tage gelten Käufe mit einer Stückzahl gleich oder größer 10.000 als umfangreich. An vier Tagen ist die Stückzahl sogar größer als 10.000. Anfang Juni 1997 wurde der Mindestschluss für Siemens von 500 auf 1.000 Stück erhöht.

Abbildung 17: Stückzahlen der Untergrenzen umfangreicher Käufe für Siemens im Untersuchungszeitraum

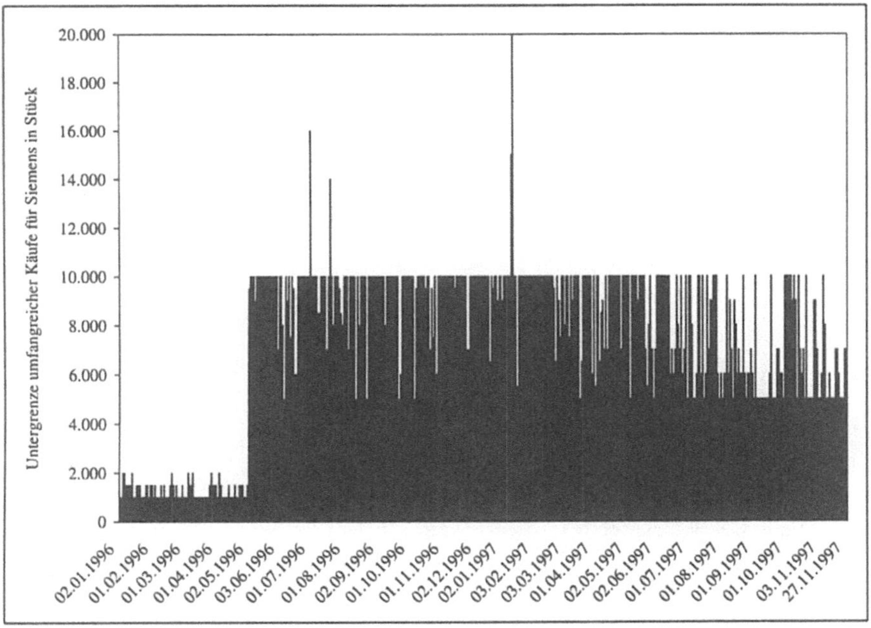

Problematisch ist es jedoch, wenn das 95%-Quantil bereits in das Einfache des Mindestschlusses fällt. Im Extremfall tritt dies beispielsweise dann auf, wenn Transaktionen *nur* über das Einfache des Mindestschlusses abgegeben werden. Solche Fälle sind von der Untersuchung auszuschließen, da an diesen Tagen umfangreiche und nicht umfangreiche Transaktionen nicht abgegrenzt werden können. Bei Siemens tritt dieses Problem im Untersuchungszeitraum an keinem der Handelstage auf.[1)]

Tabelle 16 fasst noch einmal die Kriterien zur Abgrenzung von umfangreichen und nicht umfangreichen Transaktionen der drei Methoden zusammen.

1) Unter den Standardwerten ist dieser Vorfall in der Summe über alle 35 Titel an 3,59% der betrachteten Tage bei Käufen und an 4,24% der Tage bei Verkäufen zu beobachten. Bei den mittelgroßen Werten kommt es sehr viel häufiger zu dem beschriebenen Problem. Hier müssen bei Käufen 54,24% der Tage und bei Verkäufen 57,89% der Tage von den Untersuchungen ausgeschlossen werden. Dadurch wird die Stichprobe von Transaktionen mit Folgegeboten aber nur geringfügig verringert, weil an solchen Tagen i.d.R. nur eine sehr kleine Anzahl von Transaktionen durchgeführt wurde. Es ist also nicht zu erwarten, dass die Aussagekraft der statistischen Ergebnisse dadurch beeinträchtigt wird.

Tabelle 16: Abgrenzung und Charakterisierung umfangreicher und nicht umfangreicher Transaktionen

Methode und Abgrenzungskriterium in Kurzform	**Beschreibung umfangreicher Transaktionen [Kurzform]**	**Beschreibung nicht umfangreicher Transaktionen [Kurzform]**
Methode 1 Mindestschluss	Transaktionen mit einem größeren Umfang als der Mindestschluss. [Umfang > Mindestschluss]	Transaktionen mit einem Umfang gleich dem Mindestschluss. [Umfang = Mindestschluss]
Methode 2 Annahme bestes limitiertes Gebot	Käufe (Verkäufe), mit denen das beste limitierte Briefgebot (Geldgebot) vollständig angenommen wurde. [bestes limitiertes Briefgebot (Geldgebot) vollständig angenommen] oder: [Marktspanne vergrößert]	Käufe (Verkäufe), mit denen das beste limitierte Briefgebot (Geldgebot) nur teilweise angenommen wurde. [bestes limitiertes Briefgebot (Geldgebot) teilweise angenommen] oder: [Marktspanne unverändert]
Methode 3 95%-Quantil	Transaktionen mit einem Umfang mindestens in Höhe der Stückzahl, die sich aus dem 95%-Quantil der empirischen Verteilungsfunktion der Stückzahlen ergibt. [Umfang $\geq x_{95\%}$]	Transaktionen mit einem Umfang kleiner der Stückzahl, die sich aus dem 95%-Quantil der empirischen Verteilungsfunktion der Stückzahlen ergibt. [Umfang $< x_{95\%}$]

Abschließend soll ein Überblick über den Anteil umfangreicher Transaktionen an allen Transaktionen für die drei Methoden am Beispiel der Käufe gegeben werden. Die Anteile umfangreicher Käufe an allen Käufen sind in Abbildung 18 (Standardwerte) und Abbildung 19 (mittelgroße Werte) dargestellt.[1] Dabei ergeben sich die angegebenen Anteilswerte jeweils aus dem gewichteten Durchschnitt der täglichen Anteilswerte jedes einzelnen Titels. Erwartungsgemäß zeigt sich, dass die Einteilung von Methode 3 durchgehend bei jedem Titel zu dem geringsten Anteil umfangreicher Käufe führt. Für Siemens beispielsweise beträgt der durchschnittliche

---

1) Die Anteile umfangreicher Verkäufe finden sich in den Abbildungen 33 und 34 im Anhang, S. 262 bzw. S. 263.

Anteil umfangreicher Käufe an allen Käufen nach Methode 3 10,66% und ist damit deutlich höher als die 5,24% am 28. Oktober 1997 im obigen Beispiel. Bei den Standardwerten liegt der Anteil umfangreicher Käufe nach Methode 3 zwischen 8,07% (Schering, Kürzel: SCH) und 20,13% (Volkswagen Vz.A., VOW3). Unter den mittelgroßen Titeln schwankt der Anteil sehr viel stärker. Das Minimum beträgt hier 13,49% (Continental, CON), das Maximum liegt bei 44,60% (GEA Vz.A., GEA3). Die Einteilungen der Methoden 1 und 2 dagegen führen zu deutlich höheren Anteilen bei jedem einzelnen Titel und zu deutlich höheren Schwankungen zwischen den Anteilen der einzelnen Titel. Bei Methode 1 ist auffällig, dass der Anteil der Käufe mit einem Umfang größer als der Mindestschluss lediglich bei elf Aktien unter 60% liegt. 39 Titel weisen sogar bei 80% der Käufe eine Stückzahl größer als der Mindestschluss auf. Methode 2 zeigt, dass bei nahezu allen Werten aus mehr als 50% der Käufe eine größere Marktspanne resultiert, weil das niedrigste limitierte Briefgebot vollständig angenommen wurde.

Abbildung 18: Anteile umfangreicher Käufe an allen Käufen für die Gruppe der Standardwerte (Gruppe I, 35 Werte)

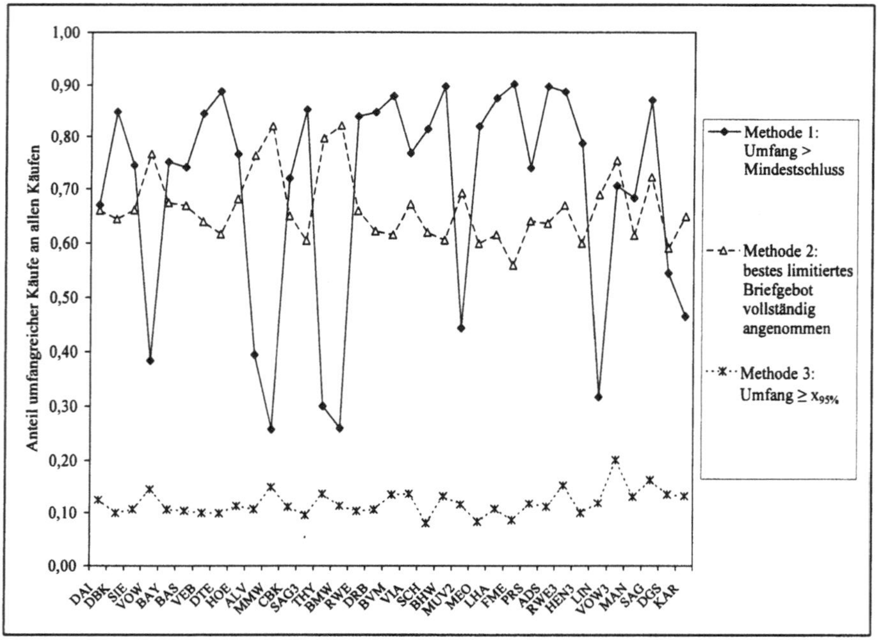

Abbildung 19: Anteile umfangreicher Käufe an allen Käufen für die Gruppe der mittelgroßen Werte (Gruppe II, 35 Werte)

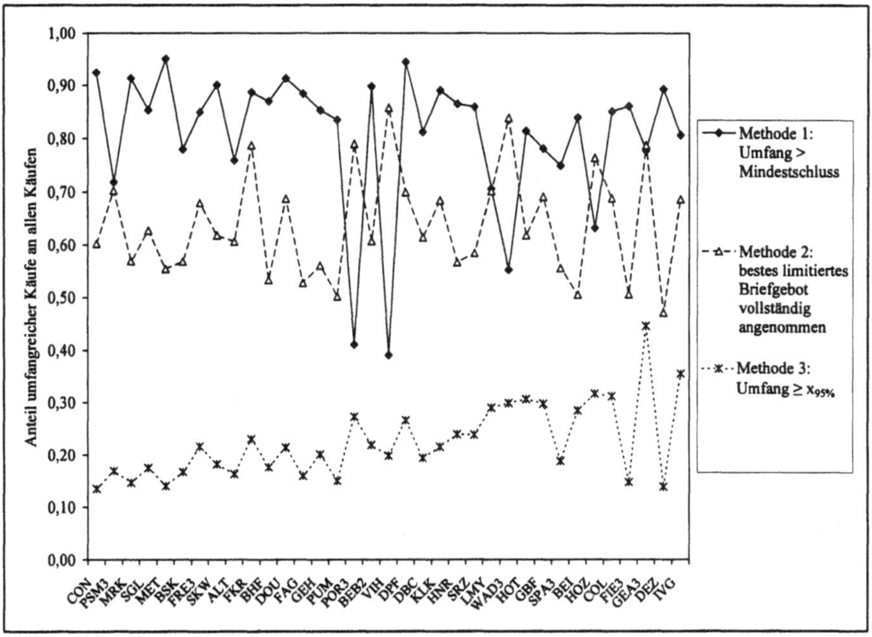

Die Methoden 1 und 2 zur Klassifizierung umfangreicher Transaktionen führen regelmäßig zu sehr großen Anteilen umfangreicher Transaktionen an allen Transaktionen. Dagegen könnte eingewandt werden, dass die Bezeichnung umfangreiche Transaktion hier nicht angebracht ist. Die Abgrenzung und Bezeichnung soll aber dennoch beibehalten werden, weil der Umfang das ausschlaggebende Kriterium ist. Ceteris paribus wird bei beiden Methoden mehr Umfang benötigt, um eine Transaktion als umfangreich bezeichnen zu können. Obwohl sowohl von umfangreichen Transaktionen nach Methode 1 als auch von solchen nach Methode 2 eine Signalwirkung ausgehen kann, sollten wegen der hohen Anteilswerte die Ergebnisse trotzdem entsprechend vorsichtig interpretiert werden.

Nachdem nun die Methoden zum Abgrenzen dargestellt wurden, ist noch zu klären, wie reaktives Bietverhalten sichtbar gemacht werden kann. Zur besseren

Vergleichbarkeit und um mögliche Unterschiede aufdecken zu können wird bei allen drei Methoden eine identische Vorgehensweise gewählt. Zum Testen von Hypothesen über die Veränderung von Gebotsanteilen bei Folgegeboten umfangreicher und nicht umfangreicher Transaktionen werden die Folgegebote aufgeteilt in:

a) **Transaktionen**, bei denen mit der jeweils gerade betrachteten Methode, weiter unterschieden wird in:

   i. umfangreiche Käufe

   ii. nicht umfangreiche Käufe

   iii. umfangreiche Verkäufe

   iv. nicht umfangreiche Verkäufe

b) **limitierte Geldgebote**, hier wird auch die Höhe des Limits berücksichtigt. Es wird unterschieden zwischen limitierten Geldgeboten, bei denen

   i. zum Zeitpunkt der Abgabe noch keine Marktspanne vorlag (Kurzbezeichnung: limitiertes Geldgebot ohne Marktspanne)

   ii. unter dem besten Geldgebot limitiert wurde (limitiertes Geldgebot schlechter bestes Geldgebot)

   iii. in Höhe des besten Geldgebots limitiert wurde (limitiertes Geldgebot gleich bestem Geldgebot)

   iv. ein Limitieren über dem besten Geldgebot zur Folge hatte, dass die Marktspanne um weniger als 50% verengt wurde (limitiertes Geldgebot verengt die Marktspanne um <50%)

   v. ein Limitieren über dem besten Geldgebot zur Folge hatte, dass die Marktspanne mindestens um 50% verengt wurde (limitiertes Geldgebot verengt die Marktspanne um ≥50%)

c) **limitierte Briefgebote**, die ebenfalls nach dem Limit klassifiziert werden. Aufgeteilt wird in limitierte Briefgebote, bei denen

i. zum Zeitpunkt der Abgabe noch keine Marktspanne vorlag (Kurzbezeichnung: limitiertes Briefgebot ohne Marktspanne)

ii. über dem besten Briefgebot limitiert wurde (limitiertes Briefgebot schlechter bestes Briefgebot)

iii. in Höhe des besten Briefgebots limitiert wurde (limitiertes Briefgebot gleich bestem Briefgebot)

iv. ein Limitieren unter dem besten Briefgebot zur Folge hatte, dass die Marktspanne um weniger als 50% verengt wurde (limitiertes Briefgebot verengt die Marktspanne um <50%)

v. ein Limitieren unter dem besten Geldgebot zur Folge hatte, dass die Marktspanne mindestens um 50% verengt wurde (limitiertes Briefgebot verengt die Marktspanne um ≥50%)

d) **Löschungen**, die nicht weiter aufgegliedert werden

Den unterschiedlichen Limiten in Bezug auf das vorherige beste Gebot sollen zudem Attraktivitätsniveaus zugeordnet werden.[1)] Dabei gelten Gebote, die die Marktspanne um mindestens 50% verengt haben, als *sehr attraktiv* limitierte Gebote (oder kurz: sehr attraktive Gebote). Führte das Limitieren innerhalb der Marktspanne zu einer Verengung von weniger als 50%, handelt es sich um *attraktiv* limitierte Gebote. Ein Limit in Höhe des besten Gebots sei als *noch* attraktiv bezeichnet und ein Limit schlechter als das beste Gebot wird als *nicht attraktiv* oder *unattraktiv* angesehen.[2)]

---

1) Küster Simic (2001), S. 182–184, berechnet so genannte Limitattraktivitätsklassen durch eine Formel. In welche Klasse ein neu eingehendes Gebot fällt, ist daher nicht „auf den ersten Blick" zu erkennen. Aus diesem Grund wurde hier eine vereinfachte Einteilung vorgenommen. Außerdem ermöglicht die Einteilung eine gute Zuordnung zu den Liquiditätskomponenten. Darauf wird im nächsten Kapitel dieser Arbeit eingegangen.

2) Die Einteilung in die vier Limitattraktivitätsklassen wurde vorgenommen im ersten Teil der Arbeit in Abschnitt A.III., S. 21–32. Siehe dort insbesondere die Abbildung 5, S. 28.

Damit stehen die notwendigen Untersuchungsmethoden zur Verfügung. Es kann im Folgenden aufgezeigt werden, ob nach umfangreichen Transaktionen reaktives Bietverhalten zu beobachten ist, indem anhand testbarer Hypothesen Unterschiede zwischen den Anteilen der eben beschriebenen Gebotsvarianten unter den Folgegeboten von umfangreichen und nicht umfangreichen Käufen und Verkäufen verglichen werden. Hierbei wird insbesondere auch auf Konsequenzen eingegangen, die sich aus den unterschiedlich hohen Anteilswerten umfangreicher Transaktionen der drei Abgrenzungsmethoden ergeben.

2. Hypothesen

Die theoretischen Überlegungen aus Kapitel B.II., S. 44–52, im ersten Teil der Arbeit lassen signifikante Veränderungen der Anteile von Transaktionen auf derselben Marktseite vermuten. Zudem wurden auch Thesen über die Veränderungen der Anteile von limitierten Geboten auf derselben und auf der jeweils anderen Marktseite aufgestellt. Dabei sollen für alle drei Methoden zur Abgrenzung umfangreicher und nicht umfangreicher Transaktionen identische Hypothesen getestet werden. Die Hypothesen lassen sich also grob in drei Bereiche einteilen:

a) Nach umfangreichen Transaktionen werden anteilig mehr umfangreiche Transaktionen auf derselben Marktseite vermutet. Gleichzeitig geht der Anteil nicht umfangreicher Transaktionen auf derselben Marktseite zurück. Hieraus ergeben sich pro Marktseite für jede der drei beschriebenen Methoden zum Abgrenzen des Umfangs zwei testbare Hypothesen:

   Nullhypothese $\mathbf{H}_0^{4a-Kauf}$:
   Unter den Folgegeboten von umfangreichen Käufen ist der Anteil umfangreicher Käufe kleiner oder gleich dem Anteil umfangreicher Käufe unter den Folgegeboten von nicht umfangreichen Käufen.

   Nullhypothese $\mathbf{H}_0^{4b-Kauf}$:
   Unter den Folgegeboten von umfangreichen Käufen ist der Anteil nicht umfangreicher Käufe größer oder gleich dem Anteil nicht umfangreicher Käufe unter den Folgegeboten von nicht umfangreichen Käufen.

Nullhypothese $H_0^{4a-Verkauf}$:

Unter den Folgegeboten von umfangreichen Verkäufen ist der Anteil umfangreicher Verkäufe kleiner oder gleich dem Anteil umfangreicher Verkäufe unter den Folgegeboten von nicht umfangreichen Verkäufen.

Nullhypothese $H_0^{4b-Verkauf}$:

Unter den Folgegeboten von umfangreichen Verkäufen ist der Anteil nicht umfangreicher Verkäufe größer oder gleich dem Anteil nicht umfangreicher Verkäufe unter den Folgegeboten von nicht umfangreichen Verkäufen.

b) Neben den Hypothesen zum reaktiven Bietverhalten durch die Annahme von Geboten auf derselben Marktseite sollen auch Hypothesen über das reaktive Bietverhalten mit limitierten Geboten untersucht werden. Die Auswertung von Hypothese H^{3a} (H^{3b}) ergab bereits, dass unter den Folgegeboten von Käufen (Verkäufen) der Anteil limitierter Briefgebote (Geldgebote) ansteigt. Es ist also eine Reaktion durch die Abgabe limitierter Gebote auf der anderen Marktseite zu beobachten. Diese Untersuchungen werden hier nun erweitert und vertieft. Dazu wurden die limitierten Gebote, wie im letzten Abschnitt beschrieben, weiter aufgeteilt. Nach umfangreichen Transaktionen ist zu erwarten, dass sich die Limite verbessern, d.h. es werden vermutlich mehr Gebote eingestellt, die die Marktspanne verengen, und weniger Gebote mit einem Limit gleich oder schlechter dem besten Gebot abgegeben. Es besteht also die Annahme, dass genau dann Liquidität zur Verfügung gestellt wird, wenn sie benötigt wird. Zudem führen umfangreiche Transaktionen häufiger als nicht umfangreiche Transaktionen dazu, dass alle limitierten Gebote einer Marktseite abgeräumt werden. Es ist also zu erwarten, dass die Anzahl jener limitierten Gebote zunimmt, bei denen zur Zeit der Abgabe keine Marktspanne vorlag. Daraus ergeben sich weitere testbare Hypothesen:

Nullhypothese $H_0^{4c-Kauf}$:

Unter den Folgegeboten von umfangreichen Käufen ist der Anteil limitierter Briefgebote, bei denen zum Zeitpunkt der Abgabe keine Marktspanne vorlag, kleiner oder gleich dem Anteil solcher limitierten Briefgebote unter den Folgegeboten von nicht umfangreichen Käufen.

Nullhypothese $H_0^{4d-Kauf}$:
Unter den Folgegeboten von umfangreichen Käufen ist der Anteil limitierter Briefgebote, die schlechter oder gleich dem besten limitierten Briefgebot sind, größer oder gleich dem Anteil solcher limitierten Briefgebote unter den Folgegeboten von nicht umfangreichen Käufen.

Nullhypothese $H_0^{4e-Kauf}$:
Unter den Folgegeboten von umfangreichen Käufen ist der Anteil limitierter Briefgebote, die unter dem besten Briefgebot eingestellt werden, kleiner oder gleich dem Anteil solcher limitierten Briefgebote unter den Folgegeboten von nicht umfangreichen Käufen. Dies gilt sowohl für den Anteil limitierter Briefgebote, die die Marktspanne um weniger als 50% verengen, als auch für solche, die sie um mindestens 50% verengen.

Nullhypothese $H_0^{4c-Verkauf}$:
Unter den Folgegeboten von umfangreichen Verkäufen ist der Anteil limitierter Geldgebote, bei denen zum Zeitpunkt der Abgabe keine Marktspanne vorlag, kleiner oder gleich dem Anteil solcher limitierten Geldgebote unter den Folgegeboten von nicht umfangreichen Verkäufen.

Nullhypothese $H_0^{4d-Verkauf}$:
Unter den Folgegeboten von umfangreichen Verkäufen ist der Anteil limitierter Geldgebote, die schlechter oder gleich dem besten limitierten Geldgebot sind, größer oder gleich dem Anteil solcher limitierten Geldgebote unter den Folgegeboten von nicht umfangreichen Verkäufen.

Nullhypothese $H_0^{4e-Verkauf}$:
Unter den Folgegeboten von umfangreichen Verkäufen ist der Anteil limitierter Geldgebote, die über dem besten Geldgebot eingestellt werden, kleiner oder gleich dem Anteil solcher limitierten Geldgebote unter den Folgegeboten von nicht umfangreichen Verkäufen. Dies gilt sowohl für den Anteil limitierter Geldgebote, die die Marktspanne um weniger als 50% verengen, als auch für solche, die sie um mindestens 50% verengen.

c) Nach umfangreichen Transaktionen ist zudem mit einer Reaktion auf derselben Marktseite durch die Abgabe marktspannenverengender Gebote zu rechnen. Das soll anhand der Folgegebote nach umfangreichen Käufen verdeutlicht werden. Marktteilnehmer, die versuchen, durch die Abgabe von limitierten Geldgeboten Aktien zu kaufen, sind nach Eintreffen eines umfangreichen Kaufs wenn dieser einen höheren Gleichgewichtskurs (Marktspannenmitte) zur Folge hat, nun u.U. eher bereit, mehr für die Aktie zu bezahlen und passen demzufolge das Limit durch die Änderung oder Abgabe neuer Gebote nach oben an. Die neuen limitierten Geldgebote werden aber vermutlich die Marktspanne nur wenig verengen, um damit weiterhin einen möglichst großen potentiellen Abschlusskursvorteil erreichen zu können. Es ist also eine Zunahme des Anteils limitierter Geldgebote zu erwarten, die die Marktspanne um weniger als 50% verengen. Entsprechend verhält es sich bei Briefgeboten als Folgegebote umfangreicher Verkäufe.

Nullhypothese $H_0^{4f-Kauf}$:

Unter den Folgegeboten von umfangreichen Käufen ist der Anteil limitierter Geldgebote, die die Marktspanne um weniger als 50% verengen, kleiner oder gleich dem Anteil solcher limitierten Geldgebote unter den Folgegeboten von nicht umfangreichen Käufen.

Nullhypothese $H_0^{4f-Verkauf}$:

Unter den Folgegeboten von umfangreichen Verkäufen ist der Anteil limitierter Briefgebote, die die Marktspanne um weniger als 50% verengen, kleiner oder gleich dem Anteil solcher limitierten Briefgebote unter den Folgegeboten von nicht umfangreichen Verkäufen.

3. Ergebnisse

Die Ergebnisse für die Signifikanztests[1)] der Hypothesen zu den Folgegeboten von Transaktionen bestimmter Umfänge werden in der Reihenfolge der Gliederung im

---

1) Dabei werden jeweils zwei Anteilswerte von Binomialverteilungen miteinander verglichen. Das dazu verwendete Testverfahren wurde auf S. 144, Fußnote 1, beschrieben.

letzten Abschnitt ausgewertet. Dabei werden alle Hypothesen für die drei Umfangsmessungen getestet, um die Ergebnisse der drei Methoden direkt miteinander vergleichen zu können. Die folgenden sechs Tabellen enthalten die Verteilung der Folgegebote und die Ergebnisse der Signifikanztests. Dabei erstreckt sich die Auswertung für eine Methode jeweils über zwei Tabellen. Die Tabellen 17 und 18 beinhalten die Ergebnisse für Methode 1 (Abgrenzen umfangreicher und nicht umfangreicher Transaktionen durch den Mindestschluss). Die Resultate für Methode 2 (Abgrenzung zwischen der vollständigen oder der teilweisen Annahme des besten Gebots) sind in den Tabellen 19 und 20 aufgeführt. In Tabelle 21 und Tabelle 22 sind die Ergebnisse für Methode 3 (Abgrenzung wird durch das 95%-Quantil der empirischen Verteilungsfunktion der Stückzahlen vorgenommen) dargestellt. Dabei finden sich in den obersten beiden Zeilen jeder Tabelle die Daten und Ergebnisse für die Folgegebote von umfangreichen und nicht umfangreichen Käufen und in den beiden untersten Zeilen jene von Verkäufen wieder. Ähnlich dem letzten Kapitel stellt jede Zeile, hier über die beiden Ergebnistabellen einer Methode hinweg, einen Wahrscheinlichkeitsvektor dar, der sich zu 100% addiert. Zudem sind in den Zellen, die den jeweiligen Hypothesen zugeordnet werden, die Ergebnisse für die Signifikanztests über alle 70 Titel und getrennt nach Standardwerten (Gruppe I) und mittelgroßen Werten (Gruppe II) aufgeführt. Dabei finden sich die Ergebnisse immer in der Zeile für Folgegebote umfangreicher Transaktionen. Es können und sollen jedoch nicht zu allen Anteilen theoretisch fundierte Hypothesen gebildet werden. Trotzdem sind alle Anteilswerte durchgehend angegeben, weil sie z.T. wichtige Erkenntnisse liefern können. Auf die Besonderheiten wird an entsprechender Stelle hingewiesen.

Bevor die drei Methoden miteinander verglichen werden, wird zuerst die Darstellungsweise in den Tabellen genau erläutert. Stellvertretend werden dazu die Ergebnisse für umfangreiche und nicht umfangreiche Käufe nach Methode 1 herausgegriffen und ausführlich diskutiert.[1]

---

1) Bei allen folgenden Tabellen, die einen Aufbau wie Tabelle 17 aufweisen, wird die hier vorgestellte Darstellung der Ergebnisse verwendet.

Tabelle 17: Bedingte Verteilung der Folgegebote von umfangreichen und nicht umfangreichen Transaktionen aggregiert für 70 Titel; Ergebnisse der approximativen Zweistichproben-Gaußtests zu den Hypothesen H^{4a} bis H^{4f} (Methode 1: Abgrenzen des Umfangs durch den Mindestschluss) Teil 1

$X^{t=0}$ \ $X^{t=1}$	Kauf		Verkauf		limitiertes Geldgebot		
	Umfang > Mindestschluss	Umfang = Mindestschluss	Umfang > Mindestschluss	Umfang = Mindestschluss	ohne Marktspanne	schlechter bestes Geldgebot	gleich bestes Geldgebot
Kauf; Umfang > Mindestschluss	13,31% H_0^{4a-K}: ↓ ++[a)] 22 / 4 / 9 / 0[b)] 4 / 4 / 25 / 2	2,78% H_0^{4b-K}: ↑ ++ 24 / 3 / 8 / 0 8 / 5 / 11 / 11	4,04%	0,92%	0,07%	7,30%	1,40%
Kauf; Umfang = Mindestschluss	7,71%	8,64%	2,45%	1,89%	0,04%	8,02%	1,18%
Verkauf; Umfang > Mindestschluss	4,89%	1,17%	11,53% H_0^{4a-V}: ↓ ++ 19 / 2 / 14 / 0 2 / 1 / 22 / 10	2,56% H_0^{4b-V}: ↑ ++ 32 / 0 / 3 / 0 12 / 4 / 4 / 15	0,21% H_0^{4c-V}: ↓ ++ 0 / 0 / 4 / 31 1 / 0 / 14 / 20	13,36% H_0^{4d-V}: ↑ ++ 5 / 1 / 29 / 0 0 / 0 / 28 / 7	1,72% H_0^{4d-V}: ↑ - 3 / 1 / 31 / 0 0 / 0 / 16 / 19
Verkauf; Umfang = Mindestschluss	2,82%	2,18%	6,94%	7,35%	0,10%	14,34%	1,38%

Anmerkungen:

a) ++ / + / - : H_0 kann auf dem 1%-Niveau abgelehnt werden / H_0 kann auf dem 5%, aber nicht auf dem 1%-Niveau abgelehnt werden / H_0 kann nicht abgelehnt werden

b) Die Darstellung ⊕⊕ / ⊕ / ⊖ /⊗ bedeutet: ⊕⊕: Anzahl der Titel, bei denen H_0 auf dem 1%-Niveau abgelehnt werden kann; ⊕ : Anzahl der Titel, bei denen H_0 auf dem 5%-, aber nicht auf dem 1%-Niveau abgelehnt werden kann; ⊖ : Anzahl der Titel, bei denen H_0 nicht abgelehnt werden kann; ⊗ : Anzahl der Titel, bei denen die Bedingungen für den Test nicht erfüllt sind

Tabelle 18: Bedingte Verteilung der Folgegebote von umfangreichen und nicht umfangreichen Transaktionen aggregiert für 70 Titel; Ergebnisse der approximativen Zweistichproben-Gaußtests zu den Hypothesen H^{4a} bis H^{4f} (Methode 1: Abgrenzen des Umfangs durch den Mindestschluss) Teil 2

$X^{t=1}$ / $X^{t=0}$	limitiertes Geldgebot		limitiertes Briefgebot					Löschung
	verengt die Marktspanne um		ohne	schlechter	gleich	verengt die Marktspanne um		
	<50%	≥50%	Marktspanne	bestes Briefgebot		<50%	≥50%	
Kauf; Umfang > Mindestschluss	12,06% H_0^{4f-K}: ↓ -[a)] 2 / 4 / 29 / 0[b)] 1 / 0 / 33 / 1	2,67%	0,20% H_0^{4c-K}: ↓ ++ 0 / 2 / 1 / 32 1 / 2 / 18 / 14	13,83% H_0^{4d-K}: ↑ ++ 0 / 3 / 32 / 0 1 / 1 / 29 / 4	2,04% H_0^{4d-K}: ↑ - 11 / 3 / 21 / 0 1 / 1 / 18 / 15	14,28% H_0^{4e-K}: ↓ ++ 18 / 3 / 14 / 0 9 / 11 / 14 / 1	3,12% H_0^{4e-K}: ↓ ++ 16 / 9 / 10 / 0 2 / 7 / 14 / 12	21,99%
Kauf; Umfang = Mindestschluss	12,62%	2,58%	0,11%	14,31%	1,80%	13,46%	2,26%	22,93%
Verkauf; Umfang > Mindestschluss	14,22% H_0^{4e-V}: ↓ ++ 13 / 0 / 22 / 0 4 / 6 / 22 / 3	3,09% H_0^{4e-V}: ↓ ++ 19 / 6 / 10 / 0 4 / 4 / 16 / 11	0,07%	7,67%	1,54%	11,79% H_0^{4f-V}: ↑ - 0 / 1 / 34 / 0 0 / 1 / 30 / 4	2,80%	23,37%
Verkauf; Umfang = Mindestschluss	13,65%	2,19%	0,04%	8,06%	1,18%	12,53%	2,79%	24,45%

Anmerkungen:

a) ++ / + / - : H_0 kann auf dem 1%-Niveau abgelehnt werden / H_0 kann auf dem 5%, aber nicht auf dem 1%-Niveau abgelehnt werden / H_0 kann nicht abgelehnt werden

b) Die Darstellung ⊕⊕ / ⊕ / ⊖ /⊗ bedeutet: ⊕⊕: Anzahl der Titel, bei denen H_0 auf dem 1%-Niveau abgelehnt werden kann; ⊕ : Anzahl der Titel, bei denen H_0 auf dem 5%-, aber nicht auf dem 1%-Niveau abgelehnt werden kann; ⊖ : Anzahl der Titel, bei denen H_0 nicht abgelehnt werden kann; ⊗ : Anzahl der Titel, bei denen die Bedingungen für den Test nicht erfüllt sind

Gegenhypothese $H_1^{4a-Kauf}$ postuliert einen höheren Anteil umfangreicher Käufe unter den Folgegeboten von umfangreichen Käufen gegenüber den Folgegeboten von nicht umfangreichen Käufen. Die betrachteten Anteile aggregiert über alle 70 Titel der Standardwerte und mittelgroßen Werte sind aus den ersten beiden Zellen der ersten bzw. zweiten Zeile von Tabelle 17 abzulesen. Nach Käufen mit einer Stückzahl größer als der Mindestschluss sind 13,31% der Folgegebote wiederum Käufe mit einer größeren Stückzahl als der Mindestschluss. Nach Käufen in Höhe des Mindestschlusses sind dagegen nur 7,71% der Folgegebote Käufe mit einer höheren Stückzahl als der Mindestschluss. Der Unterschied der Anteile ist dabei signifikant auf dem 1%-Niveau. Dies wird durch die bereits weiter oben verwendete Kurzform „H_0^{4a-K} : $\downarrow$ ++" für die Nullhypothese $H_0^{4a-Kauf}$ in der zweiten Zeile der betrachteten Zelle ausgedrückt. Ist das Ergebnis für alle Titel gemeinsam noch sehr eindeutig, so sind jedoch erhebliche Unterschiede beim Betrachten der beiden Aktiengruppen zu erkennen. Für die Standardwerte sind die Ergebnisse in der dritten Zeile der Zelle dargestellt (Kurzform: 22/4/9/0). Bei den umsatzstarken Werten ist der vermutete Anstieg demnach für 22 Titel bei einem Signifikanzniveau von 1% und noch bei vier Titeln auf dem 5%-Niveau signifikant. Bei neun Titeln kann die Nullhypothese nicht abgelehnt werden – hier ist also kein signifikanter Anstieg zu beobachten. Die mittelgroßen Werte zeigen dagegen ein ganz anderes Bild, vgl. die letzte Zeile der Zelle (Kurzform: 4/4/25/2). Hier weisen lediglich jeweils vier Titel auf dem 1%-Niveau und noch auf dem 5%-Niveau einen signifikant höheren Anteil auf. Bei 25 mittelgroßen Werten kann die Nullhypothese dagegen nicht abgelehnt werden. Hinzu kommen zwei Werte, die die Bedingungen des Tests nicht erfüllen.

Der Signifikanztest für Hypothese $H^{4b-Kauf}$, also der vermutete geringere Anteil nicht umfangreicher Käufe unter den Folgegeboten von umfangreichen Käufen, führt zu ähnlichen Ergebnissen. Er ist in der zweiten Zelle der ersten Zeile von Tabelle 17 zu finden. Für alle Titel gemeinsam ist bei Folgegeboten von Käufen mit einer größeren Stückzahl als der Mindestschluss ein signifikant kleinerer Anteil von Käufen mit einer Stückzahl in Höhe des Mindestschlusses zu beobachten als bei Folgegeboten von Käufen mit einer Stückzahl in Höhe des Mindestschlusses (H_0^{4b-K} : $\uparrow$ ++). Der Anteil über alle Aktien beträgt 2,78% bzw. 8,64%.

Aber auch hier kann die Nullhypothese nicht bei allen Titeln abgelehnt werden. Insgesamt 27 Standardwerte und 13 mittelgroße Werte weisen signifikant kleinere Anteile auf. Dagegen stehen acht bzw. elf Titel, bei denen die Nullhypothese nicht abgelehnt werden kann. Weitere elf mittelgroße Werte erfüllen die Testbedingungen nicht, eine statistisch untermauerte Aussage ist dort also nicht möglich.

Die Hypothese $H^{4c-Kauf}$ wurde auf Grund der Vermutung aufgestellt, dass umfangreiche Käufe öfter zu einem Abräumen sämtlicher im Orderbuch stehenden limitierten Briefgebote führen als nicht umfangreiche Käufe. Werden alle Gebote auf einer Marktseite abgeräumt, liegt keine Marktspanne mehr vor. Aus diesem Grund sollte unter den Folgegeboten von umfangreichen Käufen der Anteil jener limitierten Briefgebote vergleichsweise hoch sein, die eingestellt werden, ohne dass zu diesem Zeitpunkt eine Marktspanne vorliegt. Die entsprechenden Anteile und Ergebnisse für Hypothese $H^{4c-Kauf}$ sind in Tabelle 18 in den ersten beiden Zeilen von Spalte 3 dargestellt. Die Anteilswerte von 0,20% und 0,11% scheinen die Vermutung zu bestätigen. Beide Werte sind zwar absolut sehr gering, d.h. eine fehlende Marktspanne beim Einstellen limitierter Briefgebote ist nur selten zu beobachten, aber der Anteil bei den Folgegeboten umfangreicher Käufe ist fast doppelt so hoch wie der Anteil bei Folgegeboten nicht umfangreicher Käufe. Für alle Titel gemeinsam lässt sich die Nullhypothese damit auf dem 1%-Niveau ablehnen (H_0^{4c-K} : $\downarrow$ ++). Jedoch tritt der Fall einer fehlenden Marktspanne beim Einstellen eines limitierten Briefgebots unter den Folgegeboten von Käufen so selten auf, dass bei den meisten Titeln keine statistisch aussagekräftigen Ergebnisse erzielt werden können. Aus Gruppe I kann daher für Hypothese $H^{4c-Kauf}$ bei 32 Titeln und aus Gruppe II bei 14 Titeln der statistische Test nicht durchgeführt werden. Lediglich für zwei Standardwerte und drei mittelgroße Werte lässt sich die Nullhypothese bei Einzelbetrachtung der Titel ablehnen.

Ebenso wie umfangreiche Käufe vermutlich häufiger zum Abräumen sämtlicher Gebote führen als nicht umfangreiche Käufe, ist es wahrscheinlich, dass umfangreiche Käufe öfter eine weite Marktspanne zur Folge haben. Zudem wurde im letzten Kapitel gezeigt, dass es nach Käufen oft wieder zu Käufen kommt.[1)] Wird diese Er-

[1)] Siehe die Ergebnisse zu Hypothese H^3 in Tabelle 15, S. 147.

kenntnis mit den Ergebnissen der Hypothese $H^{4a-Kauf}$ kombiniert, ist es für einen Anleger, der ein limitiertes Briefgebot einstellen möchte, in einer solchen Situation von Vorteil, sein Gebot eher unter dem besten Briefgebot zu limitieren, also innerhalb der Marktspanne. Denn die steigende Wahrscheinlichkeit für weitere Käufe sollte die Abschlusswahrscheinlichkeit für marktspannenverengende Gebote merklich erhöhen. Die Gegenhypothese $H_1^{4d-Kauf}$ geht also bei umfangreichen Käufen gegenüber nicht umfangreichen Käufen von einem geringeren Anteil limitierter Briefgebote aus, die schlechter oder gleich dem besten Briefgebot limitiert sind. Wohingegen die Hypothese $H^{4e-Kauf}$ umgekehrt einen größeren Anteil marktspannenverengender Briefgebote mit der Gegenhypothese vermutet. Zunächst zu den Ergebnissen der Hypothese $H^{4d-Kauf}$. Die Nullhypothese $H_0^{4d-Kauf}$ muss bei der Umfangsmessung nach Methode 1 für die meisten Titel beibehalten werden. Bei der Betrachtung sämtlicher Titel wird zunächst die Nullhypothese $H_0^{4d-Kauf}$ für limitierte Briefgebote mit einem schlechteren Limit als dem des besten Briefgebots verworfen; vgl. Spalte 4 von Tabelle 18 mit Werten von 13,83% bei Käufen mit einem Umfang größer als der Mindestschluss gegenüber 14,31% bei Käufen mit einer Stückzahl gleich dem Mindestschluss. Dieses Ergebnis kommt aber durch das Übergewicht weniger Titel zustande. Denn einzeln ist die Nullhypothese lediglich für insgesamt drei Titel aus Gruppe I und zwei Titel aus Gruppe II abzulehnen. Bei 32 bzw. 29 Werten kann sie dagegen nicht verworfen werden. Für Briefgebote mit einem Limit in Höhe des besten Gebots kann die Nullhypothese sogar bereits aggregiert für alle 70 Titel nicht verworfen werden. Statt geringerer Anteilswerte sind sogar höhere Anteile vorhanden. Die Werte steigen von 1,80% bei Folgegeboten von Käufen mit einer Stückzahl in Höhe des Mindestschlusses auf 2,04% bei Folgegeboten von Käufen mit einer größeren Stückzahl als der Mindestschluss (siehe Spalte 5). Einzeln betrachtet kann die Nullhypothese aber für einige Titel abgelehnt werden, und zwar für 14 in Gruppe I und zwei in Gruppe II.

Umgekehrt zu dem vermuteten Rückgang der Anteile bei Hypothese $H^{4d-Kauf}$ wird bei den marktspannenverengenden Briefgeboten ein Anstieg erwartet. Die entsprechende Nullhypothese $H_0^{4e-Kauf}$ ist jedoch für umfangreiche Käufe nach Methode 1 ebenfalls nicht eindeutig abzulehnen. Zunächst ist zwar sowohl bei einer Marktspannenverengung unter 50% (mit Anteilen von 14,28% bei Folgegeboten umfangreicher Käufe gegenüber 13,46% bei Folgegeboten nicht umfangreicher Käufe) als auch bei Briefgeboten, die die Marktspanne um mindestens 50% verengen (3,12% bzw. 2,26%) ein Anstieg aggregiert für alle Titel zu erkennen. Die einzelnen Titel weisen aber keine eindeutige Tendenz auf. Bei jeweils 14 Titeln aus Gruppe I und Gruppe II kann die Nullhypothese bei Verengung um weniger als 50% nicht abgelehnt werden, bei einer Verengung um mindestens 50% sind immerhin noch zehn bzw. 14 solche Titel zu verzeichnen. Dem stehen insgesamt 41 Titel bei einer Verengung um weniger als 50% und 34 Titel beim Verengen um mindestens 50% gegenüber, bei denen die Nullhypothese von $H_0^{4e-Kauf}$ abgelehnt werden kann.

Für die Hypothese $H^{4f-Kauf}$ wurden die Überlegungen, aus denen die Hypothesen $H^{4c-Kauf}$ und $H_0^{4d-Kauf}$ entwickelt wurden, konsequent weiter geführt. Eine erweiterte Marktspanne entsteht durch umfangreiche Käufe eher als durch nicht umfangreiche Käufe. Eine weite Marktspanne bedingt durch Käufe hat zudem einen Anstieg der Marktspannenmitte und damit des Gleichgewichtskurses zur Folge. Durch den steigenden Gleichgewichtskurs verlieren die im Orderbuch stehenden Geldgebote an Attraktivität. Dies könnte dazu führen, dass Anleger eher bereit sind, mehr für die betreffende Aktie zu bezahlen, indem sie ihr Limit durch Änderung oder Abgabe neuer Geldgebote nach oben anpassen. Es besteht daher die Vermutung, dass vermehrt attraktive Geldgebote, also die Marktspanne um weniger als 50% verengende Geldgebote, abgegeben werden. Für Folgegebote von Käufen mit einer Stückzahl größer dem Mindestschluss gegenüber Käufen mit einer Stückzahl in Höhe des Mindestschlusses bestätigt sich diese Vermutung nicht. Die Nullhypothese $H_0^{4f-Kauf}$ kann aggregiert für alle 70 Titel nicht abgelehnt werden. Es ist sogar ein kleiner Rückgang des Anteils von 12,62% auf 12,06% zu beobachten (H_0^{4f-K} : $\downarrow$ $-$). Lediglich bei insgesamt sechs Titeln aus Gruppe I und einem Titel aus Gruppe II kann die Hypothese abgelehnt werden.

Die Signifikanztests für umfangreiche und nicht umfangreiche Verkäufe nach Methode 1 kommen zu ähnlichen Ergebnissen wie die jeweils entsprechenden zu den Käufen. Aggregiert für alle Titel ergibt sich bei genau den gleichen Hypothesen ein Ablehnen bzw. Nichtablehnen der Nullhypothese. Und auch beim Betrachten der einzelnen Titel weicht das Ergebnis nicht stark ab. Zum Detailvergleich sei auf die Tabellen 17 und 18 verwiesen. Die Anteilswerte und Ergebnisse der Signifikanztests zu den Hypothesen $H_0^{4a-Verkauf}$ bis $H_0^{4f-Verkauf}$ sind aus der letzten Zeile bzw. den letzten beiden Zeilen abzulesen.

Bei Methode 2 zum Abgrenzen umfangreicher und nicht umfangreicher Transaktionen können die einzelnen Nullhypothesen sehr viel häufiger abgelehnt werden, als es bei Methode 1 der Fall war. Auch bei dieser Auswertung soll der Schwerpunkt wieder bei den Käufen liegen. Käufe, die durch die vollständige Annahme des besten Briefgebots zustande kamen, führen, anders als bei der Methode 1, grundsätzlich zu einer größeren Marktspanne als unmittelbar vor dem Kauf. Die Stückzahl muss dagegen nicht zwingend außergewöhnlich groß sein. Ist das beste Briefgebot im Extremfall nur für den Mindestschluss gut, so reicht eben gerade schon ein Kauf genau in Höhe des Mindestschlusses, um die Marktspanne zu vergrößern. Vor der Auswertung bietet es sich an, noch einmal einen Blick auf die Abbildungen 18 und 19 auf S. 162 bzw. S. 163 zu werfen. Die Abbildungen geben die Anteile umfangreicher Käufe nach den drei Methoden wieder. Es hatte sich gezeigt, dass die Abgrenzung durch Methode 1 häufig zum größten Anteilswert führt und dass die Anteile bei den einzelnen Titeln extrem stark schwanken. Der Anteil umfangreicher Käufe nach Methode 2 ist dagegen meistens etwas kleiner. Außerdem geht von einem umfangreichen Kauf nach Methode 2, durch den auf jeden Fall eine größere Marktspanne folgt, sehr wahrscheinlich eine andere Signalwirkung aus.

Der erste deutliche Unterschied unter den Folgegeboten umfangreicher Käufe nach Methode 1 im Vergleich zu denen bei Methode 2 ist bei den Käufen zu beobachten. Unter den Folgegeboten umfangreicher Käufe ist sowohl der Anteil von Käufen geringer, durch die das beste limitierte Briefgebot vollständig angenommen wurde (7,69% bei Folgegeboten von umfangreichen Käufen gegenüber 17,08% bei Folgegeboten von nicht umfangreichen Käufen) als auch der von den Käufen, durch die das beste Briefgebot nur teilweise angenommen wurde (3,47% bzw. 9,01%). Dabei kann die Nullhypothese $H_0^{4a-Kauf}$ bei Methode 2 für alle 70 Titel nicht abgelehnt werden. Die Nullhypothese $H_0^{4b-Kauf}$ kann dagegen aggregiert für alle Titel auf dem 1%-Niveau abgelehnt werden, jedoch einzeln lediglich für 21 Titel (elf aus Gruppe I und zehn aus Gruppe II). Es ist also zu beobachten, dass eine Ausweitung der Marktspanne, bedingt durch Käufe, durch die das beste Briefgebot vollständig angenommen wurde, nicht grundsätzlich zu einer verstärkten Nachfrage nach Buchliquidität führt.

Die Ergebnisse der Signifikanztests zu den Hypothesen $H^{4c-Kauf}$ und $H^{4d-Kauf}$ liefern bei Einzelbetrachtung der Titel für die Methode 2 ähnliche Ergebnisse wie bei der Methode 1. Für den Signifikanztest von Hypothese $H^{4c-Kauf}$ liegt wiederum oftmals eine zu geringe Anzahl von Beobachtungen vor, um statistisch gesicherte Ergebnisse erzielen zu können. Für limitierte Briefgebote mit einem Limit schlechter als das beste Briefgebot ist die Nullhypothese $H_0^{4d-Kauf}$ für die meisten Titel abzulehnen. Insgesamt ist sogar ein Anstieg der Anteile zu verzeichnen (von 13,33% bei Folgegeboten von Käufen, durch die das beste Briefgebot nur teilweise abgeräumt wurde, auf 14,28% bei Folgegeboten von Käufen, durch die es vollständig angenommen wurde). Die Anteile limitierter Briefgebote mit einem Limit in Höhe des besten Briefgebots sind dagegen wie erwartet kleiner. Der Unterschied der Anteile ist sogar für die Mehrzahl der Titel signifikant auf dem 1%-Niveau.

Sehr viel deutlicher ist dagegen der Anstieg von marktspannenverengenden Briefgeboten. Nach Käufen, durch die das beste Briefgebot vollständig angenommen wurde, werden bei nahezu allen Titeln signifikant mehr marktspannenverengende limitierte Briefgebote abgegeben als nach Käufen, durch die das beste Briefgebot nur teilweise angenommen wurde. Ebenso, wenn auch nicht ganz so deutlich, ist ein Anstieg von attraktiv limitierten Geldgeboten zu beobachten. Die Nullhypothese $H_0^{4f-Kauf}$ ist bei der Methode 2 für 33 Standardwerte und 18 mittelgroße Werte abzulehnen. Es zeigt sich also, dass neue Buchliquidität zur Verfügung gestellt wird, wenn sie durch Abräumen des besten Briefgebots benötigt wird. Außerdem wird deutlich, dass die neuen Gebote überwiegend auf der Briefseite eingestellt werden. Der Liquiditätsrückgang auf der Briefseite wird also häufig wieder ausgeglichen. Neben den untersuchten Hypothesen sei noch die auffällige Veränderung des Anteils der Löschungen von 20,68% auf 23,05% erwähnt.

Bei Verkäufen nach dem Abgrenzen durch die Methode 2 ist wieder ein vergleichbares Bietverhalten wie bei Käufen zu beobachten. Lediglich die Ergebnisse der Hypothese $H^{4b-Verkauf}$ fallen noch deutlicher aus als die der Hypothese $H^{4b-Kauf}$. Der im Vergleich geringere Anteil nicht umfangreicher Verkäufe unter den Folgegeboten von umfangreichen Verkäufen gegenüber den Folgegeboten von umfangreichen Verkäufen ist für alle 35 Standardwerte auf dem 1%-Niveau signifikant. Für die mittelgroßen Werte ergibt sich für alle Titel, die über eine für den Signifikanztest ausreichenden Stichprobengröße verfügen, ein signifikantes Ergebnis.

Tabelle 19: Bedingte Verteilung der Folgegebote von umfangreichen und nicht umfangreichen Transaktionen aggregiert für 70 Titel; Ergebnisse der approximativen Zweistichproben-Gaußtests zu den Hypothesen H^{4a} bis H^{4f} (Methode 2: Abgrenzen des Umfangs durch die Veränderung der Marktspanne) Teil 1

$X^{t=0}$ \ $X^{t=1}$	Kauf		Verkauf		limitiertes Geldgebot		
	bestes Briefgebot vollständig angenommen	bestes Briefgebot teilweise angenommen	bestes Geldgebot vollständig angenommen	bestes Geldgebot teilweise angenommen	ohne Marktspanne	schlechter bestes Geldgebot	gleich bestes Geldgebot
Kauf; bestes Briefgebot vollständig angenommen	7,69% H_0^{4a-K}: ↓ -[a)] 0 / 0 / 35 / 0[b)] 0 / 0 / 35 / 0	3,47% H_0^{4b-K}: ↑ ++ 8 / 3 / 24 / 0 7 / 3 / 19 / 6	3,00%	1,45%	0,08%	7,48%	1,32%
Kauf; bestes Briefgebot teilweise angenommen	17,08%	9,01%	3,74%	1,69%	0,02%	7,55%	1,37%
Verkauf; bestes Geldgebot vollständig angenommen	3,54%	1,94%	6,69% H_0^{4a-V}: ↓ - 0 / 0 / 35 / 0 0 / 0 / 32 / 3	2,81% H_0^{4b-V}: ↑ ++ 35 / 0 / 0 / 0 21 / 1 / 0 / 13	0,24% H_0^{4c-V}: ↓ ++ 0 / 0 / 0 / 35 6 / 0 / 0 / 29	13,98% H_0^{4d-V}: ↑ - 2 / 1 / 32 / 0 4 / 7 / 23 / 1	1,30% H_0^{4d-V}: ↑ ++ 29 / 1 / 5 / 0 21 / 2 / 1 / 11
Verkauf; bestes Geldgebot teilweise angenommen	4,17%	2,17%	16,53%	7,43%	0,03%	12,94%	2,29%

Anmerkungen:

a) ++ / + / - : H_0 kann auf dem 1%-Niveau abgelehnt werden / H_0 kann auf dem 5%, aber nicht auf dem 1%-Niveau abgelehnt werden / H_0 kann nicht abgelehnt werden

b) Die Darstellung ⊕⊕ / ⊕ / ⊖ /⊗ bedeutet: ⊕⊕: Anzahl der Titel, bei denen H_0 auf dem 1%-Niveau abgelehnt werden kann; ⊕ : Anzahl der Titel, bei denen H_0 auf dem 5%-, aber nicht auf dem 1%-Niveau abgelehnt werden kann; ⊖ : Anzahl der Titel, bei denen H_0 nicht abgelehnt werden kann; ⊗ : Anzahl der Titel, bei denen die Bedingungen für den Test nicht erfüllt sind

Tabelle 20: Bedingte Verteilung der Folgegebote von umfangreichen und nicht umfangreichen Transaktionen aggregiert für 70 Titel; Ergebnisse der approximativen Zweistichproben-Gaußtests zu den Hypothesen H^{4a} bis H^{4f} (Methode 2: Abgrenzen des Umfangs durch die Veränderung der Marktspanne) Teil 2

$X^{t=0}$ \ $X^{t=1}$	limitiertes Geldgebot		limitiertes Briefgebot					Löschung
	verengt die Marktspanne um		ohne Marktspanne	schlechter	gleich	verengt die Marktspanne um		
	<50%	≥50%		bestes Briefgebot		<50%	≥50%	
Kauf; bestes Briefgebot vollständig angenommen	13,46% H_0^{4f-K}: ↓ ++[a)] 32 / 1 / 2 / 0[b)] 10 / 8 / 16 / 1	2,56%	0,24% H_0^{4c-K}: ↓ ++ 0 / 0 / 0 / 35 14 / 1 / 0 / 20	14,28% H_0^{4d-K}: ↑ - 0 / 1 / 34 / 0 7 / 9 / 19 / 0	1,65% H_0^{4d-K}: ↑ ++ 28 / 1 / 6 / 0 20 / 4 / 4 / 7	16,71% H_0^{4e-K}: ↓ ++ 35 / 0 / 0 / 0 33 / 0 / 1 / 1	3,56% H_0^{4e-K}: ↓ ++ 35 / 0 / 0 / 0 19 / 1 / 0 / 15	23,05%
Kauf; bestes Briefgebot teilweise angenommen	9,77%	2,82%	0,04%	13,33%	2,62%	8,76%	1,52%	20,68%
Verkauf; bestes Geldgebot vollständig angenommen	16,64% H_0^{4e-V}: ↓ ++ 35 / 0 / 0 / 0 26 / 4 / 2 / 3	3,51% H_0^{4e-V}: ↓ ++ 35 / 0 / 0 / 0 19 / 1 / 0 / 15	0,08%	7,80%	1,42%	13,02% H_0^{4f-V}: ↓ ++ 32 / 0 / 3 / 0 13 / 6 / 13 / 3	2,71%	24,31%
Verkauf; bestes Geldgebot teilweise angenommen	8,60%	1,40%	0,02%	7,75%	1,46%	9,87%	2,98%	22,36%

Anmerkungen:

a) ++ / + / - : H_0 kann auf dem 1%-Niveau abgelehnt werden / H_0 kann auf dem 5%, aber nicht auf dem 1%-Niveau abgelehnt werden / H_0 kann nicht abgelehnt werden

b) Die Darstellung ⊕⊕ / ⊕ / ⊖ /⊗ bedeutet: ⊕⊕: Anzahl der Titel, bei denen H_0 auf dem 1%-Niveau abgelehnt werden kann; ⊕ : Anzahl der Titel, bei denen H_0 auf dem 5%-, aber nicht auf dem 1%-Niveau abgelehnt werden kann; ⊖ : Anzahl der Titel, bei denen H_0 nicht abgelehnt werden kann; ⊗ : Anzahl der Titel, bei denen die Bedingungen für den Test nicht erfüllt sind

Zuletzt werden die Ergebnisse für die Methode 3 betrachtet (Tabelle 21 und 22). Die Transaktionen über einen Umfang mit mindestens der Stückzahl, die sich aus dem 95%-Quantil ergibt, machen den geringsten Anteil umfangreicher Transaktionen an allen Transaktionen unter den drei Methoden aus und sind entsprechend selten. Falls die Marktteilnehmer den Umfang einer Transaktion tatsächlich nach der Methode 3 beurteilen, kann insgesamt von einer vergleichsweise großen Signalwirkung ausgegangen werden. Der geringe Anteil schlägt sich besonders bei Hypothese $H^{4a-Kauf}$ nieder. Unter den Folgegeboten umfangreicher Käufe nach Methode 3 macht der Anteil von Käufen mit einer Stückzahl größer oder gleich dem 95%-Quantil nur 2,81% aus. Dagegen stehen lediglich 1,53% bei den Folgegeboten nicht umfangreicher Käufe. Der Anteil steigt also fast auf das Doppelte und ist auf dem 1%-Niveau signifikant. Interessanterweise ist zu erkennen, dass es einen deutlichen Unterschied zwischen Standardwerten und mittelgroßen Werten gibt. Insgesamt 32 Titel aus Gruppe I weisen einen signifikanten Anstieg auf. Dagegen stehen lediglich sechs Titel aus Gruppe II. Der durch die Gegenhypothese $H_1^{4b-Kauf}$ erwartete Rückgang ist ebenfalls signifikant auf dem 1%-Niveau. Allerdings fällt er für die einzelnen Titel nicht so deutlich aus wie der Anstieg der Anteile, der bei der Hypothese $H^{4a-Kauf}$ zu erkennen ist.

Bei Hypothese $H^{4c-Kauf}$ ergibt sich wieder das bereits bekannte Problem, dass für die einzelnen Titel die Zahl der Beobachtungen für den Test zu gering ist. Für die Folgegebote in Form von schlechter als des beste Briefgebot limitierten Briefgeboten ergibt sich ein ähnliches Bild wie bei der Methode 2. Der durch die Gegenhypothese $H_1^{4d-Kauf}$ erwartete kleinere Anteil ist nicht zu erkennen. Es kommt sogar mit 13,92% auf 14,27% zu einem Anstieg. Die limitierten Briefgebote mit einem Limit in Höhe des besten Briefgebots verzeichnen zwar aggregiert für alle Titel einen geringen Rückgang, der aber für viele Titel nicht signifikant ist. Bei den mittelgroßen Werte kann die Nullhypothese $H_0^{4d-Kauf}$ für keinen Titel abgelehnt werden.

Auch die Ergebnisse der Signifikanztests für Hypothese $H_0^{4e-Kauf}$ fallen für die Methode 3 nicht so deutlich aus wie bei der Methode 2. Über alle Titel ist ein deutlicher Anstieg bei marktspannenverengenden Geboten zu erkennen. Der Anteil limitierter Briefgebote, die die Marktspanne um weniger als 50% verengen, nimmt von 13,67% auf 16,62% zu. Auch bei der Verengung um mindestens 50% steigt der Anteil von 2,78% auf 3,60% an. Bei der Einzelbetrachtung der Titel ist das Bild jedoch nicht so eindeutig wie bei der Methode 2. Es ist eher mit dem von Methode 1 zu vergleichen.

Auch die Abgabe attraktiv limitierter Geldgebote ist aggregiert für alle Titel anteilig nach umfangreichen Käufen größer als nach nicht umfangreichen Käufen. Der größere Anteil beruht jedoch nicht auf allen Titeln. Hier ist die Nullhypothese $H_0^{4f-Kauf}$ wiederum bei den Standardwerten häufiger signifikant abzulehnen als bei den mittelgroßen Werten, mit 19 bzw. lediglich drei Titeln.

Die Ergebnisse der Signifikanztests zu den Hypothesen umfangreicher und nicht umfangreicher Verkäufe nach der Methode 3 sind, wie bereits bei den Methoden 1 und 2, vergleichbar mit denen der Käufe. Genau wie bei der Methode 2 fällt das Ergebnis bei der Hypothese $H^{4b-Verkauf}$ noch deutlicher aus als bei Hypothese $H^{4b-Kauf}$. Die Nullhypothese $H_0^{4b-Verkauf}$ kann für alle 35 Standardwerte und für 18 mittelgroße Werte abgelehnt werden. Lediglich für sieben Werte aus Gruppe II muss sie beibehalten werden und weitere zehn Werte erfüllen die Testbedingungen nicht. Abgesehen von dieser Besonderheit kann jedoch zwischen den Ergebnissen für Folgegebote von Käufen und Folgegebote von Verkäufen nicht deutlich unterschieden werden.

Tabelle 21: Bedingte Verteilung der Folgegebote von umfangreichen und nicht umfangreichen Transaktionen aggregiert für 70 Titel; Ergebnisse der approximativen Zweistichproben-Gaußtests zu den Hypothesen H^{4a} bis H^{4f} (Methode 3: Abgrenzen des Umfangs durch das 95%-Quantil der empirischen Verteilungsfunktion der Stückzahlen) Teil 1

$X^{t=0}$ \ $X^{t=1}$	Kauf		Verkauf		limitiertes Geldgebot		
	Umfang $\geq x_{95\%}$	Umfang $< x_{95\%}$	Umfang $\geq x_{95\%}$	Umfang $< x_{95\%}$	ohne Marktspanne	schlechter bestes Geldgebot	gleich bestes Geldgebot
Kauf; Umfang $\geq x_{95\%}$	2,81% H_0^{4a-K}: ↓ ++[a] 29 / 3 / 3 / 0[b] 6 / 0 / 14 / 15	10,37% H_0^{4b-K}: ↑ ++ 17 / 3 / 15 / 0 2 / 10 / 20 / 3	0,63%	3,38%	0,13%	6,82%	1,23%
Kauf; Umfang $< x_{95\%}$	1,53%	15,09%	0,56%	4,35%	0,03%	7,62%	1,35%
Verkauf; Umfang $\geq x_{95\%}$	0,73%	4,45%	2,53% H_0^{4a-V}: ↓ ++ 25 / 5 / 5 / 0 4 / 1 / 14 / 16	8,56% H_0^{4b-V}: ↑ ++ 35 / 0 / 0 / 0 15 / 3 / 7 / 10	0,40% H_0^{4c-V}: ↓ ++ 3 / 1 / 1 / 30 11 / 6 / 9 / 9	13,74% H_0^{4d-V}: ↑ - 1 / 1 / 33 / 0 0 / 2 / 26 / 7	1,46% H_0^{4d-V}: ↑ ++ 4 / 1 / 30 / 0 0 / 0 / 19 / 16
Verkauf; Umfang $< x_{95\%}$	0,59%	5,28%	1,40%	13,25%	0,09%	13,62%	1,65%

Anmerkungen:

a) ++ / + / - : H_0 kann auf dem 1%-Niveau abgelehnt werden / H_0 kann auf dem 5%, aber nicht auf dem 1%-Niveau abgelehnt werden / H_0 kann nicht abgelehnt werden

b) Die Darstellung ⊕⊕ / ⊕ / ⊖ /⊗ bedeutet: ⊕⊕: Anzahl der Titel, bei denen H_0 auf dem 1%-Niveau abgelehnt werden kann; ⊕ : Anzahl der Titel, bei denen H_0 auf dem 5%-, aber nicht auf dem 1%-Niveau abgelehnt werden kann; ⊖ : Anzahl der Titel, bei denen H_0 nicht abgelehnt werden kann; ⊗ : Anzahl der Titel, bei denen die Bedingungen für den Test nicht erfüllt sind

Tabelle 22: Bedingte Verteilung der Folgegebote von umfangreichen und nicht umfangreichen Transaktionen aggregiert für 70 Titel; Ergebnisse der approximativen Zweistichproben-Gaußtests zu den Hypothesen H^{4a} bis H^{4f} (Methode 3: Abgrenzen des Umfangs durch das 95%-Quantil der empirischen Verteilungsfunktion der Stückzahlen) Teil 2

$X^{t=1}$ / $X^{t=0}$	limitiertes Geldgebot		limitiertes Briefgebot					Löschung
	verengt die Marktspanne um		ohne	schlechter	gleich	verengt die Marktspanne um		
	<50%	≥50%	Marktspanne	bestes Briefgebot		<50%	≥50%	
Kauf; Umfang $\geq x_{95\%}$	13,16% $H_0^{4f-K}: \downarrow$ ++[a)] 14 / 5 / 16 / 0[b)] 0 / 3 / 31 / 1	2,34%	0,42% $H_0^{4c-K}: \downarrow$ ++ 5 / 1 / 2 / 27 16 / 3 / 11 / 5	14,27% $H_0^{4d-K}: \uparrow$ - 0 / 1 / 34 / 0 0 / 5 / 29 / 1	1,75% $H_0^{4d-K}: \uparrow$ ++ 2 / 13 / 20 / 0 0 / 0 / 22 / 13	16,62% $H_0^{4e-K}: \downarrow$ ++ 29 / 4 / 2 / 0 16 / 6 / 13 / 0	3,60% $H_0^{4e-K}: \downarrow$ ++ 20 / 7 / 8 / 0 9 / 6 / 16 / 4	22,46%
Kauf; Umfang $< x_{95\%}$	12,08%	2,69%	0,10%	13,92%	2,01%	13,67%	2,78%	22,23%
Verkauf; Umfang $\geq x_{95\%}$	16,71% $H_0^{4e-V}: \downarrow$ ++ 27 / 3 / 5 / 0 12 / 6 / 17 / 0	3,63% $H_0^{4e-V}: \uparrow$ ++ 21 / 6 / 8 / 0 10 / 5 / 16 / 4	0,12%	7,26%	1,30%	12,56% $H_0^{4f-V}: \downarrow$ ++ 5 / 7 / 23 / 0 0 / 4 / 27 / 4	2,43%	24,12%
Verkauf; Umfang $< x_{95\%}$	13,63%	2,72%	0,03%	7,87%	1,46%	11,91%	2,85%	23,64%

Anmerkungen:

a) ++ / + / - : H_0 kann auf dem 1%-Niveau abgelehnt werden / H_0 kann auf dem 5%, aber nicht auf dem 1%-Niveau abgelehnt werden / H_0 kann nicht abgelehnt werden

b) Die Darstellung ⊕⊕ / ⊕ / ⊖ /⊗ bedeutet: ⊕⊕: Anzahl der Titel, bei denen H_0 auf dem 1%-Niveau abgelehnt werden kann; ⊕ : Anzahl der Titel, bei denen H_0 auf dem 5%-, aber nicht auf dem 1%-Niveau abgelehnt werden kann; ⊖ : Anzahl der Titel, bei denen H_0 nicht abgelehnt werden kann; ⊗ : Anzahl der Titel, bei denen die Bedingungen für den Test nicht erfüllt sind

III. Transaktionen mit kurzer und langer Vorannahmezeit

1. Untersuchungsmethodik

Nach den Untersuchungen für bestimmte Umfänge richtet sich nun der Blick auf das Bietverhalten nach Käufen und Verkäufen unterschiedlicher Vorannahmezeiten. Geprüft wird, ob nach Transaktionen, denen eine kurze Vorannahmezeit vorausgeht, reaktives Bietverhalten zu beobachten ist und falls ja, wie es sich äußert. Zuerst muss also auch in diesem Abschnitt die Frage nach der Abgrenzung gestellt werden: Wie sind Transaktionen mit kurzer Vorannahmezeit von solchen ohne kurze Vorannahmezeit[1] abzugrenzen? Ein sinnvolles und praktikables Vorgehen ähnelt dem von Methode 3 für umfangreiche Transaktionen aus dem letzten Abschnitt. Mit dem Unterschied, dass hier die 5% der Transaktionen mit den kürzesten Vorannahmezeiten gesucht werden. Dieser Abgrenzung wird sich hier bedient. Sie wird nachfolgend näher beschrieben.[2]

Methode zum Abgrenzen kurzer und nicht kurzer Vorannahmezeiten von Transaktionen:
Herangezogen wird die empirische Verteilungsfunktion der Vorannahmezeiten von Transaktionen.[3] Abgegrenzt werden damit die 5% der Transaktionen mit den

---

1) Synonym für „Transaktionen ohne kurze Vorannahmezeit“ oder „Transaktionen mit nicht kurzer Vorannahmezeit“ wird auch die Bezeichnung „Transaktionen mit langer Vorannahmezeit“ benutzt. Dies hat aber lediglich sprachliche Gründe. Keineswegs soll es suggerieren, dass noch Vorannahmezeiten mittlerer Dauer betrachtet werden. Wie schon bei der Unterteilung in umfangreiche und nicht umfangreiche Transaktionen geschehen, bildet in diesem Abschnitt die Abgrenzung „kurz“ gegenüber „lang“ zwei komplementäre Gruppen von Transaktionen.

2) Alternativ wären natürlich auch andere Abgrenzungsmethoden möglich. Beispielsweise könnten die Transaktionen mit den 5% kürzesten Vorannahmezeiten und die Transaktionen mit den 5% längsten Vorannahmezeiten miteinander verglichen werden. Ziel ist es aber, einen direkten Vergleich mit Methode 3 für umfangreiche Transaktionen herzustellen, insofern bietet sich die im Folgenden verwendete Methode am besten an.

3) In die Berechnung gehen wiederum alle Transaktionen ein, nach denen ein anderer Eingeber ein Folgegebot abgegeben hat. Zusätzlich muss solchen Transaktionen ein limitiertes

kürzesten Vorannahmezeiten von den übrigen 95% der Transaktionen. Sie werden wieder nach Käufen und Verkäufen getrennt, für jeden Titel einzeln und auf täglicher Basis. Den Grund für das separate Betrachten der einzelnen Handelstage macht die Abbildung 20 deutlich. Als Beispiel dient erneut die Siemens-Aktie. Abgetragen ist die gesamte Anzahl von limitierten Geboten, Transaktionen und Löschungen an jedem Handelstag. Es ist zu erkennen, dass die Werte deutlich schwanken. Bei der im Untersuchungszeitraum gleichbleibenden Handelszeit von 8.30 bis 17.00 Uhr führt das zu einer unterschiedlichen durchschnittlichen Handelsfrequenz an den einzelnen Tagen. Mit anderen Worten: Die durchschnittlich erwartete Zeit zwischen zwei aufeinander folgenden Geboten variiert bei gleichbleibender Länge der Handelszeit im Gleichschritt mit der Anzahl der Gebote. Aus diesem Grund erhöht sich auch die Wahrscheinlichkeit, dass sich die Vorannahmezeiten an den einzelnen Tagen stark unterscheiden.[1]

Gebot, eine Transaktion oder eine Löschung am selben Tag vorausgegangen sein. Ansonsten ließe sich keine sinnvolle Vorannahmezeit berechnen.

[1] Dies bestätigt Abbildung 23, S. 191, weiter unten in diesem Abschnitt.

Abbildung 20: Gesamtanzahl aus limitierten Geboten, Transaktionen und Löschungen an jedem Handelstag für Siemens

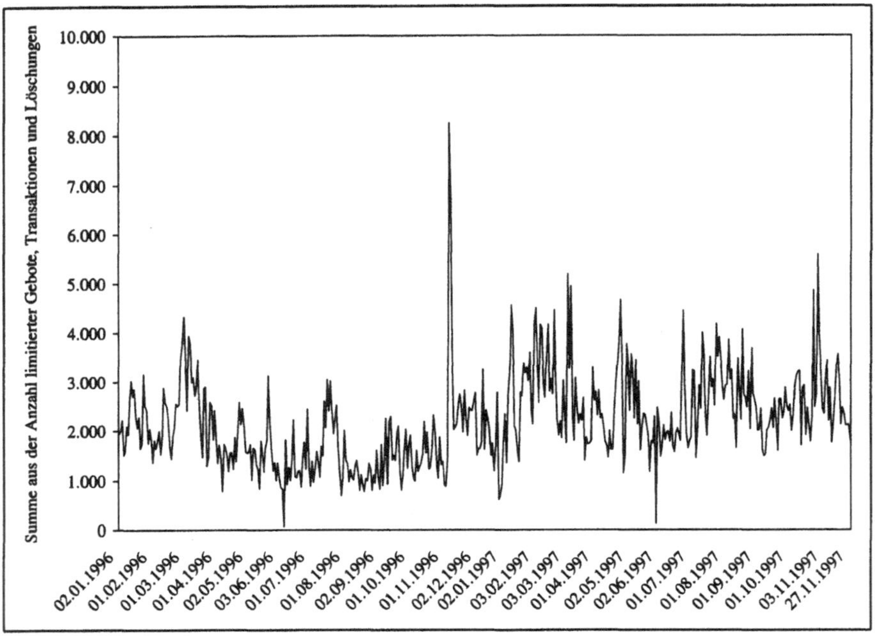

Das Vorgehen bei der Ermittlung des 5%-Quantils der Voranahmezeiten sei wieder für Käufe von Siemens-Aktien am 28. Oktober 1997 verdeutlicht: Als Erstes werden alle Voranahmezeiten der Käufe nach ihrer Dauer sortiert. Zeiten wurden in IBIS auf die hundertstel Sekunde genau erfasst. Für die empirische Verteilungsfunktion ergibt sich damit die in Abbildung 21 dargestellte Treppenfunktion. Die kürzeste Voranahmezeit liegt bei 0,03 Sekunden, die längste bei 53,39 Sekunden. Die durchschnittliche Voranahmezeit beträgt 5,98 Sekunden.

Abbildung 21: Empirische Verteilungsfunktion der Vorannahmezeiten von Käufen für Siemens am 28. Oktober 1997

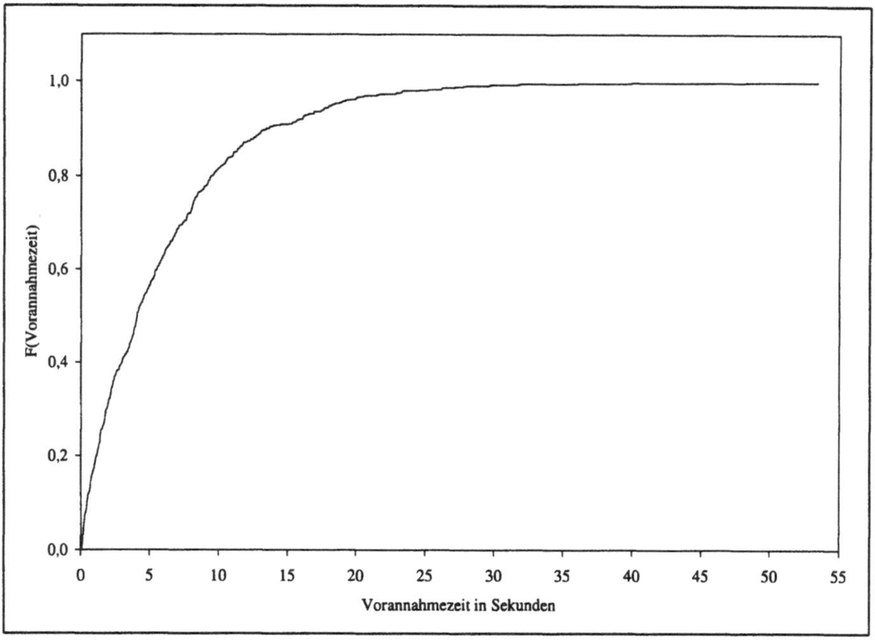

Um die 5% kürzesten Vorannahmezeiten zu ermitteln wird das 5%-Quantil der empirischen Verteilungsfunktion $F(x)$ der Vorannahmezeiten x, also $x_{5\%}$, ermittelt. In die Berechnung gehen alle Vorannahmezeiten der 725 Käufe aus dem obigen Beispiel ein. Wie aus der Abbildung 22 zu erkennen ist, ergibt sich aus dem 5%-Quantil eine Obergrenze von 0,20 Sekunden. Die Vorannahmezeit in Höhe von 0,20 Sekunden umfasst dabei die Prozentpunkte von 4,97 bis 5,24. Eine kurze Vorannahmezeit liegt also bei 38 der 725 Käufe vor. Die Vorannahmezeiten der verbleibenden 687 Käufe seien dagegen als lang bezeichnet.

Die Obergrenzen kurzer Vorannahmezeiten an den einzelnen Handelstagen für Siemens sind in Abbildung 23 dargestellt. Die kleinsten Werte sind mit 0,08 Sekunden am 5. Dezember 1996 sowie am 20. Januar, 28. Januar und 26. Mai 1997 zu beobachten. Am 6. Juni 1996 und am 29. Mai 1997 liegt die Obergrenze mit 27,84 bzw. 83,63 deutlich oberhalb der dargestellten Skalierung.

Abbildung 22: Ausschnitt der empirischen Verteilungsfunktion der Vorannahmezeiten von Käufen für Siemens am 28. Oktober 1997 zur Veranschaulichung der Obergrenze kurzer Vorannahmezeiten

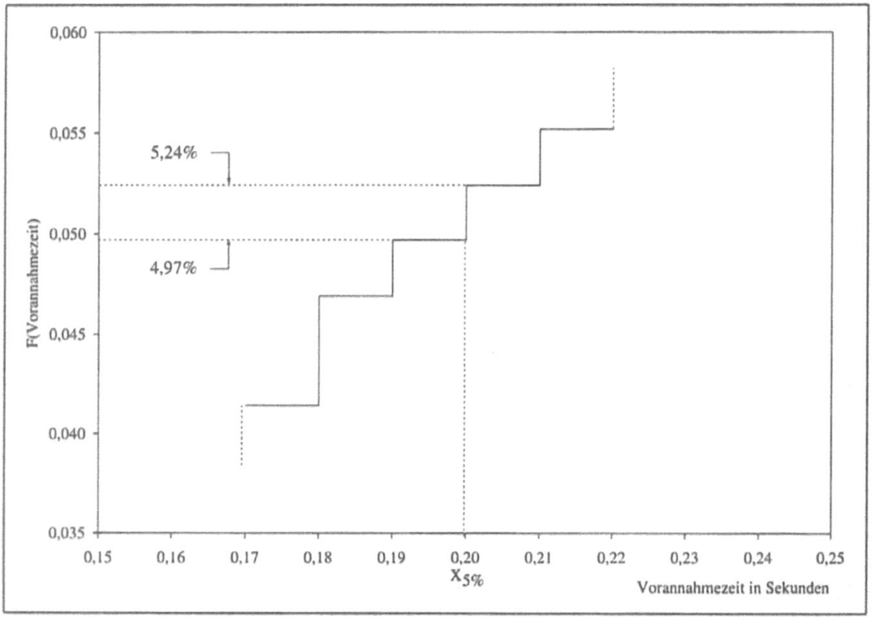

Auch bei dieser Methode wurden jene Tage von der Untersuchung ausgeschlossen, an denen keine Abgrenzung zustande kam. Dieser Fall tritt immer dann auf, wenn die Obergrenze, die sich aus dem 5%-Quantil ergibt, der längsten Vorannahmezeit entspricht. Siemens weist keinen solchen Fall auf.[1)]

1) Unter den Standardwerten ist dieser Vorfall an 1,61% der betrachteten Tage bei Käufen und an 2,14% der Tage bei Verkäufen zu beobachten. Bei den mittelgroßen Werten kommt es sehr viel häufiger zu dem beschriebenen Problem. Hier müssen bei Käufen 59,99% der Tage und bei Verkäufen 54,14% der Tage von den Untersuchungen ausgeschlossen werden.

Abbildung 23: Obergrenzen kurzer Voranmahmezeiten von Käufen für Siemens an den einzelnen Handelstagen

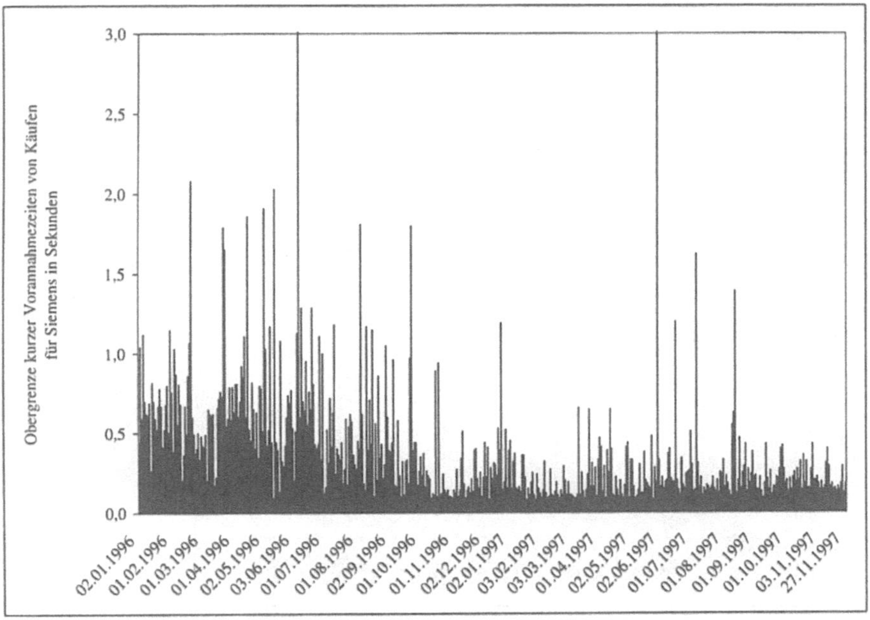

Die Abbildungen 24 und 25 zeigen, wie hoch die Anteile von Käufen mit kurzer Voranmahmezeit an allen Käufen sind.[1] Unter den Standardwerten ist der Anteil noch relativ homogen. Er liegt zwischen 5,88% (Deutsche Bank, Kürzel: DBK) und 13,96% (Volkswagen Vz.A., VOW3). Die mittelgroßen Werte weisen meist höhere Anteile auf und besitzen zudem eine vergleichsweise größere Schwankungsbreite. Die Anteile liegen zwischen 11,26% (Continental, CON) und 47,59% (GEA Vz.A., GEA3).

[1] Die Anteile von Verkäufen mit kurzer Voranmahmezeit an allen Verkäufen sind in den Abbildungen 35 und 36 im Anhang, S. 264 f., dargestellt.

Abbildung 24: Anteile von Käufen mit kurzer Vorannahmezeit an allen Käufen für die Gruppe der Standardwerte (Gruppe I, 35 Werte)

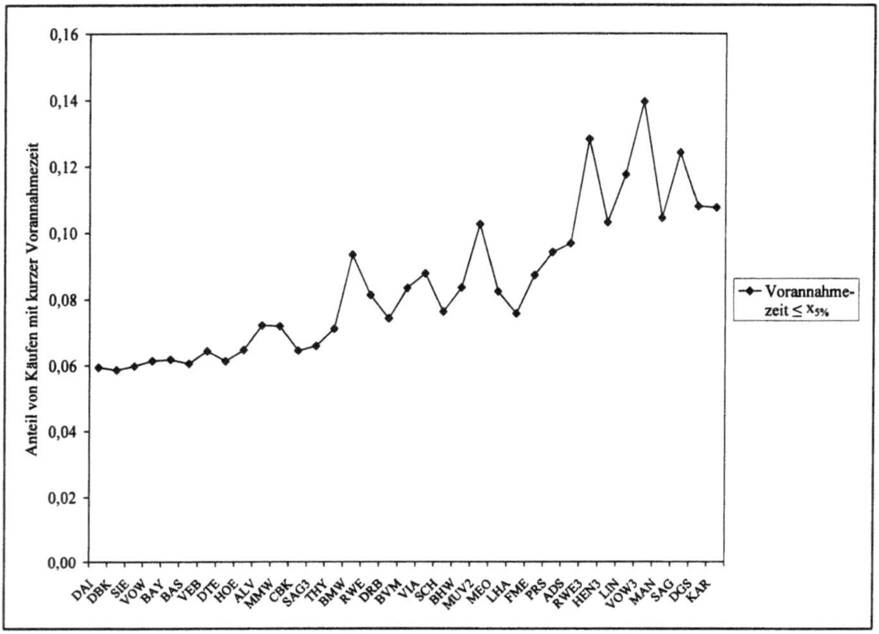

Abbildung 25: Anteile von Käufen mit kurzer Vorannahmezeit an allen Käufen für die mittelgroßen Werte (Gruppe II, 35 Werte)

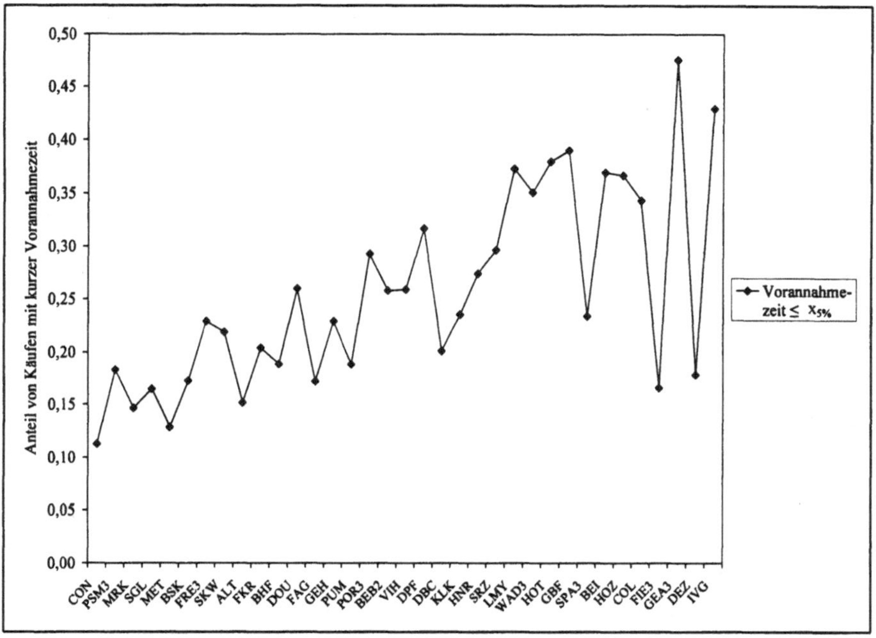

2. Hypothesen

Kurze Vorannahmezeiten können sich aus unterschiedlichen Gründen ergeben. Sie treten aber insbesondere dann auf, wenn Transaktionen gesplittet werden. Das kann absichtlich geschehen, weil beispielsweise eine große Stückzahl nicht offenbart werden soll, aber trotzdem ein schneller Handelsabschluss gewünscht ist. Es kann aber auch ungewollt passieren, und zwar immer dann, wenn das beste Gebot nicht für die gewünschte Stückzahl gut ist. In diesem Fall wird jede weitere Annahme eines limitierten Gebots als eine einzelne Transaktion in das System eingestellt. Verstärkt wird dieses Phänomen durch die spezielle Marktarchitektur von IBIS. In IBIS musste die Annahme von Geboten verschiedener Marktteilnehmer, auch wenn diese Gebote alle dasselbe Limit aufwiesen, einzeln bestätigt werden. Selbst beim Nutzen der Abräumfunktion wurde jede Transaktion einzeln als solche ausgeführt und zuvor jeweils geprüft, ob mittlerweile nicht schon bessere Gebote ins Orderbuch eingestellt worden waren.[1] Durch die Einzelbestätigung bzw. die Prüfung vergeht Zeit zwischen den einzelnen Abschlüssen. In den beschriebenen Situationen ist dieser Zeitraum aber meist sehr kurz und wird hier als kurze Vorannahmezeit interpretiert. Zusammenfassend bleibt festzuhalten, dass kurze Vorannahmezeiten als Indiz für umfangreiche Transaktionen gewertet werden können.[2] Deshalb werden hier die Hypothesen aus dem letzten Abschnitt aufgegriffen und auf Transaktionen mit kurzen und nicht kurzen Vorannahmezeiten übertragen. Die testbaren Hypothesen lauten dementsprechend:

Hypothesen zu Transaktionen auf derselben Marktseite:

Nullhypothese $\mathbf{H}_0^{5a-Kauf}$:
Unter den Folgegeboten von Käufen mit kurzer Vorannahmezeit ist der Anteil von Käufen, die ebenfalls eine kurze Vorannahmezeit aufweisen, kleiner oder gleich diesem Anteil unter den Folgegeboten von Käufen mit langer Vorannahmezeit.

Nullhypothese $\mathbf{H}_0^{5b-Kauf}$:
Unter den Folgegeboten von Käufen mit kurzer Vorannahmezeit ist der Anteil von Käufen, die eine lange Vorannahmezeit aufweisen, größer oder gleich diesem Anteil unter den Folgegeboten von Käufen mit langer Vorannahmezeit.

Nullhypothese $\mathbf{H}_0^{5a-Verkauf}$:
Unter den Folgegeboten von Verkäufen mit kurzer Vorannahmezeit ist der Anteil von Verkäufen, die ebenfalls eine kurze Vorannahmezeit aufweisen, kleiner oder gleich diesem Anteil unter den Folgegeboten von Verkäufen mit langer Vorannahmezeit.

---

1) Zur weiteren Beschreibung der IBIS-Funktionalität sei verwiesen auf Abschnitt A.I., S. 101–106, in diesem Teil der Arbeit und die dort angegebene Literatur.

2) Siehe hierzu im Einzelnen die Ausführungen im ersten Teil der Arbeit, Abschnitt B.III., S. 52–62.

Nullhypothese $H_0^{5b-Verkauf}$:

Unter den Folgegeboten von Verkäufen mit kurzer Vorannahmezeit ist der Anteil von Verkäufen, die eine lange Vorannahmezeit aufweisen, größer oder gleich diesem Anteil unter den Folgegeboten von Verkäufen mit langer Vorannahmezeit.

Hypothesen zu limitierten Geboten auf der anderen Marktseite:

Nullhypothese $H_0^{5c-Kauf}$:

Unter den Folgegeboten von Käufen mit kurzer Vorannahmezeit ist der Anteil limitierter Briefgebote, bei denen zum Zeitpunkt der Abgabe keine Marktspanne vorlag, kleiner oder gleich dem Anteil solcher limitierten Briefgebote unter den Folgegeboten von Käufen mit langer Vorannahmezeit.

Nullhypothese $H_0^{5d-Kauf}$:

Unter den Folgegeboten von Käufen mit kurzer Vorannahmezeit ist der Anteil limitierter Briefgebote, die schlechter oder gleich dem besten limitierten Briefgebot sind, größer oder gleich dem Anteil solcher limitierten Briefgebote unter den Folgegeboten von Käufen mit langer Vorannahmezeit.

Nullhypothese $H_0^{5e-Kauf}$:

Unter den Folgegeboten von Käufen mit kurzer Vorannahmezeit ist der Anteil limitierter Briefgebote, die besser als das beste limitierte Briefgebot sind, kleiner oder gleich dem Anteil solcher limitierten Briefgebote unter den Folgegeboten von Käufen mit langer Vorannahmezeit. Dies gilt sowohl für den Anteil limitierter Briefgebote, die die Marktspanne um weniger als 50% verengen, als auch für solche, die sie um mindestens 50% verengen.

Nullhypothese $H_0^{5c-Verkauf}$:

Unter den Folgegeboten von Verkäufen mit kurzer Vorannahmezeit ist der Anteil limitierter Geldgebote, bei denen zum Zeitpunkt der Abgabe keine Marktspanne vorlag, kleiner oder gleich dem Anteil solcher limitierten Geldgebote unter den Folgegeboten von Verkäufen mit langer Vorannahmezeit.

Nullhypothese $H_0^{5d-Verkauf}$:
Unter den Folgegeboten von Verkäufen mit kurzer Vorannahmezeit ist der Anteil limitierter Geldgebote, die schlechter oder gleich dem besten limitierten Geldgebot sind, größer oder gleich dem Anteil solcher limitierten Geldgebote unter den Folgegeboten von Verkäufen mit langer Vorannahmezeit.

Nullhypothese $H_0^{5e-Verkauf}$
Unter den Folgegeboten von Verkäufen mit kurzer Vorannahmezeit ist der Anteil limitierter Geldgebote, die besser als das beste limitierte Geldgebot sind, kleiner oder gleich dem Anteil solcher limitierten Geldgebote unter den Folgegeboten von Verkäufen mit langer Vorannahmezeit. Dies gilt sowohl für den Anteil limitierter Geldgebote, die die Marktspanne um weniger als 50% verengen, als auch für solche, die sie um mindestens 50% verengen.

Hypothesen zu limitierten Geboten auf derselben Marktseite:

Nullhypothese $H_0^{5f-Kauf}$
Unter den Folgegeboten von Käufen mit kurzer Vorannahmezeit ist der Anteil limitierter Geldgebote, die die Marktspanne um weniger als 50% verengen, kleiner oder gleich dem Anteil solcher limitierten Geldgebote unter den Folgegeboten von Käufen mit langer Vorannahmezeit.

Nullhypothesen $H_0^{5f-Verkauf}$
Unter den Folgegeboten von Verkäufen mit kurzer Vorannahmezeit ist der Anteil limitierter Briefgebote, die die Marktspanne um weniger als 50% verengen, kleiner oder gleich dem Anteil solcher limitierten Briefgebote unter den Folgegeboten von Verkäufen mit langer Vorannahmezeit.

3. Ergebnisse

Wie bei der Aufstellung der Hypothesen beschrieben wurde, soll das Bietverhalten nach bestimmten Vorannahmezeiten direkt mit dem Bietverhalten nach bestimmten Transaktionsumfängen verglichen werden. Insbesondere wegen der speziellen Systemstruktur von IBIS liegt es nahe, bei Folgegeboten von Transaktionen mit kurzer Vorannahmezeit ein ähnliches Bietverhalten zu erwarten wie bei Folgegeboten umfangreicher Transaktionen. Die Ähnlichkeit sollte am deutlichsten bei Folgegeboten umfangreicher Transaktionen der Methode 3 sein. Daher wurden die Hypothesen dieses Abschnitts direkt an die Hypothesen bei umfangreichen Transaktionen angepasst und im Folgenden den Ergebnissen von Methode 3 der Umfangsmessung gegenübergestellt. Die Hypothesen $H^{5a-Kauf}$ bis $H^{5f-Kauf}$ ($H^{5a-Verkauf}$ bis $H^{5f-Verkauf}$) entsprechen den Hypothesen $H^{4a-Kauf}$ bis $H^{4f-Kauf}$ ($H^{4a-Verkauf}$ bis $H^{4f-Verkauf}$). Die Verteilung der Folgegebote nach Transaktionen mit kurzer Vorannahmezeit und die Verteilung der Folgegebote nach Transaktionen mit langer Vorannahmezeit sowie die Ergebnisse der Signifikanztests finden sich in den Tabellen 23 und 24. Die Darstellung entspricht den Tabellen zu bestimmten Umfängen aus dem letzten Abschnitt. Eine Zeile über beide Tabellen hinweg stellt wiederum einen Wahrscheinlichkeitsvektor dar. Die Ergebnisse der Signifikanztests sind in den entsprechenden Zellen bei den Folgegeboten von Käufen mit kurzer Vorannahmezeit und Verkäufen mit kurzer Vorannahmezeit wiederzufinden.

Sowohl Nullhypothese $H_0^{5a-Kauf}$ als auch Nullhypothese $H_0^{5b-Kauf}$ lassen sich aggregiert für alle Titel ablehnen. Nach Käufen mit einer kurzen Vorannahmezeit wird also schnell reagiert, indem erneut Käufe mit kurzer Vorannahmezeit abgegeben werden. Dabei entspricht die kurze Vorannahmezeit der Folgekäufe zum Zeitpunkt $t = 1$ einer kurzen Nachannahmezeit der Käufe zum Zeitpunkt $t = 0$.[1)] Bei Folgegeboten von Käufen mit langer Vorannahmezeit beträgt der Anteil von Käufen mit kurzer Vorannahmezeit 0,82%. Bei den Folgegeboten von Käufen mit kurzer Vorannahmezeit steigt der Anteil auf 1,23% an. Umgekehrt geht der Anteil von Käufen mit langer Vorannahmezeit unter den Folgegeboten von Käufen mit kurzer Vorannahmezeit signifikant zurück, und zwar von 15,59% auf 12,40%. Das signifikante Ergebnis für Nullhypothese $H_0^{5a-Kauf}$ lässt sich allerdings für die meisten Titel nicht halten.[2)] Lediglich bei sieben Titeln aus Gruppe I und fünf Titeln

1) Vor- und Nachannahmezeiten wurden ausführlich beschrieben in Teil I, Abschnitt A.II., S. 17–21.

2) Beim Signifikanztest für alle Titel gemeinsam geben also die umsatzstarken Werte aufgrund der größeren Stichprobe den Ausschlag.

aus Gruppe II ist der größere Anteil signifikant. Anders sehen die Ergebnisse für die Hypothese $H^{5b-Kauf}$ aus. Hier kann die Nullhypothese bei 27 Standardwerten und 13 mittelgroßen Werten abgelehnt werden. Die Signifikanztests zu Hypothese $H^{5b-Kauf}$ liefern also ähnliche Ergebnisse wie die zu Hypothese $H^{4b-Kauf}$ bei Methode 3 zur Umfangsmessung[1]. Bei der Nullhypothese $H_0^{5a-Kauf}$ ist das Ergebnis nicht so deutlich wie bei der entsprechenden Nullhypothese $H_0^{4a-Kauf}$ für umfangreiche Käufe nach Methode 3, denn auf Basis der einzelnen Titel kann sie fast durchgehend nicht abgelehnt werden.

Die Ergebnisse der Signifikanztests von Hypothese $H^{5c-Kauf}$ sind ähnlich denen von Hypothese $H^{4c-Kauf}$. Auch Käufe mit kurzer Vorannahmezeit führen anscheinend oft zur vollständigen Annahme sämtlicher im Orderbuch vorhandenen Briefgebote. Nach Käufen mit kurzer Vorannahmezeit beträgt der Anteil von limitierten Briefgeboten, die eingestellt werden, ohne dass eine Marktspanne vorlag, 0,61%. Bei den Folgegeboten von Käufen mit langer Vorannahmezeit beträgt der Anteil nur 0,08%. Der Unterschied der Anteile ist auf dem 1%-Niveau signifikant. Es besteht aber das gleiche Problem wie schon bei der Hypothese $H^{4c-Kauf}$. Für viele Titel ist diese Gebotsart so selten, dass der Signifikanztest nicht durchgeführt werden kann. Wiederum tritt das Problem erwartungsgemäß häufiger bei Standardwerten als bei mittelgroßen Werten auf.

Ein ähnliches Ergebnis zeigt sich auch bei der Hypothese $H^{5d-Kauf}$ und der Hypothese $H^{4d-Kauf}$. Jedoch sprechen die Ergebnisse bei den Vorannahmezeiten noch stärker für das Beibehalten der Nullhypothese. Sowohl für limitierte Briefgebote mit einem Limit schlechter als das beste Briefgebot als auch einem Limit gleich dem besten Briefgebot kann die Nullhypothese $H_0^{5d-Kauf}$ nicht abgelehnt werden. Der durch die Gegenhypothese prognostizierte Rückgang der Anteile ist also nicht eingetroffen. Bei beiden Gebotsarten steigt der Anteil der Folgegebote von Käufen mit kurzer Vorannahmezeit gegenüber den Folgegeboten von Käufen mit langer Vorannahmezeit sogar. Die Anteile betragen 13,92% bzw. 14,77% bei limitierten Briefgeboten mit einem schlechteren Limit und 1,96% bzw. 2,15% bei einem gleichen Limit.

---

[1] Vgl. Tabelle 21, S. 184.

Von unterschiedlichen Ergebnissen muss allerdings gesprochen werden, wenn die Hypothesen $H^{5e-Kauf}$ und $H^{4e-Kauf}$ miteinander verglichen werden. Zwar kann die Nullhypothese $H_0^{5e-Kauf}$ noch für beide Arten marktspannenverengender Gebote (Verengung um weniger als 50% und um mindestens 50%) aggregiert für alle 70 Titel abgelehnt werden. Bei den einzelnen Titeln zeigt sich aber ein ganz anderes Bild. Für die überwiegende Anzahl von Titeln muss die Nullhypothese $H_0^{5e-Kauf}$ beibehalten werden. Insgesamt geschieht dies für 56 Titel bei einer Verengung um weniger als 50% und 62 Titel bei einer Verengung um mindestens 50%.

Ebenfalls verschieden sind die Ergebnisse für die Hypothesen $H^{5f-Kauf}$ und $H^{4f-Kauf}$. Nach Käufen mit einer kurzen Vorannahmezeit werden nicht signifikant mehr limitierte Geldgebote eingestellt als nach Käufen mit langer Vorannahmezeit. Die Nullhypothese ist für alle Titel aggregiert beizubehalten und für 66 der 70 Titel bei einzelner Betrachtung. Mit der Nullhypothese $H_0^{4f-Kauf}$ war dagegen noch insgesamt und für einige Titel einzeln ein signifikanter Anstieg zu beobachten.

Besonders interessant ist, dass die Ergebnisse für Verkäufe bei der Hypothese $H^{5b-Verkauf}$ dieselbe Auffälligkeit aufweisen wie die Ergebnisse der Hypothese $H^{4b-Verkauf}$. Bereits beim Bietverhalten nach umfangreichen Käufen und Verkäufen mit der Methode 3 unterschied sich das Bietverhalten mit Folgegeboten von nicht umfangreichen Käufen bzw. nicht umfangreichen Verkäufen voneinander. Die Nullhypothese $H_0^{4b-Verkauf}$ konnte im Gegensatz zur Nullhypothese $H_0^{4b-Kauf}$ für sämtliche Standardwerte und deutlich mehr mittelgroße Werte abgelehnt werden. Diese Auffälligkeit zeigt sich auch bei der Unterscheidung nach der Vorannahmezeit. Eine Ablehnung der Nullhypothese $H_0^{5b-Verkauf}$ ist bei 31 Standardwerten und elf mittelgroßen Werten auf dem 1%-Niveau möglich. Demgegenüber stehen lediglich 19 bzw. vier Werte bei der Nullhypothese $H_0^{4b-Verkauf}$. Dies könnte ein Indiz dafür sein, dass umfangreichen Verkäufen und Verkäufen mit kurzer Vorannahmezeit mehr Aufmerksamkeit geschenkt wird als umfangreichen Käufen und Käufen mit kurzer Vorannahmezeit. Gesichert ist diese Annahme damit freilich nicht.

Tabelle 23: Bedingte Verteilung der Folgegebote von Transaktionen mit kurzer Vorannahmezeit und langer Vorannahmezeit aggregiert für 70 Titel; Ergebnisse der approximativen Zweistichproben-Gaußtests zu den Hypothesen H^{5a} bis H^{5f} (Teil 1)

$X^{t=0}$ \ $X^{t=1}$	Kauf		Verkauf		limitiertes Geldgebot		
	Vorannahmezeit $\leq x_{5\%}$	Vorannahmezeit $> x_{5\%}$	Vorannahmezeit $\leq x_{5\%}$	Vorannahmezeit $> x_{5\%}$	ohne Marktspanne	schlechter bestes Geldgebot	gleich bestes Geldgebot
Kauf; Vorannahmezeit $\leq x_{5\%}$	1,23% H_0^{5a-K}: ↓ ++[a] 5 / 2 / 28 / 0[b] 1 / 4 / 23 / 7	12,40% H_0^{5b-K}: ↑ ++ 19 / 8 / 8 / 0 4 / 9 / 18 / 4	0,69%	3,12%	0,18%	7,61%	1,31%
Kauf; Vorannahmezeit $> x_{5\%}$	0,82%	15,59%	0,46%	4,40%	0,03%	7,52%	1,34%
Verkauf; Vorannahmezeit $\leq x_{5\%}$	0,90%	3,74%	1,18% H_0^{5a-V}: ↓ ++ 1 / 1 / 33 / 0 2 / 3 / 20 / 10	10,71% H_0^{5b-V}: ↑ ++ 31 / 2 / 2 / 0 11 / 7 / 10 / 7	0,51% H_0^{5c-V}: ↓ ++ 3 / 0 / 1 / 31 8 / 5 / 14 / 8	14,21% H_0^{5d-V}: ↑ - 0 / 2 / 33 / 0 0 / 0 / 32 / 3	1,75% H_0^{5d-V}: ↑ - 0 / 3 / 32 / 0 0 / 3 / 16 / 16
Verkauf; Vorannahmezeit $> x_{5\%}$	0,60%	5,26%	0,77%	13,63%	0,08%	13,62%	1,60%

Anmerkungen:

a) ++ / + / - : H_0 kann auf dem 1%-Niveau abgelehnt werden / H_0 kann auf dem 5%, aber nicht auf dem 1%-Niveau abgelehnt werden / H_0 kann nicht abgelehnt werden

b) Die Darstellung ⊕⊕ / ⊕ / ⊖ /⊗ bedeutet: ⊕⊕: Anzahl der Titel, bei denen H_0 auf dem 1%-Niveau abgelehnt werden kann; ⊕ : Anzahl der Titel, bei denen H_0 auf dem 5%-, aber nicht auf dem 1%-Niveau abgelehnt werden kann; ⊖ : Anzahl der Titel, bei denen H_0 nicht abgelehnt werden kann; ⊗ : Anzahl der Titel, bei denen die Bedingungen für den Test nicht erfüllt sind

Tabelle 24: Bedingte Verteilung der Folgegebote von Transaktionen mit kurzer Vorannahmezeit und langer Vorannahmezeit aggregiert für 70 Titel; Ergebnisse der approximativen Zweistichproben-Gaußtests zu den Hypothesen H^{5a} bis H^{5f} (Teil 2)

$X^{t=0}$ \ $X^{t=1}$	limitiertes Geldgebot		limitiertes Briefgebot					Löschung
	verengt die Marktspanne um		ohne	schlechter	gleich	verengt die Marktspanne um		
	<50%	≥50%	Marktspanne	bestes Briefgebot		<50%	≥50%	
Kauf; Vorannahmezeit $\leq x_{5\%}$	12,34% H_0^{5f-K}: ↓ -[a)] 2 / 2 / 31 / 0[b)] 0 / 0 / 35 / 0	2,86%	0,61% H_0^{5c-K}: ↓ ++ 6 / 0 / 0 / 29 13 / 8 / 9 / 5	14,77% H_0^{5d-K}: ↑ - 0 / 1 / 34 / 0 0 / 0 / 35 / 0	2,15% H_0^{5d-K}: ↑ - 0 / 1 / 34 / 0 0 / 0 / 22 / 13	15,12% H_0^{5e-K}: ↓ ++ 2 / 2 / 31 / 0 6 / 4 / 25 / 0	3,03% H_0^{5e-K}: ↓ ++ 2 / 1 / 32 / 0 1 / 1 / 30 / 3	22,59%
Kauf; Vorannahmezeit $> x_{5\%}$	12,21%	2,63%	0,08%	13,92%	1,96%	13,94%	2,86%	22,24%
Verkauf; Vorannahmezeit $\leq x_{5\%}$	15,40% H_0^{5e-V}: ↓ ++ 2 / 7 / 26 / 0 4 / 6 / 25 / 0	3,18% H_0^{5e-V}: ↓ ++ 2 / 1 / 32 / 0 0 / 2 / 28 / 5	0,15%	8,00%	1,48%	11,98% H_0^{5f-V}: ↓ - 0 / 1 / 34 / 0 2 / 1 / 28 / 4	2,98%	23,83%
Verkauf; Vorannahmezeit $> x_{5\%}$	13,92%	2,79%	0,03%	7,78%	1,43%	12,01%	2,78%	23,69%

Anmerkungen:

a) ++ / + / - : H_0 kann auf dem 1%-Niveau abgelehnt werden / H_0 kann auf dem 5%, aber nicht auf dem 1%-Niveau abgelehnt werden / H_0 kann nicht abgelehnt werden

b) Die Darstellung ⊕⊕ / ⊕ / ⊖ /⊗ bedeutet: ⊕⊕: Anzahl der Titel, bei denen H_0 auf dem 1%-Niveau abgelehnt werden kann; ⊕ : Anzahl der Titel, bei denen H_0 auf dem 5%-, aber nicht auf dem 1%-Niveau abgelehnt werden kann; ⊖ : Anzahl der Titel, bei denen H_0 nicht abgelehnt werden kann; ⊗ : Anzahl der Titel, bei denen die Bedingungen für den Test nicht erfüllt sind

IV. Zusammenfassung

Die Tabelle 25 fasst die Ergebnisse zum Bietverhalten nach Käufen bestimmter Umfänge und zum Bietverhalten nach Käufen mit bestimmten Vorannahmezeiten zusammen.[1)] In der Vorspalte sind die Nullhypothesen $H_0^{4a-Kauf}$ bis $H_0^{4f-Kauf}$ bzw. $H_0^{5a-Kauf}$ bis $H_0^{5f-Kauf}$ in der bekannten Kurzschreibweise angegeben. Außerdem ist aufgeführt, welche Art von Folgegebot mit der jeweiligen Hypothese betrachtet wird. Die vier Spalten stellen die Ergebnisse der Signifikanztests zu den Hypothesen nach den drei Methoden zum Abgrenzen umfangreicher Käufe und nicht umfangreicher Käufe sowie der Methode zum Abgrenzen von Käufen mit kurzer und langer Vorannahmezeit gegenüber. In den einzelnen Zellen steht, ob die jeweilige Nullhypothese abgelehnt werden kann oder beibehalten werden muss. Die Ergebnisse sind für alle 70 Titel aggregiert sowie für die einzelnen Titel, getrennt nach Standardwerten und mittelgroßen Werten aufgeführt.

Es zeigt sich, dass umfangreiche Folgekäufe besonders häufig nach umfangreichen Käufen der Methode 3 und etwas weniger häufig nach umfangreichen Käufen der Methode 1 auftreten. Allerdings besteht ein Ungleichgewicht zwischen den Standardwerten und mittelgroßen Werten. Innerhalb der Gruppe I ist die Nullhypothese für Methode 3 (Methode 2) nur bei drei (neun) Titeln beizubehalten, bei Gruppe II sind es dagegen 14 (25) Titel. Folgekäufe mit kurzer Vorannahmezeit sind nach Käufen mit kurzer Vorannahmezeit dagegen nur bei sehr wenigen Titeln zu beobachten. Bei allen vier betrachteten Methoden der Abgrenzung zeigt sich dagegen aggregiert für alle 70 Werte ein signifikant geringerer Anteil von nicht umfangreichen Folgekäufen und Folgekäufen mit langer Vorannahmezeit nach umfangreichen Käufen bzw. Käufen mit kurzer Vorannahmezeit.

Die Ergebnisse zu den Hypothesen $H^{4d-Kauf}$ und $H^{5d-Kauf}$ fallen ebenfalls sehr unterschiedlich aus. Für limitierte Briefgebote mit einem Limit, das schlechter ist als das Limit des unmittelbar vor Abgabe geltenden besten Briefgebots, müssen die Nullhypothesen $H_0^{4d-Kauf}$ und $H_0^{5d-Kauf}$ für fast alle Titel beibehalten werden. Anders ist die Situation für limitierte Briefgebote mit einem Limit gleich

1) Die Ergebnisse für Verkäufe befinden sich im Anhang in Tabelle 38, S. 271.

dem besten Briefgebot. Zumindest für die Methoden 2 und 3 kann der, durch die Gegenhypothese erwartete, geringere Anteil beobachtet werden. Die Nullhypothese $H_0^{4d-Kauf}$ ist hier aggregiert für alle Titel und zumindest für Methode 3 auch für die meisten Titel einzeln abzulehnen. Ein ähnliches Bild zeigt sich auch für die Hypothesen $H^{4f-Kauf}$ und $H^{5f-Kauf}$. Die Nullhypothese $H_0^{4f-Kauf}$ kann bei den Methoden 2 und 3 für viele Titel abgelehnt werden, bei der Methode 1 und bei der Abgrenzung nach der Vorannahmezeit muss die Nullhypothese $H_0^{4f-Kauf}$ bzw. $H_0^{5f-Kauf}$ jedoch oftmals beibehalten werden.

Anders sieht es bei den Ergebnisse zu den Hypothesen $H^{4e-Kauf}$ und $H^{5e-Kauf}$ aus. Unabhängig davon, welche Methode zur Abgrenzung des Umfangs gewählt wird, kann die Nullhypothese $H_0^{4e-Kauf}$ aggregiert für alle Titel abgelehnt werden. Ebenso sieht es bei der Einzelbetrachtung der Titel aus. Besonders deutlich spricht das Ergebnis bei der Methode 2 gegen die Nullhypothese $H_0^{4e-Kauf}$. Aber auch bei den beiden anderen Methoden kann die Nullhypothese für viele Titel abgelehnt werden. Nach umfangreichen Käufen ist also unter den Folgegeboten der Anteil von marktspannenverengenden Briefgeboten signifikant größerer als nach nicht umfangreichen Käufen. Anders verhält es sich bei Käufen mit einer kurzen Vorannahmezeit. Aggregiert für alle Titel kann die Nullhypothese $H_0^{5e-Kauf}$ ebenfalls abgelehnt werden, nicht aber für die überwiegende Anzahl der einzelnen Titel.

Die Ergebnisse zeigen zudem, dass das erwartete reaktive Bietverhalten bei Käufen mit kurzer Vorannahmezeit gegenüber Käufen mit langer Vorannahmezeit nicht eintritt. Für die meisten Titel ist die überwiegende Anzahl der Nullhypothesen $H_0^{5a-Kauf}$ bis $H_0^{5f-Kauf}$ nicht abzulehnen. Die Ergebnisse lassen also nicht den Schluss zu, dass das Bietverhalten nach Käufen mit kurzer Vorannahmezeit große Parallelen mit dem Bietverhalten nach umfangreichen Käufen aufweist.

Tabelle 25: Gegenüberstellung der Ergebnisse der Signifikanztests zu den Hypothesen zum Bietverhalten nach Käufen mit bestimmten Umfängen und Vorannahmezeiten

Nullhypothese **[Art des Folgegebots]**	**Umfang** **Methode 1** **(Mindestschluss)**	**Umfang** **Methode 2** **(Marktspanne)**	**Umfang** **Methode 3** **(95%-Quantil)**	**Vorannahmezeit** **(5%-Quantil)**
H_0^{4a-K} / H_0^{5a-K}: ↓ [umfangreicher Kauf / Kauf mit kurzer Vorannahmezeit]	++[a)] 22 / 4 / 9 / 0[b)] 4 / 4 / 25 / 2	- 0 / 0 / 35 / 0 0 / 0 / 35 / 0	++ 29 / 3 / 3 / 0 6 / 0 / 14 / 15	++ 5 / 2 / 28 / 0 1 / 4 / 23 / 7
H_0^{4b-K} / H_0^{5b-K}: ↑ [nicht umfangreicher Kauf / Kauf mit langer Vorannahmezeit]	++ 24 / 3 / 8 / 0 8 / 5 / 11 / 11	++ 8 / 3 / 24 / 0 7 / 3 / 19 / 6	++ 17 / 3 / 15 / 0 2 / 10 / 20 / 3	++ 19 / 8 / 8 / 0 4 / 9 / 18 / 4
H_0^{4c-K} / H_0^{5c-K}: ↓ [limitiertes Briefgebot ohne Marktspanne]	++ 0 / 2 / 1 / 32 1 / 2 / 18 / 14	++ 0 / 0 / 0 / 35 14 / 1 / 0 / 20	++ 5 / 1 / 2 / 27 16 / 3 / 11 / 5	++ 6 / 0 / 0 / 29 13 / 8 / 9 / 5
H_0^{4d-K} / H_0^{5d-K}: ↑ [limitiertes Briefgebot schlechter bestes Briefgebot]	++ 0 / 3 / 32 / 0 1 / 1 / 29 / 4	- 0 / 1 / 34 / 0 7 / 9 / 19 / 0	- 0 / 1 / 34 / 0 0 / 5 / 29 / 1	- 0 / 1 / 34 / 0 0 / 0 / 35 / 0
H_0^{4d-K} / H_0^{5d-K}: ↑ [limitiertes Briefgebot gleich bestes Briefgebot]	- 11 / 3 / 21 / 0 1 / 1 / 18 / 15	++ 28 / 1 / 6 / 0 20 / 4 / 4 / 7	++ 2 / 13 / 20 / 0 0 / 0 / 22 / 13	- 0 / 1 / 34 / 0 0 / 0 / 22 / 13
H_0^{4e-K} / H_0^{5e-K}: ↓ [limitiertes Briefgebot verengt die Marktspanne um <50%]	++ 18 / 3 / 14 / 0 9 / 11 / 14 / 1	++ 35 / 0 / 0 / 0 33 / 0 / 1 / 1	++ 29 / 4 / 2 / 0 16 / 6 / 13 / 0	++ 2 / 2 / 31 / 0 6 / 4 / 25 / 0
H_0^{4e-K} / H_0^{5e-K}: ↓ [limitiertes Briefgebot verengt die Marktspanne um ≥50%]	++ 16 / 9 / 10 / 0 2 / 7 / 14 / 12	++ 35 / 0 / 0 / 0 19 / 1 / 0 / 15	++ 20 / 7 / 8 / 0 9 / 6 / 16 / 4	++ 2 / 1 / 32 / 0 1 / 1 / 30 / 3
H_0^{4f-K} / H_0^{5f-K}: ↓ [limitiertes Geldgebot verengt die Marktspanne um <50%]	- 2 / 4 / 29 / 0 1 / 0 / 33 / 1	++ 32 / 1 / 2 / 0 10 / 8 / 16 / 1	++ 14 / 5 / 16 / 0 0 / 3 / 31 / 1	- 2 / 2 / 31 / 0 0 / 0 / 35 / 0

Anmerkungen:

a) ++ / + / - : H_0 kann auf dem 1%-Niveau abgelehnt werden / H_0 kann auf dem 5%, aber nicht auf dem 1%-Niveau abgelehnt werden / H_0 kann nicht abgelehnt werden

b) Die Darstellung ⊕⊕ / ⊕ / ⊖ /⊗ bedeutet: ⊕⊕: Anzahl der Titel, bei denen H_0 auf dem 1%-Niveau abgelehnt werden kann; ⊕ : Anzahl der Titel, bei denen H_0 auf dem 5%-, aber nicht auf dem 1%-Niveau abgelehnt werden kann; ⊖ : Anzahl der Titel, bei denen H_0 nicht abgelehnt werden kann; ⊗ : Anzahl der Titel, bei denen die Bedingungen für den Test nicht erfüllt sind

D. Bietverhalten nach Transaktionen bei bestimmten Marktspannen

I. Untersuchungsgegenstand

Die Geld-Brief-Spanne in Gestalt der Marktspanne nimmt bei der Liquiditätsmessung von Effektenmärkten oder einzelner Aktien eine Schlüsselrolle ein.[1] Liegt eine weite Marktspanne vor, gilt dies als Indiz für eine geringe Liquidität. Ist sie dagegen eng, wird von hoher Liquidität ausgegangen. Geht eine enge Marktspanne zusätzlich mit einer großen Anzahl limitierter Gebote einher, verstärken diese die Liquidität noch. Traditionell wird jedoch nur die Buchkomponente als Liquiditätsquelle betrachtet.[2] Limitierte Gebote werden dabei grundsätzlich als Liquiditätsangebot angesehen. Die Annahme von Geboten gilt dagegen als Liquiditätsnachfrage.

Eine andere Sichtweise wurde in Teil I der Arbeit beschrieben.[3] Danach gibt es drei Quellen der Liquidität:

- erstens die herkömmliche Buchkomponente, also die im Orderbuch vorhandenen limitierten Gebote,
- zweitens die Präsenzkomponente, d.h. Marktteilnehmer, die sich präsent am Bildschirm befinden und die Orderbuchlage verfolgen, um bei sehr attraktiv limitierten Geboten prompt reagieren und diese Gebote annehmen zu können. Selbst stellen diese Marktteilnehmer aber keine limitierten Gebote ins Orderbuch und

---

1) Eine Aufzählung von empirischen Untersuchungen, die Spannen als Liquiditätsmaß verwenden, findet sich z.B. bei Grelck (1997), S. 9.

2) Auf die Komponenten der Liquidität wurde theoretisch ausführlich eingegangen in Teil I, Abschnitt C.II., S. 80–96.

3) Vgl. Abschnitt C.II., S. 80–96, und die dort angegebene Literatur.

- drittens die Abrufkomponente, verkörpert durch Händler, die nicht präsent aber grundsätzlich zum Handeln bereit sind.

Die Datenbasis lässt jedoch keine Information darüber zu, ob Abschlüsse durch den Einfluss der Abrufkomponente zustande gekommen sind.[1] Daher können nur die beiden anderen Komponenten berücksichtigt werden. Die Abrufkomponente wird dagegen aus den empirischen Untersuchungen ausgeblendet. Liquiditätsnachfrager können also zwischen der Buchliquidität und der Präsenzliquidität wählen. Möchte ein Anleger beispielsweise kaufen und nimmt dafür limitierte Briefgebote an, so fragt er das Liquiditätsangebot der Buchkomponente nach. Stellt er stattdessen ein Geldgebot mit einem attraktiven, noch attraktiven oder gar unattraktiven Limit in das Orderbuch, erhöht er das Angebot der Buchkomponente. Limitiert er das Gebot aber sehr attraktiv, verengt er mit seinem Gebot die Marktspanne also um mindestens 50%, so wird das in dieser Arbeit als Liquiditätsnachfrage bezeichnet, weil er annahmegemäß die Präsenzkomponente in Anspruch nehmen will.

Die Untersuchungen dieses Kapitels teilen sich in zwei Abschnitte. Im ersten werden noch beide Sichtweisen von Liquiditätsangebot und Liquiditätsnachfrage gemeinsam betrachtet. Gegenübergestellt werden dabei Folgegebote nach Transaktionen bei enger und Folgegebote nach Transaktionen bei weiter Marktspanne, ohne jedoch zu berücksichtigen, wie diese Marktspanne zustande kam und über welchen Zeitraum sie schon vorlag. Im zweiten Abschnitt richtet sich die Aufmerksamkeit dagegen ganz auf die alternative Sichtweise. Dort wird untersucht, wie sich die Anteile von Geboten nach sofortiger Annahme von marktspannenverengenden Geboten darstellen. Marktspannenverengende Gebote werden dabei unterschieden nach solchen, die die Marktspanne um weniger als 50% verengt haben (Liquiditätsangebot über die Buchkomponente), und solchen, die sie um mindestens 50% verengt haben (Nachfrage nach der Präsenzliquidität). Die Annahme marktspannenverengender Gebote wird ergo als Nachfrage nach der Buchliqui-

---

1) Lediglich die Datensätze, die den Telefonhandel darstellen, könnten z.T. der Abrufliquidität zugeordnet werden. Diese Datensätze sind jedoch aus den weiter oben genannten Gründen von den Untersuchungen ausgeschlossen.

dität (sofern das Gebot die Marktspanne um weniger als 50% verengt hatte) bzw. Liquiditätsangebot durch die Präsenzkomponente (wenn es die Marktspanne um mindestens 50% verengt hatte) verstanden.

II. Transaktionen bei enger und weiter Marktspanne

1. Untersuchungsmethodik

In diesem Abschnitt soll das Bietverhalten nach Transaktionen bei enger und weiter Marktspanne miteinander verglichen werden. Um testbare Hypothesen bilden zu können, muss daher so wie im letzten Kapitel für den Umfang und die Vorannahmezeit geklärt werden, wann enge und weite Marktspannen vorliegen. Zur Abgrenzung von enger und weiter Marktspanne soll die durchschnittliche Marktspanne dienen.[1)][2)] Eine enge Marktspanne liegt also vor, wenn die betrachtete Marktspanne kleiner oder gleich der durchschnittlichen Marktspanne ist. Von einer weiten Marktspanne soll dagegen gesprochen werden, wenn sie größer als die durchschnittliche Marktspanne ist.[3)][4)]

1) Durchschnittlichen Spannen kommt in der Literatur eine große Bedeutung zu. So arbeiten beispielsweise alle 13 bei Schmidt und Iversen (1991), S. 212–214, genannten Studien mit durchschnittlichen Spannen. Die Autoren der dort aufgeführten Veröffentlichungen verwenden jedoch unterschiedliche Berechnungsmethoden. Beispielsweise benutzen Stoll (1989) sowie Fortin, Grube und Joy (1990) durchschnittliche Marktspannen auf Basis von Tagesschlusskursen. Keim (1989) drückt das Marktspannenmittel in Prozent des Geldkurses aus. Geld- und Briefkurse zu Jahresbeginn und Jahresende sowie am Ende des Tages bilden die Grundlage bei Stoll und Whaley (1983) bzw. McInish und Wood (1992).

2) Die durchschnittliche Spanne wird auch Gleichgewichtsspanne genannt. Diese Bezeichnung findet sich z.B. bei Cohen, Maier, Schwartz und Whitcomb (1981), S. 298, und Schwartz (1988), S. 339.

3) Diese Vorgehensweise nutzt auch Küster Simic (2001), S. 170–175, bei seinen Untersuchungen.

4) Eine Marktspanne genau in Höhe der durchschnittlichen Marktspanne könnte umgekehrt auch gerade noch als weite Marktspanne gelten. Die Zuordnung spielt aber für die Ergebnisse der empirischen Untersuchungen keine Rolle, da eine Marktspanne exakt in Höhe des Durchschnittes nahezu nie vorkommt. Die gewählte Zuordnung hat aber den Vorteil, dass sie im Einklang mit den Ober- und Untergrenzen im letzten Kapitel für Umfänge

Danach stellt sich die Frage, wie die durchschnittliche Marktspanne berechnet werden soll.[1] Der Antwort auf diese Frage soll mehr Platz eingeräumt werden als in vielen anderen empirischen Untersuchungen. Wie sich noch zeigen wird, hat nämlich die Berechnungsmethode einen erheblichen Einfluss auf die Höhe der Marktspanne und ihres Mittelwertes.[2] Spannen hängen von einer Vielzahl von Determinanten ab. Zu nennen sind etwa Variable wie Umsatz, Handelsfrequenz und Volatilität.[3] Es ist daher zu klären, welche Spannen mit welchem Gewicht bei der Bildung der Durchschnitte in die Berechnung eingehen und wie die Beobachtungszeitpunkte hierfür sinnvollerweise gewählt werden sollten. Für das Ermitteln der Durchschnitte bieten sich insbesondere die Methoden des ungewichteten[4], des spannenanzahlgewichteten[5] oder des spannenzeitgewichteten[6] Marktspannenmittels an. Das Für und Wider der Methoden wird weiter unten diskutiert.[7] Um eine gute Vergleichbarkeit zwischen den einzelnen Titeln zu gewährleisten, werden als Erstes grundsätzlich nur prozentuale Marktspannen betrachtet. Zweitens ist eine Berechnung auf täglicher Basis ratsam. Der Grund hierfür soll anhand der Variable Volatilität verdeutlicht werden. Der Untersuchungszeitraum von Januar 1996 bis November 1997 ist durch steigende Aktienkurse gekennzeichnet. Das geht aus der Abbildung 26 hervor. Sie gibt die täglichen Werte des Deutschen Aktien Forschungsindex (DAFOX) wieder.[8]

---

und Vorannahmezeiten steht. Diese Grenzen werden dort auch jeweils gerade noch jener Gruppe zugeordnet, der vermutlich die größere Aufmerksamkeit zukommt.

1) Zu den möglichen Berechnungsmethoden siehe Teil I, Unterabschnitt C.I.1.a), S. 66–76.

2) Schmidt und Iversen (1991), S. 211.

3) Weitere Variable sind z.B. Marktwert, Zahl der Aktionäre oder die Größe von Transaktionen. Empirische Untersuchungen zu Spannendeterminanten und Komponenten der Spanne finden sich z.B. bei Iversen (1994) bzw. Treske (1996).

4) Vgl. Formel (11), S. 73.

5) Vgl. Formel (12), S. 74.

6) Vgl. Formel (15), S. 76.

7) Siehe hierzu auch die Ausführungen in Unterabschnitt C.I.1.a), S. 66–76, im ersten Teil der Arbeit.

8) Der DAFOX wurde 1992 am Institut für Entscheidungstheorie und Unternehmensforschung der Universität Karlsruhe für Forschungszwecke entwickelt. Er enthält alle an der Frankfurter Wertpapierbörse amtlich gehandelten Titel. Eine ausführliche Beschreibung

Abbildung 26: Tägliche Entwicklung des DAFOX in der Zeit von Januar 1996 bis November 1997

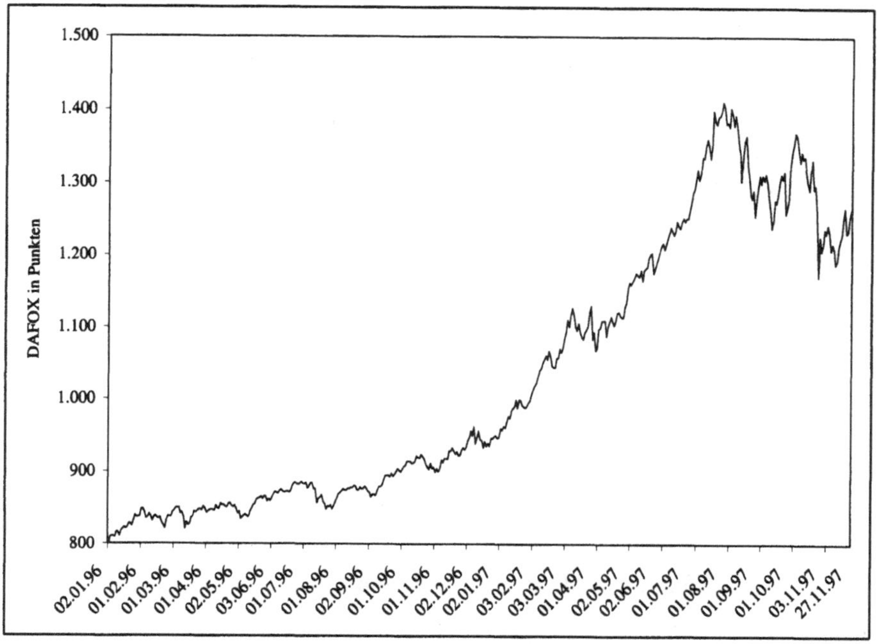

Zusammen mit den steigenden Kursen des gesamten Aktienmarktes, gemessen anhand des DAFOX, ging ein tendenzieller Anstieg sowie eine starke Schwankungsbreite der Volatilität einher. Wie bereits angedeutet ist aber das Risiko eine wichtige Determinante der Marktspanne.[1] Als Maß für die Volatilität oder das Risiko des DAFOX wird monatsweise die Standardabweichung der kontinuierlichen Tagesrenditen berechnet.[2] Da Renditen als Stichprobe einer normalverteil-

findet sich bei Göppl und Schütz (1995). Der DAFOX eignet sich gut als Indikator für die Marktentwicklung. Bott (2002), S. 320.

1) Mit steigendem Risiko erhöhen sich die Bestandshaltekosten, die wiederum zu tendenziell weiteren Spannen führen, siehe hierzu Stoll (1985), S. 39, Iversen (1994), S. 57–60, und Treske (1996), S. 19–29.

2) Die Varianz oder Standardabweichung der Rendite als Risikomaß verwenden u.a. Benston und Hagerman (1974), Stoll (1978a), Stoll (1978b) und Iversen (1994), S. 58. Andere

ten Zufallsvariable angesehen werden können, kann als bester erwartungstreuer Schätzer für die Standardabweichung (σ) die Stichprobenstandardabweichung (s) herangezogen werden:[1)2)]

$$s = \sqrt{\frac{1}{n_M^{HT} - 1} \sum_{HT=1}^{n_M^{HT}} \left(r_{HT} - \frac{1}{n_M^{HT}} \sum_{HT=1}^{n_M^{HT}} r_{HT} \right)^2} \tag{27}$$

wobei:

$$r_{HT} = \ln\left(\frac{DAFOX_{HT}}{DAFOX_{HT-1}} \right) \tag{28}$$

mit:

s:	Stichprobenstandardabweichung
r_{HT}:	kontinuierliche Rendite des DAFOX vom Handelstag $HT - 1$ bis zum Handelstag HT
$DAFOX_{HT}$:	Wert des DAFOX am Handelstag HT
HT:	Handelstag
n_M^{HT}:	Anzahl der Handelstage im Monat M
M:	Januar 1996, Februar 1996, ..., November 1997

In Abbildung 27 ist die monatliche Standardabweichung der kontinuierlichen Tagesrenditen des DAFOX abgebildet. Zudem wurde aus den drei zur Auswahl stehenden Methoden zur Berechnung des Marktspannenmittels beispielhaft die spannenzeitgewichtete ausgewählt und über alle 70 Standardwerte und mittelgroßen Werte in den Monaten des Untersuchungszeitraums abgetragen. Deutlich

Autoren wie z.B. Tinic und West (1972) oder Hamilton (1979) messen das Risiko nicht über Renditen, sondern über Höchst-, Tiefst- und Durchschnittskurse, dieses Vorgehen wird aber eher als ungeeignet angesehen, siehe hierzu Benston und Hagerman (1974), S. 374, und Iversen (1994), S. 57 f.

1) Behnen und Neuhaus (1995), S. 290 f. Unterschiedliche Volatilitätsberechnungen werden ausführlich dargestellt von Bolek (1999).

2) Der Zeitraum zwischen den einzelnen Handelstagen wird dabei als äquidistant angesehen.

ist ein positiver Zusammenhang zwischen dem Marktspannenmittel und der Standardabweichung zu erkennen.

Abbildung 27: Monatliche Standardabweichung der kontinuierlichen Tagesrenditen des DAFOX und spannenzeitgewichtetes Marktspannenmittel der 70 untersuchten Titel in den Monaten Januar 1996 bis November 1997

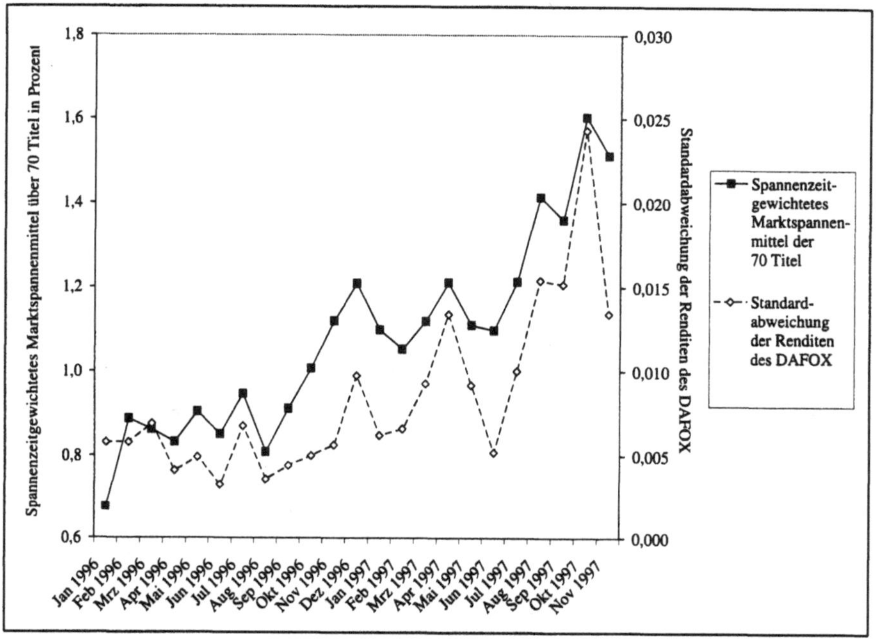

Eine lineare Regression[1)] mit der Volatilität als erklärende Variable und der Marktspanne als abhängige Variable der Form:

$$\overline{MSP}^{ZG} = \alpha + \beta s(DAFOX) \tag{29}$$

1) Eine grundlegende Übersicht über die lineare Regression bieten u.a. Fahrmeir, Künstler, Pigeot und Tutz (2003), S. 150–165, Dehling und Haupt (2004), S. 241–246, und Schlittgen (2004), S. 225–274. Eine Darstellung und Diskussion von Regressionsverfahren findet sich z.B. bei Hansmann (1980), S. 125–140.

mit:

$\overline{MSP}^{ZG}$:	durchschnittliche spannenzeitgewichtete Marktspanne aller 70 Titel in Prozent
$s(DAFOX)$:	Stichprobenstandardabweichung des DAFOX
α:	zu schätzende Regressionskonstante
β:	zu schätzender Regressionskoeffizient

liefert folgendes Ergebnis:

$$\overline{MSP}^{ZG} = 0,7309 + 41,1590s(DAFOX) \qquad (30)$$

Für das Bestimmtheitsmaß errechnet sich ein R^2 von 0,7677. Die Volatilität in Form der Stichprobenstandardabweichung besitzt daher eine hohe Erklärungskraft für die Marktspanne. Der t-Wert für β beträgt 8,33. Der geschätzte Zusammenhang erweist sich bei einem Signifikanzniveau unter 1% als hoch signifikant.[1)][2)]

Neben den ersten beiden Punkten, also der Verwendung von prozentualen Marktspannen und der täglichen Betrachtungsweise, sollen drittens alle 70 untersuchten Aktien getrennt berechnet werden. Dies ist notwendig, um die unterschiedlich hohen Marktspannen der einzelnen Titel zu berücksichtigen. Mögliche Unterschiede in der Höhe der Marktspanne lassen sich beispielsweise durch die unterschiedlich hohen Umsätze der einzelnen Titel erklären. Dabei besteht ein empirisch nachgewiesener negativer Zusammenhang zwischen dem Umsatz und der Höhe

1) Iversen (1994), S. 193, berechnet für die im Jahr 1991 in MATIS gehandelten DAX-Werte ebenfalls einen positiven Zusammenhang zwischen Risiko und Marktspanne. Iversen verwendet allerdings für die unabhängige Variable nicht die Standardabweichung, sondern die Varianz der Rendite, dies führt bei linearer Regression zu einer geringeren Erklärungskraft.

2) Eine ähnlich hohe Erklärungskraft ergibt sich auch für jeden einzelnen der 70 Titel. Beispielhaft für Siemens ist das Pendant der Abbildungen 26 und 27 sowie die entsprechende Regression aus Formel (29) im Anhang aufgeführt. Vgl. ebenda die Abbildungen 37 und 38 bzw. die Formeln (33) und (34), S. 268 f.

der Marktspanne.[1] Auch diese Beziehung soll anhand der Daten geprüft und verdeutlicht werden. daher wird in Abbildung 28 der durchschnittliche tägliche Wertumsatz jedes Standardwertes seiner durchschnittlichen spannenzeitgewichteten Marktspanne im Untersuchungszeitraum gegenübergestellt.[2][3]

Abbildung 28: Durchschnittlicher Wertumsatz pro Handelstag und spannenzeitgewichtetes Marktspannenmittel in den Monaten Januar 1996 bis November 1997 für die Standardwerte (Gruppe I, 35 Werte)

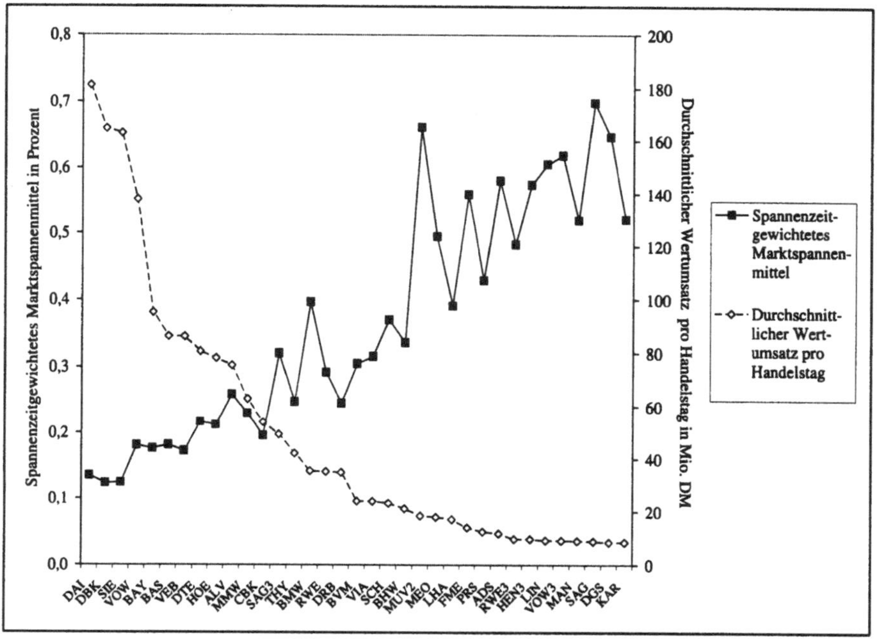

1) Festgestellt wurde dieser inverse Zusammenhang bereits von Demsetz (1968), S. 33–53, sowie in neueren Arbeiten von Iversen (1994), S. 243, Schmidt und Treske (1996), S. 1035 f., sowie Oesterhelweg (1998), S. 116–118.

2) Die Titel in der Abbildung 28 sind, wie in den Tabellen 6 bis 8, S. 112–114, dargestellt nach dem durchschnittlichen Wertumsatz pro Handelstag sortiert.

3) Um die Übersichtlichkeit zu erhöhen, wurden in Abbildung 28 nur die Standardwerte dargestellt, eine entsprechende grafische Darstellung für die mittelgroßen Werte findet sich in Abbildung 39 im Anhang, S. 270.

Eine lineare Regression mit dem logarithmierten Wertumsatz einer Aktie als unabhängige Variable und der logarithmierten Marktspanne der Aktie als zu erklärende Variable der Form:

$$ln(\overline{MSP}^{ZG}) = \alpha + \beta\, ln(\overline{WU}) \qquad (31)$$

mit:

$\overline{MSP}^{ZG}$:	durchschnittliche spannenzeitgewichtete Marktspanne in Prozent
$\overline{WU}$:	durchschnittlicher Wertumsatz pro Handelstag in DM
α:	zu schätzende Regressionskonstante
β:	zu schätzender Regressionskoeffizient

ergibt das folgende Resultat:[1)]

$$ln(\overline{MSP}^{ZG}) = 6,7928 - 0,4590\, ln(\overline{WU}) \qquad (32)$$

Das Bestimmtheitsmaß R^2 liegt bei 0,9374. Der t-Wert für β beträgt -32,04. So ergibt sich bei einem Signifikanzniveau unter 1% ein hoch signifikanter Zusammenhang.[2)]

Abschließend soll geklärt werden, welcher Methode zur Durchschnittsbildung der Vorzug zu gegeben ist. Da die einzelnen Aktien getrennt betrachtet werden, entspricht die spannenanzahlgewichtete Berechnung dem Vorgehen beim ungewichteten Mittel.[3)] Zur Auswahl stehen hier also das ungewichtete und das

1) Dabei wurde die Regression für alle 70 Titel gemeinsam durchgeführt, d.h. für alle Titel aus Abbildung 28 (Standardwerte) und Abbildung 39 (mittelgroße Werte) im Anhang, S. 270.

2) Das Ergebnis steht damit im Einklang mit den in Fußnote 1 auf S. 213 zitierten Arbeiten.

3) Formal ergibt sich die Übereinstimmung aus den Formeln (12) und (13), S. 74. Bei Einzelbetrachtung der Aktien gilt in Formel (13), dass $w = W = 1$ ist und somit gilt: $N_{WT}^{MS} = n_{wT}^{MS}$. Eingesetzt in Gleichung (12) ergibt sich dann $\overline{MSP}_{WT}^{AG} = \overline{MSP}_{wT}^{UG}$, also die Gleichheit von spannenanzahlgewichtetem und ungewichtetem Marktspannenmittel.

spannenzeitgewichtete Marktspannenmittel. Der ungewichtete Durchschnitt führt durch die Gleichgewichtung sämtlicher Marktspannen zu einer Überbewertung von transitorischen Kursveränderungen. Demgegenüber gehen diese kurzfristigen Schwankungen, seien es Ausschläge nach oben oder unten, in den spannenzeitgewichteten Durchschnitt nur mit einem sehr geringen Gewicht in die Berechnung ein – nämlich nur mit der kurzen Zeitspanne ihres Auftretens. Zur Verdeutlichung sei das folgende vereinfachte Beispiel betrachtet: Über einen Beobachtungszeitraum T von 60 Minuten lagen für eine Aktie w Marktspannen von 0,1% (für einen Zeitraum von 57 Minuten) sowie 1%, 1,5% und 2% (jeweils über eine Minute) vor. Der ungewichtete Durchschnitt ergibt ein Marktspannenmittel von 1,15%,[1] das spannenzeitgewichtete Mittel beträgt dagegen 0,17%.[2] Bei Wahl des ungewichteten Durchschnitt, wäre die Marktspanne von 1% als enge und bei der Verwendung des spannenzeitgewichteten Durchschnittes als weite Spanne einzuordnen.[3]

Die folgenden beiden Abbildungen 29 und 30 erläutern die Differenz zwischen dem ungewichteten Durchschnitt und dem spannenzeitgewichteten Durchschnitt im Untersuchungszeitraum für die Standardwerte bzw. mittelgroßen Werte.

1) Der Wert von 1,15% ergibt sich durch Einsetzen in Formel (11), S. 73. Für das ungewichtete Marktspannenmittel errechnet sich: $\overline{MSP}_{wT}^{UG} = \frac{1}{4}(0,1\% + 1,0\% + 1,5\% + 2,0\%) = 1,15\%$.

2) Der Durchschnitt von 0,17% ergibt sich aus Formel (15), S. 76. Für das spannenzeitgewichtete Marktspannenmittel errechnet sich: $\overline{MSP}_{wT}^{ZG} = \frac{1}{60}(57 * 0,1\% + 1 * 1,0\% + 1 * 1,5\% + 1 * 2,0\%) = 0,17\%$.

3) Es ließe sich natürlich eine beliebige Anzahl von Beispielen konstruieren, bei denen kein Unterschied in der Zuordnung zu Stande käme. Die verwendeten Extremwerte machen den Unterschied in der Berechnung jedoch besonders gut deutlich.

Abbildung 29: Absolute Differenz zwischen ungewichtetem und spannenzeitgewichtetem Marktspannenmittel für die Standardwerte in DM (Gruppe I, 35 Werte)

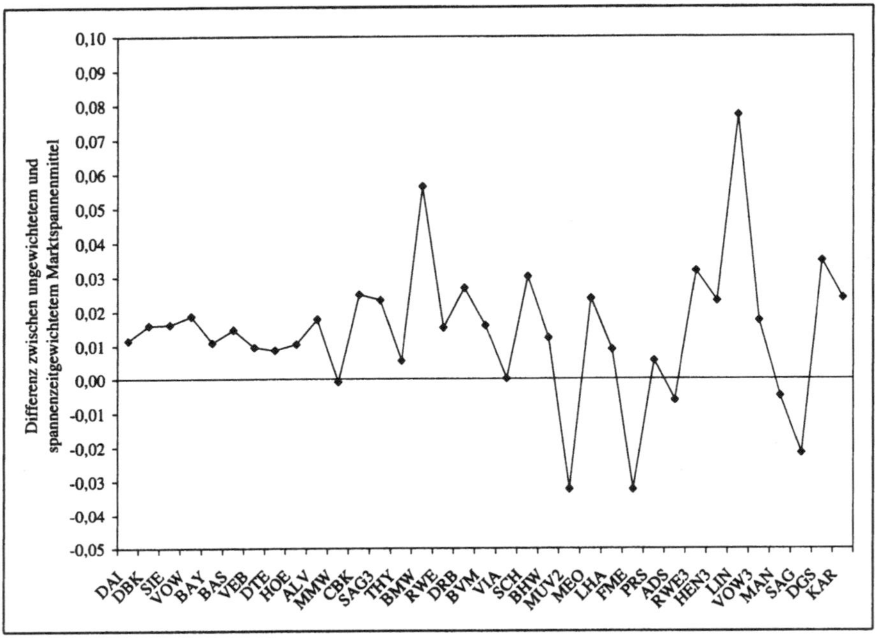

Abbildung 30: Absolute Differenz zwischen ungewichtetem und spannenzeitgewichtetem Marktspannenmittel für die mittelgroßen Werte in DM (Gruppe II, 35 Werte)

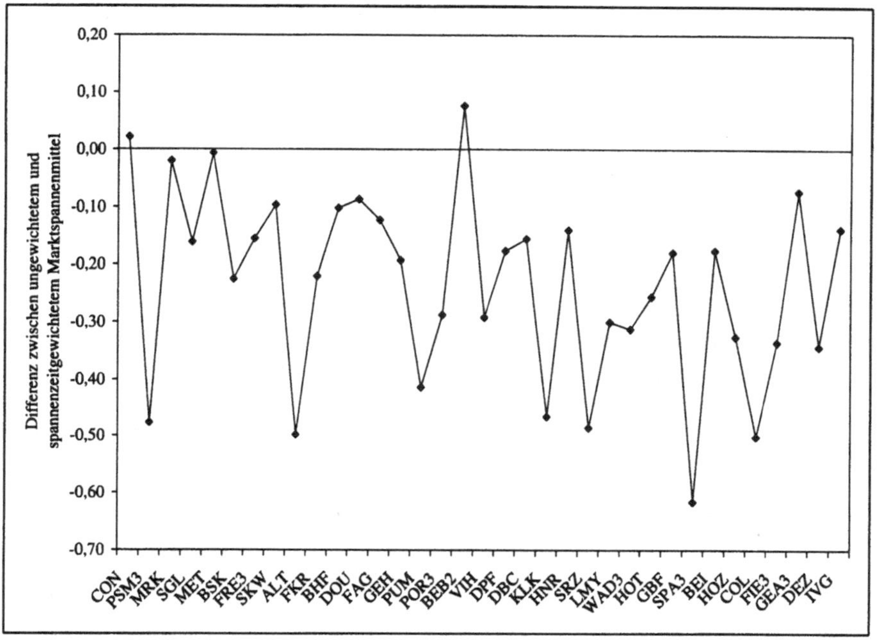

Bei den Standardwerten fällt die Differenz zwischen den beiden Berechnungsmethoden meist kleiner aus als bei den mittelgroßen Werten. Bei den Titeln der Gruppe I schwankt sie zwischen 0,0773 (Linde, Kürzel: LIN) und -0,0323 (Fresenius Medical Care, FME). In Gruppe II differiert sie zwischen 0,0767 (Bankges. Berlin, BEB2) und -0,6157 (SPAR Handels-AG Vz.A., SPA3). Bei den umsatzstarken Titeln ist die Differenz meist positiv, d.h. das ungewichtete ist größer als das spannenzeitgewichtete Marktspannenmittel. Nur sechs Titel besitzen eine negative Differenz.[1] Bei den umsatzschwächeren Werten ist es dagegen umgekehrt. Nur bei zwei Werten ist das ungewichtete Mittel größer als das spannenzeitgewich-

1) Biais, Hillion und Spatt (1995), S. 1670, beobachten für die Werte des CAC 40 Index und einen Zeitraum von 19 Tagen des Jahres 1991 ebenfalls, dass das gleichgewichtete (0,40%) größer als das spannenzeitgewichtete (0,36%) Marktspannenmittel ist.

tete. Das lässt den Schluss zu, dass wenn die vergleichsweise enge Marktspanne bei den Standardwerten durch eine Vielzahl weiter Spannen unterbrochen wird, dies jeweils nur für kurze Zeiträume passiert. Bei den mittelgroßen Werten verhält es sich vica verse. Das bedeutet, dass die im Vergleich zu den Standardwerten weiteren Geld-Brief-Spannen der mittelgroßen Werte nur für kurze Zeiträume durch engere Spannen unterbrochen werden. Es scheint, als sei das spannenzeitgewichtete Marktspannenmittel besser geeignet als das ungewichtete. Da das ungewichtete Marktspannenmittel aber auch nicht als ungeeignet ausgeschlossen werden kann, werden beide Methoden ausgewertet. Im Ergebnisteil dieses Abschnitts werden jedoch die Auswertungen nur für den spannenzeitgewichteten Durchschnitt betrachtet. Die Ergebnisse des ungewichteten Marktspannenmittels finden sich im Anhang.[1)] Abschließend fasst die folgende Übersicht noch einmal zusammen, welches Vorgehen und welcher Berechnungsmodus für die Marktspannen zur Anwendung kommen:

- Es werden nur prozentuale Marktspannen verwendet.
- Die Marktspannen werden einzeln für jeden Titel berechnet.
- Die Marktspannen werden tageweise berechnet.
- Verwendung des spannenzeitgewichteten Durchschnittes mit zusätzlicher Darstellung der Ergebnisse für den ungewichteten Durchschnitt im Anhang.

Da der Umfang von Geboten in diesem Abschnitt nicht untersucht wird, werden die Transaktionen unter den Folgegeboten nur in Käufe und Verkäufe unterteilt. Limitierte Gebote, die zu einem Zeitpunkt abgegeben wurden, zu dem keine Marktspanne vorlag, fallen aus der Untersuchung heraus. Das liegt daran, dass nur Folgegebote von Transaktionen betrachtet werden, bei denen eine enge oder weite Marktspanne vorlag. Die Darstellung der Untersuchungsmethoden ist damit abgeschlossen. Im nächsten Unterabschnitt können die Hypothesen beschrieben werden.

---

1) Vgl. Abbildung 36 und Abbildung 37, S. 266 bzw. S. 267.

2. Hypothesen

Enge Marktspannen bieten im Vergleich zu weiten Marktspannen bei der Verwendung von limitierten Geboten nur geringe potentielle Abschlusskursvorteile. Ihnen stehen geringere Sofortigkeitskosten bei der Annahme von Geboten gegenüber. Bei einer engen Marktspanne ist also der Anreiz zur Annahme von Geboten tendenziell größer als der Anreiz zur Abgabe von Geboten.[1)] Anleger, die zwischen Sofortigkeitskosten und Abschlusskursvorteilen abwägen, werden sich also vermutlich bei engen Marktspannen eher zu Gunsten der Sofortigkeit entscheiden. Es ist daher unter den Folgegeboten von Transaktionen bei enger Marktspanne mit anteilig mehr Transaktionen als bei einer weiten Marktspanne zu rechnen. Der höhere Anteil von Folgetransaktionen sollte zudem auf beiden Marktseiten zu beobachten sein, d.h. sowohl der Anteil von Käufen als auch der Anteil von Verkäufen müsste größer ausfallen. Zudem sollte, zumindest auf der jeweils anderen Marktseite, die Abgabe limitierter Gebote anteilig geringer ausfallen. Das bedeutet, dass nach Käufen bei einer engen Marktspanne der Anteil limitierter Briefgebote vermutlich kleiner als nach Käufen bei einer weiten Marktspanne ist und dass nach Verkäufen bei enger Marktspanne der Anteil limitierter Geldgebote kleiner ist als nach Verkäufen bei weiter Marktspanne. Daraus lassen sich die folgenden drei testbaren Hypothesen formulieren:[2)]

Nullhypothese H_0^{6a}

Unter den Folgegeboten von Transaktionen bei enger Marktspanne ist der Anteil von Transaktionen kleiner oder gleich dem Anteil von Transaktionen unter den Folgegeboten von Transaktionen bei weiter Marktspanne. Dies gilt für Käufe und für Verkäufe.

Nullhypothese $H_0^{6b-Kauf}$

Unter den Folgegeboten von Käufen bei enger Marktspanne ist der Anteil der

---

1) Diese Annahmen stehen im Einklang zu den in Teil I, Abschnitt C.II., S. 80–96, vorgestellten empirischen Untersuchungen. Siehe hierzu auch Küster Simic (2001), S. 139–153.

2) Dabei wird Hypothese H^{6a} vereinfachend für Käufe und Verkäufe zusammengefasst.

limitierten Briefgebote größer oder gleich dem Anteil limitierter Briefgebote unter den Folgegeboten von Käufen bei weiter Marktspanne.

Nullhypothese $H_0^{6b-Verkauf}$
Unter den Folgegeboten von Verkäufen bei enger Marktspanne ist der Anteil der limitierten Geldgebote größer oder gleich dem Anteil limitierter Geldgebote unter den Folgegeboten von Verkäufen bei weiter Marktspanne.

3. Ergebnisse

Die Ergebnisse sind in der bereits aus den vorherigen Abschnitten bekannten Form in den Tabellen 26 und 27 dargestellt. Für die Signifikanztests von Hypothese H^{6a} gibt es aggregiert für alle Titel ein deutliches Ergebnis. Dies trifft für die Folgegebote von Käufen und die Folgegebote von Verkäufen zu. Unter den Folgegeboten von Käufen bei enger Marktspanne ist der Anteil von Käufen und Verkäufen gemeinsam mehr als doppelt so hoch wie unter den Folgegeboten von Käufen bei weiter Marktspanne. Der Anteil von Folgekäufen steigt von 11,11% auf 20,89% und der Anteil von Folgeverkäufen von 2,46% auf 6,94%. Insgesamt sind also nach Käufen bei enger Marktspanne 27,83% der Folgegebote Transaktionen. Folgegebote von Verkäufen bei enger Marktspanne zeigen ein ähnliches Bild. Hier sind 26,94% der Folgegebote Transaktionen gegenüber lediglich 12,38% bei den Folgegeboten von Verkäufen bei weiter Marktspanne. Das gleiche Ergebnis zeigt sich beim Betrachten der Standardwerte. Für alle 35 Titel aus der Gruppe I kann die Nullhypothese H_0^{6a} mit 99-prozentiger Sicherheit abgelehnt werden.

Nach traditioneller Sichtweise liegt bei einer engen Marktspanne im Vergleich zum Marktspannenmittel c.p. ein erhöhtes Liquiditätsangebot vor. Die aggregierten Ergebnisse für alle 70 Aktien und die einzelnen Ergebnisse für die Standardwerte zeigen, dass insgesamt und bei den umsatzstarken Titeln ein Zugriff auf dieses Liquiditätsangebot durch die Annahme von Geboten zu beobachten ist. Bei den mittelgroßen Werten fällt diese Liquiditätsnachfrage nicht ganz so deutlich aus. Nach Käufen bei enger Marktspanne kann die Nullhypothese H_0^{6a} für die mittelgroßen Werte noch fast durchgehend abgelehnt werden, und zwar bei

33 Titeln für die Anteile von Folgekäufen und bei 24 Titeln für die Anteile von Folgeverkäufen. Bei Folgegeboten von Verkäufen ist die Anzahl der Titel, bei denen die Nullhypothese abgelehnt werden kann, aber geringer. Bei Transaktionen auf derselben Marktseite, also den Folgeverkäufen, sind es nur noch 26 Titel. Auf der anderen Marktseite, also den Folgekäufen, beträgt die Anzahl 23 Titel.

Die Ergebnisse des Signifikanztests zu Hypothese $H^{6b-Kauf}$ fallen sehr viel differenzierter aus als die zu Hypothese H^{6a}. Ein auf dem 1%-Niveau signifikant geringerer Anteil von limitierten Briefgeboten nach Käufen bei einer engen gegenüber einer weiten Marktspanne ist lediglich bei schlechter als dem besten Briefgebot limitierten und die Marktspanne um weniger als 50% verengenden Briefgeboten zu beobachten. Bei den schlechter limitierten Briefgeboten zeigt sich allerdings erneut ein Gegensatz zwischen den Titeln aus den Gruppen I und II. Bei den Standardwerten ist die Nullhypothese $H_0^{6b-Kauf}$ bei 29 Titeln abzulehnen, bei den mittelgroßen Werten lediglich bei fünf Titeln. Auch der Anteil jener limitierten Briefgebote, die in Höhe des besten Briefgebots limitiert wurden, ist signifikant kleiner. Allerdings kann die Nullhypothese lediglich mit 95-prozentiger Sicherheit abgelehnt werden. Zudem fällt das Ergebnis für die Gruppen I und II wieder sehr unterschiedlich aus. Die Nullhypothese $H_0^{6b-Kauf}$ kann für insgesamt elf Standardwerte abgelehnt werden, jedoch für keinen der mittelgroßen Werte. Der Anteil sehr attraktiv limitierter Briefgebote, also die Briefgebote, die Marktspanne um mindestens 50% verengen, ist unter den Folgegeboten von Käufen bei einer engen Marktspanne gegenüber einer weiten Marktspanne mit 2,91% bzw. 2,85% sogar knapp größer. Die Nullhypothese kann hier lediglich für zehn Standardwerte und fünf mittelgroße Werte abgelehnt werden, aggregiert für alle Titel muss sie beibehalten werden.

Ebenso wie die Nullhypothese $H_0^{6b-Kauf}$ ist auch die Nullhypothese $H_0^{6b-Verkauf}$ nicht durchweg für alle Limithöhen von Briefgeboten abzulehnen. Nur für unattraktiv limitierte Briefgebote und die Marktspanne um weniger als 50% verengende Briefgebote ergibt sich eine Signifikanz auf dem 1%-Niveau. Für die einzelnen Titel ergibt sich ein ähnliches Bild wie bei der Hypothese $H^{6b-Kauf}$. Für die genau in der Höhe des besten Briefgebots limitierten Briefgebote kann die Hypothese $H_0^{6b-Verkauf}$ jedoch nicht abgelehnt werden. Mit 1,66% ist der Anteil unter den Folgegeboten von Käufen bei einer engen Marktspanne sogar größer als bei Folgegeboten von Käufen bei einer weiten Marktspanne (1,59%). Auch für sehr attraktiv limitierte Briefgebote ist zwar eine Signifikanz für alle Aktien gemeinsam vorhanden, bei Betrachtung der einzelnen Aktien aber nur für 32 der 70 Titel.

Zuletzt soll noch einmal auf die Tabellen 36 und 37 im Anhang, S. 266 f., hingewiesen werden. Sie sind genauso aufgebaut wie die Tabellen 26 und 27 und enthalten ebenfalls die bedingte Verteilung der Folgegebote von Transaktionen bei enger und weiter Marktspanne sowie die Ergebnisse der Signifikanztests zu den Hypothesen H^{6a}, $H^{6b-Kauf}$ und $H^{6b-Verkauf}$. Der Unterschied besteht in der Berechnung des Marktspannenmittels. Statt der spannenzeitgewichteten durchschnittlichen Marktspanne wurde für die Tabellen im Anhang das ungewichtete Marktspannenmittel zur Abgrenzung von engen und weiten Marktspannen herangezogen. Es zeigt sich aber, dass die unterschiedliche Berechnungsmethode für die Ergebnisse keine gravierende Rolle spielt. Die Signifikanztests fallen nahezu identisch aus.

Tabelle 26: Bedingte Verteilung der Folgegebote von Transaktionen bei enger und weiter Marktspanne (Abgrenzung durch die spannenzeitgewichtete durchschnittliche Marktspanne); Ergebnisse der approximativen Zweistichproben-Gaußtests zu den Hypothesen H^{6a}, $H^{6b-Kauf}$ und $H^{6b-Verkauf}$ (Teil 1)

$X^{t=0}$ \ $X^{t=1}$	Kauf	Verkauf	limitiertes Geldgebot			
			schlechter	gleich	verengt die Marktspanne um	
			bestes Geldgebot		<50%	≥50%
Kauf; Marktspanne ≤ Ø Marktspanne	20,89% H_0^{6a}: ↓ ++[a)] 35 / 0 / 0 / 0[b)] 29 / 4 / 2 / 0	6,94% H_0^{6a}: ↓ ++ 35 / 0 / 0 / 0 22 / 2 / 0 / 11	7,92%	1,36%	8,40%	2,65%
Kauf; Marktspanne > Ø Marktspanne	11,11%	2,46%	7,10%	1,33%	16,43%	2,66%
Verkauf; Marktspanne ≤ Ø Marktspanne	8,19% H_0^{6a}: ↓ ++ 35 / 0 / 0 / 0 18 / 5 / 3 / 9	18,75% H_0^{6a}: ↓ ++ 35 / 0 / 0 / 0 26 / 0 / 6 / 3	12,77% H_0^{6b-V}: ↑ ++ 25 / 0 / 10 / 0 1 / 2 / 31 / 1	1,66% H_0^{6b-V}: ↑ - 4 / 5 / 26 / 0 0 / 0 / 23 / 12	10,00% H_0^{6b-V}: ↑ ++ 35 / 0 / 0 / 0 27 / 3 / 5 / 0	2,72% H_0^{6b-V}: ↑ ++ 10 / 8 / 17 / 0 10 / 4 / 19 / 2
Verkauf; Marktspanne > Ø Marktspanne	3,16%	9,22%	14,67%	1,59%	18,53%	2,97%

Anmerkungen:

a) ++ / + / - : H_0 kann auf dem 1%-Niveau abgelehnt werden / H_0 kann auf dem 5%, aber nicht auf dem 1%-Niveau abgelehnt werden / H_0 kann nicht abgelehnt werden

b) Die Darstellung ⊕⊕ / ⊕ / ⊖ /⊗ bedeutet: ⊕⊕: Anzahl der Titel, bei denen H_0 auf dem 1%-Niveau abgelehnt werden kann; ⊕ : Anzahl der Titel, bei denen H_0 auf dem 5%-, aber nicht auf dem 1%-Niveau abgelehnt werden kann; ⊖ : Anzahl der Titel, bei denen H_0 nicht abgelehnt werden kann; ⊗ : Anzahl der Titel, bei denen die Bedingungen für den Test nicht erfüllt sind

Tabelle 27: Bedingte Verteilung der Folgegebote von Transaktionen bei enger und weiter Marktspanne (Abgrenzung durch die spannenzeitgewichtete durchschnittliche Marktspanne); Ergebnisse der approximativen Zweistichproben-Gaußtests zu den Hypothesen H^{6a}, $H^{6b-Kauf}$ und $H^{6b-Verkauf}$ (Teil 2)

$X^{t=0}$ \ $X^{t=1}$	limitiertes Briefgebot				Löschung
	schlechter	gleich	verengt die Marktspanne um		
	bestes Briefgebot		<50%	≥50%	
Kauf; Marktspanne ≤ Ø Marktspanne	13,09% H_0^{6b-K}: ↑ ++[a)] 27 / 2 / 6 / 0[b)] 2 / 3 / 30 / 0	1,96% H_0^{6b-K}: ↑ + 10 / 1 / 24 / 0 0 / 0 / 26 / 9	10,39% H_0^{6b-K}: ↑ ++ 35 / 0 / 0 / 0 32 / 1 / 2 / 0	2,91% H_0^{6b-K}: ↑ - 6 / 4 / 25 / 0 2 / 3 / 26 / 4	23,50%
Kauf; Marktspanne > Ø Marktspanne	14,99%	2,00%	18,09%	2,85%	20,99%
Verkauf; Marktspanne ≤ Ø Marktspanne	8,27%	1,47%	8,52%	2,82%	24,83%
Verkauf; Marktspanne > Ø Marktspanne	7,30%	1,40%	15,84%	2,79%	22,53%

Anmerkungen:

a) ++ / + / - : H_0 kann auf dem 1%-Niveau abgelehnt werden / H_0 kann auf dem 5%, aber nicht auf dem 1%-Niveau abgelehnt werden / H_0 kann nicht abgelehnt werden

b) Die Darstellung ⊕⊕ / ⊕ / ⊖ / ⊗ bedeutet: ⊕⊕: Anzahl der Titel, bei denen H_0 auf dem 1%-Niveau abgelehnt werden kann; ⊕ : Anzahl der Titel, bei denen H_0 auf dem 5%-, aber nicht auf dem 1%-Niveau abgelehnt werden kann; ⊖ : Anzahl der Titel, bei denen H_0 nicht abgelehnt werden kann; ⊗ : Anzahl der Titel, bei denen die Bedingungen für den Test nicht erfüllt sind

III. Annahme marktspannenverengender Gebote

1. Untersuchungsmethodik

Im letzten Abschnitt zeigte sich, dass nach Transaktionen bei einer engen Marktspanne zu großen Anteilen mit Transaktionen auf beiden Marktseiten zu rechnen ist. Sowohl nach Käufen als auch nach Verkäufen ist der Anteil von Transaktionen auf derselben Marktseite bei einer engen Marktspanne etwa doppelt so hoch wie bei einer weiten Marktspanne. Der prozentuale Unterschied von Transaktionen auf der jeweils anderen Marktseite fällt sogar noch höher aus, ist aber in absoluten Zahlen geringer. Die Ergebnisse weisen also bereits Indizien für das Vorhandensein einer Präsenzkomponente als Liquiditätsquelle auf. Wird die Liquidität der Präsenzkomponente durch sehr attraktiv limitierte Gebote nachgefragt, kommt es durch die Annahme von Geboten auch zum Angebot von Präsenzliquidität.

Zwei Aspekte wurden bisher allerdings noch nicht berücksichtigt. Erstens ist nicht festgehalten, wodurch eine enge Marktspanne zustande gekommen ist. Es wurde also nicht differenziert, ob vor der betrachteten Transaktion ein limitiertes Geldgebot oder ein limitiertes Briefgebot eingestellt wurde oder ob womöglich eine andere Transaktion stattfand. Zweitens wurde nicht berücksichtigt, ob die enge Marktspanne durch ein einzelnes, sehr attraktiv limitiertes Gebot zustande kam oder z.B. durch mehrere, sich in kleinen Schritten überbietende attraktive Gebote entstanden ist.[1] Speziell auf diese beiden Punkte wird nun aber im Folgenden eingegangen. Die Frage dieses Abschnitts lautet: Unterscheidet sich das Bietverhalten nach der Annahme von Geboten, die die Marktspanne stark verengt haben und daher eher eine Liquiditätsnachfrage darstellen, von dem Bietverhalten nach der Annahme von Geboten, die weniger verengend waren und somit eher als

[1] Neben den beiden beschriebenen Ursachen für eine enge Marktspanne sind natürlich noch weitere denkbar. Möglich wäre z.B. die folgende Situation: Es liegt bereits eine Marktspanne vor, die nur wenig größer ist als das Marktspannenmittel. In diesem Fall genügt schon ein einzelnes attraktiv limitiertes Gebot, um eine enge Marktspanne entstehen zu lassen. Ebenfalls denkbar wäre, dass schon vor einer Transaktion eine enge Marktspanne vorlag und aus der Transaktion selbst auch keine überdurchschnittlich große Marktspanne resultiert.

Liquiditätsangebot aufgefasst werden können? Dabei werden nur Transaktionen betrachtet, mit denen verengende Gebote sofort angenommen wurden. Unter „sofortiger Annahme“ wird verstanden, dass zwischen der Abgabe und der Annahme des Gebots kein anderes Gebot eingestellt, gelöscht oder angenommen wurde. Diese Transaktionen können also als Folgegebote von marktspannenverengenden Geboten aufgefasst werden. Die Länge der Zeitspanne zwischen der Abgabe und der Annahme wird dabei nicht betrachtet.[1)] Auch muss ein stark verengendes Gebot nicht zwingend zu einer Marktspanne führen, die kleiner ist als der Durchschnitt, also zu einer engen Marktspanne nach der Definition des letzten Abschnitts. Liegt eine hinreichend weite Marktspanne vor, so kann selbst ein sehr attraktiv limitiertes Gebot immer noch eine überdurchschnittlich weite Marktspanne zur Folge haben.

Beispielhaft für Käufe, die durch die Annahme marktspannenverengender Briefgebote zustande kamen, sollen die beiden folgenden Abbildungen verdeutlichen, welche Folgegebote in diesem Abschnitt miteinander verglichen werden. In Abbildung 31 handelt es sich um die Darstellung eines Folgegebots nach der Annahme eines marktspannenverengenden Gebots, das eher Liquiditätsnachfrage darstellte. Bei der Situation in Abbildung 32 kann das marktspannenverengende Gebot dagegen als Liquiditätsangebot aufgefasst werden.

1) Abschlusswahrscheinlichkeiten und Wartezeiten bis zur Annahme von marktspannenverengenden Geboten untersuchen Schmidt und Küster Simic (1999b) und Küster Simic (2001), S. 139–153. Vgl. hierzu auch Teil I der Arbeit, Abschnitt C.II., S. 80–96.

Abbildung 31: Bietverhalten nach der Annahme eines sehr attraktiv limitierten Briefgebots an einem Beispiel

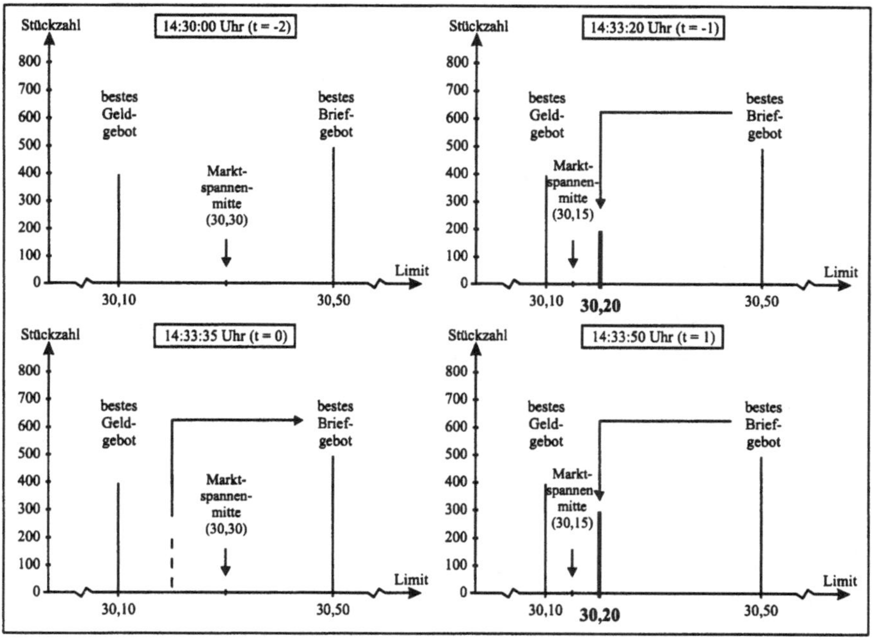

Als Ausgangspunkt wird vereinfachend in beiden Abbildungen die gleiche Orderbuchsituation einer Aktie in IBIS betrachtet, die jeweils links oben in beiden Abbildungen dargestellt ist. Zur Unterscheidung ist nur die Uhrzeit verändert. In der Situation eins (Abbildung 31) sei es in dem dargestellten Moment 14:30:00 Uhr, für die zweite Situation (Abbildung 32) gelte 14:35:00 Uhr (dieser Zeitpunkt wird jeweils als $t = -2$ bezeichnet). Das beste Geldgebot in $t = -2$ hat ein Limit von DM 30,10 und ist für 400 Stück gut. Das beste Briefgebot hat ein Limit von DM 30,50 und eine Stückzahl von 500. Die Mitte der Marktspanne liegt also bei DM 30,30 und die prozentuale Marktspanne beträgt 1,32%.[1)] Die restlichen im

---

1) Dieser Wert ergibt sich durch Einsetzen in Formel (10), S. 72. Für die prozentuale Marktspanne des Wertpapiers w im Zeitpunkt $t = -2$ errechnet sich dann: $MSP_{w,-2} = (30,50 - 30,10)/[(30,10 + 30,50)/2] * 100 = 1,32$.

Orderbuch stehenden Gebote spielen für die Unterscheidung keine Rolle. Auf ihre Abbildung wird deshalb verzichtet.[1)]

In der ersten Situation stellt anschließend Anleger A um 14:33:20 Uhr ein sehr attraktiv limitiertes Briefgebot über 200 Stück mit einem Limit von DM 30,20 in das offene Orderbuch ein ($t = -1$, rechts oben). Die Marktspanne wird damit um mehr als 50% verengt, sie beträgt jetzt 0,33%.[2)] Das limitierte Briefgebot kann also als Nachfrage nach der Präsenzliquidität angesehen werden. Im nächsten Schritt, um 14:33:35 Uhr, stellt Anleger B die gewünschte Präsenzliquidität zur Verfügung, er kauft 200 Stück der betrachteten Aktie, indem er das eben von Anleger A eingestellte beste Briefgebot annimmt ($t = 0$, links unten). Damit entsteht wieder die gleiche Orderbuchsituation wie zum Zeitpunkt $t = -2$ mit einer Marktspanne von 1,32%. Für die Untersuchung sind nun die Folgegebote anderer Marktteilnehmer[3)] auf die Transaktion zum Zeitpunkt $t = 0$ von Interesse, also die Gebote, die zum Zeitpunkt $t = 1$ abgegeben werden. Im Beispiel stellt Anleger A um 14:33:50 Uhr wiederum ein Briefgebot mit einem Limit von DM 30,20 in das Orderbuch, die Stückzahl beträgt diesmal aber 300. Er möchte also ein zweites Mal das Angebot der Präsenzliquidität in Anspruch nehmen.

---

1) Dies bedeutet natürlich nicht, dass die anderen Gebote das Bietverhalten der Anleger nicht beeinflussen können. Die restlichen Gebote haben lediglich auf die Einteilung der Folgegebote keinen Einfluss.

2) $MSP_{w,-1} = (30,20 - 30,10)/[(30,10 + 30,20)/2] * 100 = 0,33.$

3) In Beispiel darf das Folgegebot also nicht von Anleger B stammen.

Abbildung 32: Bietverhalten nach der Annahme eines attraktiv limitierten Briefgebots an einem Beispiel

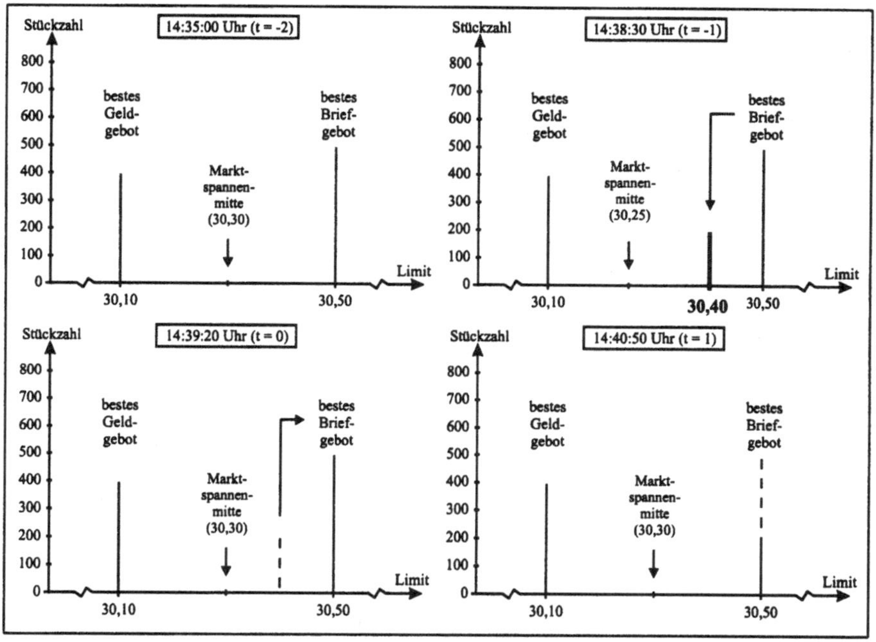

Die Situation in Abbildung 32 ist durch ein limitiertes Briefgebot des Anlegers I gekennzeichnet, das die Marktspanne um weniger als 50% verengt. Es wird um 14:38:30 Uhr mit einem Limit von DM 30,40 und einer Stückzahl von 200 eingestellt ($t = -1$, rechts oben). Die prozentuale Marktspanne beträgt daraufhin 0,99%.[1] Dieses limitierte Briefgebot stellt also eher Liquidität über die Buchkomponente zur Verfügung. Um 14:39:20 Uhr nimmt Anleger II das beste Briefgebot an ($t = 0$, links unten). Im Gegensatz zu Situation eins wird der Kauf als Liquiditätsnachfrage angesehen, weil das vorausgehende Gebot die Marktspanne nur wenig verengt hatte. Wie bereits im ersten Beispiel entsteht dadurch aber erneut die anfängliche Orderbuchsituation. In die Untersuchung fließen wieder die Folgegebote anderer Marktteilnehmer auf die Transaktion zum Zeitpunkt $t = 0$ ein.

1) $MSP_{w,-1} = (30,40 - 30,10)/[(30,10 + 30,40)/2] * 100 = 0,99.$

Berücksichtigt werden also die Gebote, die zum Zeitpunkt $t = 1$ abgegeben werden. Im Beispiel nimmt ein weiterer Anleger III um 14:40:50 Uhr 300 Stück des besten Briefgebots an.

In beiden Beispielen wurde das zum Zeitpunkt $t = -1$ abgegebene marktspannenverengende Gebot vollständig angenommen. In der folgenden Untersuchung wird zunächst nicht zwischen der vollständigen Annahme und der Teilannahme unterschieden. Später wird dann allerdings noch unterschieden, ob ein sehr attraktiv limitiertes Gebot *vollständig* oder nur *teilweise* angenommen wurde. Nachdem die notwendigen Methoden dargestellt wurden, wird im nächsten Unterabschnitt versucht nachzuweisen, dass Präsenzliquidität vorhanden ist und das Bietverhalten nach dem Auftreten von Liquiditätsangebot durch die Präsenzkomponente darzustellen.

2. Hypothesen

Nach der Annahme sehr attraktiv limitierter Gebote, also der Annahme von Geboten, die eher Liquiditätsnachfrage darstellen, ist insbesondere mit zwei auffälligen Reaktionen zu rechnen. Das Bietverhalten soll am Beispiel von Käufen, also der Annahme von limitierten Briefgeboten verdeutlicht werden. Der einstellende Marktteilnehmer nahm durch die Abgabe seines sehr attraktiv limitierten Briefgebots einen nur geringen Abschlusskursvorteil in Kauf, um die Präsenzliquidität nachfragen zu können. Um einen Verkauf zu initiieren, war es in dieser Situation für ihn also anscheinend eher sinnvoll, die Präsenzliquidität nachzufragen als Liquidität über die Buchkomponente anzubieten. Nun zeigte sich bei der Darstellung der Abschlussquote, dass sehr attraktiv limitierte Gebote häufiger vollständig angenommen werden als attraktiv limitierte Gebote.[1)] Dies hat zur Folge, dass nach der Annahme solcher Gebote in sehr vielen Fällen wieder die gleiche Ausgangssituation im Orderbuch vorliegt wie *vor* Abgabe solcher limitierten Gebote.[2)] Die beschriebene Situation wird zusammengefasst: Zu Beginn wird ein sehr attraktiv

1) Siehe Teil I der Arbeit, Abschnitt C.II., S. 80–96, oder auch Küster Simic (2001), S. 148 f.

2) Dieser Fall wurde weiter oben anhand der Abbildung 31, S. 227, dargestellt.

limitiertes Gebot in das Orderbuch eingestellt. Mit diesem Gebot wird versucht, auf die Präsenzliquidität zuzugreifen. Der Versuch gelingt, indem ein Marktteilnehmer, der den Handelsbildschirm beobachtet, das für ihn sehr attraktive Gebot vollständig annimmt. Im Anschluss an die vollständige Annahme des sehr attraktiven Gebots entsteht die gleiche Orderbuchsituation wie vor der Abgabe des Gebots. Hat sich zudem nach dem Ablauf dieser Zeitspanne kein anderes bewertungsrelevantes Ereignis ergeben, so kann neben der gleichen Orderbuchlage auch eine ähnliche Anreizsituation bestehen.

Besonders zwei Gründe sprechen dafür, dass in dieser Situation erneut mit einer Liquiditätsnachfrage auf derselben Marktseite gerechnet werden kann. Zum einen die Tatsache, dass es bei gleicher Orderbuchsituation vor wenigen Augenblicken ebenfalls zu Liquiditätsnachfrage kam, und zum anderen die Information, dass die Nachfrage nach der Präsenzliquidität erfolgreich war. Die Hoffnung auf einen erneuten Erfolg wird also vermutlich den Anreiz erhöhen, noch einmal ein sehr attraktives Gebot abzugeben. Am Beispiel von Käufen soll das vermutete Bietverhalten skizziert werden: Zu erwarten ist, dass nach der Annahme eines sehr attraktiv limitierten Briefgebots der Anteil von Verkäufen und der Anteil sehr attraktiv limitierter Briefgebote höher ist als nach der Annahme von lediglich attraktiv limitierten Briefgeboten. Kleiner ist dagegen vermutlich der Anteil von Transaktionen auf derselben Marktseite, also der Anteil von Käufen. Geringer ist wahrscheinlich auch der Anteil aller anderen limitierten Briefgebote. Es werden also weniger unattraktiv, noch attraktiv und attraktiv limitierte Briefgebote eingestellt. Zusammenfassend bedeutet dies, dass die erneute nachfrage nach Präsenzliquidität nach der Annahme von sehr attraktiv limitierten Geboten vermutlich höher ist als nach der Annahme von attraktiv limitierten Geboten.

Wie bereits angedeutet, wird für die ersten Hypothesen kein Unterschied gemacht zwischen der vollständigen und teilweisen Annahme von Geboten. Die Hypothesen zum Bietverhalten nach der Annahme sehr attraktiv limitierter Gebote und dem Bietverhalten nach der Annahme attraktiv limitierte Gebote lauten demnach:[1)]

Nullhypothese H_0^{7a}

Nach der Annahme sehr attraktiv limitierter Briefgebote (Geldgebote) ist der Anteil von Käufen (Verkäufen) größer oder gleich dem Anteil von Käufen (Verkäufen) nach der Annahme attraktiv limitierter Briefgebote (Geldgebote).

Nullhypothese H_0^{7b}

Nach der Annahme sehr attraktiv limitierter Briefgebote (Geldgebote) ist der Anteil von Verkäufen (Käufen) kleiner oder gleich dem Anteil von Verkäufen (Käufen) nach der Annahme attraktiv limitierter Briefgebote (Geldgebote).

Nullhypothese $H_0^{7c-Kauf}$

Nach der Annahme sehr attraktiv limitierter Briefgebote ist unter den Folgegeboten der Anteil von limitierten Briefgeboten, die die Marktspanne um weniger als 50% verengen oder die ein Limit schlechter oder gleich dem besten Briefgebot haben, größer oder gleich dem Anteil dieser Folgegebote nach der Annahme attraktiv limitierter Briefgebote.

Nullhypothese $H_0^{7c-Verkauf}$

Nach der Annahme sehr attraktiv limitierter Geldgebote ist unter den Folgegeboten der Anteil von limitierten Geldgeboten, die die Marktspanne um weniger als 50% verengen oder die ein Limit schlechter oder gleich dem besten Geldgebot haben, größer oder gleich dem Anteil dieser Folgegebote nach der Annahme attraktiv limitierter Geldgebote.

Nullhypothese $H_0^{7d-Kauf}$

Nach der Annahme sehr attraktiv limitierter Briefgebote ist unter den Folgegeboten der Anteil von limitierten Briefgeboten, die die Marktspanne um mindestens 50% verengen, kleiner oder gleich dem Anteil dieser Folgegebote nach der Annahme attraktiv limitierter Briefgebote.

---

1) Dabei werden die Hypothesen H^{7a} und H^{7b} für Käufe (Annahme von Briefgeboten) und Verkäufe (Annahme von Geldgeboten) zusammengefasst.

Nullhypothese $H_0^{7d-Verkauf}$

Nach der Annahme sehr attraktiv limitierter Geldgebote ist unter den Folgegeboten der Anteil von limitierten Geldgeboten, die die Marktspanne um mindestens 50% verengen, kleiner oder gleich dem Anteil dieser Folgegebote nach der Annahme attraktiv limitierter Geldgebote.

Auf Grund der obigen Ausführungen erscheint es sinnvoll, neben der gemeinsamen Betrachtung auch die vollständig angenommenen und teilweise angenommen sehr attraktiv limitierten Gebote zu trennen. Die entsprechenden Hypothesen lauten:

Nullhypothese H_0^{8a}

Nach der vollständigen Annahme sehr attraktiv limitierter Briefgebote (Geldgebote) ist der Anteil von Käufen (Verkäufen) größer oder gleich dem Anteil von Käufen (Verkäufen) nach der teilweisen Annahme sehr attraktiv limitierter Briefgebote (Geldgebote).

Nullhypothese H_0^{8b}

Nach der vollständigen Annahme sehr attraktiv limitierter Briefgebote (Geldgebote) ist der Anteil Verkäufen (Käufen) kleiner oder gleich dem Anteil von Verkäufen (Käufen) nach der teilweisen Annahme sehr attraktiv limitierter Briefgebote (Geldgebote).

Nullhypothese $H_0^{8c-Kauf}$

Nach der vollständigen Annahme sehr attraktiv limitierter Briefgebote ist unter den Folgegeboten der Anteil von limitierten Briefgeboten, die die Marktspanne um weniger als 50% verengen oder die ein Limit schlechter oder gleich dem besten Briefgebot haben, größer oder gleich dem Anteil dieser Folgegebote nach der teilweisen Annahme sehr attraktiv limitierter Briefgebote.

Nullhypothese $H_0^{8c-Verkauf}$

Nach der vollständigen Annahme sehr attraktiv limitierter Geldgebote ist unter den Folgegeboten der Anteil von limitierten Geldgeboten, die die Marktspanne um weniger als 50% verengen oder die ein Limit schlechter oder gleich dem besten Geldgebot haben, größer oder gleich dem Anteil dieser Folgegebote nach der teilweisen Annahme sehr attraktiv limitierter Geldgebote.

Nullhypothese $H_0^{8d-Kauf}$
Nach der vollständigen Annahme sehr attraktiv limitierter Briefgebote ist unter den Folgegeboten der Anteil von limitierten Briefgeboten, die die Marktspanne um mindestens 50% verengen, kleiner oder gleich dem Anteil dieser Folgegebote nach der teilweisen Annahme sehr attraktiv limitierter Briefgebote.

Nullhypothese $H_0^{8d-Verkauf}$
Nach der vollständigen Annahme sehr attraktiv limitierter Geldgebote ist unter den Folgegeboten der Anteil von limitierten Geldgeboten, die die Marktspanne um mindestens 50% verengen, kleiner oder gleich dem Anteil dieser Folgegebote nach der teilweisen Annahme sehr attraktiv limitierter Geldgebote.

3. Ergebnisse

Zunächst werden die Ergebnisse zum Bietverhalten nach der Annahme sehr attraktiv limitierter Gebote versus attraktiv limitierter Gebote betrachtet. Zwischen der vollständigen und der teilweisen Annahme wird dabei nicht unterschieden. Die Verteilungen der Folgegebote und die Ergebnisse der Signifikanztests sind in den Tabellen 28 und 29 dargestellt. Die Hypothesen H^{7b} und $H^{7d-Kauf}$ wurden in der Vermutung formuliert, dass es nach der Annahme von sehr attraktiv limitierten Briefgeboten durch die Anbieter von Präsenzliquidität, wieder vermehrt zu Nachfrage nach Buchliquidität im Fall von Hypothese H^{7b} oder Nachfrage nach Präsenzliquidität im Fall der Hypothese $H^{7d-Kauf}$ kommt. Die entsprechenden Nullhypothesen können auf dem 1%-Niveau abgelehnt werden. Nach der Annahme von sehr attraktiv limitierten Briefgeboten beträgt der Anteil von Verkäufen 10,66%. Im Vergleich dazu liegt der Anteil von Verkäufen nach der Annahme attraktiv limitierter Briefgebote nur bei 5,38%. Die relative Zunahme von limitierten Briefgeboten, die die Marktspanne um mindestens 50% verengen und damit als Liquiditätsnachfrage bezeichnet werden können, ist sogar noch höher. Hier kommt es zu einem Anstieg von 3,18% auf 8,02%. Dabei sind beide Hypothesen für alle

Standardwerte signifikant. Interessanterweise liefern die mittelgroßen Werten ein weniger deutliches Ergebnis. Die Nullhypothese H_0^{7b} kann lediglich für sechs Werte der Gruppe II abgelehnt werden. Bei 13 Titeln muss sie beibehalten werden, und weitere 16 erfüllen die Bedingungen des Tests nicht. Eine erneute Nachfrage nach der Präsenzliquidität, formuliert durch die Hypothese $H^{7d-Kauf}$, ist jedoch auch bei den mittelgroßen Werten in den meisten Fällen zu beobachten. Lediglich ein Titel weist kein signifikantes Ergebnis auf. Allerdings erfüllen 14 Titel die Testbedingungen nicht.

Auch der erwartet geringere Anteil von Käufen nach der Annahme sehr attraktiv limitierter Briefgebote, der mit der Gegenhypothese H_1^{7a} zum Ausdruck gebracht wird, tritt ein. Für alle 70 Titel zusammen sind hier 16,43% gegenüber 12,54% zu verzeichnen. Dabei ist der Unterschied signifikant auf dem 1%-Niveau. Bei 23 Titeln muss jedoch die Nullhypothese H_0^{7a} beibehalten werden. Wie sich noch zeigen wird, liegt das vor allem daran, dass in diese Untersuchung auch die Teilannahme sehr attraktiv limitierter Gebote eingeht. Werden aber sehr attraktiv limitierte Gebote zunächst nur teilweise angenommen, zieht dies häufig in einem zweiten Schritt Zugriffe auf diese Gebote nach sich.[1] Ebenfalls kommt es zu dem mit der Gegenhypothese $H_1^{7c-Kauf}$ erwarteten geringeren Anteil nicht sehr attraktiv limitierter Briefgebote. Briefgebote mit einem Limit schlechter oder gleich dem besten limitierten Briefgebot sowie Briefgebote, die die Marktspanne um weniger als 50% verengen, treten anteilig nach der Annahme sehr attraktiv limitierter Briefgebote seltener auf als nach der Annahme attraktiv limitierter Briefgebote. Der geringere Anteil ist durchweg signifikant auf dem 1%-Niveau. Aggregiert für alle Aktien kann die Nullhypothese also abgelehnt werden. Dabei spricht jedoch das Ergebnis bei den mittelgroßen Werten wieder in den meisten Fällen für das Beibehalten der Nullhypothese. Auch muss die Nullhypothese $H_0^{7c-Kauf}$ bei den meisten Standardwerten für Briefgebote mit einem Limit in Höhe des besten Briefgebots beibehalten werden.

---

1) Vgl. Nullhypothese H_0^{8a} und die Ergebnisse zu dieser Hypothese weiter unten in diesem Abschnitt.

Bei den Hypothesen $H^{7c-Verkauf}$ und $H^{7d-Verkauf}$ sind gegenüber den Käufen keine Auffälligkeiten zu erkennen. Auch die Ergebnisse zu den Hypothesen H^{7a} und H^{7b} verhalten sich bei den Verkäufen entsprechend so wie bei den Käufen. Die Ergebnisse zeigen keinen großen Unterschied zwischen dem Bietverhalten nach der Annahme sehr attraktiver Briefgebote und sehr attraktiver Geldgebote. Entsprechend der Marktseite ist das Bietverhalten spiegelbildlich.

Tabelle 28: Bedingte Verteilung der Folgegebote nach der Annahme sehr attraktiv und attraktiv limitierter Gebote; Ergebnisse der approximativen Zweistichproben-Gaußtests zu den Hypothesen H^{7a} bis H^{7d} (Teil 1)

$X^{t=0}$ \ $X^{t=1}$	Kauf	Verkauf	limitiertes Geldgebot			
			schlechter	gleich	verengt die Marktspanne um	
			bestes Geldgebot		<50%	≥50%
Kauf durch Annahme von Briefgeboten, die die Marktspanne um ≥50% verengt haben	12,54% H_0^{7a}: ↑ ++[a)] 21 / 10 / 4 / 0[b)] 2 / 0 / 19 / 14	10,66% H_0^{7b}: ↓ ++ 34 / 1 / 0 / 0 4 / 2 / 13 / 16	8,04%	1,21%	13,11%	1,28%
Kauf durch Annahme von Briefgeboten, die die Marktspanne um <50% verengt haben	16,43%	5,38%	6,34%	1,12%	11,63%	3,32%
Verkauf durch Annahme von Geldgeboten, die die Marktspanne um ≥50% verengt haben	12,38% H_0^{7b}: ↓ ++ 33 / 0 / 2 / 0 7 / 2 / 10 / 16	11,84% H_0^{7a}: ↑ ++ 14 / 6 / 15 / 0 1 / 4 / 16 / 14	9,72% H_0^{7c-V}: ↑ ++ 21 / 10 / 4 / 0 3 / 5 / 12 / 15	1,75% H_0^{7c-V}: ↑ ++ 1 / 7 / 25 / 2 0 / 0 / 8 / 27	12,81% H_0^{7c-V}: ↑ ++ 29 / 4 / 2 / 0 11 / 5 / 14 / 5	9,09% H_0^{7d-V}: ↓ ++ 35 / 0 / 0 / 0 9 / 3 / 0 / 23
Verkauf durch Annahme von Geldgeboten, die die Marktspanne um <50% verengt haben	5,60%	14,17%	12,75%	2,10%	19,61%	1,97%

Anmerkungen:

a) ++ / + / - : H_0 kann auf dem 1%-Niveau abgelehnt werden / H_0 kann auf dem 5%, aber nicht auf dem 1%-Niveau abgelehnt werden / H_0 kann nicht abgelehnt werden

b) Die Darstellung ⊕⊕ / ⊕ / ⊖ /⊗ bedeutet: ⊕⊕: Anzahl der Titel, bei denen H_0 auf dem 1%-Niveau abgelehnt werden kann; ⊕ : Anzahl der Titel, bei denen H_0 auf dem 5%-, aber nicht auf dem 1%-Niveau abgelehnt werden kann; ⊖ : Anzahl der Titel, bei denen H_0 nicht abgelehnt werden kann; ⊗ : Anzahl der Titel, bei denen die Bedingungen für den Test nicht erfüllt sind

Tabelle 29: Bedingte Verteilung der Folgegebote nach der Annahme sehr attraktiv und attraktiv limitierter Gebote; Ergebnisse der approximativen Zweistichproben-Gaußtests zu den Hypothesen H^{7a} bis H^{7d} (Teil 2)

$X^{t=0}$ \ $X^{t=1}$	limitiertes Briefgebot				Löschung
	schlechter bestes Briefgebot	gleich bestes Briefgebot	verengt die Marktspanne um <50%	verengt die Marktspanne um ≥50%	
Kauf durch Annahme von Briefgeboten, die die Marktspanne um ≥50% verengt haben	9,91% H_0^{7c-K}: ↑ ++[a] 23 / 4 / 8 / 0[b] 2 / 4 / 12 / 17	1,77% H_0^{7c-K}: ↑ ++ 2 / 5 / 20 / 8 0 / 0 / 6 / 29	14,48% H_0^{7c-K}: ↑ ++ 19 / 4 / 12 / 0 6 / 9 / 14 / 6	8,02% H_0^{7d-K}: ↓ ++ 35 / 0 / 0 / 0 20 / 0 / 1 / 14	18,98%
Kauf durch Annahme von Briefgeboten, die die Marktspanne um <50% verengt haben	13,07%	2,41%	18,12%	3,18%	19,00%
Verkauf durch Annahme von Geldgeboten, die die Marktspanne um ≥50% verengt haben	8,38%	1,41%	11,22%	2,41%	18,99%
Verkauf durch Annahme von Geldgeboten, die die Marktspanne um <50% verengt haben	6,90%	1,20%	12,36%	3,52%	19,82%

Anmerkungen:

a) ++ / + / - : H_0 kann auf dem 1%-Niveau abgelehnt werden / H_0 kann auf dem 5%, aber nicht auf dem 1%-Niveau abgelehnt werden / H_0 kann nicht abgelehnt werden

b) Die Darstellung ⊕⊕ / ⊕ / ⊖ /⊗ bedeutet: ⊕⊕: Anzahl der Titel, bei denen H_0 auf dem 1%-Niveau abgelehnt werden kann; ⊕ : Anzahl der Titel, bei denen H_0 auf dem 5%-, aber nicht auf dem 1%-Niveau abgelehnt werden kann; ⊖ : Anzahl der Titel, bei denen H_0 nicht abgelehnt werden kann; ⊗ : Anzahl der Titel, bei denen die Bedingungen für den Test nicht erfüllt sind

In einem zweiten Schritt werden Transaktionen, die durch die Annahme sehr attraktiv limitierter Gebote zustande kamen, weiter unterteilt. Es wird zwischen der vollständigen und der teilweisen Annahme sehr attraktiv limitierter Gebote unterschieden. Die Verteilung der Folgegebote sowie die Resultate der Signifikanztests können aus den beiden folgenden Tabellen 30 und 31 ersehen werden. Die Grundidee bei den Hypothesen wurde beibehalten. Es soll also wieder aufgezeigt werden, ob eine Nachfrage nach Präsenzliquidität zu beobachten ist. Dabei wird vermutet, dass das eben untersuchte Bietverhalten nach Transaktionen durch die Annahme sehr attraktiv limitierter Gebote verstärkt zu beobachten ist nach der vollständigen Annahme sehr attraktiv limitierter Gebote und nach der teilweisen Annahme sehr attraktiv limitierter Gebote weniger ausgeprägt ist. Nach der vollständigen Annahme wird also eher mit einer erneuten Nachfrage nach Präsenzliquidität gerechnet und nach der teilweisen Annahme mit dem weiteren Zugriff auf die noch nicht vollständig abgeräumten sehr attraktiven Gebote durch die Händler an den Bildschirmen.

Die erneute Nachfrage nach Präsenzliquidität müsste sich in der Ablehnung der Nullhypothesen $H_0^{8d-Kauf}$ und $H_0^{8d-Verkauf}$ äußern. Genau das ist auch zu beobachten. Beide Nullhypothesen können aggregiert für alle 70 Titel sogar auf dem 1%-Niveau abgelehnt werden. Nach Käufen durch die vollständige Annahme sehr attraktiv limitierter Briefgebote macht der Anteil von sehr attraktiv limitierten Briefgeboten 9,43% aus, gegenüber 0,86% nach Käufen durch die teilweise Annahme. Bei den Verkäufen betragen die entsprechenden Anteile 10,69% bzw. 1,12%. Bei den Tests für die einzelnen Titel kommt es allerdings zu dem Problem, dass die Anzahl von sehr attraktiv limitierten Geboten nach der teilweisen Annahme sehr attraktiver Gebote so gering ist, dass die Testbedingungen nahezu nie erfüllt sind. Lediglich für vier Titel sind die Ergebnisse des Signifikanztests zur Hypothese $H^{8d-Verkauf}$ statistisch aussagekräftig. Auf Grund des deutlichen Unterschieds der Anteilswerte kann aber trotz der fehlenden statistischen Absicherung davon ausgegangen werden, dass die Nullhypothese abzulehnen ist. Es kann also nach der vollständigen Annahme sehr attraktiv limitierter Gebote von einer erneuten Nachfrage nach Präsenzliquidität gesprochen werden.

Als Pendant zu den Nullhypothesen $H_0^{8d-Kauf}$ und $H_0^{8d-Verkauf}$ steht die Nullhypothese H_0^{8a}. Sie ist ebenso auf dem 1%-Niveau signifikant abzulehnen und lässt damit deutlich werden, dass es nach der teilweisen Annahme sehr attraktiv limitierter Gebote häufig zu einem erneuten Zugriff durch die Präsenzkomponente kommt. Fast 40% der Gebote nach der nur teilweisen Annahme sehr attraktiv limitierter Briefgebote sind wieder Käufe. Nach der vollständigen Annahme beträgt dieser Anteil lediglich 7,19%. Dieses Bild zeigt sich auch nach der Annahme von Geldgeboten. Hier beträgt der Anteil von Folgeverkäufen 35,04% (nach teilweiser Annahme) bzw. 7,17% (nach vollständiger Annahme). Zudem sind für alle Titel mit erfüllter Testbedingung die Ergebnisse signifikant. Jedoch erfüllen jeweils 21 mittelgroße Titel die Bedingungen der beiden Tests nicht.

Die Nullhypothese H_0^{8b} kann dagegen nicht abgelehnt werden. Es besteht sogar ein geringerer Anteil von Transaktionen der anderen Marktseite nach der vollständigen Annahme sehr attraktiv limitierter Gebote im Vergleich zu dem Anteil nach der teilweisen Annahme sehr attraktiv limitierter Gebote. Der prozentuale Unterschied ist allerdings nicht so hoch wie bei der Hypothese H^{8a}. Es kommt also nach der vollständigen Annahme sehr attraktiv limitierter Gebote weiterhin zu einem hohen Anteil von Transaktionen auf der anderen Marktseite. Der jeweilige Anteil von Transaktionen auf der anderen Marktseite ist sogar größer als der auf der gleichen Marktseite.

Mit den beiden Hypothesen $H^{8c-Kauf}$ und $H^{8c-Verkauf}$ wird untersucht, wie sich das Angebot von Buchliquidität entwickelt. Nach der vollständigen Annahme sehr attraktiv limitierter Geldgebote ist der Anteil von Geldgeboten mit einem Limit schlechter und gleich dem besten Geldgebot mit 99-prozentiger Sicherheit kleiner als nach der teilweisen Annahme. Bei den einzelnen Titeln kann die Nullhypothese aber häufig nicht verworfen werden. Unter den Folgegeboten von Käufen durch die vollständige Annahme sehr attraktiver Briefgebote ist der geringere Anteil von limitierten Briefgeboten mit einem Limit in Höhe des besten Briefgebots nicht signifikant. Sowohl nach Käufen als auch nach Verkäufen durch die vollständige Annahme sehr attraktiv limitierter Gebote ist aber der Anteil limitierter Briefgebote bzw. Geldgebote, die die Marktspanne um weniger als 50% verengen, erheblich größer als nach der teilweisen Annahme. Die Nullhypothesen

$H_0^{8c-Kauf}$ und $H_0^{8c-Verkauf}$ können für diese Gebote also nicht abgelehnt werden. In dieser Situation ist also ein Zuwachs von Buchliquidität zu beobachten. Ein auffällig großer Anteil nach der vollständigen Annahme ist auch bei solchen marktspannenverengenden Geboten auf der jeweils anderen Marktseite zu beobachten. Der größere Anteil wurde zwar statistisch nicht abgesichert, ist aber doch erwähnenswert. Auch durch ihn zeigt sich nämlich eine Zunahme der Buchkomponente. Im Vergleich zwischen der teilweisen und der vollständigen Annahme sehr attraktiv limitierter Briefgebote liegt unter den Folgegeboten der Anteil attraktiv limitierter Geldgebote bei 2,52% bzw. 15,19%. Nach der Annahme limitierter Geldgebote betragen die Anteile von attraktiv limitierten Briefgeboten 2,81% bzw. 12,92%. Auf beiden Marktseiten ist also unter den Folgegeboten bei der vollständigen Annahme der Anteil von Geboten, die die Marktspanne um weniger als 50% verengen, deutlich größer als bei der teilweisen Annahme. Dies lässt den Schluss zu, dass die erfolgreiche Nachfrage nach Präsenzliquidität zu dem Versuch führt, in verstärktem Maße attraktiv limitierte Geboten abzugeben und damit einen größeren Abschlusskursvorteil zu erringen, als das mit sehr attraktiv limitierten Geboten möglich ist.

Tabelle 30: Bedingte Verteilung der Folgegebote nach der vollständigen und teilweisen Annahme sehr attraktiv limitierter Gebote; Ergebnisse der approximativen Zweistichproben-Gaußtests zu den Hypothesen H^{8a} bis H^{8d} (Teil 1)

$X^{t=0}$ \ $X^{t=1}$	Kauf	Verkauf	limitiertes Geldgebot			
			schlechter bestes Geldgebot	gleich bestes Geldgebot	verengt die Marktspanne um <50%	verengt die Marktspanne um ≥50%
Kauf durch vollständige Annahme von Briefgeboten, die die Marktspanne um ≥50% verengt haben	7,19% H_0^{8a}: ↑ ++[a] 35 / 0 / 0 / 0[b] 11 / 3 / 0 / 21	10,37% H_0^{8b}: ↓ - 0 / 0 / 29 / 6 0 / 0 / 5 / 30	8,21%	1,30%	15,19%	1,18%
Kauf durch vollständige Annahme von Briefgeboten, die die Marktspanne um ≥50% verengt haben	39,86%	12,16%	7,16%	0,73%	2,52%	1,79%
Verkauf durch vollständige Annahme von Geldgeboten, die die Marktspanne um ≥50% verengt haben	11,94% H_0^{8b}: ↓ - 0 / 0 / 34 / 1 0 / 0 / 7 / 28	7,17% H_0^{8a}: ↑ ++ 35 / 0 / 0 / 0 13 / 1 / 0 / 21	9,39% H_0^{8c-V}: ↑ ++ 4 / 6 / 22 / 3 0 / 0 / 3 / 32	1,62% H_0^{8c-V}: ↑ ++ 1 / 3 / 9 / 22 1 / 0 / 1 / 33	15,05% H_0^{8c-V}: ↑ - 0 / 0 / 9 / 26 0 / 0 / 0 / 35	10,69% H_0^{8d-V}: ↓ ++ 4 / 0 / 0 / 31 0 / 0 / 0 / 35
Verkauf durch vollständige Annahme von Geldgeboten, die die Marktspanne um ≥50% verengt haben	14,59%	35,04%	11,38%	2,40%	1,63%	1,12%

Anmerkungen:

a) ++ / + / - : H_0 kann auf dem 1%-Niveau abgelehnt werden / H_0 kann auf dem 5%, aber nicht auf dem 1%-Niveau abgelehnt werden / H_0 kann nicht abgelehnt werden

b) Die Darstellung ⊕⊕ / ⊕ / ⊖ /⊗ bedeutet: ⊕⊕: Anzahl der Titel, bei denen H_0 auf dem 1%-Niveau abgelehnt werden kann; ⊕ : Anzahl der Titel, bei denen H_0 auf dem 5%-, aber nicht auf dem 1%-Niveau abgelehnt werden kann; ⊖ : Anzahl der Titel, bei denen H_0 nicht abgelehnt werden kann; ⊗ : Anzahl der Titel, bei denen die Bedingungen für den Test nicht erfüllt sind

Tabelle 31: Bedingte Verteilung der Folgegebote nach der vollständigen und teilweisen Annahme sehr attraktiv limitierter Gebote; Ergebnisse der approximativen Zweistichproben-Gaußtests zu den Hypothesen H^{8a} bis H^{8d} (Teil 2)

$X^{t=0}$ \ $X^{t=1}$	limitiertes Briefgebot				Löschung
	schlechter bestes Briefgebot	gleich bestes Briefgebot	verengt die Marktspanne um <50%	verengt die Marktspanne um ≥50%	
Kauf durch vollständige Annahme von Briefgeboten, die die Marktspanne um ≥50% verengt haben	9,56% H_0^{8c-K}: ↑ ++[a)] 3 / 3 / 25 / 4[b)] 1 / 3 / 1 / 30	1,74% H_0^{8c-K}: ↑ - 0 / 0 / 8 / 27 0 / 1 / 0 / 34	17,00% H_0^{8c-K}: ↑ - 0 / 0 / 5 / 30 0 / 0 / 0 / 35	9,43% H_0^{8d-K}: ↓ ++ 0 / 0 / 0 / 35 0 / 0 / 0 / 35	18,83%
Kauf durch vollständige Annahme von Briefgeboten, die die Marktspanne um ≥50% verengt haben	11,69%	1,91%	1,60%	0,86%	19,72%
Verkauf durch vollständige Annahme von Geldgeboten, die die Marktspanne um ≥50% verengt haben	8,65%	1,45%	12,92%	2,49%	18,63%
Verkauf durch vollständige Annahme von Geldgeboten, die die Marktspanne um ≥50% verengt haben	7,05%	1,21%	2,81%	2,02%	20,74%

Anmerkungen:

a) ++ / + / - : H_0 kann auf dem 1%-Niveau abgelehnt werden / H_0 kann auf dem 5%, aber nicht auf dem 1%-Niveau abgelehnt werden / H_0 kann nicht abgelehnt werden

b) Die Darstellung ⊕⊕ / ⊕ / ⊖ /⊗ bedeutet: ⊕⊕: Anzahl der Titel, bei denen H_0 auf dem 1%-Niveau abgelehnt werden kann; ⊕ : Anzahl der Titel, bei denen H_0 auf dem 5%-, aber nicht auf dem 1%-Niveau abgelehnt werden kann; ⊖ : Anzahl der Titel, bei denen H_0 nicht abgelehnt werden kann; ⊗ : Anzahl der Titel, bei denen die Bedingungen für den Test nicht erfüllt sind

IV. Zusammenfassung

In diesem Kapitel wurde das Bietverhalten von jeweils zwei Situationen miteinander verglichen. Zunächst stand das Bietverhalten nach der Annahme von Transaktionen bei engen Marktspannen dem Bietverhalten nach der Annahme von Transaktionen bei weiten Marktspannen gegenüber. Das Ziel war es vor allem, das Angebot und die Nachfrage von Liquidität aus dem Blickwinkel der klassischen Sichtweise zu untersuchen. Zusammengefasst zeigten die Ergebnisse der Untersuchungen einen funktionierenden Effektenmarkt. Bestand in IBIS ein überdurchschnittliches Angebot an Buchliquidität, ausgedrückt durch eine enge Marktspanne, so konnte mit erhöhter Liquiditätsnachfrage durch die Annahme von Geboten auf beiden Marktseiten gerechnet werden. Sehr viel geringer als bei einer weiten Marktspanne fiel dagegen der Anteil von Geboten aus, die die Marktspanne um weniger als 50% verengen. Zusätzliches Liquiditätsangebot im Buch tritt nach Transaktionen bei enger Marktspanne in geringerem Maße auf als nach Transaktionen bei weiter Marktspanne. Die Ergebnisse lassen den Schluss zu, dass Liquidität immer dann zur Verfügung gestellt wird, wenn sie gebraucht wird. Auf der anderen Seite springt die Nachfrage genau dann an, wenn ein Überangebot an Liquidität herrscht, also bei einer engen Marktspanne.

Danach stand das Bietverhalten nach der Annahme marktspannenverengender Gebote im Vordergrund. In diesem Abschnitt wurde die alternative Betrachtungsweise von Liquidität untersucht. Die Ergebnisse zeigten ein wesentlich differenzierteres Bild als die Untersuchungen zur klassischen Sichtweise. Als Erstes wurde das Bietverhalten nach der Annahme von sehr attraktiv limitierten Geboten dem Bietverhalten nach der Annahme von attraktiv limitierten Geboten gegenübergestellt. Die Annahme der Gebote bedeutete also ein Präsenzliquiditätsangebot bzw. eine Nachfrage nach Buchliquidität. In dem Fall, bei dem die Annahme eines Gebots ein Angebot von Präsenzliquidität bedeutete, konnte unter den Folgegeboten ein größerer Anteil von präsenzliquiditätsnachfragenden Geboten festgestellt werden als in dem Fall, bei dem die Annahme eines Gebots die Nachfrage von Buchliquidität darstellte. Liquiditätsnachfragende Gebote setzen sich nach der alternativen Sichtweise aus Transaktionen und sehr attraktiv limitierten Geboten zusammen. Für die Annahme von sehr attraktiv limitierten Briefgeboten betrug der Anteil der Transaktionen unter den Folgegeboten 23,20% (davon 12,54% Käufe und 10,66% Verkäufe), für die Annahme von attraktiv limitierten Briefgeboten betrug er 21,81% (16,43% Käufe und 5,38% Verkäufe). Der Anteil von sehr attraktiv limitierten Geboten unter den Folgegeboten machte dagegen 9,30% (davon 1,28% Geldgebote und 8,02% Briefgebote) bzw. 6,50% (3,32% Geldgebote und 3,18% Briefgebote) aus.[1)] Es zeigte sich, dass dem Liquiditätsangebot eine Nachfrage nach Liquidität folgte. Zudem wurde wie erwartet deutlich, dass die Marktseite eine große Rolle spielt. Wurde ein sehr attraktiv limitiertes Briefgebot angenommen, war die anschließende Nachfrage auf der Briefseite (Verkäufe und sehr attraktiv limitierte Briefgebote) anteilig deutlich größer als nach der Annahme von attraktiv limitierten Briefgeboten. Anders entwickelte sich die Nachfrage auf der Geldseite. Die Anteile von Verkäufen und sehr attraktiv limitierten Briefgeboten waren kleiner. Nach der Annahme sehr attraktiv limitierter Geldgebote ergab sich ein spiegelbildliches Bietverhalten.

Anschließend wurden nur sehr attraktiv limitierte Gebote betrachtet und nach der vollständigen und teilweisen Annahme aufgeteilt. Es zeigte sich, dass die Liquiditätsnachfrage nach der vollständigen Annahme wesentlich geringer ausgeprägt ist als nach der teilweisen Annahme. Es werden sogar anteilig erheblich mehr attraktiv limitierte Gebote auf beiden Marktseiten eingestellt und damit die Buchliquidität erhöht. Nach einer erfolgreichen Nachfrage nach Präsenzliquidität wurde oft versucht, mit attraktiv limitierten Geboten zu einem Abschluss zu kommen, also einen größeren Abschlusskursvorteil zu erlangen als mit sehr attraktiv limitierten Geboten. Noch schwächer als bei einem Vergleich der Annahme sehr attraktiv limitierter Gebote und der Annahme attraktiv limitierter Gebote ist die jeweils andere Marktseite bei den Transaktionen besetzt. Oder anders gesagt: Bei der teilweisen Annahme von sehr attraktiv limitierten Briefgeboten (Geldgebo-

1) Ein ähnliches Bild zeigte sich für die Annahme von Geldgeboten. Hier betrug der Anteil der Transaktionen unter den Folgegeboten 24,22% (davon 12,38% Käufe und 11,84% Verkäufe) bzw. 19,77% (5,60% Käufe und 14,17% Verkäufe). Der Anteil von sehr attraktiv limitierten Geboten unter den Folgegeboten machte dagegen 11,50% (davon 9,09% Geldgebote und 2,41% Briefgebote) bzw. 5,49% (1,97% Geldgebote und 3,52% Briefgebote) aus.

ten) machen die Transaktionen insgesamt 52,02% (49,63%) der Folgegebote aus. Nach der vollständigen Annahme sehr attraktiv limitierter Briefgebote (Geldgebote) beträgt der Anteil von Transaktionen dagegen nur 17,56% (19,11%). Sind also noch nicht vollständig abgeräumte Gebote im Orderbuch vorhanden, die unmittelbar zuvor die Marktspanne stark verengt hatten, so werden sie zu einem großen Teilen angenommen. Dieses Bietverhalten spricht stark dafür, dass in IBIS ein gut funktionierendes Angebot an Präsenzliquidität existierte.

E. Zusammenfassung des zweiten Teils

Im zweiten Teil dieser Arbeit wurde empirisch untersucht, ob und wenn ja, in welcher Form ein reaktives Bietverhalten nach Transaktionen, also in IBIS nach der Annahme von Geboten, zu beobachten war. Dazu wurden die Folgegebote von Transaktionen, limitierten Geboten und Löschungen verglichen sowie bestimmte Transaktionen herausgestellt, die wegen ihres vermuteten Informationsgehalts und/oder wegen eines sich bietenden potentiellen Abschlusskursvorteils erhöhte Anreize zum reaktiven Bietverhalten auslösen können. Vor dem Beginn der empirischen Untersuchungen wurden das elektronische Handelssystem IBIS dargestellt und die zu Grunde liegenden Daten erläutert.

Als Resultat der empirischen Untersuchungen im Kapitel B. bleibt festzuhalten, dass sowohl ohne als auch mit Berücksichtigung der Marktseite das Auftreten einer Gebotsart unter den Folgegeboten von der vorangegangenen Gebotsart abhängt. Die Verteilung der Gebotsarten der Folgegebote von limitierten Geboten, Transaktionen und Löschungen unterscheidet sich signifikant voneinander. Die Ergebnisse lassen mithin den Schluss zu, dass das Bietverhalten in IBIS von der Art des unmittelbaren vorherigen Gebots abhängig gemacht wurde. Besonders deutlich war das bei den Standardwerten und den mittelgroßen Werten zu beobachten.

Anschließend wurden im nächsten Kapitel das Bietverhalten nach umfangreichen und nicht umfangreichen Transaktionen sowie das Bietverhalten nach Transaktionen mit kurzen und langen Vorannahmezeiten untersucht und gegenübergestellt. Für die Abgrenzung umfangreicher und nicht umfangreicher Transaktionen wurden drei unterschiedliche Methoden verwendet. Die Methode 1 unterscheidet danach, ob der Umfang ein Vielfaches des Mindestschlusses oder das Einfache des Mindestschlusses beträgt. Bei der Methode 2 werden die Transaktionen, mit denen das beste Gebot einer Marktseite vollständig angenommen wurde, als umfangreich bezeichnet, andernfalls werden sie nicht umfangreich genannt. Schließlich zieht die Methode 3 die empirische Verteilungsfunktion der Stückzahlen heran und ordnet die Transaktionen als umfangreich ein, die einen Umfang von mindestens der Höhe der Stückzahl haben, die sich aus dem 95%-Quantil ergibt. Ist der

Umfang dagegen kleiner, handelt es sich um nicht umfangreiche Transaktionen. Ähnlich werden die kurzen und die langen Vorannahmezeiten abgegrenzt. Der Schnitt wird hier mit dem 5%-Quantil der empirischen Verteilungsfunktion der Vorannahmezeiten gemacht. Am auffälligsten stellte sich das Bietverhalten nach umfangreichen Transaktionen der Methoden 2 und 3 dar. Wurde durch einen Kauf (Verkauf) das beste Briefgebot (Geldgebot) vollständig angenommen, so konnten unter den Folgegeboten anteilig vermehrt marktspannenverengende Briefgebote (Geldgebote) und Gebote mit einem Limit in Höhe des besten Briefgebots (Geldgebots) beobachtet werden. Darüber hinaus wurden außerdem anteilig mehr attraktiv limitierte Geldgebote (Briefgebote) abgegeben, d.h. Geldgebote (Briefgebote), die die Marktspanne um weniger als 50% verengten. Nach umfangreichen Käufen (Verkäufen) der Methode 3 konnte ebenfalls anteilig eine größere Anzahl marktspannenverengender Briefgebote (Geldgebote) festgestellt werden. Außerdem kam es auffällig oft zu umfangreichen Folgekäufen (Folgeverkäufen). Nach den Transaktionen mit kurzer Vorannahmezeiten war dagegen kaum ein reaktives Bietverhalten auszumachen.

Im letzten Kapitel des zweiten Teils standen das Angebot und die Nachfrage von Liquidität nach der Annahme von Geboten im Vordergrund der Untersuchungen. Unterschieden wurde zwischen der Buch- und der Präsenzkomponente der Liquidität. Anfangs richtete sich die Aufmerksamkeit noch ganz auf die traditionelle Sichtweise von Liquiditätsangebot und Liquiditätsnachfrage. Dazu wurden das Bietverhalten nach der Annahme von Geboten bei enger Marktspanne und das Bietverhalten nach der Annahme von Geboten bei weiter Marktspanne verglichen. Die Ergebnisse zeigten einen gut funktionierenden Effektenmarkt. Bestand in IBIS auf Grund einer engen Marktspanne ein hohes Angebot an Buchliquidität, so konnte mit erhöhter Liquiditätsnachfrage durch die Annahme von Geboten auf beiden Marktseiten gerechnet werden. Demgegenüber kam es bei einer engen Marktspanne zu anteilig signifikant weniger attraktiv limitierten Geboten.

Anschließend wurde die alternative Betrachtungsweise von Liquidität untersucht. Dabei wird Liquidität nicht ausschließlich über die Buchkomponente angeboten und nachgefragt, sondern auch über die Präsenzkomponente. Die Abgabe von sehr attraktiv limitierten Geboten ist demnach eine Liquiditätsnachfrage, ihre

Annahme dagegen ein Liquiditätsangebot. Das Ziel war es, die Präsenzkomponente besser darstellen zu können, als es in den bisherigen Arbeiten möglich war und zu untersuchen, ob tatsächlich von ihr Gebrauch gemacht wurde. Daher wurde das Bietverhalten nach der Annahme sehr attraktiv limitierter Gebote mit dem Bietverhalten nach der Annahme attraktiv limitierter Gebote verglichen. Es zeigte sich, dass ein Liquiditätsangebot über die Präsenzkomponente auch die Nachfrage nach Präsenzliquidität auslöst. Die Präsenzkomponente wurde von vielen IBIS-Marktteilnehmern wahrgenommen und genutzt. Die Ergebnisse sprechen also dafür, dass es bereits in IBIS eine gut funktionierende Präsenzkomponente gab.

Schlussbetrachtung

Die wichtigste Grundvoraussetzung eines funktionierenden und erfolgreichen Effektenmarktes ist seine Liquidität. Sie muss ausreichend angeboten und nachgefragt werden. Sonst bleiben die Anleger fern. Auf den Händlermärkten sorgen normalerweise die Händler für das Gleichgewicht. Sie stellen Geld- und Briefkurse, zu denen sie bereit sind zu kaufen bzw. zu verkaufen. Auf den Anlegerauktionsmärkten gibt es dagegen i.d.R. keine Händlerprivilegien. Die Anleger stellen selbst limitierte Gebote in das Orderbuch und schließen durch die Annahme von Geboten direkt oder nahezu direkt miteinander ab. Für eine ausreichende Liquidität müssen sie also letztlich selbst sorgen. Dieser Unterschied ist ein wichtiger Grund dafür, dass die Theorie des Marketmaking nicht eins zu eins auf die Anlegerauktionsmärkte übertragbar ist.[1] Die bis in die 80er Jahre des letzten Jahrhunderts vorherrschenden Händlermärkte werden aber zunehmend durch Anlegerauktionsmärkte verdrängt und/oder abgelöst. Deshalb hat sich die Marktmikrostrukturtheorie in den letzten zehn Jahren verstärkt mit den Handelsverfahren beschäftigt, in denen Anleger direkt miteinander abschließen.[2]

Auch mit der vorliegenden Arbeit wurde dieser Weg eingeschlagen. Sie setzte sich näher mit IBIS, dem Vorläufer von Xetra auseinander, das bereits einen bedeutenden Anlegerauktionsmarkt darstellte. Auf solchen Märkten äußern sich das Angebot und die Nachfrage von Liquidität über das Bietverhalten der Anleger. Als Bietverhalten wurden die Abgabe, Änderung und Löschung von Geboten sowie das Warten und Beobachten des Marktes aufgefasst. Die Liquidität resultiert also aus dem Bietverhalten. Gerade die Annahme von Geboten stellt im Zu-

---

1) Demsetz (1997), S. 93, sieht die Notwendigkeit, dass für Anlegerauktionsmärkte eine neue Theorie entwickelt werden sollte.

2) Frühere, grundlegende Arbeiten, die Händlermärkte untersuchen sind u.a. Demsetz (1968), Stoll (1978b), Copeland und Galai (1983), Mildenstein und Schleef (1983), Glosten und Milgrom (1985), sowie Easley und O'Hara (1987). Jüngere Arbeiten, die Anlegerauktionsmärkte im Blickfeld haben, stammen von Biais, Hillion und Spatt (1995), Hedvall, Niemeyer und Rosenqvist (1997), Parlour (1998), Foucault (1999), Schmidt und Küster Simic (1999b), Schmidt und Küster Simic (2000), sowie Hollifield, Miller und Sandås (2004). Einen Überblick gibt auch Küster Simic (2001), S. 7.

sammenhang mit der Liquidität in vielerlei Hinsicht einen interessanten Untersuchungsgegenstand dar. Deshalb stand die Annahme von Geboten im Vordergrund dieser Arbeit. Auf den ersten Blick und in der traditionellen Betrachtungsweise ist die Annahme eines Gebots, d.h. eine Transaktion, eine Liquiditätsnachfrage. Die Abgabe eines Gebots ist dagegen ein Liquiditätsangebot. Auf den zweiten Blick bietet sich aber noch eine differenziertere Beurteilung von Liquiditätsangebot und -nachfrage an, die in dieser Arbeit näher untersucht wurde. Unterschieden wurden drei Liquiditätskomponenten: die Buch-, Präsenz- und Abrufliquidität. Nach den Abgrenzungen dieser Arbeit ist die Annahme eines Gebots nur dann eine Liquiditätsnachfrage, wenn das angenommene Gebot *nicht sehr* attraktiv limitiert war und damit ein Angebot an Buchliquidität darstellte. Der andere Fall, also die Annahme eines *sehr* attraktiv limitierten Gebots, wurde dagegen als ein Angebot an Präsenzliquidität beurteilt. Vor dem Hintergrund der traditionellen und der alternativen Liquiditätsbetrachtung wurde das Bietverhaltens anderer Anleger auf die Annahme von Geboten analysiert.

Für die ersten theoretischen und empirischen Analysen war die alternative Betrachtungsweise noch nicht unbedingt erforderlich. Zunächst wurden die Unterschiede im Bietverhalten nach Transaktionen, limitierten Geboten und Löschungen untersucht. Es stellte sich heraus, dass das Auftreten einer Gebotsart bei den Folgegeboten von der unmittelbar vorher aufgetretenen Gebotsart abhängig ist. Auch unterscheidet sich die Verteilung der Anteile bei den Folgegeboten von Transaktionen, limitierten Geboten und Löschungen voneinander. Allerdings zeigten die empirischen Ergebnisse, dass die Abhängigkeiten und Unterschiede bei den Standardwerten und mittelgroßen Werten sehr viel deutlicher auftreten als bei den Nebenwerten.

Anschließend standen sich umfangreiche und nicht umfangreiche Transaktionen gegenüber. Es wurde dargelegt, dass die umfangreichen Transaktionen regelmäßig mit einem größeren Informationsgehalt verbunden werden als die nicht umfangreichen Transaktionen. Zudem führen umfangreiche Transaktionen häufiger zu einem Ausweiten der Marktspanne als nicht umfangreiche Transaktionen. Um umfangreiche und nicht umfangreiche Transaktionen abzugrenzen, kamen drei Methoden zum Einsatz. Dabei zeigte sich, dass die Einteilung durch den Mindestschluss

(Methode 1) nur wenig auffälliges Verhalten erkennen ließ. Deutlicher waren die Ergebnisse bei den Methoden 2 und 3. Nach den Transaktionen, durch die die Marktspanne sich weitet oder deren Umfang mindestens dem 95%-Quantil der empirischen Verteilungsfunktion der Stückzahlen entspricht, ist mit einem reaktiven Bietverhalten zu rechnen.

Neben dem Transaktionsumfang wurde auch hinter den schnell aufeinander folgenden Transaktionen ein hoher Informationsgehalt vermutet. Als die Hauptursache wurde ausgemacht, dass sie eventuell als verkappte umfangreiche Transaktionen angesehen werden können. Die empirischen Untersuchungen bestätigten diese Hypothese jedoch nicht. Nach den Transaktionen mit kurzen Vorannahmezeiten zeigte sich kaum ein signifikantes reaktives Bietverhalten.

Der Schluss des theoretischen und empirischen Teils stand im Mittelpunkt der beiden Liquiditätsbetrachtungen. Im ersten Teil wurden dazu die traditionelle und die alternative Sichtweise ausführlich vorgestellt. Die empirischen Untersuchungen analysierten das Bietverhalten nach Transaktionen bei bestimmten Marktspannen. Im ersten Schritt wurden Folgegebote nach engen und weiten Marktspannen einander gegenübergestellt. Die unterschiedlichen Liquiditätsquellen wurden dabei noch nicht explizit berücksichtigt. Die Ergebnisse dokumentierten ein signifikant reaktives Bietverhalten. Bestand nach einer Transaktion eine enge Marktspanne, also ein überdurchschnittlich hohes Liquiditätsangebot, war mit der Annahme von Geboten auf beiden Marktseiten zu rechnen. Marktspannenverengende Gebote wurden dagegen anteilig weniger abgegeben. Umgekehrt verhielt es sich bei einer weiten Marktspanne. Die Annahme von Geboten wurde seltener beobachtet. Stattdessen wurden anteilig mehr marktspannenverengende Gebote abgegeben.

Der zweite Schritt bestand darin, das Bietverhalten nach der Annahme marktspannenverengender Gebote zu untersuchen. Entsprechend den Liquiditätskomponenten wurden diese Gebote in sehr attraktiv und attraktiv limitierte Gebote unterteilt. Die Annahme sehr attraktiv limitierter Gebote wurde als ein Liquiditätsangebot durch die Präsenzkomponente angesehen. Die Annahme attraktiv limitierter Gebote dagegen als eine Liquiditätsnachfrage nach der Buchkomponente. Die Untersuchung ergab, dass auf das kurz sichtbar werdende Angebot an

Präsenzliquidität, d.h. die Annahme sehr attraktiv limitierter Gebote, häufig erneut durch eine verstärkte Nachfrage nach der Präsenzliquidität reagiert worden ist. Diese Reaktion war besonders deutlich nach der vollständigen Annahme sehr attraktiv limitierter Gebote. Kam es dagegen nur zu einer teilweisen Annahme, konnte mit einem erneuten Angebot an Präsenzliquidität gerechnet werden. Die Ergebnisse lassen also darauf schließen, dass es bereits in IBIS eine gut funktionierende Präsenzliquidität zumindest für die Standardwerte und mittelgroßen Werte gab, die von den Marktteilnehmern auch wahrgenommen und genutzt wurde. Vor allem die Analyse der Liquiditätsquellen ergab neue und interessante Erkenntnisse. Einige der Aufgaben, die von Händlern auf Händlermärkten wahrgenommen werden, übernehmen anscheinend manche Marktteilnehmern auf Anlegerauktionsmärkten. Gleichzeitig eröffnen die Untersuchungen weiteren Forschungsbedarf. Denkbar ist z.B. eine spezielle Gebotsart, die die Nachfrage nach der Präsenzliquidität automatisiert. Vermutlich lohnt es sich, die Fragestellungen dieser Arbeit weiter zu verfolgen, um die Anlegerauktionsmärkte weiter zu verfeinern und zu verbessern.

Anhang

Tabelle 32: Name, Kürzel, Wertpapierkennummer und Mindestschluss der untersuchten Titel

Name	**Kürzel**	**WKN**	**Mindestschluss 25.03.1996**	**Mindestschluss 27.11.1997**
adidas	ADS	500340	100	100
AGIV	AFI	502820	100	500
Allianz vink.Na.A.	ALV	840400	100	500
ALTANA	ALT	760080	100	100
AMB Aach. u. Münch. vink.Na.A.	AMB	840000	100	50
AVA	AVA	508850	100	50
AXA Colonia Konzern St.A.	COL	841000	100	100
Bankges. Berlin	BEB2	802322	100	500
BASF	BAS	515100	500	1.000
Bayer	BAY	575200	500	1.000
Bayerische Hyp.- u. W.-Bk.	BHW	802000	100	1.000
Bayerische Motoren Werke St.A.	BMW	519000	500	100
Bayerische Vereinsbank St.A.	BVM	802200	100	1.000
Beiersdorf	BEI	520000	100	100
Berliner Kraft- und Licht Gr.A.	BKL	530300	100	500
BHF-Bank	BHF	802500	100	500
BHW Holding	BSK	522390	100	500
Bilfinger + Berger	GBF	590900	100	500
Brau und Brunnen	BBA	555030	100	100
Buderus	BUD	527800	100	50
Commerzbank	CBK	803200	500	1.000
Continental	CON	543900	100	500
Daimler-Benz	DAI	550000	500	1.000
Degussa	DGS	551200	100	500
DePfa-Bank	DPF	804700	100	100
Deutsche Babcock St.A.	DBC	550700	100	100
Deutsche Bank	DBK	804010	500	1.000

Name	Kürzel	WKN	Mindestschluss 25.03.1996	Mindestschluss 27.11.1997
Deutsche Telekom	DTE	555700	–[a]	1.000
DEUTZ	DEZ	630500	100	1.000
Douglas Holding	DOU	609900	100	500
Dresdner Bank	DRB	804610	500	1.000
Dürr	DUE	556520	100	500
Dyckerhoff Vz.A.	DYK3	559103	100	50
ESCADA Vz.A.	ESC3	569213	100	50
FAG Kugelfischer St.A.	FAG	575470	100	500
Felten & Guilleaume	FEL	576690	100	100
Fielmann Vz.A.	FIE3	577223	100	500
Fr. Krupp AG Hoesch-Krupp	FKR	633540	100	50
Fresenius Medical Care	FME	578580	100	100
Fresenius Vz.A.	FRE3	578563	100	50
GEA Vz.A.	GEA3	585703	100	50
GEHE	GEH	585800	100	100
Gerresheimer Glas	GER	587300	100	500
Grohe, Friedrich Vz.A.	GRO3	590043	100	50
HANNOVER Rückvers. St.A.	HNR	840220	100	100
Heidelberger Zement St.A.	HEI	604700	100	100
Henkel Vz.A.	HEN3	604843	100	500
Herlitz St.A.	HEZ	605310	100	100
Hochtief	HOT	607000	100	500
Hoechst	HOE	575800	500	1.000
Hornbach Holding Vz.A.	HBH3	608343	100	100
IKB Deutsche Industriebank	IKB	806330	100	500
IVG Holding	IVG	620570	100	500
IWKA	IWK	620440	100	50
Jungheinrich Vz.A.	JUN3	621993	100	100
Kampa-Haus	KPH	626910	100	500
Karstadt	KAR	627500	100	100
Kiekert	KIE	628620	100	500
Klöckner-Werke	KLK	678000	100	100
Kolbenschmidt	KOS	632030	100	500

Anmerkungen:

[a] Die Deutsche Telekom wurde am 25.03.1996 noch nicht gehandelt.

Name	Kürzel	WKN	Mindestschluss 25.03.1996	Mindestschluss 27.11.1997
KRONES Vz.A.	KRN3	633503	100	50
KSB Vz.A.	KSB3	629203	100	50
Lahmeyer	LMY	605630	100	500
Linde	LIN	648300	100	100
Lufthansa vink.Na.A.	LHA	823212	100	1.000
MAN St.A.	MAN	593700	100	100
Mannesmann	MMW	656000	500	100
Marschollek, L.u.P. Vz.A.	MLP3	656993	100	50
Merck	MRK	659990	100	500
Metallgesellschaft	MET	660200	100	500
METRO St.A.	MEO	725750	–[a]	500
Münchener Rückvers. vink.Na.A.	MUV2	843002	100	100
Philipp Holzmann	HOZ	608200	100	50
plettac	PLT	692820	100	50
Porsche Vz.A.	POR3	693773	100	50
PREUSSAG	PRS	695200	100	100
ProSieben Media	PSM3	777773	–[a]	500
Puma St.A.	PUM	696960	100	500
PWA	PWA	688980	100	50
Rheinmetall St.A.	RHM	703000	100	500
RHÖN-KLINIKUM Vz.A.	RHK3	704233	–[a]	100
RÜTGERS	RUE	707200	100	50
RWE St.A.	RWE	703700	500	1.000
RWE Vz.A.	RWE3	703703	100	1.000
Salamander	SAM	730500	100	50
SAP St.A.	SAG	716460	100	100
SAP Vz.A.	SAG3	716463	100	100
Schering	SCH	717200	100	500
Schmalbach-Lubeca	SML	719230	100	50
Schwarz Pharma	SRZ	722190	100	100
SGL CARBON	SGL	723530	100	100
Siemens St.A.	SIE	723600	500	1.000

Anmerkungen:

[a] METRO St.A., ProSieben Media und RHÖN-KLINIKUM Vz.A. wurden am 25.03.1996 noch nicht in IBIS gehandelt.

Name	Kürzel	WKN	Mindestschluss 25.03.1996	Mindestschluss 27.11.1997
SKW Trostberg	SKW	729270	100	500
SPAR Handels-AG Vz.A.	SPA3	724693	100	1.000
Südzucker Vz.A.	SZU3	729703	100	50
Tarkett	TAG	700200	–[a)]	500
Thyssen	THY	748500	500	500
VARTA	VAR	500100	100	50
VEBA	VEB	761440	500	1.000
VEW Inh.A.	VEW	761221	100	50
VIAG	VIA	762620	100	100
Victoria Holding vink.Na.A.	VIH	845200	100	50
Volksfürsorge Holding	VOH	840450	100	50
Volkswagen St.A.	VOW	766400	500	100
Volkswagen Vz.A.	VOW3	766403	100	100
Vossloh	VOS	766710	–[a)]	100
Wella Vz.A.	WAD3	776563	100	50

Anmerkungen:

[a)] Tarkett und Vossloh wurden am 25.03.1996 noch nicht in IBIS gehandelt.

Quelle: Deutsche Börse (1996a), S. 87–90, und Börsen-Zeitung (1997).

Tabelle 33: Anzahl und Anteil der Gebotsarten sämtlicher Gebote unterteilt in die drei Aktiengruppen der Standardwerte (Gruppe I), der mittelgroßen Werte (Gruppe II) und der Nebenwerte (Gruppe III) sowie aggregiert für alle 107 Titel (17.085.238 Datensätze)

Gebotsart	Anzahl		Anteil	
Transaktionen				
Gruppe I	3.046.037		19,16%	
Gruppe II	206.836		19,96%	
Gruppe III	13.508		9,00%	
Alle 107 Titel	3.266.381		19,12%	
davon: Käufe				
Gruppe I		1.645.398		54,02%
Gruppe II		115.030		55,61%
Gruppe III		7.946		58,82%
Alle 107 Titel		1.768.374		54,14%
davon: Verkäufe				
Gruppe I		1.400.639		45,98%
Gruppe II		91.806		44,39%
Gruppe III		5.562		41,18%
Alle 107 Titel		1.498.007		45,86%
Einstellen und Ändern limitierter Gebote				
Gruppe I	9.065.055		57,02%	
Gruppe II	620.554		59,89%	
Gruppe III	100.119		66,74%	
Alle 107 Titel	9.785.728		57,28%	
davon: limitierte Geldgebote				
Gruppe I		4.515.310		49,81%
Gruppe II		288.087		46,42%
Gruppe III		43.368		43,32%
Alle 107 Titel		4.846.765		49,53%
davon: limitierte Briefgebote				
Gruppe I		4.549.745		50,19%
Gruppe II		332.467		53,58%
Gruppe III		56.751		56,68%
Alle 107 Titel		4.938.963		50,47%
Löschungen				
Gruppe I	3.787.970		23,83%	
Gruppe II	208.777		20,15%	
Gruppe III	36.382		24,25%	
Alle 107 Titel	4.033.129		23,61%	

Tabelle 34: Bedingte Verteilung der Folgegebote in Abhängigkeit von der vorangegangenen Gebotsart ohne Berücksichtigung der Marktseite unterteilt in die drei Aktiengruppen der Standardwerte (Gruppe I), der mittelgroßen Werte (Gruppe II) und der Nebenwerte (Gruppe III) sowie aggregiert für alle 107 Titel (12.565.601 Datensätze)

$X^{t=1}$ / $X^{t=0}$	Transaktion	limitiertes Gebot	Löschung
Transaktion			
Gruppe I	20,42%	56,25%	23,33%
Gruppe II	21,31%	62,85%	15,84%
Gruppe III	11,33%	71,58%	17,09%
Alle 107 Titel	20,44%	56,68%	22,88%
limitiertes Gebot			
Gruppe I	20,00%	57,39%	22,61%
Gruppe II	22,20%	61,54%	16,26%
Gruppe III	14,34%	66,38%	19,28%
Alle 107 Titel	20,08%	57,70%	22,22%
Löschung			
Gruppe I	19,07%	56,49%	24,44%
Gruppe II	18,81%	55,96%	25,23%
Gruppe III	8,80%	60,98%	30,22%
Alle 107 Titel	18,98%	56,50%	24,52%

Tabelle 35: Bedingte Verteilung der Folgegebote in Abhängigkeit von der vorangegangenen Gebotsart unter Berücksichtigung der Marktseite unterteilt in die drei Aktiengruppen der Standardwerte (Gruppe I), der mittelgroßen Werte (Gruppe II) und der Nebenwerte (Gruppe III) sowie aggregiert für alle 107 Titel (12.565.601 Datensätze)

$X^{t=0}$ \ $X^{t=1}$	Kauf	Verkauf	limitiertes Geldgebot	limitiertes Briefgebot	Löschung
Kauf					
Gruppe I	16,14%	4,76%	23,93%	32,48%	22,69%
Gruppe II	16,44%	5,12%	21,24%	41,87%	15,32%
Gruppe III	9,30%	2,67%	18,40%	53,34%	16,30%
Alle 107 Titel	16,13%	4,77%	23,75%	33,11%	22,23%
Verkauf					
Gruppe I	5,69%	14,15%	31,92%	24,15%	24,09%
Gruppe II	6,94%	14,04%	39,51%	23,01%	16,51%
Gruppe III	2,74%	7,65%	47,14%	24,22%	18,25%
Alle 107 Titel	5,75%	14,12%	32,38%	24,08%	23,67%
limitiertes Geldgebot					
Gruppe I	10,25%	9,59%	30,58%	26,74%	22,83%
Gruppe II	9,84%	12,76%	29,40%	31,75%	16,24%
Gruppe III	4,72%	9,30%	29,28%	36,96%	19,74%
Alle 107 Titel	10,20%	9,76%	30,51%	27,07%	22,46%
limitiertes Briefgebot					
Gruppe I	11,39%	8,75%	26,10%	31,37%	22,39%
Gruppe II	14,57%	7,28%	28,40%	33,47%	16,28%
Gruppe III	11,31%	3,28%	30,21%	36,28%	18,93%
Alle 107 Titel	11,58%	8,62%	26,27%	31,53%	22,00%
Löschung					
Gruppe I	10,16%	8,90%	28,01%	28,49%	24,44%
Gruppe II	10,38%	8,43%	26,38%	29,58%	25,23%
Gruppe III	5,08%	3,72%	28,48%	32,50%	30,22%
Alle 107 Titel	10,14%	8,84%	27,93%	28,57%	24,52%

Abbildung 33: Anteile umfangreicher Verkäufe an allen Verkäufen für die Gruppe der Standardwerte (Gruppe I, 35 Werte)

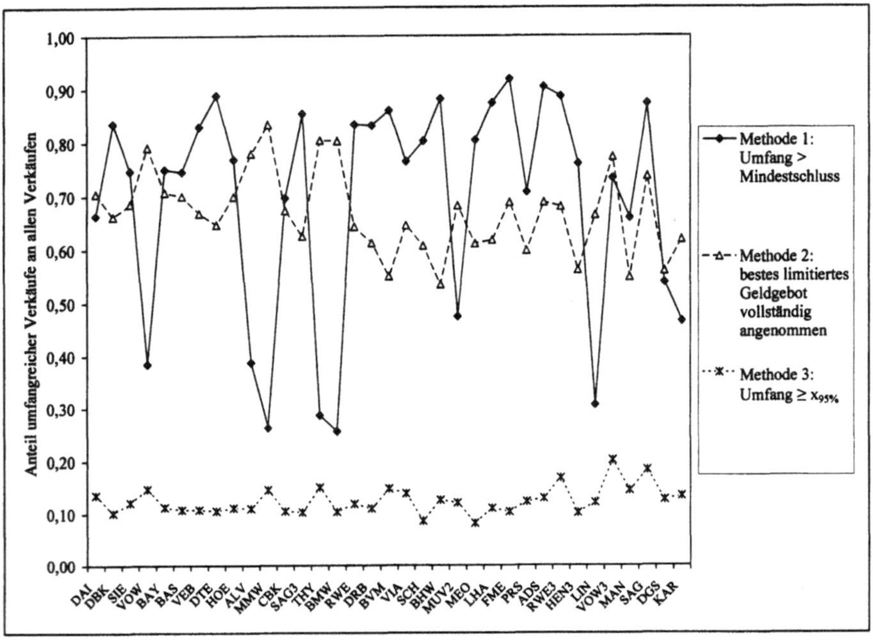

Abbildung 34: Anteile umfangreicher Verkäufe an allen Verkäufen für die Gruppe der mittelgroßen Werte (Gruppe II, 35 Werte)

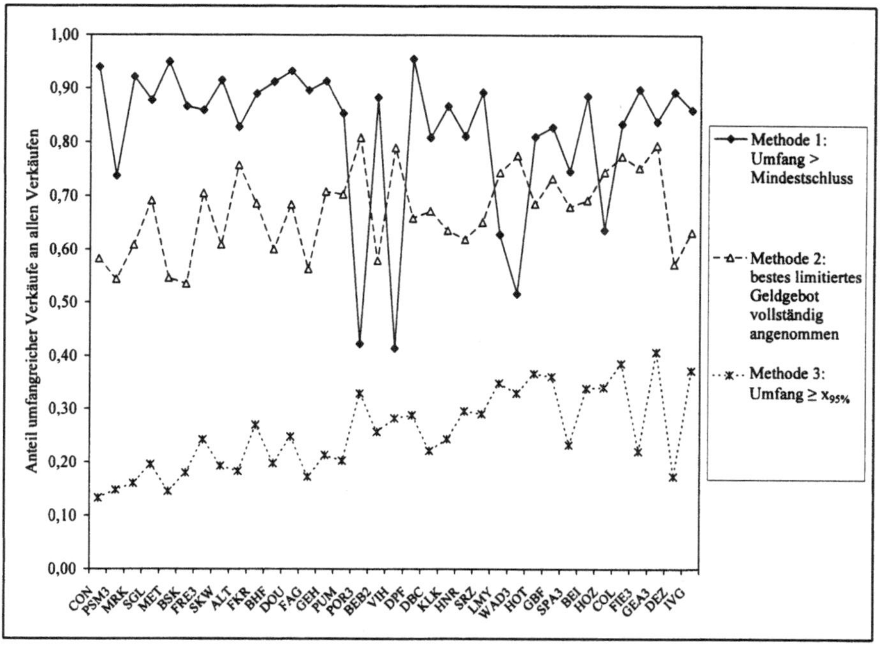

Abbildung 35: Anteile von Verkäufen mit kurzer Vorannahmezeit an allen Verkäufen für die Gruppe der Standardwerte (Gruppe I, 35 Werte)

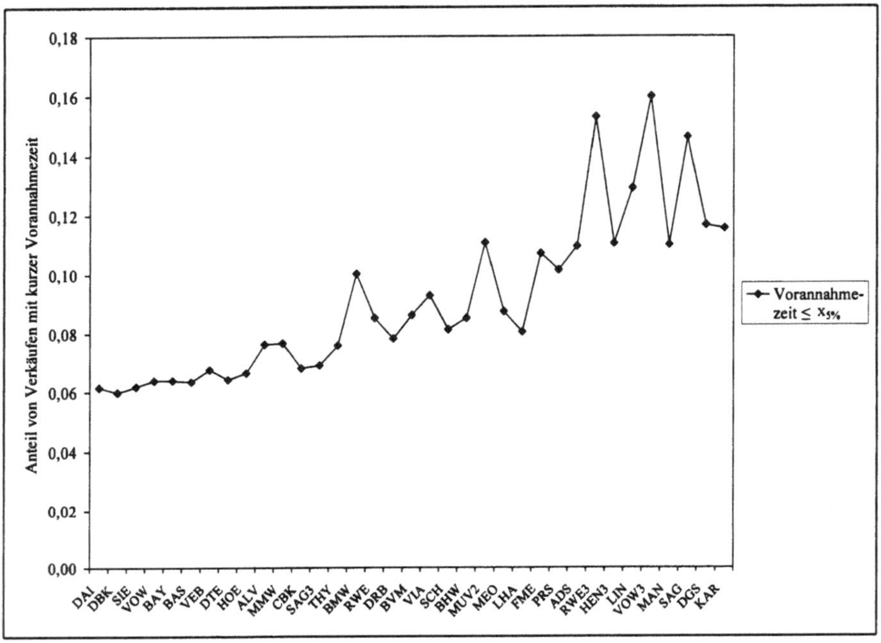

Abbildung 36: Anteile von Verkäufen mit kurzer Voranannahmezeit an allen Verkäufen für die mittelgroßen Werte (Gruppe II, 35 Werte)

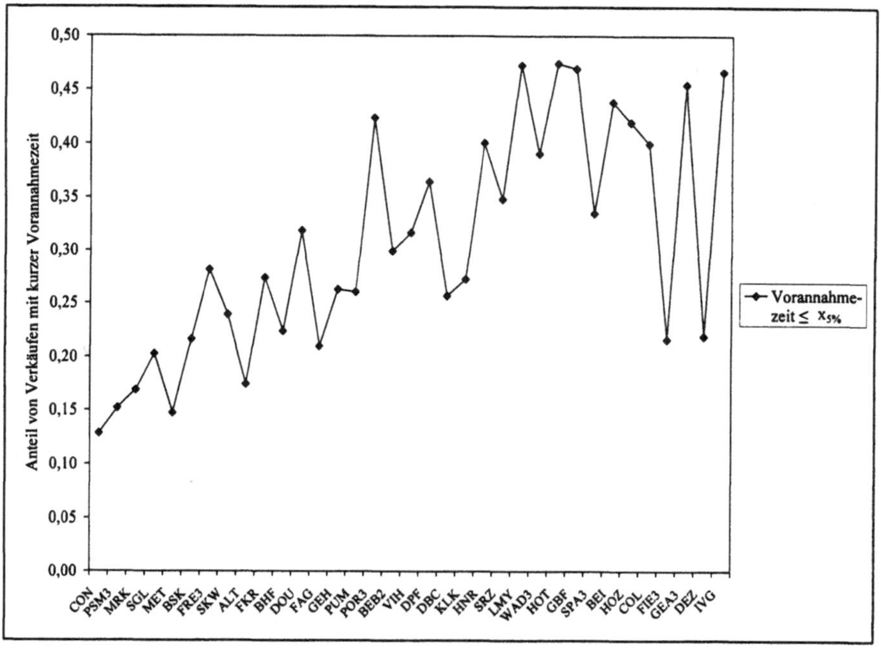

Tabelle 36: Bedingte Verteilung der Folgegebote von Transaktionen bei enger und weiter Marktspanne (Abgrenzung durch die ungewichtete durchschnittliche Marktspanne); Ergebnisse der approximativen Zweistichproben-Gaußtests zu den Hypothesen H^{6a} und H^{6b} (Teil 1)

$X^{t=0}$ \ $X^{t=1}$	Kauf	Verkauf	limitiertes Geldgebot: schlechter bestes Geldgebot	limitiertes Geldgebot: gleich bestes Geldgebot	limitiertes Geldgebot: verengt die Marktspanne um <50%	limitiertes Geldgebot: verengt die Marktspanne um ≥50%
Kauf; Marktspanne ≤ Ø Marktspanne	20,42% H_0^{6a}: ↓ ++[a)] 35 / 0 / 0 / 0[b)] 29 / 4 / 1 / 1	6,71% H_0^{6a}: ↓ ++ 35 / 0 / 0 / 0 24 / 0 / 0 / 11	7,91%	1,37%	8,76%	2,65%
Kauf; Marktspanne > Ø Marktspanne	10,65%	2,27%	7,02%	1,31%	16,84%	2,66%
Verkauf; Marktspanne ≤ Ø Marktspanne	7,96% H_0^{6a}: ↓ ++ 35 / 0 / 0 / 0 17 / 1 / 7 / 10	18,26% H_0^{6a}: ↓ ++ 35 / 0 / 0 / 0 26 / 2 / 4 / 3	12,77% H_0^{6b-V}: ↑ ++ 23 / 2 / 10 / 0 0 / 1 / 33 / 1	1,66% H_0^{6b-V}: ↑ - 6 / 2 / 27 / 0 0 / 0 / 23 / 12	10,34% H_0^{6b-V}: ↑ ++ 35 / 0 / 0 / 0 27 / 5 / 3 / 0	2,74% H_0^{6b-V}: ↑ ++ 13 / 3 / 19 / 0 13 / 4 / 16 / 2
Verkauf; Marktspanne > Ø Marktspanne	2,92%	8,84%	14,87%	1,58%	19,00%	2,97%

Anmerkungen:

a) ++ / + / - : H_0 kann auf dem 1%-Niveau abgelehnt werden / H_0 kann auf dem 5%, aber nicht auf dem 1%-Niveau abgelehnt werden / H_0 kann nicht abgelehnt werden

b) Die Darstellung ⊕⊕ / ⊕ / ⊖ /⊗ bedeutet: ⊕⊕: Anzahl der Titel, bei denen H_0 auf dem 1%-Niveau abgelehnt werden kann; ⊕ : Anzahl der Titel, bei denen H_0 auf dem 5%-, aber nicht auf dem 1%-Niveau abgelehnt werden kann; ⊖ : Anzahl der Titel, bei denen H_0 nicht abgelehnt werden kann; ⊗ : Anzahl der Titel, bei denen die Bedingungen für den Test nicht erfüllt sind

Tabelle 37: Bedingte Verteilung der Folgegebote von Transaktionen bei enger und weiter Marktspanne (Abgrenzung durch die ungewichtete durchschnittliche Marktspanne); Ergebnisse der approximativen Zweistichproben-Gaußtests zu den Hypothesen H^{6a} und H^{6b} (Teil 2)

$X^{t=0}$ \ $X^{t=1}$	limitiertes Briefgebot				Löschung
	schlechter	gleich	verengt die Marktspanne um		
	bestes Briefgebot		<50%	≥50%	
Kauf; Marktspanne ≤ ∅ Marktspanne	13,13% H_0^{6b-K}: ↑ ++[a)] 27 / 3 / 5 / 0[b)] 3 / 2 / 30 / 0	1,96% H_0^{6b-K}: ↑ - 10 / 1 / 24 / 0 0 / 0 / 27 / 8	10,73% H_0^{6b-K}: ↑ ++ 35 / 0 / 0 / 0 34 / 0 / 1 / 0	2,91% H_0^{6b-K}: ↑ - 6 / 2 / 27 / 0 6 / 3 / 22 / 4	23,45%
Kauf; Marktspanne > ∅ Marktspanne	15,14%	2,00%	18,48%	2,85%	20,77%
Verkauf; Marktspanne ≤ ∅ Marktspanne	8,24%	1,48%	8,89%	2,81%	24,83%
Verkauf; Marktspanne > ∅ Marktspanne	7,23%	1,38%	16,14%	2,80%	22,28%

Anmerkungen:

a) ++ / + / - : H_0 kann auf dem 1%-Niveau abgelehnt werden / H_0 kann auf dem 5%, aber nicht auf dem 1%-Niveau abgelehnt werden / H_0 kann nicht abgelehnt werden

b) Die Darstellung ⊕⊕ / ⊕ / ⊖ /⊗ bedeutet: ⊕⊕: Anzahl der Titel, bei denen H_0 auf dem 1%-Niveau abgelehnt werden kann; ⊕ : Anzahl der Titel, bei denen H_0 auf dem 5%-, aber nicht auf dem 1%-Niveau abgelehnt werden kann; ⊖ : Anzahl der Titel, bei denen H_0 nicht abgelehnt werden kann; ⊗ : Anzahl der Titel, bei denen die Bedingungen für den Test nicht erfüllt sind

Abbildung 37: Täglicher Kassakurs festgestellt in Frankfurt (Parkett) von Siemens in der Zeit zwischen Januar 1996 und November 1997

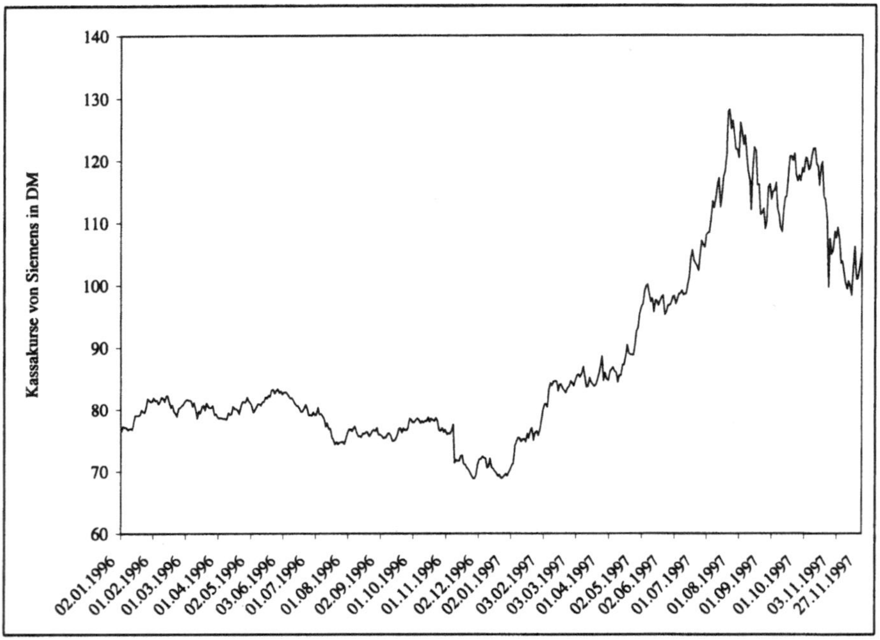

Um den Zusammenhang zwischen der Volatilität und der Marktspanne für Siemens zu messen, wurde der um Kapitalmaßnahmen bereinigte Kassakurs vom Frankfurter Parkett herangezogen (Abbildung 37). Aus diesen Kursen wurde monatsweise die Standardabweichung der kontinuierlichen Tagesrenditen berechnet. Sie ist zusammen mit den spannenzeitgewichteten Marktspannenmitteln der einzelnen Monate in Abbildung 38 abgetragen. Eine lineare Regression der Form:

$$\overline{MSP}^{ZG} = \alpha + \beta\ s \tag{33}$$

mit:

$\overline{MSP}^{ZG}$: durchschnittliche spannenzeitgewichtete Marktspanne in Prozent

s: Stichprobenstandardabweichung

α: zu schätzende Regressionskonstante

β: zu schätzender Regressionskoeffizient

liefert für Siemens folgendes Ergebnis:

$$\overline{MSP}^{ZG} = 0,0477 + 5,9459\ s \tag{34}$$

Das Bestimmtheitsmaß R^2 liegt bei 0,7838. Der t-Wert für β beträgt 8,73. Der geschätzte Zusammenhang ist damit bei einem Signifikanzniveau unter 1% hoch signifikant.

Abbildung 38: Monatliche Standardabweichung der kontinuierlichen Tagesrenditen auf Basis der Kassakurse von Siemens und spannenzeitgewichtetes Marktspannenmittel von Siemens in den Monaten Januar 1996 bis November 1997

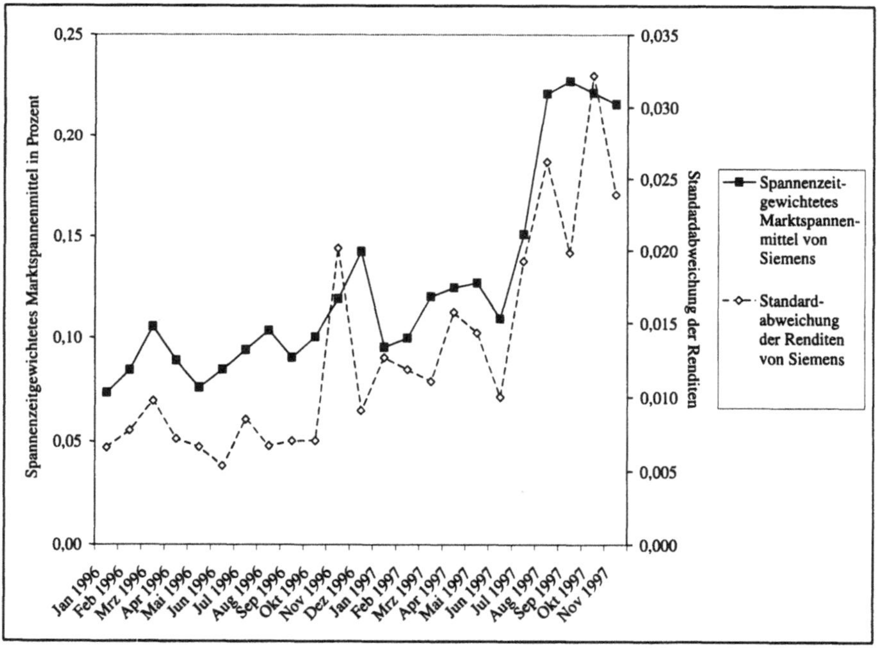

Abbildung 39: Durchschnittlicher Wertumsatz pro Handelstag und spannenzeitgewichtetes Marktspannenmittel in den Monaten Januar 1996 bis November 1997 der mittelgroßen Werte (Gruppe II, 35 Werte)

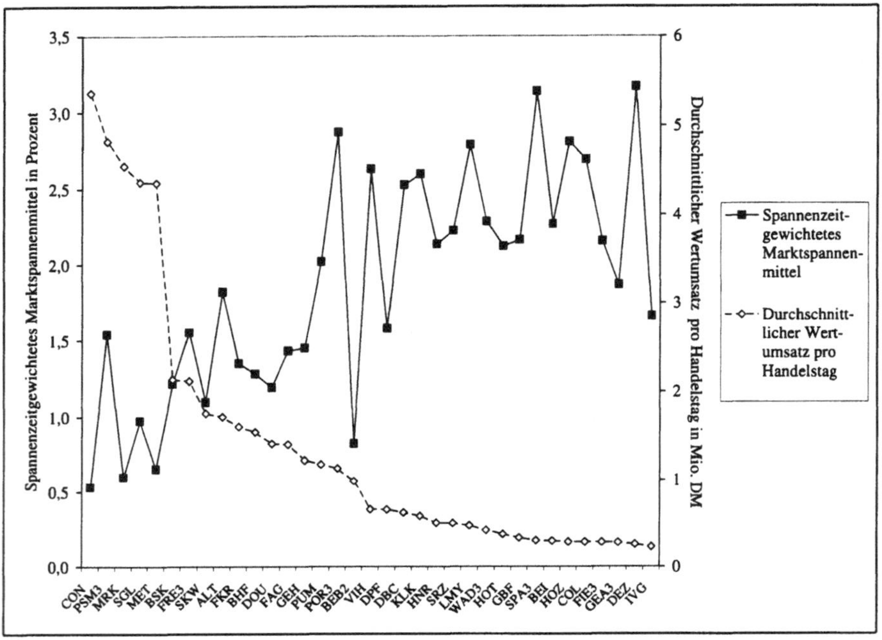

Tabelle 38: Gegenüberstellung der Ergebnisse der Signifikanztests zu den Hypothesen zum Bietverhalten nach Verkäufen mit bestimmten Umfängen und Vorannahmezeiten

Nullhypothese **[Art des Folgegebots]**	**Umfang** **Methode 1** **(Mindestschluss)**	**Umfang** **Methode 2** **(Marktspanne)**	**Umfang** **Methode 3** **(95%-Quantil)**	**Vorannahmezeit** **(5%-Quantil)**
H_0^{4a-V} / H_0^{5a-V}: ↓ [umfangreicher Verkauf / Verkauf mit kurzer Vorannahmezeit]	++[a)] 19 / 2 / 14 / 0[b)] 2 / 1 / 22 / 10	- 0 / 0 / 35 / 0 0 / 0 / 32 / 3	++ 25 / 5 / 5 / 0 4 / 1 / 14 / 16	++ 1 / 1 / 33 / 0 2 / 3 / 20 / 10
H_0^{4b-V} / H_0^{5b-V}: ↑ [nicht umfangreicher Verkauf / Verkauf mit langer Vorannahmezeit]	++ 32 / 0 / 3 / 0 12 / 4 / 4 / 15	++ 35 / 0 / 0 / 0 21 / 1 / 0 / 13	++ 35 / 0 / 0 / 0 15 / 3 / 7 / 10	++ 31 / 2 / 2 / 0 11 / 7 / 10 / 7
H_0^{4c-V} / H_0^{5c-V}: ↓ [limitiertes Geldgebot ohne Marktspanne]	++ 0 / 0 / 4 / 31 1 / 0 / 14 / 20	++ 0 / 0 / 0 / 35 6 / 0 / 0 / 29	++ 3 / 1 / 1 / 30 11 / 6 / 9 / 9	++ 3 / 0 / 1 / 31 8 / 5 / 14 / 8
H_0^{4d-V} / H_0^{5d-V}: ↑ [limitiertes Geldgebot schlechter bestes Briefgebot]	++ 5 / 1 / 29 / 0 0 / 0 / 28 / 7	- 2 / 1 / 32 / 0 4 / 7 / 23 / 1	- 1 / 1 / 33 / 0 0 / 2 / 26 / 7	- 0 / 2 / 33 / 0 0 / 0 / 32 / 3
H_0^{4d-V} / H_0^{5d-V}: ↑ [limitiertes Geldgebot gleich bestes Briefgebot]	- 3 / 1 / 31 / 0 0 / 0 / 16 / 19	++ 29 / 1 / 5 / 0 21 / 2 / 1 / 11	++ 4 / 1 / 30 / 0 0 / 0 / 19 / 16	- 0 / 3 / 32 / 0 0 / 3 / 16 / 16
H_0^{4e-V} / H_0^{5e-V}: ↓ [limitiertes Geldgebot verengt die Marktspanne um <50%]	++ 13 / 0 / 22 / 0 4 / 6 / 22 / 3	++ 35 / 0 / 0 / 0 26 / 4 / 2 / 3	++ 27 / 3 / 5 / 0 12 / 6 / 17 / 0	++ 2 / 7 / 26 / 0 4 / 6 / 25 / 0
H_0^{4e-V} / H_0^{5e-V}: ↓ [limitiertes Geldgebot verengt die Marktspanne um ≥50%]	++ 19 / 6 / 10 / 0 4 / 4 / 16 / 11	++ 35 / 0 / 0 / 0 19 / 1 / 0 / 15	++ 21 / 6 / 8 / 0 10 / 5 / 16 / 4	++ 2 / 1 / 32 / 0 0 / 2 / 28 / 5
H_0^{4f-V} / H_0^{5f-V}: ↓ [limitiertes Briefgebot verengt die Marktspanne um <50%]	- 0 / 1 / 34 / 0 0 / 1 / 30 / 4	++ 32 / 0 / 3 / 0 13 / 6 / 13 / 3	++ 5 / 7 / 23 / 0 0 / 4 / 27 / 4	- 0 / 1 / 34 / 0 2 / 1 / 28 / 4

Anmerkungen:

a) ++ / + / - : H_0 kann auf dem 1%-Niveau abgelehnt werden / H_0 kann auf dem 5%, aber nicht auf dem 1%-Niveau abgelehnt werden / H_0 kann nicht abgelehnt werden

b) Die Darstellung ⊕⊕ / ⊕ / ⊖ /⊗ bedeutet: ⊕⊕: Anzahl der Titel, bei denen H_0 auf dem 1%-Niveau abgelehnt werden kann; ⊕ : Anzahl der Titel, bei denen H_0 auf dem 5%-, aber nicht auf dem 1%-Niveau abgelehnt werden kann; ⊖ : Anzahl der Titel, bei denen H_0 nicht abgelehnt werden kann; ⊗ : Anzahl der Titel, bei denen die Bedingungen für den Test nicht erfüllt sind

Literaturverzeichnis

Admati, Anat R., und Paul Pfleiderer (1988)
A theory of intraday patterns volume and price variability. In: The Review of Financial Studies, Volume 1 (1988), Nr. 1, S. 3–40.

Admati, Anat R., und Paul Pfleiderer (1989)
Divide and conquer: theory of intraday and day-of-the-week mean effects. In: The Review of Financial Studies, Volume 2 (1989), Nr. 2, S. 189–223.

Admati, Anat R., und Paul Pfleiderer (1991)
Sunshine trading and financial market equilibrium. In: The Review of Financial Studies, Volume 4 (1991), Nr. 3, S. 443–481.

Aggarwal, Reena, und Son-Nan Chen (1990)
The adjustment of stock returns to block trading information. In: Quarterly Journal of Business and Economics, Volume 29 (1990), Nr. 1, S. 46–56.

Ahn, Hee-Joon, Jun Cai, Yasushi Hamao und Richard Y. K. Ho (2002)
The components of the bid-ask spread in a limit-order market: evidence from the Tokyo Stock Exchange. In: Journal of Empirical Finance, Volume 9 (2002), Nr. 4, S. 399–430.

Al-Suhaibani, Mohammad, und Lawrence Kryzanowski (2001)
Limit vs. market order trading on the Saudi stock market. Diskussionspapier, Imam University, Riyadh, Saudi Arabia, 26. April 2001.

Almgren, Robert, und Neil Chriss (1998)
Optimal liquidation. Diskussionspapier, University of Chicago, 14. Januar 1998.

Amihud, Yakov, Thomas S. Y. Ho und Robert A. Schwartz (1985)
Overview of the changing securities markets. In: Yakov Amihud, Thomas S. Y. Ho und Robert A. Schwartz (Hrsg.), Market making and the changing structure of the securities industries. Massachusetts 1985, S. 1–15.

Amihud, Yakov, und Haim Mendelson (1986)
Liquidity and stock returns. In: Financial Analysts Journal, Volume 42 (1986), Nr. 3, S. 43–48.

Amihud, Yakov, und Haim Mendelson (1987)
Trading mechanisms and stock returns: an empirical investigation. In: The Journal of Finance, Volume 42 (1987), Nr. 3, S. 533–555.

Bacidore, Jeffrey M., Robert H. Battalio und Robert H. Jennings (2002)
Depth improvement and adjusted price improvement on the New York Stock Exchange. In: Journal of Financial Markets, Volume 5 (2002), Nr. 2, S. 169–195.

Bacidore, Jeffrey M., Robert H. Battalio und Robert H. Jennings (2003)
Order submission strategies, liquidity supply, and trading in pennies on the New York Stock Exchange. In: Journal of Financial Markets, Volume 6 (2003), Nr. 3, S. 337–362.

Bae, Kee-Hong, Hasung Jang und Kyung Suh Park (2003)
Traders' choice between limit and market orders: evidence from NYSE stocks. In: Journal of Financial Markets, Volume 6 (2003), Nr. 4, S. 517–538.

Bagehot, Walter (1971)
The only game in town. In: Financial Analysts Journal, Volume 27 (1971), Nr. 2, S. 12–14, S. 22.

Ball, Ray, und Frank J. Finn (1989)
The effect of block transactions on share prices. In: The Journal of Banking and Finance, Volume 13 (1989), Nr. 3, S. 397–419.

Bamberg, Günter, und Franz Baur (2002)
Statistik. 12. Auflage, München 2002.

Bamberg, Günter, und Gregor Dorfleitner (1999)
Ein Modell zur Analyse des Limitorder-Tradings in Index-Futures-Märkten. In: OR Spectrum, Volume 21 (1999), Nr. 1–2, S. 239–257.

Barclay, Michael J., Eugene Kandel und Leslie M. Marx (1998)
The effects of transaction costs on stock prices and trading volume. In: Journal of Financial Intermediation, Volume 7 (1998), Nr. 2, S. 130–150.

Barclay, Michael J., und Jerold B. Warner (1993)
Stealth trading and volatility. Which trades move prices? In: Journal of Financial Economics, Volume 34 (1993), Nr. 3, S. 281–305.

Baumol, William Jack (1965)
The stock market and economic efficiency. New York 1965.

Beck, Heiko (1998)
Das neue elektronische Handelssystem Xetra der Frankfurter Wertpapierbörse. In: Wertpapier-Mitteilungen, Zeitschrift für Wirtschaft- und Bankrecht, 52. Jahrgang (1998), Heft 9, S. 417–430.

Behnen, Konrad, und Georg Neuhaus (1995)
Grundkurs Stochastik. Eine integrierte Einführung in Wahrscheinlichkeitstheorie und Mathematische Statistik. 3. Auflage, Stuttgart 1995.

Beja, Avraham, und Nils H. Hakansson (1979)
From orders to trades: some alternative market mechanisms. In: Ernest Bloch und Robert A. Schwartz (Hrsg.), Impending changes for securities market. What role for the exchange? Greenwich, Connecticut 1979, S. 144–161.

Benston, George J., und Robert L. Hagerman (1974)
Determinants of bid-asked spreads in the over-the-counter market. In: Journal of Financial Economics, Volume 1 (1974), Nr. 4, S. 353–364.

Bernhardt, Dan, und Eric Hughson (1996)
Discrete pricing and the design of dealership markets. In: Journal of Economic Theory, Volume 71 (1996), Nr. 1, S. 148–182.

Bernhardt, Dan, und Eric Hughson (1997)
Splitting orders. In: The Review of Financial Studies, Volume 10 (1997), Nr. 1, S. 69–101.

Bernstein, Peter L. (1987)
Liquidity, stock markets, and market makers. In: Financial Management, Volume 16 (1987), Nr. 2, S. 54–62.

Bhattacharya, Mihir (1983)
Transactions data tests of efficiency of the Chicago Board Options Exchange. In: Journal of Financial Economics, Volume 12 (1983), Nr. 2, S. 161–185.

Biais, Bruno, Pierre Hillion und Chester Spatt (1995)
An empirical analysis of the limit order book and the order flow in the Paris Bourse. In: The Journal of Finance, Volume 50 (1995), Nr. 5, S. 1655–1689.

Black, Fischer (1995)
Equilibrium exchanges. In: Financial Analysts Journal, Volume 51 (1995), Nr. 3, S. 23–29.

Bloomfield, Robert, Maureen O'Hara und Gideon Saar (2005)
The „make or take" decision in an electronic market: evidence on the evolution of liquidity. In: Journal of Financial Economics, Volume 75 (2005), Nr. 1, S. 165–199.

Blume, Lawrence, David Easley und Maureen O'Hara (1994)
Market statistics and technical analysis: the role of volume. In: The Journal of Finance, Volume 49 (1994), Nr. 1, S. 153–181.

Bodie, Zvi, Alex Kane und Alan J. Marcus (2005)
Investments. 6. Auflage, Chicago/Illinois 2005.

Bolek, Adam (1999)
Volatilitätsschwankungen und DAX-Optionen. Auswirkungen auf Bewertung und Risikomanagement. Wiesbaden 1999.

Booth, G. Geoffrey, Peter Iversen, Salil K. Sarkar, Hartmut Schmidt und Allan Young (1999)
Market structure and bid-ask spreads: IBIS vs Nasdaq. In: The European Journal of Finance, Volume 5 (1999), Nr. 1, S. 51–71.

Börsen-Zeitung (1997)
Kursinformationen zu den in IBIS gehandelten Titeln. In: Börsen-Zeitung Nr. 229 vom 28. November 1997, S. 230.

Börsen-Zeitung (2001)
Endlich Wettbewerbsgleichheit der Börsenmakler. In: Börsen-Zeitung Nr. 211 vom 1. November 2001, S. 3.

Börsengesetz (BörsG) (2002)
In der Fassung der Bekanntmachung vom 21. Juni 2002 (BGBl. I S. 2010), zuletzt geändert durch Art. 3 G vom 28. Oktober 2004 (BGBl. I S. 2630).

Bott, Claudia (2002)
Aktionärsstruktur, Kontrolle und Erfolg von Unternehmen. Wiesbaden 2002.

Braue, Carsten, und Lars Hille (1997)
Xetra – Elektronisches Handelssystem am Finanzplatz Deutschland. In: Die Bank, ohne Jahrgang (1997), Heft 3, S. 140–145.

Breuer, Rolf-E. (1989)
Neue Strukturen für den außerbörslichen Handel. In: Die Bank, ohne Jahrgang (1989), Heft 8, S. 412–414.

Breuer, Rolf-E. (1990)
Die Börse im Umbruch. In: Zeitschrift für das gesamte Kreditwesen, 43. Jahrgang (1990), Heft 7, S. 324–340.

Breuer, Rolf-E. (1994)
Anmerkungen zum Beitrag: „Computerbörse für den Finanzplatz Deutschland“ von Prof. Dr. W. Gerke. In: Die Betriebswirtschaft, 54. Jahrgang (1994), Heft 3, S. 423–426.

Brosius, Felix (1998)
SPSS 8.0 – Professionelle Statistik unter Windows. Bonn 1998.

Brunner, Antje (1996)
Meßkonzepte zur Liquidität auf Wertpapiermärkten. Beiträge zur Theo-

rie der Finanzmärkte, Nr. 13, Institut für Kapitalmarktforschung an der J. W. Goethe Universität Frankfurt am Main 1996.

Caballé, Jordi (1992)
Market versus limit orders. In: Economics Letters, Volume 40 (1992), Nr. 3, S. 339–344.

Campbell, John Y., Sanford J. Grossman und Jiang Wang (1993)
Trading volume and serial correlation in stock returns. In: The Quarterly Journal of Economics, Volume 108 (1993), Nr. 4, S. 905–939.

Chakravarty, Sugato (2001)
Stealth-trading: which traders' trades move stock prices? In: Journal of Financial Economics, Volume 61 (2001), Nr. 2, S. 289–307.

Chakravarty, Sugato, und Craig W. Holden (1995)
An integrated model of market and limit orders. In: Journal of Financial Intermediation, Volume 4 (1995), Nr. 3, S. 213–241.

Chan, Louis K. C., und Josef Lakonishok (1993)
Institutional trades and intraday stock price behavior. In: Journal of Financial Economics, Volume 33 (1993), Nr. 2, S. 173–199.

Chan, Louis K. C., und Josef Lakonishok (1995)
The behavior of stock prices around institutional trades. In: The Journal of Finance, Volume 50 (1995), Nr. 4, S. 1147–1174.

Cheung, William M. Y., und Frank M. Song (2004)
Order aggressiveness, volume and liquidity in limit order market. Diskussionspapier, University of Hong Kong, März 2004.

Choi, J. Y., Dan Salandro und Kuldeep Shastri (1988)
On the estimation of bid-ask spreads: theory and evidence. In: Journal of Financial and Quantitative Analysis, Volume 23 (1988), Nr. 2, S. 219–230.

Christie, William G., Jeffrey H. Harris und Paul H. Schultz (1994)
Why do NASDAQ market makers stopp avoiding odd-eighth quotes? In: The Journal of Finance, Volume 49 (1994), Nr. 5, S. 1841–1860.

Cohen, Kalman J., Steven F. Maier, Robert A. Schwartz und David K. Whitcomb (1978)
Limit orders market structure, and the returns generation process. In: The Journal of Finance, Volume 33 (1978), Nr. 3, S. 723–736.

Cohen, Kalman J., Steven F. Maier, Robert A. Schwartz und David K. Whitcomb (1981)
Transaction costs, order placement strategy, and existence of the bid-ask spread. In: Journal of Political Economy, Volume 89 (1981), Nr. 2, S. 287–305.

Cohen, Kalman J., Steven F. Maier, Robert A. Schwartz und David K. Whitcomb (1986)
The microstructure of securities markets. New Jersey 1986.

Cohen, Kalman J., und Robert A. Schwartz (2003)
An electronic call market: its design and desirability. In: Robert A. Schwartz (Hrsg.), The electronic call auction: market mechanism and trading – Building a better stock market, Massachusetts 2003, S. 55–85.

Conrad, Jeniffer S., Allaudeen Hameed und Cathy Niden (1994)
Volume and autocovariances in short-horizon individual security returns. In: The Journal of Finance, Volume 49 (1994), Nr. 4, S. 1305–1329.

Cooper, S. Kerry, John C. Groth und William E. Avera (1985)
Liquidity, exchange listing, and common stock performance. In: Journal of Economics and Business, Volume 37 (1985), Nr. 1, S. 19–33.

Copeland, Thomas E., und Dan Galai (1983)
Information effects on the bid-ask spread. In: The Journal of Finance, Volume 38 (1983), Nr. 5, S. 1457–1469.

Cornell, Bradford, und Eric Sirri (1992)
The reaction of investors and stock prices to insider trading. In: The Journal of Finance, Volume 47 (1992), Nr. 3, S. 1031–1059.

Coughenour, Jay, und Kuldeep Shastri (1999)
Symposium on market microstructure: a review of emperical research. In: The Financial Review, Volume 34 (1999), Nr. 1, S. 1–28.

Dann, Larry Y., David Mayers und Robert J. Raab, Jr. (1977)
Trading rules, large blocks and the speed of price adjustment. In: Journal of Financial Economics, Volume 4 (1977), Nr. 1, S. 3–22.

Daube, Carl Heinz (1993)
Marketmaker in Aktienoptionen an der Deutschen Terminbörse. Wiesbaden 1993.

de Jong, Frank, Theo Nijman und Ailsa Röell (1995)
A comparison of the cost of trading French shares on the Paris Bourse and on SEAQ International. In: European Economic Review, Volume 39 (1995), Nr. 7, S. 1277–1301.

Dehling, Herold, und Beate Haupt (2004)
Einführung in die Wahrscheinlichkeitstheorie und Statistik. 2. Auflage, Berlin 2004.

Demsetz, Harold (1968)
The cost of transacting. In: The Quarterly Journal of Economics, Volume 82 (1968), Nr. 1, S. 33–53.

Demsetz, Harold (1997)
Limit orders and the alleged Nasdaq collusion. In: Journal of Financial Economics, Volume 45 (1997), Nr. 1, S. 91–95.

Deutsche Bank (2003)
Fragen & Antworten zum db PIP-Service. Quelle: http://www.deutsche-bank.de/pbc/pdf/pip_q_a.pdf, abgerufen am 19. September 2004.

Deutsche Bank (2004)
Basisinformationen über die außerbörsliche Ausführung von Kommissionsgeschäften im Price Improvement Service (db PIP-Service) der Deutsche Bank AG bei Wertpapiergeschäften. Quelle: http://www.deutsche-bank.de/pbc/pdf/PIPDBPGK.pdf, abgerufen am 19. September 2004.

Deutsche Börse (1996a)
IBIS – Benutzerhandbuch Aktienhandel. Version 4.50, Frankfurt am Main 1996.

Deutsche Börse (1996b)
IBIS – Benutzerhandbuch Rentenhandel. Version 4.50, Frankfurt am Main 1996.

Deutsche Börse (1996c)
IBIS – Integriertes Börsenhandels- und Informations-System. Frankfurt am Main 1996.

Deutsche Börse (1997)
Xetra – Funktionale Beschreibung Release 2. Version 2, Frankfurt am Main 1997.

Deutsche Börse (1998)
Xetra – Marktmodell Release 3 – Aktienhandel. Frankfurt am Main 1998.

Deutsche Börse (2000)
Xetra – Marktmodell Aktien Release 4.0. Frankfurt am Main 2000.

Deutsche Börse (2001)
Xetra XXL – Market Model. Frankfurt am Main 2001.

Deutsche Börse (2002)
Xetra Release 7.0 – Funktionale Beschreibung Xetra R7.0. Frankfurt am Main 2002.

Deutsche Börse (2003a)
Xetra – Market Model Stock Trading. Frankfurt am Main 2003.

Deutsche Börse (2003b)
Xetra Best – Market Model. Frankfurt am Main 2003.

Deutsche Börse (2004a)
Xetra Release 7.1 – Funktionale Beschreibung R7.1. Frankfurt am Main 2004.

Deutsche Börse (2004b)
Xetra Release 7.1 – Marktmodell Aktien. Frankfurt am Main 2004.

Deutsche Börse (2005)
Xetra BEST. Quelle: http://deutsche-boerse.com/dbag/dispatch/de/kir/gdb_navigation/ trading_members/10_Products_and_Functionalities/20_Stocks/85_Xetra_BEST, abgerufen am 1. Januar 2005.

Easley, David, Nicholas M. Kiefer und Maureen O'Hara (1997)
The information content of the trading process. In: Journal of Empirical Finance, Volume 4 (1997), Nr. 2–3, S. 159–186.

Easley, David, und Maureen O'Hara (1987)
Price, trade size, and information in securities markets. In: Journal of Financial Economics, Volume 19 (1987), Nr. 1, S. 69–90.

Easley, David, und Maureen O'Hara (1992a)
Adverse selection and large trade volume: the implications for market efficiency. In: Journal of Financial and Quantitative Analysis, Volume 27 (1992), Nr. 2, S. 185–208.

Easley, David, und Maureen O'Hara (1992b)
Time and process of security price adjustment. In: The Journal of Finance, Volume 47 (1992), Nr. 2, S. 577–605.

Eberstadt, Gerhard (1994)
Computerbörse für den Finanzplatz Deutschland. Dialog-Beitrag zum Artikel von Prof. Dr. W. Gerke. In: Die Betriebswirtschaft, 54. Jahrgang (1994), Heft 3, S. 430–432.

Edwards, Robert Davis, und John Magee (1992)
Technical analysis of stock trends. 6. Auflage, Boston 1992.

Engle, Robert F., und Joe Lange (1997)
Measuring, forecasting and explaining time varying liquidity in the stock market. Diskussionspapier 97–12, University of California, Mai 1997.

Epps, Thomas W. (1975)
Security price changes and transaction volumes: theory and evidence. In: The American Economic Review, Volume 65 (1975), Nr. 4, S. 586–597.

Epps, Thomas W. (1976)
The demand for brokers' services: the relation between security trading volume and transaction cost. In: The Bell Journal of Economics, Volume 7 (1976), Nr. 1, S. 163–194.

Esser, Angelika, und Burkart Mönch (2004)
The navigation of an iceberg: the optimal use of hidden orders. Diskussionspapier, J. W. Goethe Universität Frankfurt am Main 9. Juni 2004.

Fahrmeir, Ludwig, Rita Künstler, Iris Pigeot und Gerhard Tutz (2003)
Statistik. Der Weg in die Datenanalyse. 4. Auflage, Berlin 2003.

Fama, Eugene F. (1965)
The Behavior of Stock Market Prices. In: The Journal of Business, Volume 38 (1965), Nr. 1, S. 35–105.

Fama, Eugene F. (1970)
Efficient capital markets: a review of theory and empirical work. In: The Journal of Finance, Volume 25 (1970), Nr. 2, S. 383–417.

Fama, Eugene F. (1991)
Efficient capital markets: II. In: The Journal of Finance, Volume 46 (1991), Nr. 5, S. 1575–1617.

Finanzmarktförderungsgesetz, Viertes (2002)
Gesetz zur weiteren Fortentwicklung des Finanzplatzes Deutschland (Viertes Finanzmarktförderungsgesetz), vom 21. Juni 2002, verkündet in BGBl I 2002, Nr. 39 vom 26. Juni 2002.

Fortin, Richard D., R. Corwin Grube und O. Maurice Joy (1990)
Bid-ask spreads for OTC NASDAQ firms. In: Financial Analysts Journal, Volume 46 (1990), Nr. 3, S. 76–79.

Foucault, Thierry (1999)
Order flow composition and trading costs in a dynamic limit order market. In: Journal of Financial Markets, Volume 2 (1999), Nr. 2, S. 99–134.

French, Kenneth R., und Richard Roll (1986)
Stock returns variances: the arrival of information and the reaction of traders. In: Journal of Financial Economics, Volume 17 (1986), Nr. 1, S. 5–26.

Frino, Alex, Thomas McInish und Martin Toner (1998)
The liquidity of automated exchange: new evidence from German Bund

Futures. In: Journal of International Financial Markets, Institutions & Money, Volume 8 (1998), Nr. 3–4, S. 225–241.

Garbade, Kenneth D. (1982)
Securities markets. New York 1982.

Garman, Mark B. (1976)
Market microstructure. In: Journal of Financial Economics, Volume 3 (1976), Nr. 2, S. 257–275.

Gastineau, Gary L., und Robert A. Jarrow (1991)
Large-trader impact and market regulation. In: Financial Analysts Journal, Volume 47 (1991), Nr. 4, S. 40–51.

Gastwirth, Joseph L., und Herman Rubin (1975)
The behavior of robust estimators of some one-sample tests. In: The Annals of Statistics, Volume 3 (1975), Nr. 5, S. 1070–1100.

Gemmill, Gordon (1996)
Transparency and liquidity: a study of block trades on the London Stock Exchange under different publications rules. In: The Journal of Finance, Volume 51 (1996), Nr. 5, S. 1765–1790.

George, Thomas J., Gautam Kaul und M. Nimalendran (1991)
Estimation of the bid-ask spread and its components: a new approach. In: The Review of Financial Studies, Volume 4 (1991), Nr. 4, S. 623–656.

Gerke, Wolfgang (1993)
Computerbörse für den Finanzplatz Deutschland. In: Die Betriebswirtschaft, 53. Jahrgang (1993), Heft 6, S. 725–748.

Gerke, Wolfgang (1995)
Blockhandel. In: Wolfgang Gerke und Manfred Steiner (Hrsg.), Handwörterbuch des Bank- und Finanzwesens. 2. Auflage, Stuttgart 1995, Sp. 287–292.

Gerke, Wolfgang, Horst Bienert und Uwe Schroeder-Wildberg (1995)
Orderbuchtransparenz bei homogenem Informationsangebot – eine expe-

rimentelle Untersuchung. In: Kredit und Kapital, 28. Jahrgang (1995), Heft 2, S. 227–269.

Gerke, Wolfgang, und Sebastian Rasch (1992)
Ausgestaltung des Blockhandels an der Börse. In: Die Bank, ohne Jahrgang (1992), Heft 4, S. 193–201.

Glosten, Lawrence R., und Lawrence E. Harris (1988)
Estimating the components of the bid/ask spread. In: Journal of Financial Economics, Volume 21 (1988), Nr. 1, S. 123–142.

Glosten, Lawrence R., und Paul R. Milgrom (1985)
Bid, ask and transaction prices in a specialist market with heterogeneously informed traders. In: Journal of Financial Economics, Volume 14 (1985), Nr. 3, S. 71–100.

Godfrey, M. D., C. W. J. Granger und O. Morgenstern (1964)
The random walk hypothesis of stock market behavoir. In: Kyklos, Volume 17 (1964), Nr. 1, S. 1–30.

Gomber, Peter (2000)
Elektronische Handelssysteme. Innovative Konzepte und Technologien im Wertpapierhandel. Heidelberg 2000.

Gomber, Peter, und Tobias Kirchner (2001)
Blockhandel auf Xetra: Kosten- und Preiseffizienz durch Xetra XXL. In: Die Bank, ohne Jahrgang (2001), Heft 4, S. 312–315.

Gombert, Till, Michael Schleef und Jan Zurek (2001)
Indexprodukte – kostengünstige Anlageprodukte für die individuelle Altersvorsorge? In: Sparkasse, 118. Jahrgang (2001), Heft 11, S. 504–508.

Göppl, Hermann, und Heinrich Schütz (1995)
Die Konzeption eines Deutschen Aktienindex für Forschungszwecke (DAFOX). Diskussionspapier Nr. 162, Kurzfassung für WorlWideWeb, Universität Karlsruhe, Januar 1995.

Gottschalk, Ulrich (1990)
IBIS – Inter-Banken-Informations-System. In: Handbuch der moder-

nen Datenverarbeitung, Theorie und Praxis der Wirtschaftsinformatik, 27. Jahrgang (1990), Heft 153, S. 26–36.

Gottschalk, Ulrich (1991)
IBIS – Inter-Banken-Informations-System. In: Zeitschrift für Bankrecht und Bankwirtschaft, 3. Jahrgang (1991), Heft 1, S. 23–27.

Gray, William S. (1983)
Portfolio construction: equity. In: John L. Maginn und Donald L. Tuttle (Hrsg.), Managing investment portfolios. A dynamic process. Boston/New York 1983, S. 377–435.

Grelck, Michael (1997)
Liquiditätsmaße und Marktqualität deutscher Aktien in IBIS und SEAQ International. Frankfurt am Main 1997.

Griffiths, Mark D., Brian F. Smith, D. Alasdair S. Turnbull und Robert W. White (1998)
Information flows and open outcry: evidence of imitation trading. In: Journal of International Financial Markets, Institutions & Money, Volume 8 (1998), Nr. 2, S. 101–116.

Griffiths, Mark D., Brian F. Smith, D. Alasdair S. Turnbull und Robert W. White (2000)
The costs and determinants of order aggressiveness. In: Journal of Financial Economics, Volume 56 (2000), Nr. 1, S. 65–88.

Grossman, Sanford J., und Merton H. Miller (1988)
Liquidity and market structure. In: The Journal of Finance, Volume 43 (1988), Nr. 3, S. 617–633.

Hamilton, James L. (1979)
Marketplace fragmentation, competition, and the efficiency of the stock exchange. In: The Journal of Finance, Volume 34 (1979), Nr. 1, S. 171–187.

Hamon, Jacques, Puneet Handa, Bertrand Jacquillat und Robert A. Schwartz (1995)
Market structure and the supply of liquidity. In: Robert A. Schwartz

(Hrsg.), Global equity markets: technological, competitive, and regulatory challenges. Chicago 1995, S. 76–89.

Handa, Puneet, und Robert A. Schwartz (1996a)
How best to supply liquidity to a securities market. In: The Journal of Portfolio Management, Volume 23 (1996), Nr. 4, S. 44–51.

Handa, Puneet, und Robert A. Schwartz (1996b)
Limit order trading. In: The Journal of Finance, Volume 51 (1996), Nr. 5, S. 1835–1861.

Handa, Puneet, Robert A. Schwartz und Ashish Tiwari (1999)
Price improvement and price discovery on a primary market. In: The Journal of Portfolio Management, Volume 26 (1999), Nr. 1, S. 55–64.

Handa, Puneet, Robert A. Schwartz und Ashish Tiwari (2003)
Quote setting and price formation in an order driven market. In: Journal of Financial Markets, Volume 6 (2003), Nr. 4, S. 461–489.

Hansmann, Karl-Werner (1980)
Dynamische Aktienanlagen-Planung. Wiesbaden 1980.

Hansmann, Karl-Werner (1983)
Kurzlehrbuch Prognoseverfahren. Wiesbaden 1983.

Hansmann, Karl-Werner (1995)
Prognoseverfahren. In: Bruno Tietz, Richard Köhler und Joachim Zentes (Hrsg.), Handwörterbuch des Marketing. 2. Auflage, Stuttgart 1995, Sp. 2171–2183.

Harris, Larry (2003)
Trading and exchanges. Market microstructures for practitioners. Oxford 2003.

Harris, Lawrence E. (1990)
Liquidity, trading rules, and electronic trading systems. In: New York University Salomon Center (Hrsg.), Monograph Series in Finance and Economics, Monograph 1990–4. New York 1990.

Harris, Lawrence E. (1994)
Minimum price variations, discrete bid-ask spreads, and quotation sizes. In: The Review of Financial Studies, Volume 7 (1994), Nr. 1, S. 149–178.

Harris, Lawrence E. (1996)
Does a large minimum price variation encourage order exposure? Diskussionspapier, University of Southern California, 24. Oktober 1996.

Harris, Lawrence E. (1997)
Order exposure and parasitic traders. Diskussionspapier, University of Southern California, 23. Dezember 1997.

Harris, Lawrence E. (1998)
Optimal dynamic order submission strategies in some stylized trading problems. In: New York University, Salomon Center (Hrsg.), Financial Markets Institutions & Instruments, Volume 7 (1998), Nr. 2.

Harris, Lawrence E., und Joel Hasbrouck (1996)
Market vs. limit orders: the SuperDOT evidence on order submission strategy. In: Journal of Financial and Quantitative Analysis, Volume 31 (1996), Nr. 2, S. 213–231.

Hartung, Joachim (1993)
Statistik. Lehr- und Handbuch der angewandten Statistik. 9. Auflage, München 1993.

Hasbrouck, Joel (1988)
Trades, quotes, inventories, and information. In: Journal of Financial Economics, Volume 22 (1988), Nr. 2, S. 229–252.

Hasbrouck, Joel (1990)
Security markets, information and liquidity. In: Finanzmarkt und Portfolio Management, 4. Jahrgang (1990), Nr. 3, S. 230–242.

Hasbrouck, Joel (1991)
Measuring the information content of stock trades. In: The Journal of Finance, Volume 46 (1991), Nr. 1, S. 179–207.

Hasbrouck, Joel, und Thomas S. Y. Ho (1987)
Order arrival, quote behavior, and the return-generating process. In: The Journal of Finance, Volume 42 (1987), Nr. 4, S. 1035–1048.

Hasbrouck, Joel, und Robert A. Schwartz (1988)
Liquidity and execution costs in equity markets. In: The Journal of Portfolio Management, Volume 14 (1988), Nr. 1, S. 10–16.

Häuselmann, Holger (2001)
Wertpapierleihe und Repo-Geschäft. In: Wolfgang Gerke und Manfred Steiner (Hrsg.), Handwörterbuch des Bank- und Finanzwesens. 3. Auflage, Stuttgart 2001, Sp. 2258–2276.

Hazard, John W., und Milton Christie (1964)
The investment business of the SEC report. New York 1964.

He, Hua, und Jiang Wang (1995)
Differential information and dynamic behavior of stock trading volume. In: The Review of Financial Studies, Volume 8 (1995), Nr. 4, S. 919–972.

Hedvall, Kaj, Jonas Niemeyer und Gunnar Rosenqvist (1997)
Do buyers and sellers behave similarly in a limit order book? A high-frequency data examination of the Finnish stock exchange. In: Journal of Empirical Finance, Volume 4 (1997), Nr. 2-3, S. 279–293.

Heilmann, Klaus, Volker Läger und Andreas Oehler (2000)
Informationsaggregation, Insiderhandel und Liquidität in experimentellen Call Markets. In: Zeitschrift für Bankrecht und Bankwirtschaft, 12. Jahrgang (2000), Heft 6, S. 361–371.

Hertle, Alexander, und Norman Schenk (1995)
Computerbörse. In: Wolfgang Gerke und Manfred Steiner (Hrsg.), Handwörterbuch des Bank- und Finanzwesens. 2. Auflage, Stuttgart 1995, Sp. 410–420.

Hielscher, Udo (2001)
Aktienanlyse, technische. In: Wolfgang Gerke und Manfred Steiner (Hrsg.), Handwörterbuch des Bank- und Finanzwesens. 3. Auflage, Stuttgart 2001, Sp. 46–60.

Hollifield, Burton, Robert A. Miller und Patrick Sandås (2004)
Empirical analysis of limit order markets. In: Review of Economic Studies, Volume 71 (2004), Nr. 4, S. 1027–1063.

Holthausen, Robert W., Richard W. Leftwich und David Mayers (1987)
The effect of large block transactions on security prices: a cross-sectional analysis. In: Journal of Financial Economics, Volume 19 (1987), Nr. 2, S. 237–267.

Holthausen, Robert W., Richard W. Leftwich und David Mayers (1990)
Large-block transactions, the speed of response, and temporary and permanent stock-price effects. In: Journal of Financial Economics, Volume 26 (1990), Nr. 1, S. 71–95.

Huang, Roger D., und Hans R. Stoll (1996)
Dealer versus auction markets: a paired comparison of execution costs on NASDAQ and the NYSE. In: Journal of Financial Economics, Volume 41 (1996), Nr. 3, S. 313–357.

Iversen, Peter (1994)
Geld-Brief-Spannen deutscher Standardwerte. Wiesbaden 1994.

Jaffe, Jeffrey F. (1974)
Special information and insider trading. In: The Journal of Business, Volume 47 (1974), Nr. 3, S. 410–428.

Kaniel, Ron, und Hong Liu (1998)
Are transactions and market orders more important than limit orders in the quote updating process? Diskussionspapier, University of Pennsylvania und Washington University, 20. Oktober 1998.

Kaniel, Ron, und Hong Liu (2004)
So what orders do informed traders use? Diskussionspapier, Duke University und Washington University, Oktober 2004.

Karpoff, Jonathan M. (1987)
The relation between price changes and trading volume: a survey. In:

Journal of Financial and Quantitative Analysis, Volume 22 (1987), Nr. 1, S. 109–126.

Karpoff, Jonathan M. (1988)
Costly short sales and the correlation of returns with volume. In: The Journal of Financial Research, Volume 11 (1988), Nr. 3, S. 173–188.

Kaul, Michael (2001)
Kurspolitik von Aktienhändlern. Ein Finanzmarktmodell mit unvollständiger Information. Wiesbaden 2001.

Keim, Donald B. (1989)
Trading patterns, bid-ask spreads, and estimated security returns. In: Journal of Financial Economics, Volume 25 (1989), Nr. 1, S. 75–97.

Keim, Donald B., und Ananth Madhavan (1995)
Anatomy of the trading process. Empirical evidence on the behavior of institutional traders. In: Journal of Financial Economics, Volume 37 (1995), Nr. 3, S. 371–398.

Keim, Donald B., und Ananth Madhavan (1996)
The upstairs market for large-block transactions: analysis and measurement of price effects. In: The Review of Financial Studies, Volume 9 (1996), Nr. 4, S. 1–36.

Kempf, Alexander, und Olaf Korn (1999)
Market depth and order size. In: Journal of Financial Markets, Volume 2 (1999), Nr. 1, S. 29–48.

Keßler, Jörg-Ronald, und Klaus Appel (1996)
Das Wertpapiergeschäft in Recht und Praxis. Frankfurt am Main 1996.

Koski, Jennifer Lynch, und Roni Michaely (2000)
Prices, liquidity, and the information content of trades. In: The Review of Financial Studies, Volume 13 (2000), Nr. 3, S. 659–696.

Kraus, Alan, und Hans R. Stoll (1972)
Price impacts of block trading on the New York Stock Exchange. In: The Journal of Finance, Volume 27 (1972), Nr. 3, S. 569–588.

Kümpel, Siegfried (1990)
Inter-Banken-Informations-System (IBIS). Rechtliche und betriebliche Aspekte. In: Wertpapier-Mitteilungen, Zeitschrift für Wirtschaft- und Bankrecht, 44. Jahrgang (1990), Heft 2, S. 45–49.

Kümpel, Siegfried (1991)
Zur Aufnahme des elektronischen Handels an der Frankfurter Wertpapierbörse. In: Wertpapier-Mitteilungen, Zeitschrift für Wirtschaft- und Bankrecht, 45. Jahrgang (1991), Sonderbeilage Nr. 4.

Kümpel, Siegfried (1992)
Die IBIS-Integration in die Regionalbörsen aus börsenrechtlicher Sicht. In: Wertpapier-Mitteilungen, Zeitschrift für Wirtschaft- und Bankrecht, 46. Jahrgang (1992), Heft 7, S. 249–257.

Küster Simic, André (2001)
Orderbuchtransparenz, Bietverhalten und Liquidität. Wiesbaden 2001.

Küster Simic, André, Michael Schleef und Hartmut Schmidt (2003)
From gravitational pull to abnormal transaction cost. Presentation at Zicklin School of Business, Baruch College, City University of New York, 22. Oktober 2003. Quelle: http://www.rrz.uni-hamburg.de/Kapitalmaerkte/download/VortragNewYork2003.pdf, abgerufen am 30. Oktober 2004.

Kyle, Albert S. (1985)
Continuous auctions and insider trading. In: Econometrica, Volume 53 (1985), Nr. 6, S. 1315–1335.

Lansburgh, Alfred (1917)
Zur Systematik der Preisbildung an der Effektenbörse. In: Georg v. Schanz und Julius Wolf (Hrsg.), Finanz- u. volkswirtschaftliche Zeitfragen. Stuttgart 1917, 38. Heft.

LaPlante, Michele, und Chris J. Muscarella (1997)
Do institutions receive comparable execution in the NYSE and Nasdaq markets? A transaction study of block trades. In: Journal of Financial Economics, Volume 45 (1997), Nr. 1, S. 97–134.

Lassak, Günter (1991)
Liquidität am deutschen Rentenmarkt. In: Zeitschrift für Betriebswirtschaft, 61. Jahrgang (1991), Heft 1, S. 75–86.

Lee, Charles M. C. (1993)
Market integration and price execution for NYSE-listed securities. In: The Journal of Finance, Volume 48 (1993), Nr. 3, S. 1009–1038.

Lehmann, Bruce N. (1990)
Fads, martingales, and market efficiency. In: The Quarterly Journal of Economics, Volume 105 (1990), Nr. 1, S. 1–28.

Lin, Ji-Chai, Gary C. Sanger und G. Geoffrey Booth (1995)
Trade size and components of the bid-ask spread. In: The Review of Financial Studies, Volume 8 (1995), Nr. 4, S. 1153–1183.

Lüdecke, Torsten (1998)
Zur Verfügbarkeit von Transaktionsdaten aus Handelssystemen deutscher Börsen. In: C. Weinhardt, H. Meyer zu Selhausen und M. Morlock (Hrsg.), Informationssysteme in der Finanzwirtschaft. Heidelberg 1998, S. 299–308.

Luskin, Donald L. (1989)
Upstairs, downstairs: the block traders and the specialists. In: Wayne H. Wagner (Hrsg.), The complete guide to securities transactions. New York 1989, S. 153–160.

Madhavan, Ananth (1992)
Trading mechanisms in securities markets. In: The Journal of Finance, Volume 47 (1992), Nr. 2, S. 607–641.

Madhavan, Ananth (2000)
Market microstructure: a survey. In: Journal of Financial Markets, Volume 3 (2000), Nr. 3, S. 205–258.

Madhavan, Ananth (2002)
Market microstructure: a practitioner's guide. In: Financial Analysts Journal, Volume 58 (2002), Nr. 5, S. 28–42.

Madhavan, Ananth, und Minder Cheng (1997)
In search of liquidity: block trades in the upstairs and downstairs markets. In: The Review of Financial Studies, Volume 10 (1997), Nr. 1, S. 175–203.

Madhavan, Ananth, und Seymour Smidt (1991)
A Bayesian model of intraday specialist pricing. In: Journal of Financial Economics, Volume 30 (1991), Nr. 1, S. 99–134.

Marsh, Terry, und Kevin Rock (1986)
Exchange listing and liquidity. A comparison of the American Stock Exchange with the NASDAQ National Market System. In: American Stock Exchange transactions data research project, Report 2. New York 1986.

McInish, Thomas H., und Robert A. Wood (1992)
An analysis of intraday patterns in bid/ask spreads for NYSE stocks. In: The Journal of Finance, Volume 47 (1992), Nr. 2, S. 753–764.

Medrano, Luis Angel (1996)
Market versus limit orders in an imperfectly competitive security market. Diskussionspapier, Universitat Pompeu Fabra, Februar 1996.

Meulbroek, Lisa K. (1992)
An empirical analysis of illegal insider trading. In: The Journal of Finance, Volume 47 (1992), Nr. 5, S. 1661–1699.

Meyer zu Selhausen, Hermann (1994)
Trägt die Computerbörse zur Steigerung der Volatilität bei? Stellungnahme zum Beitrag von Wolfgang Gerke: „Computerbörse für den Finanzplatz Deutschland“. In: Die Betriebswirtschaft, 54. Jahrgang (1994), Heft 3, S. 421–423.

Mildenstein, Eckart (1982)
Die Kurspolitik der Marketmaker auf Aktienzirkulationsmärkten. Hamburg 1982.

Mildenstein, Eckart, und Harold Schleef (1983)
The optimal pricing policy of a monopolistic marketmaker in the equity market. In: The Journal of Finance, Volume 38 (1983), Nr. 1, S. 218–231.

Miller, Rupert G. (1996)
Grundlagen der Angewandten Statistik. München 1996.

Nasdaq (2002)
NASD rules.

Neal, Robert (1992)
A comparison of transaction costs between competitive market maker and specialist market structures. In: The Journal of Business, Volume 65 (1992), Nr. 3, S. 317–335.

Neubacher, Bernd (2002)
Wenn Banken zu Börsen werden. In: Börsen-Zeitung Nr. 75 vom 19. April 2002, S. 3.

Oehler, Andreas (1995)
Die Erklärung des Verhaltens privater Anleger. Stuttgart 1995.

Oehler, Andreas, und Mirko Häcker (2003)
Kurseinfluss mittlerer und großer Transaktionen am deutschen Aktienmarkt. Diskussionspapier, Universität Bamberg, Oktober 2003.

Oesterhelweg, Olaf (1998)
Anlegerorientierte Handelsverfahren für den deutschen Aktienmarkt. Wiesbaden 1998.

Oesterhelweg, Olaf, und Dirk Schiereck (1996)
Meßkonzepte für die Liquidität von Finanzmärkten. In: Die Bank, ohne Jahrgang (1996), Heft 7, S. 390–397.

O'Hara, Maureen (1995)
Market microstructure theory. Cambridge 1995.

Osborne, M. F. M. (1959)
Brownian motion in the stock market. In: Operations Research, Volume 7 (1959), Nr. 2, S. 145–173.

Pagano, Marco (1989)
Trading volume and asset liquidity. In: The Quarterly Journal of Economics, Volume 104 (1989), Nr. 2, S. 255–274.

Pagano, Marco, und Ailsa Röell (1992)
Auction and dealership markets. What is the difference? In: European Economic Review, Volume 36 (1992), Nr. 2–3, S. 613–623.

Pagano, Marco, und Ailsa Röell (1996)
Transparency and liquidity: a comparison of auction and dealer markets with informed trading. In: The Journal of Finance, Volume 51 (1996), Nr. 2, S. 579–611.

Pagano, Marco, und Benn Steil (1996)
Equity trading I: the evolution of European trading systems. In: Benn Steil (Hrsg.), The european equity markets. The state of the union and an agenda for the millennium. Trowbridge 1996, S. 1–58.

Parlour, Christine (1998)
Price dynamics in limit order markets. In: The Review of Financial Studies, Volume 11 (1998), Nr. 4, S. 789–816.

Peterson, Mitchell A., und David Fialkowski (1994)
Posted versus effective spreads. In: Journal of Financial Economics, Volume 35 (1994), Nr. 3, S. 269–292.

Preßmar, Dieter B., und Friederike Wall (1993)
Technologische Gestaltungsansätze für das betriebliche Informationsmanagement. In: Dieter B. Preßmar (Hrsg.), Informationsmanagement, Wiesbaden 1993, S. 93–121.

Radcliffe, Robert C. (1973)
Liquidity costs and block trading. In: Financial Analysts Journal, Volume 29 (1973), Nr. 4, S. 73–80.

Ready, Mark J. (1999)
The specialist's discretion: stopped orders and price improvement. In: The Review of Financial Studies, Volume 12 (1999), Nr. 5, S. 1075–1112.

Reck, Martin (2003)
Call market mechanism on Deutsche Börse. In: Robert A. Schwartz (Hrsg.), The electronic call auction: market mechanism and trading – Building a better stock market, Massachusetts 2003, S. 133–144.

Rinker, Mike (2003)
Vertragsschluss im börslichen elektronischen Handelssystem. Berlin 2003.

Rock, Kevin (1991)
The specialist's order book. Diskussionspapier, Harvard Business School, 1991.

Rogalski, Richard J. (1978)
The dependence of prices and volume. In: The Review of Economics and Statistics, Volume 60 (1978), Nr. 2, S. 268–274.

Roll, Richard (1984)
A simple implicit measure of the effective bid-ask spread in an efficient market. In: The Journal of Finance, Volume 39 (1984), Nr. 4, S. 1127–1139.

Ross, Katherine D., James E. Shapiro und Katherine A. Smith (1996)
Price improvement of SuperDot. Market orders on the NYSE. Diskussionspapier, NYSE Working Paper 96–02, New York, 11. März 1996.

Rudolph, Bernd (1994)
Markttransparenz und Computerbörse. Anmerkungen zum Beitrag W. Gerke „Computerbörse für den Finanzplatz Deutschland". In: Die Betriebswirtschaft, 54. Jahrgang (1994), Heft 3, S. 426–430.

Rudolph, Bernd, und Heiner Röhrl (1997)
Grundfragen der Börsenorganisation aus ökonomischer Sicht. In: Klaus J. Hopt, Bernd Rudolph und Harald Baum (Hrsg.), Börsenreform: Eine ökonomische, rechtsvergleichende und rechtspolitische Untersuchung. Stuttgart 1997, S. 145–285.

Rurainsky, Markus, und Jürgen Wolpert (1998)
Einführung des Odd-Lot-Handels in Xetra. In: Die Bank, ohne Jahrgang (1998), Heft 9, S. 557–559.

Saar, Gideon (2001)
Price impact asymmetry of block trades: an institutional trading explanation. In: The Review of Financial Studies, Volume 14 (2001), Nr. 4, S. 1153–1181.

Schiereck, Dirk (1995)
Internationale Börsenplatzentscheidungen institutioneller Investoren. Wiesbaden 1995.

Schiereck, Dirk (1996a)
Börsenplatzentscheidungen institutioneller Investoren beim Handel deutscher Aktien. In: Zeitschrift für Betriebswirtschaft, 66. Jahrgang (1996), Heft 9, S. 1057–1079.

Schiereck, Dirk (1996b)
Die Ziele eines Anlegers bei der Wahl des Börsenplatzes. In: Zeitschrift für Bankrecht und Bankwirtschaft, 8. Jahrgang (1996), Heft 3, S. 185–196.

Schiereck, Dirk, und Martin Weber (1996)
Parkett, IBIS oder London – Die Präferenzen institutioneller Investoren. In: Die Bank, ohne Jahrgang (1996), Heft 11, S. 654–658.

Schleef, Michael (2001)
Sozialkapital und Transaktions-Controlling. Perspektiven für institutionelle Anleger. Wiesbaden 2001.

Schlittgen, Rainer (1996)
Statistische Inferenz. München 1996.

Schlittgen, Rainer (2003)
Einführung in die Statistik – Analyse und Modellierung von Daten. 10. Auflage, München 2003.

Schlittgen, Rainer (2004)
Statistische Auswertungen mit R. München 2004.

Schmidt, Hartmut (1970)
Börsenorganisation zum Schutze der Anleger. Tübingen 1970.

Schmidt, Hartmut (1977)
Vorteile und Nachteile eines integrierten Zirkulationsmarketes für Wertpapiere gegenüber einem gespaltenen Effektenmarkt. Nr. 30 der Reihe Wettbewerb – Rechtsangleichung, Hrsg. Kommission der Europäischen

Gemeinschaften. Brüssel und Luxemburg: Amt für amtliche Veröffentlichungen der Europäischen Gemeinschaften, 1977.

Schmidt, Hartmut (1979)
Liquidität von Finanztiteln als integrierendes Konzept der Bankbetriebslehre. In: Zeitschrift für Betriebswirtschaft, 49. Jahrgang (1979), Heft 8, S. 710–722.

Schmidt, Hartmut (1983)
Marktorganisationsbestimmte Kosten und Transaktionskosten als börsenpolitische Kategorien. Grundsätzliche Überlegungen zur Weiterentwicklung des Anlegerschutzes aus ökonomischer Sicht. In: Kredit und Kapital, 16. Jahrgang (1983), Heft 2, S. 184–204.

Schmidt, Hartmut (1988)
Wertpapierbörsen. München 1988.

Schmidt, Hartmut (1992a)
Die Rolle der Regionalbörsen am deutschen Kapitalmarkt heute und morgen (Teil I). In: Kredit und Kapital, 25. Jahrgang (1992), Heft 1, S. 110–134.

Schmidt, Hartmut (1992b)
Die Rolle der Regionalbörsen am deutschen Kapitalmarkt heute und morgen (Teil II). In: Kredit und Kapital, 25. Jahrgang (1992), Heft 2, S. 233–258.

Schmidt, Hartmut (2001)
Regionalbörsen und spezielle Handelsplattformen für Europa. In: Detlev Hummel und Rolf-E. Breuer (Hrsg.), Handbuch europäischer Kapitalmarkt. Wiesbaden 2001, S. 397–409.

Schmidt, Hartmut, und Peter Iversen (1991)
Geld-Brief-Spannen deutscher Standardwerte in IBIS und MATIS. In: Zeitschrift für Bankrecht und Bankwirtschaft, 3. Jahrgang (1991), Heft 4, S. 209–226.

Schmidt, Hartmut, Peter Iversen und Kai Treske (1993)
Parkett oder Computer? In: Zeitschrift für Bankrecht und Bankwirtschaft, 5. Jahrgang (1993), Heft 4, S. 209–221.

Schmidt, Hartmut, und André Küster Simic (1999a)
Kursverbesserung und Orderbuchtransparenz. In: Sparkasse, 116. Jahrgang (1999), Heft 11, S. 524–532.

Schmidt, Hartmut, und André Küster Simic (1999b)
Orderbuchtransparenz, Abschlußunsicherheit und Bietverhalten. In: Die Betriebswirtschaft, 59. Jahrgang (1999), Heft 2, S. 221–239.

Schmidt, Hartmut, und André Küster Simic (2000)
Zur Theorie der Geld-Brief-Spanne auf Anlegerauktionsmärkten: Der Einfluß der Orderbuchtransparenz auf die Abschlußsicherheit. In: Beihefte zu Kredit und Kapital, Heft 15 (2000), Finanzmärkte im Umbruch, S. 137–172.

Schmidt, Hartmut, Olaf Oesterhelweg und Kai Treske (1997)
Der Strukturwandel im Börsenwesen: Wettbewerbstheoretische Überlegungen und Trends im Ausland als Leitbilder für den Finanzplatz Deutschland. In: Kredit und Kapital, 30. Jahrgang (1997), Heft 3, S. 369–411.

Schmidt, Hartmut, und Stefan Prigge (1995)
Börsenkursbildung. In: Wolfgang Gerke und Manfred Steiner (Hrsg.), Handwörterbuch des Bank- und Finanzwesens. 2. Auflage, Stuttgart 1995, Sp. 311–321.

Schmidt, Hartmut, und Stefan Prigge (2001)
Börsenkursbildung. In: Wolfgang Gerke und Manfred Steiner (Hrsg.), Handwörterbuch des Bank- und Finanzwesens. 3. Auflage, Stuttgart 2001, Sp. 392–402.

Schmidt, Hartmut, und Michael Schleef (2001)
Transaktions-Controlling – ein Weg zur Erhöhung der Rendite von Sozialkapital. In: C. C. Freidank (Hrsg.), Die deutsche Rechnungslegung und Wirtschaftsprüfung im Umbruch, Festschrift für Wilhelm Strobel, München 2001, S. 555–576.

Schmidt, Hartmut, und Kai Treske (1996)
Komponenten der Geld-Brief-Spanne am deutschen Aktienmarkt. In:

Zeitschrift für Betriebswirtschaft, 66. Jahrgang (1996), Heft 9, S. 1033–1056.

Schmidt, Hartmut, und Kai Treske (2002)
Inside spreads vs. individual dealer spreads: components of the bid-ask spread in the German equity market. In: Günter Franke, Günther Gebhardt und Jan Pieter Krahnen (Hrsg.), Schmalenbach Business Review, German Financial Markets and Institutions: Selected Studies. Sonderheft 1. Düsseldorf und Frankfurt 2002, S. 205–223.

Scholes, Myron S. (1972)
The market for securities: substitution versus price pressure and the effects of information on share prices. In: The Journal of Business, Volume 45 (1972), Nr. 2, S. 179–211.

Schwark, Eberhard (1997)
Börsen und Wertpapierhandelsmärkte in der EG. In: Wertpapier-Mitteilungen, Zeitschrift für Wirtschaft- und Bankrecht, 51. Jahrgang (1997), Heft 7, S. 293–344.

Schwartz, Robert A. (1988)
Equity markets. Structure, trading, and performance. New York 1988.

Schwartz, Robert A. (1991)
Reshaping the equity markets. A guide for the 1990s. New York 1991.

Schwartz, Robert A. (1995)
Introduction: adressing the needs of buy-side traders. In: Robert A. Schwartz (Hrsg.), Global equity markets: technological, competitive, and regulatory challenges. Chicago 1995, S. 1–16.

Schwartz, Robert A. (2003)
The call auction alternative. In: Robert A. Schwartz (Hrsg.), The electronic call auction: market mechanism and rading – Building a better stock market. Massachusetts 2003, S. 3–25.

Schwartz, Robert A., und David K. Whitcomb (1988)
Transaction costs and institutional investor trading strategies. In: New York University Salomon Center (Hrsg.), Monograph Series in Finance and Economics, Monograph 1988–2/3. New York 1988.

SEC (1963)
Report of special study of securities markets of the Securities and Exchange Commission (Cohen-Report). House Document No. 95, 88th Congress, 1st Session, Part 1–6. Washington 1963.

Seppi, Duane J. (1990)
Equilibrium block trading and asymetric information. In: The Journal of Finance, Volume 45 (1990), Nr. 1, S. 73–94.

Seppi, Duane J. (1992)
Block trading and information revelation around quarterly earnings announcements. In: The Review of Financial Studies, Volume 5 (1992), Nr. 2, S. 281–305.

Seppi, Duane J. (1997)
Liquidity provision with limit orders and a strategic specialist. In: The Review of Financial Studies, Volume 10 (1997), Nr. 1, S. 103–150.

Sharpe, William F., Gordon J. Alexander und Jeffery V. Bailey (1995)
Investments. 5. Auflage, Englewood Cliffs/New Jersey 1995.

Smith, Tom, und Robert E. Whaley (1994)
Estimating the effective bid/ask spread from the time and sales data. In: The Journal of Futures Markets, Volume 14 (1994), Nr. 4, S. 437–455.

Stigler, George J. (1964)
Public regulation of the securities markets. In: The Journal of Business, Volume 37 (1964), Nr. 2, S. 117–142.

Stoll, Hans R. (1978a)
The pricing of security dealer services: an empirical study of NASDAQ stocks. In: The Journal of Finance, Volume 33 (1978), Nr. 4, S. 1153–1172.

Stoll, Hans R. (1978b)
The supply of dealer services in securities markets. In: The Journal of Finance, Volume 33 (1978), Nr. 4, S. 1133–1151.

Stoll, Hans R. (1985)
The stock exchange specialist system: an economic analysis. In: New York University Salomon Center (Hrsg.), Monograph Series in Finance and Economics, Monograph 1985–2. New York 1985.

Stoll, Hans R. (1989)
Inferring the components of the bid-ask spread: theory and empirical test. In: The Journal of Finance, Volume 44 (1989), Nr. 1, S. 115–134.

Stoll, Hans R., und Robert E. Whaley (1983)
Transaction costs and the small firm effect. In: Journal of Financial Economics, Volume 12 (1983), Nr. 1, S. 57–79.

Stützel, Wolfgang (1960)
Aktienrechtsreform und Konzentration. In: Helmut Arndt (Hrsg.), Die Konzentration in der Wirtschaft, Band 2, Ursachen der Konzentration, Schriften des Vereins fuer Socialpolitik, Gesellschaft für Wirtschafts- und Sozialwissenschaften, Neue Folge 20/II, 1. Auflage, Berlin 1960, S. 907–987.

Syha, Christine (1998)
Orderbuchtransparenz und Anlegerverhalten. Wiebaden 1998.

Theissen, Erik (1998)
Organisationsformen des Wertpapierhandels. Gesamtkursermittlung, kontinuierliche Auktion und Market-Maker-System. Wiesbaden 1998.

Theissen, Erik (1999)
Liquiditätsmessung auf experimentellen Aktienmärkten. In: Kredit und Kapital, 32. Jahrgang (1999), Heft 2, S. 225–264.

Theissen, Erik (2002)
Internalisierung und Marktqualität: Was bringt Xetra Best? In: Kredit und Kapital, 35. Jahrgang (2002), Heft 4, S. 550–571.

Thompson, Sarahelen R., und Mark L. Waller (1988)
Determinants of liquidity costs in commodity futures markets. In: The Review of Futures Markets, Volume 7 (1988), Nr. 1, S. 110–126.

Tilly, Wolfgang M. (1975)
Die amtliche Kursnotierung an den Wertpapierbörsen. Eine Untersuchung zur Entwicklung des deutschen Börsenrechts. Baden-Baden 1975.

Tinic, Seha M., und Richard R. West (1972)
Competition and the pricing of dealer service in the over-the-counter stock market. In: Journal of Financial and Quantitative Analysis, Volume 7 (1972), Nr. 3, S. 1707–1727.

Treske, Kai (1996)
Komponenten der Geld-Brief-Spanne am deutschen Aktienmarkt. Wiesbaden 1996.

Treske, Kai, und Olaf Oesterhelweg (1996)
Spannenkonzepte am Kapitalmarkt. In: Sparkasse, 113. Jahrgang (1996), Heft 5, S. 206–209.

Trippi, Robert R., und Yuris Nora (1976)
An analysis of price impacts of large block transactions on the New York Stock Exchange. In: Journal of Economics and Business, Volume 28 (1976), Nr. 1, S. 88–95.

Vertin, James R. (1983)
Passive equity management strategies. In: Frank J. Fabozzi (Hrsg.), Readings in investment management. Homewood/Illinois 1983, S. 113–136.

Vijh, Anand M. (1990)
Liquidity of the CBOE equity options. In: The Journal of Finance, Volume 45 (1990), Nr. 4, S. 1157–1179.

Wagner, Wayne H. (1989)
A Taxonomy of Trading Techniques. In: Wayne H. Wagner (Hrsg.), The complete guide to securities transactions. New York 1989, S. 111–123.

Wagner, Wayne H., und Evan Schulman (1994)
Passive trading: point and counterpoint. In: The Journal of Portfolio Management, Volume 20 (1994), Nr. 3, S. 25–28.

Wells, Stephen (1992)
Price improvement and best execution. In: Stock Exchange Quarterly with Quality of Markets Review, ohne Jahrgang (1992), Nr. 1, S. 25–31.

Werner, Ingrid M. (2003)
NYSE order flow, spreads, and information. In: Journal of Financial Markets, Volume 6 (2003), Nr. 3, S. 309–335.

AUS DER REIHE **DUV Wirtschaftswissenschaft**

Schriftenreihe des Instituts für Geld- und Kapitalverkehr der Universität Hamburg
Herausgeber: Prof. Dr. Hartmut Schmidt

zuletzt erschienen:

Band 21
Claudia Bott
Aktionärsstruktur, Kontrolle und Erfolg von Unternehmen
2002. XXXVIII, 505 S., 19 Abb., 67 Tab., Br. € 64,90
ISBN 3-8244-0652-7

Band 22
Sebastian Kindermann
Liquiditäts- und Effizienzmessung im Aktienhandel
Dimensionen des Preisbildungsprozesses auf einem kontinuierlichen elektronischen Anlegerauktionsmarkt
2005. XXIX, 257 S., 37 Abb., 33 Tab., Br. € 49,90
ISBN 3-8244-0826-0

Band 23
Tim Richter
Die Leistung von Aktienanalysten aus Anlegersicht
Empirische Untersuchung für den deutschen Aktienmarkt
2005. XXIV, 317 S., 41 Abb., 24 Tab., Br. € 55,90
ISBN 3-8350-0088-8

Band 24
Till Gombert
Buchliqidität, Präsenzliquidität und Bietverhalten
2005. XXVIII, 305 S., 39 Abb., 38 Tab., Br. € 55,90
ISBN 3-8350-0154-X

www.duv.de

Änderung vorbehalten.
Stand: September 2005.

Deutscher Universitäts-Verlag
Abraham-Lincoln-Str. 46
65189 Wiesbaden

DUV

FSC
www.fsc.org
MIX
Papier | Fördert gute Waldnutzung
FSC® C083411

Kolibri 360 GmbH
Ferdinand-Jühlke-Straße 7
99095 Erfurt, Deutschland
produktsicherheit@kolibri360.de